ZUR INTERNATIONALITÄT WISSENSCHAFTLICHER BIBLIOTHEKEN

ZUR INTERNATIONALITÄT WISSENSCHAFTLICHER BIBLIOTHEKEN

76. DEUTSCHER BIBLIOTHEKARTAG IN OLDENBURG 1986

Herausgegeben von
Yorck A. Haase und Alexandra Habermann

VITTORIO KLOSTERMANN · FRANKFURT AM MAIN

(1987)

ZEITSCHRIFT FÜR BIBLIOTHEKSWESEN UND BIBLIOGRAPHIE
SONDERHEFT 44

CIP-Kurztitelaufnahme der Deutschen Bibliothek

Zur Internationalität wissenschaftlicher Bibliotheken / 76. Dt. Bibliothekartag in Oldenburg 1986. Hrsg. von Yorck A. Haase u. Alexandra Habermann. – Frankfurt am Main : Klostermann, 1987.
(Zeitschrift für Bibliothekswesen und Bibliographie : Sonderheft ; 44)
ISBN 3-465-01754-4

NE: Haase, Yorck Alexander [Hrsg.] ; Deutscher Bibliothekartag <76, 1986, Oldenburg> ; Zeitschrift für Bibliothekswesen und Bibliographie / Sonderheft

Satz und Druck: Druckerei Otto KG, Heppenheim
Printed in Germany

Inhalt

Vorwort der Herausgeber

Verein Deutscher Bibliothekare und Verein der Diplom-Bibliothekare an wissenschaftlichen Bibliotheken registrieren als Veranstalter erfreut die stetig wachsenden Besucherzahlen auf den Bibliothekartagen. Selbst entlegene Orte des Nordens, Westens oder Südens sind Anziehungspunkte für bildungshungrige Bibliothekare. Um allen Wünschen der Besucher gerecht zu werden, erfordert diese rege Teilnahme gerade in den neuen Hochschulen mit kleinen Hörsälen und Seminarräumen erhöhte Anstrengungen der Programmgestalter, die bereits bis zu vier Parallelveranstaltungen mit inhaltlich ausgewogenen Vorträgen anbieten müssen. Die Veranstalter sind daher über die Bereitschaft vieler Kollegen froh, sich mit Vorträgen am Bibliothekartag zu beteiligen, und möchten allen Referenten an dieser Stelle dafür herzlich danken, auch wenn ihr Vortrag möglicherweise nicht mit in den Tagungsband aufgenommen werden konnte. Die lebhafte Beteiligung von Vortragenden und Zuhörern ist uns ein Beweis dafür, daß der Bibliothekartag an Attraktivität nicht verloren, sondern eher gewonnen hat.

Die Fülle des Angebots stellt die Herausgeber des Tagungsbandes vor die schwierige Aufgabe, eine sinnvolle und für das übergreifende Thema treffende Auswahl zur Veröffentlichung auszusuchen, wobei die Vorträge des Hauptprogramms vor denen anderer Veranstaltungsreihen Vorrang hatten, da sie hauptsächlich das Thema der Tagung bestimmten. Andererseits standen nicht alle Vorträge, die wir gern in den Tagungsband aufgenommen hätten, den Herausgebern zur Verfügung, da sie aus aktuellen Gründen bereits vorab in Fachzeitschriften erscheinen.*

* In Fachzeitschriften veröffentlichte Vorträge, die den Herausgebern bis zum Redaktionsschluß bekannt geworden sind:

Beyersdorff, Günter: Ansätze zur retrospektiven Katalogisierung (retrospective conversion) unter Nutzung des Online Computer Library Centres (OCLC)
in: Bibliotheksdienst 20 (1986) S. 637–647.

Montag, Ulrich: Erwerbungsarbeit und internationaler Buchmarkt
in: Zeitschrift für Bibliothekswesen und Bibliographie 33 (1986) S. 428–446

Neubauer, Karl-Wilhelm: Grenzen und Zukunft der regionalen Verbundsysteme in Deutschland
in: Mitteilungsblatt. Verband der Bibliotheken des Landes Nordrhein-Westfalen e.V. 36 (1986) Nr. 4.

Oberhauser, Otto: Klassifikation in Online-Informationssystemen
in: International Classification 13 (1986) S. 79–87.

Schäfer, Ute, und Detlef Skalski: Lokale stand-alone Online-Benutzerkataloge (OPAC) in: ABI-Technik 6 (1986) Heft 4

Trotzdem sind wir überzeugt, auch in diesem Jahr wieder eine repräsentative Auswahl von Vorträgen anzubieten. Wir hoffen, daß dem Leser, der den Bibliothekartag nicht besuchen konnte, eine Fülle neuer Anregungen und Informationen geboten wird; dem Besucher des Bibliothekartages soll dieser Band helfen, das Gehörte wie auch das Versäumte nachzulesen.

Die Herausgeber haben sich wiederum bemüht, den Band so schnell wie möglich fertigzustellen. Die zügige Arbeit der Autoren bei der Manuskriptlieferung und beim Korrekturlesen und die reibungslose Zusammenarbeit mit dem Verlag Vittorio Klostermann waren dabei eine große Hilfe. Ihnen allen danken wir.

Darmstadt, Berlin, im Januar 1987

Yorck A. Haase Alexandra Habermann

1. ERÖFFNUNG DES 76. DEUTSCHEN BIBLIOTHEKARTAGES

Eröffnungsansprache der Vorsitzenden des Vereins der Diplom-Bibliothekare an wissenschaftlichen Bibliotheken

ULLA USEMANN-KELLER

Internationalität der Wissenschaft – Praxis der Bibliotheken, ein sehr großes und umfangreiches Thema bedingt ein kleineres. Die Praxis der Bibliotheken, in diesem Zusammenhang ein kleines Thema deshalb, weil es einen relativ kleinen Berufsstand anspricht. Den großen Kreis der Bibliotheksbenutzer interessiert unsere Praxis wohl kaum, er ist ausschließlich an deren Ergebnissen, sprich an der Leistungsfähigkeit der Bibliotheken interessiert.

Die Internationalität der Wissenschaften ist dagegen ein umfassender, vielschichtiger Themenkomplex, den wir in diesem Kreis und in dieser Zeit leider nicht einmal andeutungsweise diskutieren könnten. Die Wissenschaft lebt von Kommunikation, und die Bibliotheken sind ein Umschlagplatz von Wissen, denn sie sammeln die schriftlich fixierten Ergebnisse der Wissenschaften, um sie für weitere Forschungen zur Verfügung zu stellen.

Was assoziieren wir bei dem Begriff Wissenschaft?

In einem Satz gesagt vielleicht: die systematische Erforschung der Welt und ihrer unterschiedlichen Gesetzmäßigkeiten in den verschiedenen gesellschaftlichen Umfeldern; oder in Begriffen: Forschung, Theorie, Empirie, Begriffsbildung, Bedeutungsanalyse, Sokrates, Platon, Aristoteles, um nur einige zu nennen.

Als Bibliothekare sind wir gewohnt zu ordnen, zu systematisieren. Wir zerlegen folglich die Wissenschaft in einzelne Wissenschaften, trennen Geisteswissenschaften von Naturwissenschaften und technischen Wissenschaften, um diese dann wieder und wieder zu unterteilen.

Wir können nachvollziehen, daß die Wissenschaft versucht, die Objekte mit kausalem und objektivem Denken zu beherrschen. Auch wissen wir, daß die Wissenschaft nicht das absolut Wahre ausweist. Ihre Rationalität ist in der Beherrschung der Natur zu suchen. Daß dies aber auch eine zerstörerische Rationalität sein kann, zeigt aktuell das Atomdesaster in Tschernobyl. Bei diesem Beispiel wird augenfällig, daß Wissenschaft nichts Selbständiges und in sich Abgeschlossenes ist, daß Wissenschaft nur im Zusammenhang mit dem gesellschaftlichen Umfeld bzw. Umfeldern zu sehen ist.

Die Industrie zum Beispiel wird zum Nutznießer wissenschaftlicher Forschung. Wissenschaftliche Forschungsergebnisse beeinflussen über die Industrie hinweg die Wirtschaft und nehmen somit umfänglich Einfluß auf unser Leben. Die Industrie und die Wirtschaft wiederum vergeben Aufträge an die Wissenschaft. Dieser Geschehenskreis spielt sich nicht außerhalb der politischen Denkkategorien ab und verzahnt sich ebenso mit den Geisteswissenschaften.

Für unsere Praxis ist die Wissenschaft nicht meßbar, sie liefert uns keine Umsatzdaten, nach denen wir unsere Aufgaben planen könnten. Die Zahlen der erschienenen wissenschaftlichen Publikationen lassen keine objektive Aussage über die Quantität und Qualität der Wissenschaften zu.

Walter van Rossum schrieb in der Frankfurter Rundschau, daß 90% der Bücher von der heute lebenden Generation geschrieben worden sind. Können wir deshalb von einer Wissenschafts- oder Bildungsexpansion sprechen und gegebenenfalls Prognosen anstellen, was in den kommenden Jahren auf uns und speziell auf die Bibliotheken zukommt?

Das Ende eines Jahrtausends ist unter anderem die Zeit der Apokalyptiker, die ihre Untergangsstimmung vielleicht aus der Prognose der Zerstörung der Wissenschaft durch die Wissenschaft herleiten. Es ist aber auch die Zeit der Planer und Vorausdenker, die die großen Entwicklungstrends ausweisen und damit Planungsdaten für Macher und Pragmatiker schaffen.

Wenn derzeit – aus welchen Gründen auch immer – Forschungsoptimismus nicht angesagt ist, so zeigen sich in der zunehmenden internationalen Verzahnung viele positive Gesichtspunkte an. Die Wissenschaft und ihre Ergebnisse können nur bedingt an Landesgrenzen zurückgehalten werden. Brachten fahrende Mönche ihre Dispute im Mittelalter über die Grenzen hinweg, so übermitteln wir heute Fakten und recherchieren zeitgemäß in Datenbanken, und das weltweit. Die technischen Entwicklungen bewirken eine Dezentralisierung der Arbeit, und diese läßt unter anderem Informationsmärkte entstehen, die untereinander korrespondieren. Begrenzungen in der internationalen Zugänglichkeit zu Informationen gibt es und hat es immer durch Machtinteressen (ich denke hier an die Isolierung des Nobelpreisträgers Sacharow) oder durch militärische Auflagen gegeben. Aber vielleicht waren bzw. sind das Gründe für Konkurrenzdenken und Wettbewerb, und die beleben ja bekanntlich das Geschäft.

Abgrenzungen zum Beispiel waren und sind noch immer u.a. für die Kulturwissenschaft interessant. Mit zunehmender Internationalität verlieren sich viele Eigenständigkeiten. Bleiben die Abgrenzungen jedoch erhalten, klaffen die Kulturentwicklungen auseinander – ich denke hier an die Re-Islamisierung Khomeinischer Prägung, die sogar begrenzt eine Stagnation der wissenschaftlichen Forschung nach sich ziehen kann.

Ob Abgrenzung oder nicht, die Jagd nach Informationen ist heute weltweit gegeben, auch wenn die Zugänglichkeit zu diesen Trophäen unterschiedlich gehandhabt wird. An keiner Stelle jedoch kann geleugnet werden, daß Informationssysteme eine wichtige Voraussetzung für die internationale Wettbewerbsfähigkeit der Volkswirtschaften sind, die wiederum von der Leistungsfähigkeit der Wissenschaft und Forschung abhängig sind.

Eine Vielzahl von deutschen, europäischen und internationalen Gremien organisieren heute Wissenschaftsvorhaben. Die Zahl der Forschungsprojekte mit internationaler Beteiligung ist steigend. Für die Bibliotheken ist deshalb die Zusammenarbeit mit Institutionen wie dem Wissenschaftsrat, der Europäischen Wissenschaftsstiftung, der Deutschen Forschungsgemeinschaft, der Kultusministerkonferenz, der Westdeutschen Rektorenkonferenz, um nur einige zu nennen, längst zur Notwendigkeit und zur gewohnten Praxis geworden.

Um den internationalen Anforderungen gerecht zu werden, wurde die Mitarbeit der deutschen Bibliotheken in internationalen Fachgremien wie beispielsweise der IFLA (International Federation of Library Associations and Institutions), in FID (Fédération International de Documentation) und LIBER (Ligue des bibliothèques européennes de recherche), der OECD (Organisation für wirtschaftliche Zusammenarbeit und Entwicklung) sowie UNESCO und ISO (Internationale Organisation für Standardisierung) erforderlich und selbstverständlich.

Eine Arbeit ohne diese internationale Einbettung wäre heute undenkbar. Deshalb freuen wir uns, daß Prof. Luigi Vittorio Ferraris den Festvortrag „Zur Internationalität wissenschaftlicher Bibliotheken“ hält. Als Botschafter der Republik Italiens ist sein Anliegen, Verbindungen auszubauen, Informationen auszutauschen, vergleichbar dem der Bibliotheken. Zudem dürfte es für uns Bibliothekare aufschlußreich sein, zu diesem Thema die Gedanken eines Diplomaten und – wie ich hoffe – Benutzers auch deutscher Bibliotheken zu hören. Wir – und hier spreche ich auch im Namen von Dr. Y. Haase, dem Vorsitzenden des VDB – danken Ihnen, Herr Botschafter, für die Übernahme des Festvortrages und dürfen Sie auf das herzlichste begrüßen.

Um die Verbindung Wissenschaft und Forschung zu den Bibliotheken herzustellen, ist es inzwischen schon fast gute Tradition geworden, daß der Schwerpunkt der Forschung der gastgebenden Universität in einem Vortrag vorgestellt wird. Ich habe die Freude, in diesem Jahr Herrn Prof. Dr. Wolfgang Krumbein zu begrüßen und ihm zu danken, daß er diese Aufgabe für Oldenburg übernommen hat. In seinem Vortrag „Altneuland“ wird er „zur Frage der Konservierung historischer Monumente“ referieren.

Die internationale Verflechtung – im fortgeschrittenen Stadium zunehmend auch die Vernetzung – ist heute eine Selbstverständlichkeit für die Bibliotheken nicht nur in den Industriestaaten, sondern zunehmend auch für Bibliotheken in den Drittländern. Durch die Verflechtungen von Wissenschaft und Forschung, Industrie und Handel entfallen auf die Bibliotheken als Servicebetriebe umfangreiche und vielschichtige Aufgaben.

Vor dem 1. Weltkrieg beschränkten sich die internationalen Kontakte vor allem der großen und größeren Bibliotheken auf Tausch und Leihverkehr. Im Dritten Reich setzte erneut der Beginn der Isolierung ein, die dann mit dem Zweiten Weltkrieg vollzogen wurde. Erst Anfang der 50er Jahre begann die internationale Zusammenarbeit erneut. Seit eh und je befaßten sich vor allem die wissenschaftlichen Bibliotheken mit „Beschaffung ausländischer Literatur“. Jedenfalls referierte der kürzlich verstorbene Wilhelm Hoffmann zu diesem Thema 1948 in der Niedersächsischen Landeshauptstadt Hannover (ZfBB 1973, S. 147).

Sehr stark kam der Nachholbedarf an ausländischen Informationen nach dem Krieg zum Ausdruck. Damals wurde das Ziel, Lücken wieder zu schließen, als Lebensfrage für die Wissenschaft deklariert. Daran hat sich wohl bis heute nichts geändert. Geändert haben sich die Rahmenbedingungen und die Anforderungen.

Diese internationale Zusammenarbeit wurde auf immer mehr Gebiete ausgedehnt: wie den wissenschaftlichen und amtlichen Schriftentausch, den internationalen Leihverkehr, die Erwerbung, die Katalogisierung und Dokumentation, das Angleichen von neuen Methoden und Techniken sowie für Datennutzung und Bestandskonservierung gleichermaßen, das Verfolgen der Ausbildungsgänge und das Transparentmachen der Arbeiten der Berufsverbände der verschiedenen Länder.

Gaben die Universitätsbibliotheken 1980 46% des Etats für ausländisches Schrifttum aus, so waren es 1984 bereits 52%. Diese Zahlen besagen zwar nichts über die angeschafften Bände, spielen hier doch steigende Währungen und andere Variable mit, aber sie zeigen auf, daß auf ausländisches Schrifttum nicht verzichtet werden kann. Und hier ist eine Stelle, an der die Praxis der Bibliotheken einsetzt.

Veränderungen auf dem Buchmarkt müssen registriert werden, auf dem Wissen und Unterhaltung nicht mehr beschaulich und nach Qualität gehandelt werden, sondern wo das Buch zum Stückgut und nach den strengen Regeln des Kommerzes produziert und vertrieben wird. Diese Veränderungen bedingen Anpassungen in den Auswahl- und Beschaffungsstrategien. Für bestimmte

Literaturgruppen und ausländische Literatur ist es weniger das Auswählen aus der Palette des Produzierten als die trickreiche Beschaffung des Gewünschten, das den Bibliothekar zum Jäger und Sammler werden läßt, der das Buch als Beutestück nach Hause trägt.

Denen gegenüber stehen die Bibliophilen, die Hüter unserer Bestände, die voller Sorge die zunehmenden Ausleihzahlen in der Orts- und Fernleihe und den parallel dazu verlaufenden Bücherzerfall nicht nur bei Handschriften oder Altbeständen, die häufig nur als Einzelexemplare der Welt für Forschungszwecke zugänglich gemacht werden können, registrieren. Hier werden noch Überlegungen und Planungen erforderlich werden, Bestände zu restaurieren und zu konservieren, sie nicht nur zu archivieren, sondern sie – und sei es verfilmt, verficht oder per materialschonender Kopie – der Wissenschaft und Wirtschaft zur Verfügung zu stellen, und das auch noch zu vertretbaren Kosten.

Mit zunehmender Bestandserfassung per Datenverarbeitung verschwinden die Nachweisgrenzen. Ehrgeizige Vorhaben wie Verbundkatalog-Lösungen schreiten zwar nicht so schnell voran, daß unsere Adaption überfordert würde, aber der internationale Leihverkehr z. B. benötigt durch die gegenseitige Nachweisbarkeit der Bestände über Ländergrenzen hinweg neue Procedere, wie Online-Ordering bibliotheksfähig gemacht werden muß. Es ist heute angesagt, mit Fremdleistungen zu arbeiten, und es ist erforderlich, mit Netzwerken umzugehen; so werden auch diese Themen, die u. a. die Organisationsstrukturen der Bibliotheken beeinflussen, wieder diskutiert werden.

Seit einiger Zeit beschäftigt uns die politische Forderung nach einer europäischen Bibliothek. Die Stimmen außerhalb der offiziellen Verhandlungen dazu sind unterschiedlichster Couleur und reichen von:

- Wieso eine Neugründung, wenn uns die Etats für bestehende Einrichtungen gekürzt werden?
- bis zu Wunschvorstellungen zu einer Ansiedlung in deutscher Provinz.

Zwei Vorträge dazu werden uns Einblicke in Planungsstand, Aufgabenfelder und hoffentlich den Sinn dieser angestrebten Einrichtung geben.

Eine Vielzahl weiterer Themen zur Praxis in den Bibliotheken rundet dieses Programm ab. Immanuel Kant stellte einmal fest, die Praxis sei häufig so schlecht, weil die Theorie fehle. Dieser Bibliothekartag bietet die Chance, eine Woche lang Theorie zum Wohle für die Praxis zu betreiben.

Und daß dies 48 Ausländer aus 9 Ländern mit uns tun, freut uns sehr.

Im Namen der Vorstände der beiden Vereine danke ich vor allem den Kollegen aus Österreich, Herrn Dr. Kroller und Herrn Dr. Oberhauser, Herrn Günter Steven aus Luxemburg und Siegfried Feller aus den Vereinigten Staaten für ihre angekündigten Beiträge. Auch den IFLA-Präsidenten Dr. Hans-Peter Geh und das Mitglied des Europäischen Parlaments Prof. Dr. Werner Münch möchte ich an dieser Stelle in den Dank einschließen, daß sie mit ihren Referaten die internationale Zusammenarbeit dokumentieren.

Es ist eine Ehre und zugleich eine Verpflichtung, während dieser Tagung die Arbeit in den Bibliotheken transparent machen zu können. So freue ich mich zusammen mit Dr. Haase, daß wir heute zahlreiche nichtbibliothekarische Gäste auf das herzlichste begrüßen dürfen.

Wir danken Ihnen, Herr Minister Cassens, daß Sie Zeit gefunden haben, an dieser Eröffnungsveranstaltung teilzunehmen, und daß Sie ein Grußwort Ihrer Landesregierung überbringen. Unser herzlicher Willkommensgruß gilt dem Oberbürgermeister Dr. Niewerth und dem Präsidenten der Universität Oldenburg, Dr. Zilleßen. Auch Ihnen möchte ich an dieser Stelle bereits für Ihre Grußworte danken. Weiterhin begrüßen wir herzlich Herrn Josef Dierkes, Abgeordneter des Niedersächsischen Landtags, den Oberstadtdirektor, Herrn Heiko Wandscher, die Vertreter des Landesparlaments, der Bezirksregierung, der kommunalen Verwaltung sowie die Vertreter der Parteien.

Sie sind für uns seit Jahren aufgrund ihrer politischen Aufgabenstellung Mittler, Mittelbeschaffer, Koordinatoren und Kritiker.

Spätestens an dieser Stelle scheint es angebracht, unsere Ängste und Nöte zu formulieren, unsere Wünsche zu deklarieren. Ich werde es heute hier nicht tun, in der Hoffnung, daß das Unausgesprochene lauter spricht als das Ausgesprochene.

Wir begrüßen hier herzlich die Aussteller: die Vertreter von Verlagen, Buchhandlungen und Firmen sowie die Vertreter der Presse.

Sie sind als unsere Lieferanten zum Teil bestens vertraut mit unseren Nöten und Entwicklungen bzw. vermitteln als Journalisten in den verschiedenen Medien der breiten Öffentlichkeit unsere Anliegen oder die Anliegen der Öffentlichkeit an uns. Wir wünschen uns auch weiterhin eine gute Zusammenarbeit mit Ihnen. Namentlich und stellvertretend für unsere ausländischen Gäste darf ich in Oldenburg herzlich willkommen heißen:

Dr. Willem R. Koops aus Groningen, der als IFLA-Vertreter ein Grußwort sprechen wird.

Als offizielle Vertreter ihrer Verbände und für die zahlenmäßig stärkste Gruppe

aus Österreich: Herrn Hofrat Dr. Ferdinand Baumgartner, Frau Brigitte Höglinger, Frau Elfriede Strigl

aus Großbritannien: Miss Andrea Polden

aus Italien: Dr. Gabriele Lunati

aus den Niederlanden: Herrn August Mathijsen, Frau Peters

aus der Schweiz: Herrn Jean-Claude Rohner, Herrn Dr. Treichler

aus Ungarn: Frau Dr. Gomba Szabolesné
und aus den USA: Herrn Siegfried Feller.

Ich freue mich, hier ebenso die Vertreter der befreundeten Vereine willkommen heißen zu können:

- Herrn Helmut Sontag, den Vorsitzenden des DBV,
- Herrn Winfried Hartmann, den Vorsitzenden des Niedersächsischen Bibliotheksverbandes
- Dr. Hans-Joachim Kuhlmann für den Verein der Bibliothekare an Öffentlichen Bibliotheken.

Die fortschreitende Spezialisierung, die komplizierten Versorgungssysteme bedingen Organisation durch den Staat und durch private Institutionen. Durch Gesetze und Verordnungen nimmt der Staat so immer stärkere Eingriffe in die Eigenständigkeit und persönlichen Belange vor. Die Entstehung anonymer Apparate – eine Art administrativer Despotismus –, die Anonymisierung des Menschen, der als Individuum belanglos wird und seine Bedeutung lediglich als Kettenmitglied hat, wird deutlich. Die Forderungen und Wünsche einzelner jedoch läßt Interessenverbände entstehen und wachsen, allerdings tendieren auch diese zu Institutionalisierung und Bürokratisierung.

Da diese Tagung von den zwei Berufsverbänden der wissenschaftlichen Bibliotheken getragen wird, kommen wir schnell von solch theoretischen Andeutungen zurück in die praktische Welt und setzen uns in den Mitgliederversammlungen unter anderem mit den Fragen der Interessenvertretung, und in welcher Form diese in der heutigen Zeit sinnvoll sein mag, auseinander.

Hier habe ich das Vergnügen, die Mitglieder der beiden Vereine und die Kollegen und Kolleginnen auf das herzlichste zu gemeinsamer Arbeit und Gedankenaustausch in Oldenburg zu begrüßen.

Oldenburg in Oldenburg hat uns eingeladen. Dafür sei der Stadt, der Universität und den gastgebenden Bibliotheken, unseren Gesprächspartnern, Herrn Havekost und Herrn Wätjen, herzlich gedankt.

Meine Damen und Herren, Sie haben die Gelegenheit, die hiesige Bibliothekslandschaft zu studieren in Vorträgen und Besichtigungen. Das Bibliotheks- und Informationssystem ist noch eine sehr junge Universitätsbibliothek, deren Aufbau 1973 mit den Beständen der ehemaligen Pädagogischen Hochschule begann. Die Universitätsbibliothek ist als ein einschichtiges System konzipiert, das aus einer Zentralbibliothek und Bereichsbibliotheken in der Nähe der entsprechenden Fachbereiche besteht.

Die Landesbibliothek, die wohl die größte Sammlung plattdeutscher Bücher und Zeitschriften beherbergt, kann uns unter kompetenter Führung ihren Neubau vorstellen.

Neben diesen fachbezogenen Programmteilen bietet Oldenburg Alternatives, Neues:

- Wir dürfen diesmal bereits donnerstags den Katalog umtanzen und damit ein völlig neues Bibliotheksgefühl entwickeln;
- Oldenburg bringt es fertig, aus Bibliothekaren Radfahrer zu machen.

Diese ausgewählten Beispiele sollen andeuten, daß es möglich ist, Neues zu probieren und trotzdem Traditionen zu pflegen, sie zu beleben und damit wieder als solche auszuweisen. Zwar mag der eine oder andere Kollege bzw. Kollegin hier Zweifel hegen, ich möchte sie aber mit Thomas Mann trösten:

„Pietätlos ist nur eben die Zeit, die das Alte verläßt und das Neue heranbringt. Gewiß, sie bringt das Kleinere nach dem Großen. Aber es ist das ihr und ihren Kindern Gemäße, das Lebendige und Gegenwärtige, das uns angeht und mit seiner Unmittelbarkeit, deren die Pietät denn doch ermangelt, zu den Herzen, den Nerven derer spricht, denen es zugehört, und die dazu gehören, die es gleichsam mit hervorgebracht haben.“

Damit möchte ich den 76. Deutschen Bibliothekartag in Oldenburg eröffnen.

LUIGI VITTORIO FERRARIS

Die Internationalität wissenschaftlicher Bibliotheken

Es ist ganz zweifellos eine Ehre, wenn man gebeten wird, auf dem 76. Deutschen Bibliothekartag das Wort zu ergreifen, um die Festrede zu halten. Dieser Ehre bin ich mir vollkommen bewußt. Allerdings bezweifle ich, ob diejenigen, die mich mit einer so ausgesprochenen Liebenswürdigkeit und mit so schmeichelhaften, doch unverdienten Worten dazu aufgefordert haben, sich vollkommen bewußt sind, welches Risiko sie da auf sich genommen haben: Denn wird die mir so erwiesene Ehre auch ein Vergnügen für diejenigen sein, die more germanico gezwungen sein werden, mit angeblich echter, tiefer Aufmerksamkeit mich anzuhören?

Denn wen haben Sie eingeladen? Einen Beamten, der unter dem wohltönenden Mantel eines Diplomaten herumläuft, und nochmals einen Beamten, der sich rühmt (doch wer tut das sonst außer ihm selbst), ein Hochschullehrer zu sein. Und dieser Mann soll nun vor Ihnen, die sie allesamt kompetente Fachleute sind, über Bibliotheken sprechen? Das ist in meinen Augen eine Zumutung für Sie. Es wäre gleichfalls eine Zumutung, wenn ich zu Ihnen als einfacher Liebhaber des Buches sprechen würde.

Der Bücher-Liebhaber, der Bibliophile, ist derjenige, der Bücher sucht, weil es ihm Vergnügen bereitet, sie zu besitzen – mehr noch als sie zu lesen oder ihren Inhalt zu studieren, fast mit einem physischen Besitzgefühl oder einer echten Liebe. Anders wäre der Bibliomane, wobei der Unterschied auf der Hand liegt. Solange die Entscheidung für eine Büchersammlung sich auf das typographische, literarische, historische oder künstlerische Interesse gründet, für das sie stehen, ist der Sammler der edlen Bezeichnung eines Bibliophilen würdig; sobald er sich allerdings von Launen und Moden leiten läßt, ist er lediglich ein Bibliomane, der sich nur aus Eitelkeit oder aus seinem Wahn von den Rivalen unterscheiden will. Es handelt sich um einen Bibliomanen, wenn ein Liebhaber von Elzeviren auf den Millimeter die Höhe seines "pastissier françois" mit derselben Sorge nachmißt, wie Friedrich der Große seine „Langen Kerls" maß!

Leider jedoch – für Sie alle – bin ich weder ein Bibliophile noch ein Bibliomane. Bin ich vielleicht nur jemand, der über Dinge spricht, die er nicht kennt? Mein einziger Trost kann dann bloß sein, daß ich gewiß nicht der erste bin, der die völlige Verantwortungslosigkeit besitzt, von einem Pult aus zu sprechen.

Doch muß ich nun, als Diplomat und zumindest ein wenig auch als Bücherfreund, zum Thema meiner Rede kommen, wenngleich mir bewußt ist, daß ich allzu viel wage hier vor meiner Zuhörerschaft.

Darf ich einen erfolgreichen Roman hier zitieren, nämlich aus Ecos „Der Name der Rose“: „Kein Wunder, so schien mir, wenn sich das Geheimnis der Verbrechen in dieser Abtei um die Bibliothek drehte. Für diese den Schriften geweihten Mönche war die Bibliothek gleichzeitig das himmlische Jerusalem und ein verborgenes Reich an der Grenze zwischen Terra incognita und heidnischer Unterwelt. Sie wurden beherrscht von der Bibliothek, von ihren Verheißungen wie von ihren Vorboten. Sie lebten mit ihr, für sie und vielleicht auch gegen sie, in der sündigen Hoffnung, eines Tages all ihre Geheimnisse lüften zu können. Warum sollten sie nicht den Tod riskieren, um ein Verlangen ihres wißbegierigen Geistes zu stillen, warum nicht schließlich auch töten, um zu verhindern, daß jemand sich eines ihrer kostbaren Geheimnisse bemächtigt?“

Es ist nahezu eine Binsenweisheit festzustellen, daß die Bibliothek von Natur aus die unmittelbare und auch getreue Widerspiegelung der Internationalität der Kulturen ist. Doch inwieweit entspricht die Situation in der Wirklichkeit diesem Grundsatz, um einer Bibliothek ihren vollen Wert und ihre volle Bedeutung zu erweisen?

Ich möchte von der Geschichte ausgehen, um einige Punkte zu beleuchten, die es uns erlauben, die heutige Situation zu bewerten und vor allem unsere Aufgaben für das unmittelbare Morgen zu erkennen: unsere Aufgaben für ein Ziel, das wir alle uns auf die Fahnen der Kultur Europas und der Welt geschrieben haben. Die Internationalität der Bibliothek im Dienste der Wissenschaft verlangt den Respekt vor einigen kulturellen und politischen Voraussetzungen, die zwar nicht neu sind, jedoch sozusagen täglich erneuert werden müssen in unserem Bestreben für die Kultur.

Ich möchte nun einige dieser Erfordernisse von der Geschichte heraus aufzeichnen, und dabei unsere Anerkennung für Aristoteles in die Erinnerung rufen, dem wir für die erste Bibliothek für die Lehre und die wissenschaftliche Forschung Dankbarkeit schuldig sind.

Sind wir wirklich alle davon überzeugt, daß das beste Mittel, um die Internationalität sicherzustellen, darin liegt, sich nur und ausschließlich der öffentlichen Bibliotheken zu bedienen? Im antiken Rom gingen die privaten Bibliotheken – im Unterschied zu der Entwicklung in Ägypten oder in Griechenland – den öffentlichen Bibliotheken voraus. Cäsar stellte sich als erster das Problem der öffentlichen Bibliothek mit einem großartigen Plan, der jedoch wegen seines plötzlichen und so tragischen Todes auf dem Papier stehen blieb.

Damals war es ein Luxus, eine Bibliothek zu besitzen; doch sollten wir auch nicht unterschätzen, welch ein Reichtum nicht nur für den Bibliophilen, sondern auch für den Wissenschaftler in den privaten Sammlungen heute zu finden wäre. Das breite Band der privaten, sorgfältig gehegten Sammlungen, deren Auswahl mit Liebe getroffen wurde, sichert der wissenschaftlichen Gemeinschaft einen lebendigen und vielfältigen Austausch erlesener Bücher auch über die Grenzen hinweg.

Wir könnten hierzu feststellen, wie wenig von den öffentlichen Organen unternommen wird, um dieses persönliche und individuelle wissenschaftliche Sammlertum zu erleichtern: Denken wir nur an die zu hohen Postgebühren, an die noch immer – auch innerhalb der Europäischen Gemeinschaft – existierenden Zollprobleme, an den mühsamen und oft auch kostspieligen Wechselkurs im Buchhandel, an die Schwierigkeiten, Bücher in anderen oder in vielen Sprachen zu finden als lediglich in der einen des Ortes, wo sie erschienen sind (das Beispiel der großen Stockmann-Buchhandlung in Helsinki wird sicher nicht woanders, und gewiß nicht in Deutschland, befolgt). Gewiß gibt es internationalisierte bibliographische Hinweise, aber wie schwierig ist für den einzelnen der Zugang zu der Buchinformation und immer noch zum Bucherwerb!

Die Bibliothek sollte ein Ort des Nachdenkens, der Meditation sein, sie sollte Gedanken und Geist anregen. Erinnern wir uns an den peripathetischen Ursprung der großen und legendären Bibliothek im ägyptischen Alexandria, die in Verbindung mit einem Museum gegründet worden war und damit wissenschaftliche Institution, Universität und Akademie umfaßte.

Die Bibliothek von Alexandria übte somit einen nahezu einzigartigen Einfluß auf die Kultur in der antiken Welt aus; sie war eine Art Werkstatt der Handschriften, nicht unähnlich den Skriptorien des Mittelalters, wo man in der Stille der Klöster Schriften bewahrte, aber auch mit viel Hingabe und wieder mit Liebe überschrieb, abschrieb und übermittelte. Nie wird man genug schreiben können über die positive Funktion, welche die Franziskaner und die Dominikaner mit ihrem Sinn für das Praktische für unsere heutige Kultur gehabt haben. Ohne sie, ohne ihre aktive Konzeption von der Bibliothek wäre unsere Kultur sehr viel ärmer, denn es fehlten ihr jene Wurzeln, die uns Europäern den Stolz einer Kultur gestatten, die wir „europäisch“ zu nennen pflegen.

Damit sind wir bei einem anderen, auch für die moderne Bibliothek sehr wichtigen Aspekt: die Bibliothek nicht nur als Ort der Aufbewahrung von Büchern, sondern als aktive Kultur-Werkstatt, durch welche die Grundlagen der internationalen Gemeinschaft der Gelehrten und Wissenschaftler geschaffen werden, einer Gemeinschaft, die sich mit der Konservierung allein nicht zufrieden geben kann.

Die Bibliothek muß offen, das heißt allen zugänglich sein. Diese große Funktion hatten die fürstlichen Bibliotheken, die auf diese Weise das Prestige und den Reichtum des Fürsten hervorheben sollten; daß sie jedoch bald öffentlich zugänglich gemacht wurden, beweist eine Entwicklung der Sensibilität des Fürsten für die Interessen einer Gemeinschaft, die langsam in jenen Begriffen gesehen wurde, die sich unserer Auffassung von einer demokratischen Gesellschaft annähern.

Die erste Bibliothek, die öffentlich im Sinne ihrer Zugänglichkeit für die Allgemeinheit war, ist wiederum ein römisches Werk und geht auf das Jahr 39 vor Christus zurück als eine Initiative von Asinius Pollio in Erinnerung an seinen Sieg über die Parter: Grundlage der Bibliothek war der Rest der Kriegsbeute. Andere entstanden. Doch wenn wir uns nicht allein auf die Antike beziehen wollen, können wir auf eine Epoche zurückgreifen, die uns näher liegt, und wiederum finden wir uns in Rom, wo 1475 unter Papst Sixtus IV. die Vatikanische Bibliothek dem Publikum geöffnet wird: eine Innovation italienischen Ursprungs, die den Geist des Humanismus widerspiegelt und jenseits der Alpen gefolgt wird von Franz I. mit der Bibliothek von Fontainebleau, von Philipp von der Pfalz mit der Heidelberger Bibliothek und sogleich darauf von Albrecht von Preußen in Königsberg und dann von August von Sachsen in Dresden. Wichtig waren nach den Zerstörungen und Versprengungen die Auswirkungen der Reform durch die Schaffung neuer städtischer Bibliotheken, die in dem wiedergewonnenen Geist der wissenschaftlichen Forschung in Deutschland der Allgemeinheit geöffnet wurden. Natürlich wurde diese revolutionäre Neuerung durch die Einführung des Buches und seiner Vervielfältigung erleichtert, was, wenn man so will, zu einer Wertminderung der einzelnen erhaltenen Werke führte. Aber in Wirklichkeit handelte es sich um eine ganz präzise kulturelle Entscheidung.

Das Problem der allgemeinen Zugänglichkeit zu Bibliotheken – das merkwürdigerweise erst später in die Länder mit liberaler Tradition wie England gelangte – stellt den Stützpfeiler des internationalen und wissenschaftlichen Wertes einer Bibliothek dar, die heute von uns als solche betrachtet wird, gerade weil sie der Allgemeinheit zugänglich ist.

Diese Konzeption findet verschiedene Interpretationsgrundzüge, und zwar weniger im Sinne bibliothekarischer Technik als im echt politischen oder zumindest kulturpolitischen Sinn. Ich beziehe mich hier nicht auf die aus moralischen oder obskurantistischen Gründen mehr oder weniger verbotenen Bereiche bei der Bewertung des Büchergutes bis hin zur Französischen Revolution: Als Italiener würde ich da eher das berühmte Beispiel in der Geschichte der italienischen Literatur von dem Bereich verbotener Bücher der Bibliothek des

Vaters unseres großen Dichters der Jahrhundertwende zwischen 1700 und 1800, nämlich Giacomo Leopardi, anführen.

Ich meine eher die politische Entscheidung, den politischen Filter, den bis heute noch einige Regime bei dem Zugang zu den Büchern oder den Bibliotheksbereichen für den Leser anwenden. Im Verlaufe der Formulierung der Schlußakte von Helsinki wurde zwischen Ost und West lange und geduldig um die Definition von „öffentlichem Zugang" und „Zugang der Öffentlichkeit" in der Frage der Informationen gerungen. Der Unterschied scheint nur semantischer Natur zu sein, und doch verbirgt er einen tiefen Unterschied in den politischen Auffassungen. Mit „öffentlichem Zugang" wollte man sagen, daß jeder auch die Bibliothek betreten konnte und weder als Benutzer der Bibliothek noch aufgrund der Auswahl der Bücher diskriminiert werden durfte. Mit dem „Zugang der Öffentlichkeit" sollte ein Filter oder eine potentielle Auswahl darüber getroffen werden, wer die Öffentlichkeit sein sollte, welcher der Zugang zu der Bibliothek und den dort bewahrten Büchern gestattet werden konnte.

Die uneingeschränkte Öffentlichkeit einer Bibliothek ist somit als essentieller Faktor anzusehen. Wenn irgendeiner Autorität das Recht oder die einfache Möglichkeit eingeräumt wird, hier eine Auswahl zu treffen, so hat das zwei gleichermaßen ernste Konsequenzen: Einmal die Diskriminierung von Personen (indem man einem Ausländer oder einem als nicht qualifiziert gebrandmarkten Bürger den Zugang verwehrt) oder die Diskriminierung durch die intellektuelle Bewertung des Inhaltes der Werke. Natürlich kann ein solches Vorgehen bisweilen akzeptiert werden, wenn es sich beispielsweise um den Schutz der Erziehung von Minderjährigen handelt, also um die Ebene einer moralischen Frage. Aber es ist ganz offensichtlich, daß wir hier an die üblichen Grenzen des moralisch Zulässigen stoßen, die nichts zu tun haben mit einer Bibliothek, die wissenschaftlichen Zielen ohne Zensur dient.

Der öffentliche Charakter hat dann zwei Korollarien. Zum einen das des Ausleihens von Büchern. In den Skriptorien des Mittelalters und in den wunderbaren Bibliotheken des Umbruchs zu neuen Zeiten und der Renaissance hatten der hohe Wert der Werke und die Unmöglichkeit, sie mit relativ geringen Kosten erneut zu produzieren, dazu geführt, daß die Bücher am Pult angekettet (libri cathenati) und ein Ausleihen ausgeschlossen wurden.

An der Sorbonne wurde eine Unterscheidung getroffen: Die größere Bibliothek, „libreria communis", war allen Mitgliedern (noch nicht jedoch dem allgemeinen Publikum) geöffnet und enthielt den wichtigsten Teil der Bibliothek mit allesamt angeketteten Büchern; die „parva bibliotheca" hingegen bestand aus den „libri vagantes", Doppelausgaben oder schon abgenutzten Büchern, die außer Haus geliehen werden konnten. Die Idee des Ausleihens jedoch kam erst sehr viel später auf, als sich nach 1849 in den Vereinigten Staaten, in England und später in Holland der Gedanke der städtischen Bibliothek verbreitet, die nicht der Wissenschaft, sondern der Verbreitung der Kultur für die Bürger dienen sollte. Somit ist das Ausleihen vielmehr eine Folge der Freiheit und der Anerkennung der Gleichheit des Bürgers.

Die zweite Konsequenz ist die Errichtung von Universitätsbibliotheken. Die Studenten der ältesten italienischen Universitäten benutzten Bücher, die ihnen von Händlern oder von „stationarii" (Handschriftenaufbewahrern) zur Verfügung gestellt wurden. Als erste eröffneten die Engländer in Oxford eine Universitätsbibliothek, und sogleich folgten die ersten deutschen Universitäten, wie vor allem Prag und Erfurt, sodann im Jahre 1386 Heidelberg: Das 600jährige Bestehen der dortigen Bibliothek konnte vor kurzem feierlich begangen werden. Als ausgefeilteste Universitätsbibliothek erinnern wir uns an die der Universität von Greifswald im Jahre 1456. Neu war die Universitätsbibliothek insofern, als man nicht mehr auf die klösterlichen Orden oder auf die Liberalität eines Fürsten zurückgreifen mußte, sondern ein sehr präzise definiertes wissenschaftliches Ziel verfolgte, wenn auch auf didaktischer und nicht nur auf der Forschungsebene.

Wenn man so will, hätte die Universitätsbibliothek in ihren Zielsetzungen durch die spezialisierte Bibliothek ergänzt werden müssen; merkwürdigerweise jedoch kam diese erst sehr viel später: Die erste, die dieser Bezeichnung würdig ist, ist dem Verdienst der Handelskammer Hamburg zuzuschreiben mit der im Jahre 1735 gegründeten Sammlung von Büchern über die Seefahrt und den Handel.

Doch welche Bücher sollen bewahrt werden? Mit Vergnügen erinnern wir uns daran, daß in der Antike die größte griechische Bibliothek in Ägypten im dritten Jahrhundert vor Christus entstanden ist, also in einer Kolonie sozusagen, wo bis zu diesem Zeitpunkt sicher nicht gerade viele griechische Bücher gewesen waren und wo die Bewohner – zumeist Siedler und Soldaten – kein Griechisch verstanden. Wenngleich man die Gründe leicht erforschen kann (der Wunsch, das griechische Ideal der Kultur seitens Ptolomäus I. zu verwirklichen und der billigere Zugang zum notwendigen Material – Papyrus – in Ägypten), so war dieses erhabene und antike Beispiel doch Ansporn für die Internationalität der Bibliothek bis hin zu dem Punkt, da man jede nationale oder regionale Verbindung entfernte.

In ganz Europa hatten die Bibliotheken nicht nur parallele Ursprünge und Entwicklungen, sondern auch einen ständigen und intensiven Austausch von Büchern, von Buch-Handwerkern, von Studien und Gelehrten; denn eine Sache ist der Ursprung der europäischen, griechisch-römischen Kultur, die, durch das Christentum verbreitet, universell wurde und in die Tradition und Mentalitäten verschiedener Völker einfloß und sich miteinander verschmolz. Eine andere Sache ist dann die Sprache, denn wenn auch die Volkssprachen, das „volgare", sich eigenständig entwickelten und zu eigenen Sprachen wurden, so blieb das Lateinische bis über das ganze 18. Jahrhundert hindurch die Universalsprache der Gebildeten.

Dank dieser gemeinsamen Sprache erreichte man im Mittelalter – Renaissance eingeschlossen – den höchsten Grad der Internationalität; dank auch des Nichtvorhandenseins kultureller Grenzen irgendeiner Art innerhalb einer geeinten christlichen Gemeinschaft, jenseits und über die entstehenden Staaten hinweg und über die Volkssprachen, die – wie als älteste das Italienische – sich nach und nach durchsetzten. Doch auch für uns muß Gültigkeit haben, daß die Bibliothek der Bücherproduktion und dem Beitrag aller offen sein muß.

Können wir wirklich behaupten, daß dies heute in wünschenswertem Maße der Fall ist? Können wir wirklich sagen, daß die Barrieren kultureller Nationalismen und der Sprachkenntnisse unseren Bibliotheken – auch jenen mit wissenschaftlichem Anspruch – die Internationalität der Bibliothek von Alexandria in Ägypten oder der mittelalterlichen Klöster oder auch der uns geschichtlich näheren Fürstenbibliotheken ermöglichen?

Es ist einfach, ja allzu einfach, von der Internationalität der Bibliotheken zu sprechen, wenn man sich nur mit dem Umstand zufriedengibt – natürlich überaus wichtig, doch für uns alle nach den Dramen der Intoleranz in den dreißiger Jahren nahezu offensichtlich und selbstverständlich geworden –, daß die Bibliotheken der Allgemeinheit zugänglich sind bzw. daß keine Diskriminierungen in dem aufgezeichneten Sinn ausgeübt werden. Unsere wissenschaftlichen Bibliotheken gründen sich auf die Bücher in der Landessprache vor allem deshalb, weil eine sehr aktive Verlagsproduktion fast alles übersetzt und sich aus handelspolitischen Beweggründen, die zudem mehr als löblich sind, der Landessprache bedient; dies gilt sogar für Sprachen, die von ihrer Verbreitung her eher von geringer Bedeutung sein mögen. Dann gibt es den Rückgriff – vor allen Dingen bei hochspezialisierten Büchern – auf die „lingua franca" der Wissenschaft, also Englisch. Doch das ist nicht ausreichend.

Ich möchte hier an diesem Ort nicht in die Diskussion über Sinn und Nutzen einer „lingua franca" eintreten. Persönlich bin ich kein Anhänger der so weit verbreiteten Idee, daß man sich auf dem Gebiet der Wissenschaft und des Wissens einer einzigen Sprache bedienen müßte, nämlich des Englischen, weil – wie man sagt – man nur auf diese Weise den Informations- und Ideenfluß sicherstellen kann und weil man nur mit dem Englischen verstanden wird und verstehen kann. Das ist falscher Realismus, ja es ist Utopie: Eine Sprache ist mit einer Denkensweise verbunden, und eine Sprache, die allen gemeinsam ist, gibt es nur, wenn auch die Denkensweise allen gemeinsam ist. Sowas war möglich in dem von Rom beherrschten Universum oder im Mittelalter. Es ist nicht mehr möglich nach der Schaffung der Nationalstaaten, die noch vor dem Unterschied in ihren autonomen Grundstrukturen Ausdruck unterschiedlicher Kulturen sind. Deutschland und Italien stehen als Beispiel für eine nationale Einheit über Jahrhunderte hinweg, trotz der Unterschiedlichkeit und der teilweise entgegengesetzten staatlichen Einheiten innerhalb einer Gemeinschaft, die kulturell ist.

Wenn das zutrifft, denn es handelt sich hier um ein Axiom, das als solches keines wissenschaftlichen Beweises bedarf, dann müssen wir feststellen, daß trotz allem, was man über die kulturelle Einheit Europas oder über die europäische Identität sagt, die Sprachkenntnisse nicht angemessen sind. Geradezu als Paradoxon sehen wir, wie im Gegensatz zu den Bemühungen um die europäische Einheit die Kenntnisse der fremden Sprachen keine nennenswerten Fortschritte machen. Manchmal stellen die Vorschriften eines Landes Hindernisse dar, weil sie einige Sprachen privilegieren (was in der Praxis in der Bundesrepublik Deutschland der Fall ist oder, aus ganz anderen Gründen, in Osteuropa); woanders sind die rechtlichen Beschränkungen geringer, aber die Möglichkeiten in Organisation und Anwendung begrenzt (wie in Italien oder in Großbritannien); wiederum woanders prallen optimale gesetzliche und organisatorische Strukturen gegen die Psychologie des einzelnen (wie in Frankreich). Das Ergebnis bleibt gleich: Wie nie zuvor in unserer Zeit leichter Reise und leichter Kommunikation ist die Kenntnis der Sprachen unzureichend. Sie ist unzureichend in den politisch und kulturell gehobenen Klassen mit Ausnahme einiger weniger Bereiche, die sicher einflußreich, aber statistisch unbedeutend sind; sie ist unzureichend in der breiten Masse, wo alle reisen, aber niemand mehr in der anderen Sprache sprechen will, als was er – kulturell gleichgültig – für die Suche nach einem Hotel, für das Bestellen einer Mahlzeit oder den Kauf einer Fahrkarte benötigt.

Darunter leidet sehr direkt auch die wissenschaftliche Bibliothek – ganz zu schweigen von der Bibliothek, die für ein breiteres Publikum gedacht ist. Warum soll man Bücher in fremden Sprachen anschaffen, wenn sie doch zu wenige Leser finden werden? Warum sich nicht eher der Übersetzungen bedienen, so diese vorhanden sind, oder ansonsten auf Werke zurückgreifen, die einen ähnlichen Inhalt haben, jedoch in der Landessprache geschrieben sind?

*

Das bedeutet eine ernste kulturelle Einschränkung bis hin zum Nationalismus in der Kultur, und es ist kein Zufall, daß in so vielen internationalen Dokumenten eine größere Verbreitung des Studiums von Fremdsprachen vorausgeschickt wird.

Ich fühle mich nicht in der Lage, mit Experten über Probleme der Katalogisierung und Systematisierung von Bibliotheken zu disputieren. Das Problem ist noch recht jungen Datums, denn bis vor relativ kurzer Zeit gab es weniger Kataloge als Listen, die ersten natürlich eher schlecht gemacht, im Frankreich des 12. und 13. Jahrhunderts. Der Dank dafür, die Grundzüge des Problems aufgezeichnet zu haben, geht an Leibniz, der gerade in Hannover gegen Ende des 16. Jahrhunderts die Grundsätze und Konzeptionen diktierte, die Geschichte machten und die glückliche Entwicklung der deutschen Bibliotheken entschieden haben. Ein ebenso aufrechter Dank muß auch an die Library of Congress gehen, die von Washington Regeln diktierte, die für alle weithin Gültigkeit haben.

Die Library of Congress hatte eine bahnbrechende Funktion, denn sie entwarf die Grundlagen für einheitliche Karteien, für den zentralisierten Katalog und für den vereinigten Katalog mit der Koordinierung unter den größten Bibliotheken der Vereinigten Staaten. Mit der Verteilung von Karteien und Klassifizierungen hat sie die Arbeit der Bibliotheken rund um die halbe Welt erleichtert. Dieses sowie das Deweysche Dezimalsystem haben zur Internationalisierung der Bibliotheken beigetragen, so daß sich jeder Lernende und Gelehrte in jeder Bibliothek zu Hause fühlt.

Die neuen Entwicklungen in der Informatik haben in unserer Zeit der Bibliothek eine neue Dimension eröffnet. Werden wir nun durch Bildschirm und Mikrofilm die Bücher ersetzen, werden die Bibliophilen und Bibliomanen nur noch Sammler von alten Werken sein? Wird die Bibliothek etwas anderes sein, werden wir das, worüber wir gesprochen haben, als überholt empfinden? Wir wollen hoffen, daß es nicht so wird, denn dann werden wir einen Gegenstand unserer Liebe verlieren.

Doch der höchste Moderator und Autor der Internationalität einer Bibliothek muß stets der Bibliothekar sein.

Vor Zeiten wurde er nicht als sehr bedeutend angesehen: In England war zu den Zeiten der großen Elisabeth I. das Büro des Bibliothekars mit dem des „destiller of odoriferous herbs“ vereint, dem sogar noch der Buchhalter der Garderobe vorgesetzt war, welcher Rechnungen und Zahlungen registrierte. In Berlin ist der Titolar der Bibliothek um 1600 herum der besondere Sekretär des Kurfürsten, und in Turin ist es am Hofe von Savoyen sogar der Leibarzt. Und wieder ist Leibniz das Verdienst zuzuschreiben, im Bibliothekar eine Funktion der Führung und der Orientierung der Bibliothek gesehen zu haben. Von einem berühmten Bibliothekar des 15. Jahrhunderts sagte man, er sei eine lebende Bibliothek.

Aber für einen Bibliothekar wäre dies heute keine vernünftige Ambition mehr; wie schlecht würde er sein Gedächtnis verwenden, und sei es auch noch so gut, wollte er mit den heute außerordentlich zahlreichen Nachschlagewerken konkurrieren, die wir für jeden Wissenszweig besitzen. Ein sehr viel nützlicheres und weiteres Feld der geistigen Betätigung findet er in der Ausübung einer Verbindungs- und Ordnungsfunktion im Dienste seiner Sammlungen und der Forschung. So können sein Wissen und seine Erfahrung weit über die Grenzen der einzelnen Nachschlagewerke und bibliographischen Verzeichnisse hinausgehen und auf den verschiedensten Gebieten auch für die gebildetsten und bestinformierten Wissenschaftler von Nutzen sein. Gewiß braucht der Bibliothekar nicht nur ein gutes, flexibles, nicht rein mechanisches und auf die Kenntnis der Titel beschränktes Gedächtnis, sondern auch ein breites Wissen, Kenntnisse in den wichtigsten Sprachen, einen regen Beobachtergeist; und auch die direkte Erfahrung auf irgendeinem zuvor betriebenen speziellen Forschungsgebiet wie z. B. Geschichte kommt ihm sehr zugute, auch wenn sein Beruf ihn sehr häufig daran hindert, diese Studien zum eigenen Nutzen weiterzuverfolgen. Der Bibliothekar braucht den lebhaften Wissensdurst des Forschers, die Gabe, sich sofort zu orientieren, um Charakter und Einflußbereich eines jeden Werkes und dessen Verhältnis zu benachbarten Werken beurteilen zu können; er braucht zusammengefaßt also einen Sinn für die bibliographischen Kategorien, auch für jene, die sich nach und nach für neue Bereiche der menschlichen Tätigkeit abzeichnen, ebenso wie für die Klassen der bescheidensten, dem Anschein nach verworrensten Druckerzeugnisse. Und insgesamt muß er immer klar den Zweck vor Augen haben, dem seine Sammlungen dienen sollen, so klein oder groß sie auch sein mögen. Und an diesen Grenzen muß er festhalten, auch wenn er nicht selten von verschiedenen Seiten Ratschläge oder Anregungen erhält, sie zu durchbrechen. Ohne Pedanterie, aber unerschütterlich muß er an diesem und jedem anderen Ordnungskriterium festhalten, denn im Bibliothekswesen ist die beständige und konsequente tägliche Arbeit sehr viel wertvoller als eine schnelle Reform.

Nur aus dieser nicht einfachen Geisteshaltung heraus kann der Bibliothekar Kraft, Autorität und Bestätigung bei der Ausübung seines Amtes gewinnen, das es ihm nicht immer erlaubt, die häufig einseitigen Wünsche der Wissenschaftler zu erfüllen, sei es wegen des Wachstums oder auch wegen der öffentlichen Nutzung der Sammlungen. Und sich selbst zuerst muß er nicht wenige Befriedigungen verwehren, die – angefangen bei den vertieften Studien – anderen Gelehrten, Bibliographen und Sammlern zuteil werden. Gewiß ist auch er Bibliograph und Bibliophiler (nie aber Bibliomane), ein Sammler, aber mit weiterem Horizont, mit der ständigen Vision des unterschiedlichen inneren und bibliographischen Wertes der Werke, nicht nur hinsichtlich der gegenwärtigen wissenschaftlichen und künstlerischen Strömungen und der verschiedenen äußerlichen Moden, sondern auch hinsichtlich der Ereignisse oder des zukünftigen Lebens des Buches, durch das auch sein Ansehen völlig verändert werden kann. Er muß ein vernünftiger Bewahrer und gleichzeitig ein vorsichtiger Erneuerer sein, der stets seine alten Kataloge und Verzeichnisse, auch wenn er selbst sie erneuert und verbessert hat, hütet wie alle Zeichen der alten Herkunft seiner Bände, wobei er darauf achtet, daß beim Binden und Restaurieren nichts verlorengeht.

Der Bibliothekar wird immer darüber wachen, daß bei Neuerwerbungen Doppelexemplare vermieden werden. Nur wenn er aufmerksam die Kataloge der Neuerscheinungen und der Antiquariate verfolgt und auf diese Weise günstige Gelegenheiten ergreift, die es auf dem Buchmarkt reichlich gibt, wird er die ihm zur Verfügung stehenden Mittel vorteilhaft verwenden können. Die Ausstattung der Bibliothek, auch wenn sie gut ist, wird nie überreichlich sein, wenn er neben den gewünschten aktuellen Büchern, die von ihm ausgewählt oder die von angesehenen Wissenschaftlern empfohlen (aber immer von ihm geprüft) wurden, stets auch die alten noch unvollständigen Reihen berücksichtigt. Das gleiche gilt für das Binden, das möglichst weit ausgedehnt werden soll, mit soliden und ansehnlichen Einbänden, aber nie mit zu großem Aufwand an äußerlichem Schmuck.

Natürlich mutet uns diese Darstellung heute, da sich eine neue Organisation der Bibliothek in immer schöneren und effizienteren Gebäuden durchsetzt, etwas verstaubt an. Zum Teil trifft das zu, doch ich wollte gerade diesen traditionellen Bibliothekar, der in Bildern wie des jüngst wieder so gefeierten Spitzweg festgehalten worden ist, hier in Oldenburg vor einem Publikum so vieler junger, energischer Bibliothekare ins Leben rufen: Ich habe dieses Bild beschwören wollen, weil der Bibliothekar trotz der Informatik, trotz der modernen, so nützlichen technischen Hilfsmittel, trotz der neuen Bedürfnisse und der vielen Mittel, sie zu befriedigen, eine Individualität bewahren sollte, die in den ruhmreichen Jahrhunderten des Kulturlebens der Menschheit tiefe Wurzeln geschlagen hat.

Vor diesem Hintergrund der Internationalität wollen wir einen Augenblick bei einer Feststellung bleiben, die selbstverständlich erscheint, es jedoch nicht ist, nämlich daß wir in Europa sind.

Die Frage der europäischen kulturellen Identität liegt immer noch offen vor uns, und sie ist eine ungelöste und vielleicht sogar nicht abschließend lösbare Frage. Ihre Lösung liegt gewiß nicht in noblen, aber inzwischen fast vergessenen Erklärungen, wie jener, die 1973 in Kopenhagen von den Mitgliedsländern der Gemeinschaft gerade zur europäischen Identität unterzeichnet wurde. Sie liegt auch nicht in dem in Stuttgart unternommenen Versuch der Neubelebung einer politischen und kulturellen Zusammenarbeit zwischen den EG-Ländern, die in reduzierter Form mit dem Luxemburger Dokument vom vergangenen

Dezember nochmals propagiert wurde. Sie liegt weder in der Europäischen Stiftung, die gerade in Paris gegründet wird, noch in den enttäuschenden Ergebnissen des Kulturforums der KSZE in Budapest. Sie wird also nicht durch diplomatische Instrumente gelöst, von denen man legitimerweise nur verlangen kann, daß sie das Bemühen aufgreifen, das nicht jenes der Staaten sein kann, sondern das des einzelnen sein muß, welches sodann die Unterstützung des Staates in Vorschriften, Gesetzen und Verhaltensweisen erfährt. Das Bemühen liegt darin, an den Begriff einer europäischen Kultur zu glauben, auch wenn diese nicht definiert werden kann, nicht einmal in ihrer territorialen Begrenzung. Es gibt heute ein politisches Europa, dessen Wurzeln in die Tradition der Freiheit der Kultur reichen und das offen ist für alles und für alle; es gibt ein anderes Europa, auch dieses voll europäisch in der Geschichte der Vergangenheit und gewiß auch der Zukunft, das nicht von der Suche nach einer europäischen Identität ausgeschlossen werden kann und darf, und dem es auch zukommt, Anteil an Europa zu haben. Schließlich gibt es einen großen geographisch nicht europäischen Teil der Welt, der jedoch mit Europa eine unleugbare und unlösbare Verbindung hat. Ohne nochmals eurozentrisch zu sein, gibt es folglich überall in der Welt eine europäische Komponente, denn viele Vorstellungen über den Menschen und fast alle seine Techniken sind in Europa oder wegen Europa entstanden.

Dies ist nach meiner bescheidenen Meinung der Grund, warum das europäische Gedankengut oder die Kultur Europas als Spiegel des menschlichen Schaffens gesehen werden müssen, gestern und auch heute in der Projektion auf das Morgen, in dem in der Politik leider nicht sehr präsenten Bewußtsein, daß die herbeigesehnte europäische Einheit weder nur als freier Markt der Verkehrsverbindungen noch auf der Ebene der politischen Institutionen gesehen werden kann und darf, sondern als ein erneuertes Leben der intellektuellen und kulturellen Gemeinsamkeit, was sie heute nicht ist. In einem Europa, das so reich ist an schnellen Informationsmedien und in dem ein Ortswechsel der Menschen so wenig Zeit erfordert über immer offenere Grenzen, bewegt sich die Kultur nicht, wie sie sollte. Das Bewußtsein, Europäer zu sein, muß zu einem Bewußtsein einer Identität führen, die Voraussetzung ist für jede europäische Integration in allen Bereichen. Das Bindeglied für diesen Prozeß kann nur die Kultur sein. Aber Kultur in diesem Sinne darf nicht nur die Zirkulation der Bücher, der Opernsänger oder der Informationen über wichtige Ereignisse per Fernsehen sein. Drei andere scheinen die wichtigsten Aspekte zu sein für eine qualitative Entscheidung, die tiefe Auswirkungen und einen Neuerungseffekt hat: die Sprachkenntnisse, die schulische und universitäre Bildung und eine parallele Entwicklung der Kultur, vor allem der politischen. Das Ganze darf nicht als Suche nach dem Unmöglichen, d.h. nach einem vom Rest der Welt unabhängigen Europa gesehen werden, ebensowenig darf die Kultur stolz im Lichte des Glorienscheins der Vergangenheit als ein Deckmantel für die europäischen Schwächen gesehen werden. Das Ziel muß sein, bei der Suche nach der Gemeinsamkeit der Interessen und der kulturellen Auffassungen ein spezifisch europäisches Ziel in den Vordergrund zu stellen.

Aber wie soll sich diese Umsetzung – ökonomisch, institutionell und kulturell – in der Praxis vollziehen? Man könnte sich vorstellen, daß es zwei offene Wege gibt: einen mit negativen Initiativen, um alle die Schwierigkeiten, alle die Hindernisse abzuschaffen, die die Fortsetzung und Entfaltung der europäischen Identität auf den drei Ebenen verhindern oder bremsen: durch die Abschaffung der Grenzen und die Abschaffung der Maßnahmen. Zum anderen ein Weg mit positiven Initiativen oder mit Maßnahmen, um etwas Neues und Verschiedenes in Gang zu setzen. Deshalb ist die europäische Identität nicht etwas Statisches, sondern etwas Dynamisches. Es ist dieses Bewußtsein von einer europäischen Identität eigentlich ein Instrument der Integration unter den verschiedenen europäischen Staaten. Aber auch in diesem Falle kann die Dynamik, die den Inhalt der Umsetzung des Bewußtseins, europäisch zu sein, in eine europäische Identität verwandelt, auch nochmals wirtschaftlich, institutionell und kulturell sein. Zur Wirtschaft ist hier wenig zu sagen.

Ein offener Binnenmarkt ist das Ziel. Institutionell soll man auch einen Unterschied logisch machen; diese Umsetzung der Institutionen bedeutet vielleicht zwei Dinge, nämlich zum einen die Beschaffung neuer europäischer Institutionen – neu in dem Sinne von übernational dimensionierten Institutionen; aber der zweite Punkt der institutionellen Probleme ist die Regierbarkeit des Systems, und diese Regierbarkeit teilt sich vielleicht nochmals in zwei Punkte: die innere Regierbarkeit (die Regierbarkeit der verschiedenen Staaten) und die Regierbarkeit von Europa im gesamten. Wenn diese beiden Punkte – Regierbarkeit und neue Institutionen – nochmals in ein neues System der Institutionen münden, handelt es sich um ein Bewußtsein, europäisch zu sein, um eine europäische Identität auf den verschiedenen Stufen oder Ebenen, und das stimmt eigentlich letzten Endes mit dem Konzept der europäischen Integration überein. Ich glaube, man könnte diesen Prozeß auch in einem bestimmten Moment stoppen, aber die Entfaltung des Prozesses ist die Entfaltung von Bewußtsein, Identität und Integration.

Das Bindeglied dieser Entwicklung sind meines Erachtens die kulturellen Elemente im weitesten Sinne. Ohne diese Bindeglieder zwischen Identität und Integration sind alle anderen Elemente oder Zielsetzungen – Identität, Integration oder Aufbau einer Europäischen Union – sehr fragil und zerbrechlich. Aber auf der anderen Seite soll der behauptete Zusammenhang zwischen der europäischen Identität und Integration und Kultur nicht eine „spanische Wand“

sein, um die Schwächen Europas in irgendeiner Weise zu verbergen. Mit anderen Worten: Diese kulturelle Dimension, der Zusammenhang Identität/Integration, sollte nicht ein Symbol oder ein angenommenes oder zugemutetes Symbol einer europäischen Autonomie im politischen Sinne des Wortes sein, sondern ein europäisches Spezifikum sein. Man sollte unterscheiden zwischen europäischer Autonomie in den Entscheidungen und Zielsetzungen und einer europäischen Spezifizität, die bei diesen Entscheidungen einen Beitrag leisten kann. Sollte diese These richtig sein, so könnte man daran denken, einige objektive Kriterien zu erarbeiten und auf die gleiche Weise auch einige subjektive Kriterien zu verarbeiten, um diese kulturelle Dimension – den Zusammenhang zwischen Identität und Integration – zu entwickeln. Das würde bedeuten: eine Gemeinschaft der Interessen und eine Gemeinschaft der kulturellen Erfahrungen und Erlebnisse.

Sie konnten nicht erwarten, daß mein Bewußtsein als Diplomat in dieser Rede nicht auftauchen würde. Denn was für einen Sinn sollte es sonst haben, über die Internationalität der wissenschaftlichen Bibliotheken zu sprechen, wenn wir dabei nicht auch unser Streben und Ihre Tätigkeit, dieses Streben in die tägliche Realität umzusetzen, in einer politischen Dimension betrachten würden.

Das Europäische Parlament hat sich für die Gründung einer europäischen Bibliothek ausgesprochen und als einen der möglichen Orte auch Florenz genannt, wo sie als Vorläuferin die Medicea-Laurenzana-Bibliothek aus dem Jahre 1571 hätte. Durch diese neue Institution – die sich mit dem heute von einem deutschen Wissenschaftler und Politiker geführten Istituto Universitario Europeo verbinden soll – will man den kosmopolitischen Geist wiederbeleben, das Bewußtsein um die Zugehörigkeit zu ein- und derselben Zivilisation, das – wie wir versucht haben aufzuzeigen – die Beziehungen zwischen Universität und Bibliothek, zwischen den Gelehrten und der Welt der Menschen europäisch gemacht haben. Zugleich will man die beschriebenen Unzulänglichkeiten überwinden, von den technisch-organisatorischen bis hin zu den sprachlichen Problemen; man will so eine pünktliche, exakte, möglichst umfassende Information sicherstellen, damit sie einer gesellschaftlichen und technischen Entwicklung dienen kann, in der die uns gewohnten Strukturen und Muster allzu schnell veraltet sind. Auch möchte man durch moderne Systeme über jene notwendige Datenbank verfügen, die durch eine Vereinheitlichung und Standardisierung der Kataloge die periodischen Veröffentlichungen und Werke der ganzen Welt und sämtlicher Sprachen umfaßt.

Ein Werk für Titanen oder vielleicht die Illusion von Politikern, die glauben, Politik durch Initiativen machen zu können, denen dann die Menschen und die Mittel fehlen? Vielleicht, doch die großen Ziele sind stets diejenigen, die den Menschen auf lange Zeiten bewegen.

Wir dürfen uns heute, hier in Oldenburg, nicht darauf beschränken, in diese ferne Zukunft zu blicken. Unsere Aufgabe ist es, ein Heute und ein unmittelbares Morgen zu schaffen, natürlich in Europa, doch mit dem globalen Blick auf die Welt. Wir sind stolz darauf, ein Kulturgut durch die Bücher bewahrt zu haben, die ihresgleichen nicht auf der Welt finden; wir sind stolz darauf, es durch die Erfindungen aller Konzeptionen der Bibliothekonomie multipliziert und diversifiziert zu haben. Wir sind stolz darauf, enorme Anstrengungen dafür unternommen zu haben, daß alle Zugang zum Buch haben. In den Ländern jenes Europas, das sich zum Schutz der permanenten Werte des Individuums zusammengeschlossen hat, haben wir ein Werk der Zivilisation und der Freiheit geleistet.

Die wahre Internationalität der Bibliothek liegt in der Bekräftigung unserer Verpflichtung zur Freiheit, unserer Verpflichtung als Bibliothekare, als Liebhaber des Buches, als Menschen der Kultur, als Menschen des Geistes: Ohne die Freiheit ist das Buch ein Gegenstand, aber in der Freiheit ist das Buch höchstes Symbol des Gedankens des Menschen. Für diese Freiheit und für diesen Gedanken wollen wir alle, daß die Bibliothek das Instrument des Lebens ist für die Verbindungen zwischen den Menschen in allen Teilen der Welt. Und das ist nicht eine Hoffnung, sondern eine Verpflichtung der freien Menschen für eine freie Welt und für ein besseres Leben im Frieden und in der Freiheit.

2. BIBLIOTHEKSARBEIT – INTERNATIONAL

HANS-PETER GEH

Schwerpunkte der internationalen Bibliotheksarbeit

Ausgehend von dem Faktum, daß weder eine einzelne Bibliothek noch die Bibliotheken eines Landes den ständig steigenden und differenzierter werdenden Ansprüchen der modernen Industriegesellschaft gerecht zu werden vermögen, ist eine internationale Zusammenarbeit auf zahlreichen Gebieten des Bibliothekswesens eine unabdingbare Notwendigkeit.

Dies gilt z. B. im Hinblick auf die Standardisierung bibliographischer Daten, auf die allgemeine Zugänglichkeit der Literatur und Information und den Austausch von maschinenlesbaren Daten ebenso wie für Fragen des grenzüberschreitenden Datenflusses, des internationalen Leihverkehrs, der Aus- und Fortbildung sowie für die Behandlung des besonders dringenden Problems der Restaurierung und Konservierung von Bibliotheksmaterialien.

Darüber hinaus lassen sich die vielfältigen Aufgaben im Informationsbereich weltweit nur dann umfassend und befriedigend lösen, wenn Bibliotheken, Dokumentationsstellen und Archive in relevanten Gebieten eng zusammenarbeiten und auch die Regierungen in den einzelnen Ländern ihre Unterstützung dabei nicht versagen. Durch diese gemeinsamen internationalen Bemühungen wird Schritt für Schritt eine neue Weltinformations- und Kommunikationsordnung (NWICO) entstehen, die von der UNESCO bereits als ein wesentliches Ziel der nächsten Jahre postuliert worden ist.

Regional ausgerichtete Bibliotheksverbände sowie relevante Organisationen und Institutionen – in Europa z. B. LIBER, Europarat, die kürzlich gegründete European Foundation for Library Cooperation, der von Großbritannien geforderte Europäische Bibliotheksverband oder die geplante Europäische Bibliothek – haben sich bereits in ihrem Wirkungsbereich mit einzelnen Aspekten auf den erwähnten Gebieten befaßt oder werden sich künftig befassen, vermögen jedoch keine weltweiten Lösungen anzubieten.

Diese globalen Interessen und Aufgaben nimmt die 1927 gegründete IFLA wahr, die in der Tat eine weltumspannende Organisation ist, mit 1150 Verbands- und institutionellen Mitgliedern in 123 Ländern. Doch auch sie arbeitet nicht in splendid isolation, sondern je nach Interessensgebiet bzw. Schwerpunkten mit anderen internationalen Organisationen zusammen. Hier wären

u. a. zu nennen: Fédération Internationale de Documentation, International Council on Archives, UNESCO, International Standard Organization, World Intellectual Property Organization und International Publishers Association.

Mit ihren 48 fachlich ausgerichteten Arbeitsgremien und ihren sogenannten Kernprogrammen stellt die IFLA die Stimme des Bibliothekswesens auf internationaler Ebene dar und dient gleichzeitig als Katalysator für die Lösung der wichtigen supranationalen Bibliotheksprobleme.

Die Notwendigkeit internationaler Zusammenarbeit liegt – vor allem auch angesichts moderner Technologien und Kommunikationsmittel – auf der Hand, dennoch besteht in einigen Ländern – so auch in der Bundesrepublik Deutschland – eine gewisse Zurückhaltung gegenüber einem allzu starken internationalen Engagement, da man der Meinung ist, die nationalen Belange ohne ausländische Hilfe in den Griff bekommen zu können.

Ich möchte nun heute aus der Fülle der internationalen Bibliotheksarbeit nur fünf Schwerpunkte herausgreifen, die gleichzeitig sogenannte Kernprogramme der IFLA darstellen.

Eines jener Gebiete, in denen die IFLA eine wichtige Aufgabe sieht, ist die Entwicklung und Pflege internationaler Standards. Hierzu gehören vor allem die Programme Universal Bibliographic Control und International Marc, von deren Ergebnissen die Bibliotheken in aller Welt bereits in starkem Maße profitiert haben.

Universal Bibliographic Control (UBC)

Bücher und Bibliotheken sind ebenso unterschiedlich wie die Länder selbst, und daher ist es nur eine logische Konsequenz, wenn auf dem Gebiet der Katalogisierung durch eine standardisierte bibliographische Beschreibung gleichartig strukturierte Aufnahmen entstehen, die dann auch international austauschbar sind.

So war das Augenmerk bei UBC von Anfang an darauf ausgerichtet, bibliographische Daten, wo immer sie entstehen, weltweit zugänglich und nutzbar zu machen.

Das UBC-Programm war das Ergebnis einer internationalen Konferenz von Katalogexperten in Kopenhagen im Jahre 1969. Dort wurde nämlich beschlossen, ein System für den internationalen Austausch von bibliographischen Informationen zu erstellen. Dies sollte durch sogenannte International Standard Bibliographic Descriptions (ISBDs) erreicht werden, die von jeder Publikation in ihrem Ursprungsland anzufertigen sind. Die IFLA hat die Entwicklung eines solchen internationalen Systems der bibliographischen Kontrolle als eine auch ihrer wesentlichen Aufgaben erkannt und war daher zur Übernahme dieser wichtigen Aufgabe bereit, die dann auch im IFLA UBC-Office an der British Library in London seit 1974 wahrgenommen wird.

Welches ist nun das umfassende Ziel von UBC?: „making universally and promptly available, in a form, which is internationally acceptable, basic bibliographic data on all publications issued in all countries".

UBC wird somit als ein Netzwerk von nationalen Zentren für bibliographische Information angesehen, die verantwortlich dafür sind, daß eine authentische bibliographische Aufnahme von jeder neuen Publikation in ihrem betreffenden Ursprungsland gemacht wird. Diese Aufnahme wird sodann mittels der Nationalbibliographie des jeweiligen Landes den verschiedenen Interessenten in aller Welt zugänglich gemacht.

Diese Arbeit des UBC-Office ist von Anfang an durch entsprechende Fachgremien tatkräftig unterstützt worden.

Da von wenigen Ausnahmen abgesehen für sämtliche Literaturkategorien bereits ISBDs in den 70er Jahren erstellt und veröffentlicht worden sind, beschränkt sich heute die Arbeit darauf, jeweils in einem Zeitraum von 5 Jahren Verbesserungen, wenn nötig, an einzelnen bibliographischen Beschreibungen vorzunehmen.

Hinzu kommt, daß noch einige wenige ISBDs erarbeitet werden müssen. Hierzu zählen z.B. Component Parts (etwa für Zeitschriftenaufsätze) und Machine-Readable Files.

Neben der Standardisierung der bibliographischen Beschreibung wurde vom UBC-Office auch den Ansetzungsformen große Aufmerksamkeit geschenkt, eine Arbeit, die auch in zahlreichen Veröffentlichungen ihren Niederschlag gefunden hat.

Hinzu trat schließlich noch die Beschäftigung mit dem CIP-Programm, das in den letzten 10 Jahren von vielen Ländern eingeführt worden ist. Beim CIP-Verfahren geht es bekanntlich darum, eine vorzeitige bibliographische Verzeichnung einer Publikation in der Nationalbibliographie vorzunehmen, verbunden mit der Eintragung dieser Aufnahme im Buch selbst.

Da es auch bei diesem Projekt unterschiedliche Auffassungen in den einzelnen Ländern gab, wurde im Jahre 1982 eine internationale Konferenz in Ottawa abgehalten, welche die Probleme im einzelnen diskutierte und mit normierenden Empfehlungen über Inhalt, Umfang und Verfahrensweise hinsichtlich der CIP-Aufnahmen aufwartete. Das Ergebnis wurde kürzlich, nachdem es noch einmal in den zuständigen IFLA-Gremien ausführlich diskutiert worden war, veröffentlicht: „Recommended standards for Cataloguing-in-Publication: the CIP data sheet and the CIP record in the book".

Abschließend sei noch erwähnt, daß neue Entwicklungen, neue Publikationen etc. im Bereich von UBC in der Vierteljahresschrift „International Cataloguing“ veröffentlicht werden.

UBC hat aber auch – und dies sollte nicht unerwähnt bleiben – eine wichtige Rolle bei der Entwicklung des International Serials Data System gespielt und ebenso entscheidende Vorgaben für das International Marc Programme gemacht.

International Marc (IMP)

Zu dem Zeitpunkt, da die Nationalbibliotheken und die nationalen bibliographischen Zentren damit begannen, ihre Aufnahmen in maschinenlesbarer Form zu erstellen und anzubieten, wurde es klar, daß sich bibliographische Standardisierung auch auf das maschinenlesbare Katalogisat erstrecken mußte.

Dies führte zur Schaffung eines universellen Marc-Formates – Unimarc genannt –, das als Austauschmedium für nationale bibliographische Zentren dient.

Das Marc Programme nahm seinen Ausgang von einer internationalen Untersuchung, die im Jahre 1975 von der Conference of Directors of National Libraries (CDNL) initiiert wurde. Ergebnis dieser Studie war die Forderung nach der Entwicklung eines internationalen Marc-Verbundsystems für den Austausch bibliographischer Daten in maschinenlesbarer Form. Dies sollte erreicht werden durch die Erstellung von Standards für den Datentausch und durch eine Modellvereinbarung für den Austausch dieser Daten unter den nationalen bibliographischen Zentren.

Diese Aufgabe wurde von der Deutschen Bibliothek und der British Library in folgender Aufgabenteilung übernommen: Die Deutsche Bibliothek, die für dieses Programm, das am 1. Januar 1983 in Angriff genommen wurde, finanziell von der Deutschen Forschungsgemeinschaft unterstützt wurde, nahm im Rahmen dieses Projektes bisher drei wesentliche Aufgaben wahr:

1. Die Erstellung eines International Guide to Marc Data Bases and Services, der in diesem Jahr in einer erweiterten Neuauflage erscheinen wird.
2. Umsetzung von bibliographischen Daten aus unserem MAB-1-Format in Unimarc. Es ist in diesem Zusammenhang geplant, auch die Schlagwörter, die nach den neuen Regeln für den Schlagwortkatalog vergeben werden, bei der Umsetzung in das Unimarc-Format zu übernehmen. Diese Arbeit, die sich als schwieriger und langwieriger herausstellte als ursprünglich angenommen, wird im nächsten Jahr abgeschlossen werden können.
3. Die Deutsche Bibliothek hat es schließlich noch übernommen, den IMP Newsletter herauszugeben, der an 355 Institutionen in aller Welt verschickt wird.

Die Deutsche Bibliothek wird am 31. Dezember 1986 ihren Programmteil mit Ausnahme der oben erwähnten Aufgabe beenden; sie ist jedoch bereit, falls gewünscht und erforderlich, in einigen Jahren eine weitere Ausgabe des International Guide to Marc Data Bases and Services zusammenzustellen.

Der British Library hingegen war die Aufgabe zugefallen, das Unimarc-Handbuch zu erarbeiten und herauszugeben. Im Zusammenhang der Neuauflage wurden am 7. und 8. April 1986 in London neue Vorschläge hinsichtlich Formatänderungen, der Reduktion von Wahlmöglichkeiten sowie zahlreiche andere Detailfragen besprochen.

Die ursprünglich ins Auge gefaßte Erstellung einer empirischen Studie über die mögliche Organisationsform eines internationalen Marc-Netzwerkes ist aus mancherlei Gründen einstweilen zurückgestellt worden.

Aber auch Unimarc als ein Austauschformat für nationale bibliographische Zentren stellt nicht mehr und nicht weniger als den Beginn einer Infrastruktur für ein diesbezüglich weltweites System dar. Daher ist als weitergehender Schritt die Entwicklung eines gemeinsamen Formates geplant, welches jede Organisation in die Lage versetzen wird, Informationen auszutauschen, ganz egal, in welchem Format sie vorliegen. Hierbei handelt es sich um das sogenannte „common communication format“, an dem schon seit Jahren gearbeitet wird.

An dieser Stelle möchte ich noch darauf hinweisen, daß vor allem durch die Automatisierung der Nationalbibliographien eine immer stärkere Überlappung der Programme von UBC und International Marc festzustellen ist. Da die Deutsche Bibliothek ihr Programm mit Ausnahme der oben skizzierten Aufgabe am 31. Dezember 1986 beenden wird und UBC das Gros seiner Aufgaben bereits erfüllt hat, ist kürzlich im Programme Management Committee der IFLA, das für die Steuerung dieser Kernprogramme verantwortlich ist, aus sachlichen, aber auch aus rationellen Gründen beschlossen worden, die beiden Programme bei der British Library ab 1. Januar 1987 zusammenzufassen.

In diesem Zusammenhang ist auch schon der neue Name dieses Programms geprägt worden: International Bibliographic Control and Marc Programme (IBCMP).

Universal Availability of Publications (UAP)

Es ist nicht nur von Bedeutung, daß die Literatur in den einzelnen Ländern nach einheitlichen Kriterien bibliographisch erfaßt und durch die Nationalbibliographien in aller Welt bekannt gemacht wird, sondern sie muß auch allgemein zugänglich sein.

Fast alles, was von IFLA in bezug auf Bibliotheksmaterialien in den letzten zehn Jahren behandelt worden ist, hängt mit dem Konzept von UAP, d.h. der weitestmöglichen Zugänglichkeit von publizierten Materialien (= Erkenntnisse, die zum allgemeinen Gebrauch für potentielle Benutzer herausgegeben wurden) zusammen.

UAP ist kein theoretisches, sondern im Gegenteil ein sehr praxisbezogenes Programm. Es hat sich zum Ziel gesetzt, sowohl die Zugänglichkeit der Literatur auf der lokalen, nationalen und internationalen Ebene zu erreichen als auch Aktivitäten im Hinblick auf die Veröffentlichung, Verbreitung und Aufbewahrung von Literatur zu entwickeln und vorhandene Barrieren im zwischenstaatlichen Bereich abzubauen.
Hinzu kommt, daß das Programm auf alle Bereiche abzielt, nämlich von der Produktion der Literatur über ihre Verbreitung, ihre Aufbewahrung und Bereitstellung in Informationsvermittlungsstellen bis hin zur Nutzung durch den Leser.

UAP beruht auf zwei Annahmen:

1. daß eine adäquate Literaturversorgung und ein rascher Informationsfluß für die Entwicklung in allen Ländern von wesentlicher Bedeutung sind und
2. daß die gegenwärtigen Systeme und Verfahren in bezug auf die Informationsbeschaffung unzureichend oder zumindest verbesserungswürdig sind.

Das UAP-Programm wurde 1979 innerhalb des IFLA Office for International Lending in Boston Spa in Angriff genommen, ein Jahr später jedoch aufgrund des vielfältigen Aufgabenspektrums verselbständigt.

Die anfänglichen Aktivitäten innerhalb des UAP-Programmes konzentrierten sich vor allem auf die Publizität des Sachverhaltes bzw. die Sensibilisierung der bibliothekarischen Öffentlichkeit und der Regierung für dieses Aufgabenfeld und die Durchführung von zahlreichen Untersuchungen in einzelnen Ländern, um darauf aufbauend gezielte Aktivitäten entwickeln zu können.

Zunehmende Aufmerksamkeit wurde sodann der Umsetzung der durch Untersuchungen und Forschungsaufträge erzielten Erkenntnisse in die Praxis gewidmet. Zahlreiche Publikationen über die breitgestreuten Aktivitäten von UAP sind im Laufe der Jahre veröffentlicht worden. Eine kürzlich zusammengestellte Bibliographie hat bereits über 150 Titel ergeben. Darüber hinaus gibt das UAP Office auch den UAP Newsletter heraus, der über aktuelle Entwicklungen und Fortschritte in einzelnen Ländern informiert.

Die Arbeit und die Ziele von UAP werden aber auch in Seminaren und Konferenzen vor allem in den Entwicklungsländern ausführlich behandelt, wobei, auf die jeweilige Situation abgestellt, auch ganz konkrete Hilfen in vielerlei Weise gegeben werden.

Hervorheben möchte ich in diesem Zusammenhang aber auch noch den internationalen Kongreß über UAP, der gemeinsam von IFLA und UNESCO

1982 in Paris veranstaltet worden ist und mit zahlreichen Empfehlungen, die auch für die Regierungen gemünzt waren, aufwartete.

Denn es ist selbstverständlich, daß Verbesserungen des Informationssystems, wovon UAP ein wichtiger Teil ist, in beträchtlichem Maße von politischer und finanzieller Unterstützung in den einzelnen Ländern – vor allem aber in den Entwicklungsländern – abhängen. Darüber hinaus kann nicht nachdrücklich genug betont werden, daß zwar international auf diesem Gebiet gar manches bewegt werden kann, daß aber die Akzeptanz nationaler Verantwortlichkeit und daraus resultierende nationale Initiativen von ganz entscheidender Bedeutung sind.

Hinzu kommt, daß durch eine Verbesserung der Zugänglichkeit der Literatur sich auch weltweit die Nachfrage entsprechend erhöhen wird. Daher muß die Planung in den einzelnen Ländern nicht nur auf die gegenwärtige Situation ausgerichtet sein, sondern sehr flexibel und vorausschauend, wobei auch die moderne Kommunikationstechnik und die Ausgabe von elektronisch gespeicherten Texten mit einbezogen werden müssen.

Durch das UAP-Programm ist weltweit schon vieles bewegt worden, dennoch besteht zwischen dem Konzept und seiner Verwirklichung noch eine gewaltige Lücke. Daher muß auch weiterhin in enger Zusammenarbeit mit dem Verlagswesen, dem Buchhandel, dem Archiv- und Dokumentationswesen alles getan werden, um dem gesteckten Ziel sukzessive näher zu kommen.

Vielleicht müßte man auch schon jetzt den Schritt von Universal Availability of Publications zu Universal Availability of Information tun, wie er bei der letzten IFLA-Generalversammlung in Chicago 1985 schon vorgezeichnet worden ist. Dort lautete nämlich das Thema: „Libraries and the Universal Availability of Information".

Preservation and Conservation (PAC)

Was nutzt die beste bibliographische Erfassung, die elektronische Übertragung bibliographischer Daten, die universale Zugänglichkeit der Publikationen, wenn die Materialien in Buchform in zunehmendem Maße dem Verfall preisgegeben sind und somit nicht mehr benutzbar sein werden.

Fakten und Zahlen, die bei der von der Österreichischen Nationalbibliothek hervorragend organisierten International Conference on Preservation of Library Materials vom 7. bis 10. April 1986 in Wien von Experten aus über 50 Ländern mitgeteilt worden sind, lassen ernsthaft und besorgt aufhorchen. Denn keineswegs nur die mittelalterlichen Handschriften und das alte Buch sind durch Umwelteinflüsse, Tintenfraß und Gebrauch gefährdet, sondern in weit stärkerem Maße noch die Bücher des 19. und 20. Jahrhunderts, die auf säurehaltigem Papier gedruckt sind.

Wie eine eingehende Untersuchung an den Beständen der Library of Congress ergeben hat, sind 25% der Bücher, die auf säurehaltigem Papier, das seit dem Anfang des 19. Jahrhunderts verwendet wird, gedruckt worden sind, brüchig geworden und somit über kurz oder lang dem Verfall preisgegeben, wenn nichts Entscheidendes geschieht.

Schon jetzt ist in den Vereinigten Staaten von Amerika ein Bestand von über drei Millionen Büchern so stark gefährdet, daß eine sofortige Behandlung notwendig wäre. Dies würde nach vorläufigen Berechnungen jedoch Mittel in Höhe von etwa 380 Millionen Dollar erforderlich machen.

In vielen Ländern ist das Problem in dieser Deutlichkeit noch nicht erkannt worden, und sicherlich lassen sich die amerikanischen Zahlen auch nicht generalisieren. Dennoch wäre es an der Zeit, an vielen Bibliotheken in der Welt – und zwar nicht nur in den tropischen Ländern – sowohl notwendige Vorsorgemaßnahmen hinsichtlich Temperatur und Luftfeuchtigkeit zu ergreifen, in stärkerem Maße ältere Bestände zu restaurieren und zu konservieren und dem Katastrophenschutz für Bücher verstärkt Aufmerksamkeit zu schenken als auch Massenentsäuerungsverfahren und Imprägnierungsverfahren durchzuführen.

So nimmt es nicht wunder, daß sich die IFLA nun mit besonderem Vorrang diesem wahrhaft herkuleischen und schwierigen Problem zuwenden wird, zumal die Empfehlungen der Wiener Konferenz klar zum Ausdruck gebracht haben, daß nur eine internationale Zusammenarbeit auf diesem Gebiet entscheidende Erfolge zu erbringen vermag.

Im PAC-Programm der IFLA werden sowohl retrospektive als auch prospektive Maßnahmen im nationalen und internationalen Bereich in Angriff genommen werden. Hierbei geht es sowohl um die physische Erhaltung der Originale als auch um die Sicherung der Texte durch sekundäre Medien. Während mit traditionellen und neueren Methoden (z.B. dem von der Deutschen Bücherei in Leipzig entwickelten Papierspaltverfahren) ältere Buchbestände gerettet und durch Massenentsäuerungs- und Imprägnierungsverfahren die Bücher des 19. und 20. Jahrhunderts erhalten werden sollen, bieten sich im Bereich sekundärer Medien gegenwärtig in der Hauptsache Mikroformen an, daneben magnetische Medien und die digitale Bildplatte, die eine enorme Speicherkapazität aufweist und derzeit für diesen Zweck an der Library of Congress getestet wird.

Worum es geht ist, daß möglichst schnell mittels der heute wirksamsten Technologie mit der Texterhaltung begonnen wird, da man aufgrund der Dringlichkeit nicht auf ideale Verfahren warten kann.

Auch in diesem Zusammenhang bedarf es wiederum der Erstellung internationaler Standards und selbstverständlich auch der bibliographischen Kontrolle hinsichtlich dieser sekundären Medien, um einmal eine unnötige Duplizierung zu vermeiden und andererseits aufzuzeigen, wo entsprechende Ressourcen vorhanden sind. Alle diese Punkte sollten wir auch bei dem derzeit diskutierten diesbezüglichen DFG-Programm in die Überlegungen miteinbeziehen und im nationalen und internationalen Bereich an die Möglichkeit eines Austausches dieser sekundären Medien denken.

Darüber hinaus ist es wichtig, auf die Papierindustrie einzuwirken, mit dem Ziel, für die Buchherstellung nur säurefreies Papier zu produzieren. Dies wird in vielen Ländern nicht einfach sein, da für die Buchherstellung nur ein kleiner Prozentsatz an Papier, gemessen an der Gesamtproduktion, benötigt wird.

Das IFLA-Programm PAC wird folgende Problemkreise umfassen:

1. Bewußtmachung des Problems bei Bibliothekaren und Regierungen in aller Welt;
2. Konzeption einer weltweiten Restaurierungs- und Konservierungspolitik und Koordinierung der diesbezüglichen Maßnahmen;
3. Training und Ausbildung von Experten an neuen Verfahren und Einführung der Studenten an den Bibliotheksschulen in diese Probleme. Zu diesem Thema fand übrigens im Anschluß an die internationale Konferenz in Wien bereits ein entsprechendes Seminar der IFLA-Sektion der Bibliotheksschulen zusammen mit den entsprechenden Gremien von FID und ICA statt;
4. Untersuchungen zu speziellen Themen und Erforschung neuer Methoden der Restaurierung oder des Einsatzes neuer Medien als Textspeicher;
5. Durchführung von Pilotprojekten.

Im Hinblick auf die organisatorische Durchführung des PAC-Programms wäre noch zu erwähnen, daß die Library of Congress in Washington als globales Zentrum fungieren soll und die Konservierungsabteilung der Bibliothèque Nationale im Chateaux de Sablé sowie die Deutsche Bücherei in Leipzig als regionale Zentren, denen jeweils spezifische Aufgaben zugewiesen worden sind.

Auch über dieses Programm PAC wird in gewissen Zeitabständen durch ein Mitteilungsblatt „International Preservation News" berichtet werden.

An dem IFLA-Programm PAC haben auch das International Council on Archives und die UNESCO großes Interesse gezeigt. In einem Expertenseminar von IFLA und ICA in Veldhoven im Oktober letzten Jahres, an dem auch Vertreter der Fédération Internationale de Documentation teilgenommen haben, sowie in zahlreichen Gesprächen auf der Ebene der Funktionsträger der internationalen Verbände von IFLA und ICA sind konkrete Schritte und Projekte bereits abgesprochen worden, die z.T. von der UNESCO finanziell unterstützt werden. Hierbei geht es z. B. um einen internationalen Führer über Restaurierungswerkstätten, die Erforschung neuer Methoden, den Austausch von sekundären Medien etc.

Und nun möchte ich abschließend noch das Transborder Data Flow Programm erwähnen, das sich aber auch noch in statu nascendi befindet.

Transborder Data Flow (TDF)

Das Thema Transborder Data Flow ist in lebhafter Diskussion zwischen den Regierungen in den Industrie- und Entwicklungsländern, internationalen Organisationen und zahlreichen bedeutenden Institutionen.

TDF ist aber nicht nur von Bedeutung für Wirtschaft und Industrie, sondern selbstverständlich auch für das Bibliothekswesen.

Das TDF-Konzept bezieht sich auf die elektronische Übermittlung von Daten durch Computer. So ist das TDF-Projekt darauf abgestellt, den elektronischen Transfer von Daten über Landesgrenzen hinweg zur Speicherung und/oder zur Verarbeitung durch den Computer zu fördern. Es beinhaltet die Verbindung vom Terminal zum Computer, vom Computer zum Computer und vom Computer zum Terminal. Voraussetzung dazu ist allerdings die Gewährleistung eines weltweiten freien Informationsflusses.

Diese Entwicklung wird nun freilich auch die Rolle der Bibliotheken im Informationsprozeß drastisch und unwiderruflich verändern. Denn den Bibliotheken bleibt nur die Wahl, entweder zu effektiven und leistungsfähigen Informationsdienstleistungszentren in diesem umfassenden Sinn zu werden oder aber ihren bedeutenden Einfluß im Informationsbereich zu verlieren.

Bei TDF wird es sich freilich nur um öffentlich zugängliche Datenbanken handeln, und zwar um Auskunftsdatenbanken für bibliographische Recherchen und um Quellendatenbanken, die in numerischer, alphanumerischer oder Volltextform sein können.

Gerade dieser Sektor ist jedoch auch mit vielen Schwierigkeiten behaftet: von der Hard- und Software über Urheberrechtsprobleme bis zu den Kosten einschließlich des Problems der Mehrwertsteuer. Dies hat zur Folge, daß nicht alle Fragen durch das TDF-Programm, sondern z. B. auf Regierungsebene gelöst werden müssen.

Behinderungen bei der Übertragung von bibliographischen Daten berühren letztendlich auch wieder die Zugänglichkeit der Publikationen und besonders den schnellen Zugang zu elektronisch gespeicherten Informationen.

Für dieses sehr aktuelle, komplizierte, aber überaus wichtige Kernprogramm fungiert die National Library of Canada in Ottawa als globales Zentrum.

Die ersten konkreten Projekte werden noch in diesem Jahr in Angriff genommen werden. Es handelt sich dabei um

1. Promotion of a scheme for the universal availability of data;
2. Promotion of high utility library-related transborder data flow through the promotion of high-utility library applications of new information technology;
3. Work on the principal library-related TDF issues.

Schließlich sei noch hinzugefügt, daß sowohl die European Foundation for Library Cooperation als auch zahlreiche Länder bei der Generalkonferenz der UNESCO im letzten Herbst in Sofia großes Interesse an diesem Programm bekundet haben. Aus diesem Grunde ist damit zu rechnen, daß auch diesem IFLA-Programm Unterstützung von verschiedenen Seiten zuteil werden wird.

Zwar habe ich Ihnen hier eine recht breite Palette, aber aufs Ganze gesehen doch nur einen Ausschnitt aus der internationalen Bibliotheksarbeit vorstellen können. Dennoch hoffe ich einsichtig gemacht zu haben, daß diese breit gestreuten Tätigkeiten in vielerlei Weise auch Rückwirkungen auf den nationalen Bereich haben, ja daß heute ohne internationale Zusammenarbeit viele Probleme überhaupt nicht in der wünschenswerten Weise gelöst werden können.

WERNER MÜNCH

Die Europäische Bibliothek als politische Forderung

Die europäische Einigung bliebe ein Torso, würde sie nur auf die eine Säule der Wirtschaftsgemeinschaft gestützt, so wichtig und erfolgreich diese auch ist. Die zweite, d.h. die Säule der politischen Gemeinschaft, gehört dazu. Dieser Gedanke, der ganz im Sinne der Gründungsväter der EWG steht, ist unstrittig. Durch die Einheitliche Akte von Luxemburg soll diese Zielsetzung nun ausdrücklich in das europäische Vertragswerk aufgenommen werden, während sie vorher lediglich in der Form der intergouvernementalen, vertraglich nicht fixierten Europäischen Politischen Zusammenarbeit (EPZ) vorhanden war.

Um ein wirtschaftliches und politisches Europa bei den Bürgern zu verankern, muß die kulturpolitische Dimension in das Aufbauwerk einbezogen werden. Über diesen Bereich sagen die Verträge wenig aus, läßt man einmal die mit dem Gebot der Freizügigkeit verbundenen Fragen der Anerkennung der Diplome und Bildungsabschlüsse außer acht. Gerade auf kulturpolitischem Gebiet werden in den Mitgliedstaaten Vorbehalte und Besorgnisse in bezug auf eine unerwünschte Zentralisierung oder gar einen Identitätsverlust deutlich. Die in jüngster Zeit in der Bundesrepublik im Zusammenhang mit der Weiterentwicklung der EG zur Europäischen Union geführte Diskussion über die Länderkompetenzen und die Gefahr ihrer Aushöhlung durch einen europäischen Zentralismus ist ein Beweis dafür.

Unsere Intention ist jedoch nicht die Einebnung, sondern – im Gegenteil – die Stärkung der kulturellen Identität der Mitglieder und die Wahrung der Vielfalt in der Einheit der europäischen Kultur durch gemeinschaftliches Handeln. Die bundesstaatliche Verfassungsordnung, der ja nicht nur eine deutsche, sondern durchaus europäische Rechtstradition und Staatsauffassung zugrunde liegt und die sich seit 1949 außerordentlich bewährt hat, sehen wir gerade wegen ihres Grundsatzes der Subsidiarität als Modell auch für die Europäische Union. Wir bemerken im übrigen, daß auch anderswo, z.B. in Frankreich, der Zug heute nicht in Richtung auf mehr Zentralisierung, sondern auf mehr Dezentralisierung fährt.

Daraus folgt, daß gemeinschaftliches Handeln dann gefordert ist, wenn sich aus der Natur der Probleme zwangsläufig ergibt, daß ihre Lösung ein Handeln auf umfassenderer Ebene nötig macht und daß auf anderem Weg die Angleichung der Lebensbedingungen in den verschiedenen Teilen des Ganzen nicht zu gewährleisten ist. Auf dieser Argumentation beruht z.B. auch das Ende der 60er

Jahre in das Grundgesetz aufgenommene Instrument der Gemeinschaftsaufgaben, an denen Bund und Länder gemeinsam mitwirken. Auf europäischer Ebene gibt es dafür einige besonders einleuchtende Beispiele: gemeinsames Handeln im Umweltschutz und in der Hochtechnologie. Die Aktualität dieser Forderung zeigt sich gerade jetzt. Nicht minder aktuell sind zwei andere, direkt die Kulturpolitik berührende Themen: die Bewahrung und Sicherung unseres architektonischen und archäologischen Erbes in Europa sowie eine europäische Rahmenordnung für grenzüberschreitendes Fernsehen. Und die gegenseitige Anerkennung der Diplome ist nicht nur aus wirtschaftlichen Gründen oder wegen der in den EWG-Verträgen vorgeschriebenen Freizügigkeit eine Gemeinschaftsaufgabe: Sie ist es insbesondere deswegen, weil unser moderner Bildungs- und Wissenschaftsbetrieb eine wachsende, grenzüberschreitende Mobilität der in ihm Tätigen, sowohl der Schüler und Studenten als auch der Lehrenden und Forscher, geradezu zur Voraussetzung hat.

Das europäische Bibliothekswesen ist ein klassisches Beispiel europäischer Kulturtradition in ihrer Vielfalt und zugleich Einheit. Die Arbeit des Bibliothekars war immer und ganz selbstverständlich grenzüberschreitend. Die neuen Technologien haben die Rolle der Bibliotheken im grenzüberschreitenden Informationsfluß verstärkt und gleichzeitig den Möglichkeiten der Zusammenarbeit auf nationaler und internationaler Ebene eine neue Dimension gegeben. Deswegen ist die Verbesserung der europäischen Zusammenarbeit im Bibliothekswesen eine politische Forderung, die ein Tätigwerden der EG und des Europarats nicht nur rechtfertigt, sondern nötig macht.

Das Europäische Parlament hat 1984 eine Entschließung verabschiedet, in der die Schaffung einer Europäischen Bibliothek vorgeschlagen wird; nicht im Sinne einer in ihrer Konzeption veralteten und unrealisierbaren Präsenzbibliothek, sozusagen als Kumulation aller Nationalbibliotheken der EG, sondern als zentrale bibliographische Datenbank, als ein computergestütztes Bibliothekssystem, das alle europarelevanten bibliographischen Daten zentral sammelt, auswertet und speichert und diese für Bibliotheksbenutzer dezentral abrufbar bereithält. Diese Aufgabe ist weit größer, als sie auf den ersten Blick erscheint. Dazu nur einige Stichpunkte: Innenentwicklung der EG und ihrer Mitgliedstaaten, Außenbeziehungen (AKP, Ost-West-Beziehungen), EG- und Nicht-EG-Europa (EFTA, Europarat, Mittelosteuropa und europäische Teilung). Literatur- und Archivmaterial hierzu sind außerordentlich umfangreich und weit verstreut. Hier zusammenfassend zu wirken und das Material, unter Einsatz der modernen Kommunikationstechniken, sowohl der Forschung als auch den politischen Institutionen zugänglich zu machen, ist eine notwendige Aufgabe neuer Art, die allein schon aus finanziellen Gründen die Kapazitäten bestehender Einrichtungen übersteigen dürfte. Darüber hinaus hat unser Parlament in dieser Entschließung europaweite Lösungsvorschläge für den Leihverkehr, das Katalogisieren, das Copyright und die Ausbildung im Bibliothekarwesen gefordert.

Die im Rat für Kulturfragen zuständigen Minister reagierten im September 1985 auf die Initiative des Parlaments: Unter ausdrücklicher Anerkennung des Reichtums, den die Bibliotheken in der EG in kultureller, wissenschaftlicher, technischer und wirtschaftlicher Hinsicht darstellen, der in seiner Gesamtheit dem Benutzer nur durch den Einsatz der neuen Technologien zugänglich gemacht werden kann, wird eine Gemeinschaftsaktion zur Förderung der Zusammenarbeit zwischen Bibliotheken im Bereich der Informatik für notwendig gehalten.

Die im April dieses Jahres veröffentlichte Antwort der EG-Kommission auf den Bericht des Europäischen Parlaments stimmt weitgehend mit den Zielvorstellungen der Ratsentschließung überein: Statt der ursprünglich geforderten zentralen Europäischen Bibliothek soll ein dezentraler europäischer EDV-Verbund der Bibliotheken gegründet werden. Diese Empfehlungen basieren auf den Ergebnissen eines Symposiums, das Kommission, Europäische Kulturstiftung, NATO und Europarat gemeinsam im November 1984 zum Thema „Impact of new information technologies on library management, resources and co-operation“ veranstaltet haben und auf dem sich die Mehrzahl der Experten gegen die Konzeption einer neuen Europäischen Bibliothek als einer Clearing-Stelle nach dem Vorbild der amerikanischen Library of Congress ausgesprochen hat. Als Beitrag zur Herbeiführung dieses EDV-Netzes wird die Kommission bis zum Ende dieses Jahres Rat und Parlament ein entsprechendes Aktionsprogramm vorlegen. Gleichzeitig sollen die Verbindung und die Zusammenarbeit zwischen den schon bestehenden, auf europäische Integration spezialisierten Bibliotheken stimuliert werden, einschließlich der Bibliotheken der Gemeinschaftsinstitutionen und des Europäischen Hochschulinstituts in Florenz.

Wenn das Europäische Parlament europäische Bibliotheksfragen aufgegriffen hat, dann nicht, um hier eine bestehende Lücke zu füllen, sondern aus der Überlegung, daß dort, wo nötig, ergänzt, gestärkt und harmonisiert wird. Das Parlament wollte einen sicher notwendigen Anstoß geben und zugleich auf bestimmte Schwachstellen im internationalen Bibliothekswesen hinweisen, nicht jedoch bereits eine letztgültige Lösung oktroyieren. Da seine ursprüngliche Forderung bei den Fachleuten nicht überall ungeteilte Zustimmung gefunden hat, wird es sich anderen Wegen sicher nicht verschließen, wenn sich diese als praktikabler erweisen. Wichtig ist, daß die Sache überhaupt in Gang kommt.

Die Bibliotheken verfügen über ein umfangreiches, über lange Zeiträume gewachsenes System des Leihverkehrs – oder besser über unterschiedliche

Systeme. Hier sind sicher Weiterentwicklungen vor allem im Sinne einer grenzüberschreitenden Angleichung bzw. Harmonisierung wünschenswert. Auch hier geht es um die optimale Nutzungsmöglichkeit der europäisch vorhandenen Kapazitäten. Die EG sollte sich bei all den hier anstehenden Fragen auch nicht auf sich selbst beschränken und sich dadurch der Gefahr einer Abschottung aussetzen, sondern bei allen Vorschlägen und Maßnahmen die enge Kooperation mit dem Europarat anstreben. Die Aufgaben der EG sind hier subsidiärer Natur: finanziell, planerisch und vor allem auch im Hinblick auf den Einsatz moderner Datenverarbeitungssysteme und Kommunikationstechniken – dies letzte ein Gebiet, auf dem die Kommission inzwischen über nicht geringe Erfahrungen verfügt.

Als letzter, aber nicht unwichtigster Punkt sei das Thema einer europäischen Copyright-Rahmenordnung angesprochen. Zum Schaden von Autoren und Verlagen sind die hiermit zusammenhängenden Fragen, die in den letzten zehn bis fünfzehn Jahren eine ständig wachsende Dringlichkeit erhalten haben, bis heute nicht gelöst. Betroffen werden aber auch die Bibliotheken. Das Problem ist ähnlich dem des Schutzes der Autorenrechte im Medienbereich, vor allem bei den elektronischen Medien im Zeitalter der Satelliten und der grenzüberschreitenden Verbreitungsmöglichkeiten. Ein subsidiäres Tätigwerden der Gemeinschaft, wiederum in Zusammenarbeit mit dem Europarat, ist unerläßlich.

Die europäischen Bibliotheken sind Hüter, Sammler und Mittler des europäischen kulturellen Erbes. Sie sind aber keineswegs Einrichtungen von musealer Bedeutung. Ihre gegenwarts- und zukunftsbezogene Aufgabe in einem Zeitalter exponentieller Wissensvermehrung wächst ständig. Politiker aller Ebenen staatlichen Handelns haben die Verpflichtung, die europäischen Bibliotheken in den Stand zu setzen, daß sie dieser Aufgabe gerecht werden können. Bei der Bewältigung dieser Frage finden Sie mich an Ihrer Seite!

FRANZ KROLLER

Harmonisierung der Konzeption und Realisierung der europäischen Bibliothek aus bibliothekarischer Sicht

Bibliothekarische Zusammenarbeit in Europa begann sich zwischen 1880 und 1930 zu entwickeln. Die vergangenen hundert Jahre brachten Erfahrungen und Resultate, aber auch das Erkennen vieler Probleme. Probleme der Entscheidungsstrukturen stehen ganz im Vordergrund. Die Rechtsträger der Bibliotheken sehen Kooperationen als eine äußere Angelegenheit an, und man meint vielfach, daß Kooperation allen Partnern auch finanzielle Vorteile bringen müsse. Die Zahl der Partner soll nicht allzu groß sein, weil sonst die Interessen zu stark divergieren. Auch Zentralisation und Dezentralisation sind Faktoren, die eine Rolle spielen. Die elektronische Datenverarbeitung brachte neue Formen der Kooperation ans Licht, aber auch neue Probleme. Traditionen, Regierungsformen, die Struktur der Bibliotheken haben Einfluß, wobei europäische Staaten manchmal sehr dezentralisierte Verwaltungssysteme aufweisen, was zur Folge hat, daß die Bevölkerung manchmal direkten Einfluß auf Ziele und Arbeitsweisen nimmt. So ist es auch nicht einfach, homogene und effektive Netzwerke zu errichten, die über die Landesgrenzen hinwegreichen. Das Bibliothekswesen in Europa zeichnet sich nicht gerade durch große Uniformität aus. Strukturen der Organisation können nicht ignoriert werden. Auch ist es in vielen europäischen Ländern leichter, Geld für nationale Bemühungen aufzutreiben als für internationale Projekte.

Look Costers und Anton Bossers haben die Komplexität der Fragen aufgedeckt, die die Situation der Schaffung von Bibliotheksnetzwerken in Europa beeinflussen: die große Anzahl unabhängiger Nationen mit eigener Politik und eigenen nationalen Industrien und Interessen, die Verschiedenheit der geographischen Größen zwischen den Nationen, die Probleme der verschiedenen Kulturen, die Verschiedenheit in der Entwicklung des Bibliothekswesens in den Ländern, die europäischen Postverwaltungen und ihr Einfluß auf den Datentransfer, das sprachliche Problem, das Problem der Nationalbibliotheken in europäischen Ländern, die Frage einer fehlenden Einheitlichkeit der Katalogregeln und der Regeln für die Sacherschließung und die Tatsache, daß die Vernetzung von Bibliotheken in Europa eine staatliche oder staatlich unterstützte Aktivität ist und nicht von Non-profit-Organisationen getragen wird.

Fünf Institutionen der europäischen Gemeinschaft haben sich mit dem Problem einer europäischen Bibliothek beschäftigt. Eine analytische Untersuchung im Jahre 1984 kam zu dem Schluß, daß keine Institution, Organisation oder Bibliothek eine komplette Dokumentation über europäische Fragen zur Verfügung stellen kann. Es gibt verschiedene Klassifikationssysteme zum Thema. Das „Office of Official Publications" in Luxemburg etwa liefert ausschließlich nur nonkommerzielle Schriften. Die existierenden Datenbasen überlappen sich, doch können die Bibliotheken der Europäischen Gemeinschaft weder komplette Dokumentationen noch erschöpfende Informationen anbieten.

So brachte eine Gruppe von 21 Abgeordneten des Europaparlaments im Jahre 1982 einen Entschließungsantrag zur Schaffung einer Gemeinschaftsbibliothek ein. Das Parlament überwies diesen Antrag an einen dafür zuständigen Ausschuß, wobei sich die Pläne und Vorstellungen von den Plänen einer physischen europäischen Bibliothek zur Vorstellung einer virtuellen Bibliothek in Gestalt eines EDV-gestützten Informationssystems der bibliographischen Information mit Europabezug wandelten. Freilich gibt es derzeit auch noch die Idee, wenigstens die Europaliteratur auch physisch an einer Stelle zu sammeln. Bei der Europäischen Kommission werden die Vorschläge für eine europäische Initiative im Hinblick auf die Kompatibilität der bibliographischen Daten überlegt. Im Vordergrund steht aber die europäische bibliothekarische Zusammenarbeit besonders im Hinblick auf die Fragen des Datenaustausches und die Sicherung von Kulturgut. LIBER hat eine Reihe von Projekten in Zusammenarbeit mit dem Europarat in Angriff genommen. Die bibliothekarische Zusammenarbeit muß sich nach Meinung von LIBER auf der Ebene der 23 Mitgliedsländer des Europarates vollziehen, da nicht alle bibliotheksrelevanten europäischen Länder der Europäischen Gemeinschaft angehören.

Die Resolution des Europaparlaments vom 30. 3. 1984 betreffend die Einrichtung einer Community Library hat ihre Wurzeln in einer Reihe von Arbeitsdokumenten. Da ist die EP-Resolution über das Europäische Universitätsinstitut in Florenz von 1981, die EP-Resolution über ein Programm betreffend die Erziehung von 1982, ein Antrag für eine Resolution von Mr. Leonardi und anderen über die Schaffung einer europäischen Bibliothek von 1982 und ein Vorschlag für eine Resolution über die Schaffung einer europäischen Bibliothek des Komitees für Jugend, Kultur, Erziehung, Information und Sport, die sogenannte Schwenke-Kommission von 1984, schließlich die Resolution über die Schaffung einer Community Library von 1984 und andere in jüngster Zeit.

Der Inhalt der Resolution umfaßt vier Hauptpunkte: die allgemeine Idee, den Bestand der Bibliothek, die organisatorischen Aspekte und spezielle Probleme. Die Resolution erwähnt das Wort „Europäische Bibliothek" nicht, sondern spricht von einer „Community Library", das bedeutet eine Bibliothek, die die Bedürfnisse der Mitgliedstaaten erfüllen soll. Diese Bibliothek ist nicht dafür gedacht, eine Zusammenfassung der Nationalbibliotheken der Mitgliedsstaaten der Gemeinschaft als eine Reference Library mit Pflichtexemplarstatus zu bilden. Diese Bibliothek soll hingegen ein computerunterstütztes Bibliotheksinformationssystem sein, das in erster Linie alle bibliographischen Informationen betreffend Europa bereithält, die auf einer dezentralen Basis abgefragt werden können.

Inhalt der Datenbasis könnten die folgenden Gebiete sein: Geschichte und Zivilisation, Recht, Wirtschaft, Politische und Sozialwissenschaft, allgemeine Kultur wie Kunst, Musik, Architektur usw. sowie Literatur. Darüber hinaus sollen Dokumente und Studien enthalten sein, die sich mit der Europäischen Gemeinschaft beschäftigen, weiterhin Informationen über politische Zusammenarbeit in Europa und als Erweiterung eine Film- und Videobibliothek mit öffentlichem Zugang, die alle von öffentlichen und privaten Geschenken stammen. Organisatorische und funktionelle Aspekte sind in der Resolution in einer ganzen Reihe ausdrücklich erwähnt, etwa daß die Dienste sowohl laufende Unterrichtung umfassen wie auch retrospektive Informationspakete. Weiter soll ein Clearing House für ein effizientes Verbundsystem nationaler Bibliotheken sorgen, etwa ein Verbundsystem von Bibliotheken der Gemeinschaft und ihrer Organisationen, der Bibliothek des Europäischen Universitätsinstituts, verschiedenen Dokumentationszentren und anderen wichtigen Bibliotheken. Auch eine Zusammenarbeit mit Bibliotheken außerhalb Europas wird ins Auge gefaßt. Bibliotheken sollen Informationen einbringen können, und zur Realisierung der genannten Ziele wird es notwendig sein, vorhandene nationale Fernleihsysteme voll auszuschöpfen, ebenso wie es notwendig sein wird, neue Formen internationaler bibliothekarischer Zusammenarbeit heranzuziehen. Darunter ist auch die Organisation LIBER genannt. Als wichtig stellt sich eine Verbindung der Datenbasis der Community Library mit den Netzen EURONET und EURIDYCE dar. Die Unterbringung und Zentrale könnte das Europäische Universitätsinstitut in Florenz sein. Dafür sprechen mehrere Gründe. Die Dotierung der Bibliothek soll gleichermaßen von den Mitgliederstaaten und von der Gemeinschaft kommen. Im übrigen fordert die Resolution die Kommission zu mehreren Schritten auf, zunächst für die Lösung der Fernleihprobleme Vorschläge zu erarbeiten, dann einen Vorschlag, wie die Urheberrechtsprobleme gelöst werden sollen, wobei eine Hauptfrage die der Fotokopien sein wird. Darüber hinaus sind Vorschläge für eine Harmonisierung der Ausbildung der Bibliothekare und für eine Standardisierung der Definition der bibliothekarischen Arbeit notwendig. Die Aufgabe, die praktischen Details für die vorgesehene Community Library auszuarbeiten, soll von einer spezialisierten Kommission wahrgenommen werden, die aus Bibliothekaren, LIBER und anderen Stellen besteht.

Es ist vielleicht wenig bekannt, daß es in der Welt schon eine größere Anzahl von Zentren gibt, die sich mit der europäischen Integration auseinandersetzen. Gegenwärtig sind es etwa 222 solche Institutionen, davon 208 in Europa. Während bei der Dokumentenbeschaffung kommerzielle Publikationen weniger Probleme verursachen, ist es schwierig, etwa Dissertationen zu sammeln und bereitzustellen, Kongreß- und Seminarschriften, Working Papers und Reports. Es ist im großen und ganzen schwierig, Primärdokumente zu erhalten. Sekundärliteratur zu finden, ist oft ganz unmöglich.

In einem größeren Zusammenhang vorgetragen wurde das Thema „Europäische Bibliothek“ bei dem Advanced Research Workshop in Luxemburg, November 1984, durch den Leiter der Bibliothek der Europäischen Gemeinschaft in Brüssel, Mr. Gaskell, mit seinem Referat über „The Creation of an European Library. – Explanatory paper on the European Parliament's resolution regarding the creation of an European Library“.Im Rahmen des Workshops trat auch eine Arbeitsgruppe zu dem Thema zusammen. Die Gruppe begrüßte die Ideen, die vom Europaparlament hinsichtlich einer Konzentration europäischen Wissens in der Schwenke-Resolution zum Ausdruck kamen. Eine Reihe von Aussagen schienen der Kommission vom professionellen Standpunkt aus ungewiß, doch stellte die Kommission fest, daß man die Resolution in erster Linie als politisches Dokument sehen müsse. Die Resolution dient in erster Linie dazu, Diskussionen in Gang zu setzen, und ist im übrigen für weitere Überlegungen und Interpretationen offen. Die Formulierung „Central Collection of Literature“ schien der Arbeitsgruppe mehrdeutig. Die Arbeitsgruppe im Rahmen des Workshops war nicht so sehr von der Idee einer physischen Kollektion von Material angetan, sondern unterstützte die Idee, eine Datenbasis für die Beschreibung und Lokalisierung bibliographischer Daten betreffend Europa zu schaffen.

Die Arbeitsgruppe sah in dem Vorschlag die Idee eines Informationsnetzes, das das Wissen und die Information zum gegenwärtigen Zeitpunkt und in der Zukunft in europäischen Informationssystemen im Bereich der Bibliotheken und der Dokumentation zusammenführt. Die Idee wird dabei wie folgt definiert: Der Inhalt sollte aus nationalbibliographischen Informationen bestehen, die aus den europäischen Ländern kommen, zusammen mit dem Inhalt von Datenbasen, welche die Bestände der europäischen Bibliotheken und Dokumentationsstellen beschreiben, so daß daraus ein europäischer Gesamtkatalog entsteht. Natürlich handelt es sich dabei um einen sehr ehrgeizigen Plan, und man muß im Auge behalten, daß er sehr kompliziert durchzuführen sein wird, weil viele Komponenten, die für die Durchführung notwendig sind, noch nicht in automatisierter Form vorliegen. Sogar dort, wo die Information schon in maschinenlesbarer Form verfügbar ist, gibt es eine Reihe von Gründen, die es schwierig machen, die Informationen aus verschiedenen Quellen zusammenzuführen. Die Arbeitsgruppe lenkt die Aufmerksamkeit auf die Notwendigkeit, Richtlinien für die verschiedenen Länder und Gebiete auszuarbeiten, auch für jene, die noch nicht fähig sind, Informationen in entsprechender Form zur Verfügung zu stellen. Im Zusammenhang mit den Fortschritten auf dem Gebiet der Technologie ist es wahrscheinlich, daß das System auf dem Konzept eines verteilten intelligenten Netzes basieren wird. Es ist natürlich, daß man zunächst die existierenden und die in Aussicht genommenen Datenbasen als Komponenten eines solchen Netzes betrachtet. Es wird aber nicht ohne weiteres möglich sein, die Struktur der Datenbasen zu vereinheitlichen, weil sie für ganz verschiedene Zwecke in ganz verschiedenen Umgebungen geschaffen worden sind. So gibt es die Notwendigkeit, sich auf Standards für die Schnittstellen der existierenden Datenbasen zu einigen und für eine einheitliche Sprache dieser Datenbasen zu sorgen.

Die Arbeitsgruppe empfiehlt Überlegungen über Common Command Language und über das Konzept einer Open Systems Interconnection. Viele Probleme werden während der Anfangsphasen der Schaffung eines europäischen Informationsnetzwerkes entstehen, und es wird notwendig sein, ein Büro zu schaffen, das für die Koordinierung der Aktivitäten und Teilnehmer zuständig ist. Weiter soll man nicht vergessen, daß es jetzt schon genug Probleme hinsichtlich der Beschaffung der Originaldokumente gibt und daß das europäische Informationsnetzwerk noch mehr Probleme hinsichtlich des Leihverkehrs und hinsichtlich der Beschaffung von Dokumenten aufwerfen wird. Die Kommission empfiehlt, daß LIBER sich dieser Probleme annehmen soll. Sowohl politische wie auch professionelle Aktionen werden notwendig sein. Auf der professionellen Ebene sollen die Möglichkeiten und Probleme des Planes hinsichtlich weiterer Entwicklungen studiert werden. Der ganze Plan soll von einem professionellen Forum behandelt werden.

Wie sehen nun die allerneuesten Pläne und Vorstellungen aus, die zur Entwicklung einer Europäischen Bibliothek führen sollen: Ich berufe mich dabei auf Mr. Dehennin, den Leiter der Bibliothek des Europäischen Universitätsinstituts in Florenz. Er ist gleichzeitig Funktionär unserer Organisation LIBER. Eine ähnliche Funktion innerhalb unserer Organisation LIBER übt Mr. Gaskell aus, der Leiter der Bibliothek der Europäischen Gemeinschaft in Brüssel. Auch er ist mit der Planung der Europäischen Bibliothek beschäftigt. Drei Schritte könnten zunächst unternommen werden:

1. Der Aufbau von Interfaces zwischen einer kleineren Anzahl von europäischen Bibliotheken, etwa der Bibliothek des Europäischen Universitätsinstituts in Florenz, der Bibliothek der Europäischen Gemeinschaft in Brüssel und der Bibliotheken von gewissen Max-Planck-Instituten, die sich mit Rechts- und

Sozialwissenschaften beschäftigen. Innerhalb von zwei Jahren könnte eine Datenbank aufgebaut werden.

2. Der vorbereitende Versuch soll sich auf zwei bis vier Bibliotheken in vier Ländern erstrecken, nicht aber auf etwa 200 Spezialbibliotheken, die sich mit europäischen Fragen beschäftigen.

3. Das Europaparlament soll eine Kommission beauftragen, die die Durchführung studiert und in Gang setzt.

Herr Pflug berichtet von Initiativen der französischen Regierung zur Zusammenarbeit der europäischen Bibliotheken durch ein elektronisches Verbundnetz. im Juli 1985 fand in Arles eine Konferenz unter dem Thema „Premier Conférence du Livre“ statt. Im Gefolge legte die französische Delegation bei der Europäischen Gemeinschaft im Jahre 1985 Vorschläge hinsichtlich einer Kooperation zwischen europäischen Bibliotheken für die Nutzung neuer Technologien vor. Für die Schaffung eines Verbundsystems bibliographischer Datenbanken wurden Maßnahmen vorgestellt:

1. Festlegung der bibliographischen Normen auf der Basis der International Standard Bibliographic Description,

2. Vereinheitlichung des Austauschformates auf der Grundlage von UNIMARC,

3. Schaffung eines gemeinsamen Sacherschließungssystems und

4. Entwicklung eines allgemein zugänglichen Systems von Online-Katalogen der wissenschaftlichen Bibliotheken.

Ganz wichtig für die weitere Entwicklung scheint mir das Arbeitsprogramm des Europarates zu sein. Der Europarat hat 1971 die Ligue de Bibliothèques Europeénnes de Recherche (LIBER) gegründet. LIBER umfaßt jetzt 180 Staats- und Hochschulbibliotheken in allen CDCC-Ländern und arbeitet seit Beginn mit dem Europarat eng zusammen. Gemeinsam mit dem Europarat erörterte das Europaparlament 1983–1984 Bibliotheksfragen und gelangte zu der vorhin besprochenen Empfehlung einer Europäischen Bibliothek. Im November 1984 organisierte die Europäische Kulturstiftung gemeinsam mit der EG-Kommission, dem Europarat und der NATO die schon erwähnte Tagung über die Zusammenarbeit der wissenschaftlichen Bibliotheken im Zeitalter des Computers in Luxemburg.

Diese Luxemburger Tagung empfahl die Gründung eines European Council on Library Resources nach dem Vorbild der entsprechenden amerikanischen Einrichtung. Im Oktober 1985 fanden in Straßburg Gespräche von Vertretern des Europarates und der EG-Kommission, insbesondere der Generaldirektion 13, darüber statt, in welcher Form sich der Europarat am besten an der Umsetzung der Luxemburger Empfehlungen beteiligen könne. Die Beteiligung des Europarates in gewissen Teilbereichen wird als unerläßlich angesehen.

Ebenfalls 1985 fanden Gespräche mit Beteiligungen von LIBER in Straßburg statt, wobei man übereinkam, daß der Europarat den in Luxemburg empfohlenen Verbund der Bibliotheken durch eine auch für Nicht-EG-Staaten politisch bedeutsame Geste unterstützen wird. Dies könnte durch eine Konvention oder durch eine Empfehlung erfolgen. Der Europarat wird dabei helfen, Übereinstimmung über die bisher unterschiedliche Anwendung der ISO- und IFLA-Regeln zur Katalogisierung und über Austauschformate herbeizuführen, da diese Dinge weit über den EG-Bereich hinausgreifen und der Europarat insoweit durch EUDISED Erfahrungen besitzt. Die Teilnahme von LIBER an diesen Arbeiten ist in Aussicht genommen.

Im November 1985 wurde in Lausanne die Europäische Stiftung zur Förderung der Zusammenarbeit der Bibliotheken mit dem Titel „European Foundation for Library Cooperation" gegründet. Dabei wurde auf Anregung des Vertreters des Europarates die Form einer Stiftung gewählt. Die Stiftung wird in unmittelbarem Anschluß an den Deutschen Bibliothekartag in Bremen wieder zusammentreten. Für Juni 1986 hat der Europarat zu einer Expertensitzung eingeladen, ebenfalls in Straßburg, wo die EG-Kommission eingeladen und ein Arbeitsprogramm ausgearbeitet werden soll. LIBER hat eine Reihe von Vorschlägen unterbreitet, die zum Teil schon verwirklicht werden, so z.B. ein European Register of Microform Masters, weiterhin eine EDV-gesteuerte Datenbank über Spezialsammlungen europäischer Bibliotheken.

Das Council for Cultural Cooperation, Directory of Education, Culture and Sport, Documentation Section, hat ein Memorandum über die Zusammenarbeit der Forschungsbibliotheken in Europa ausgearbeitet. Darin werden Probleme und Lösungsvorschläge aus der Sicht des Europarates formuliert. Das Papier geht vom Unterschied zwischen europäischen und nordamerikanischen Bibliotheken aus und spricht von der Gefahr, daß Europa immer mehr von den Vereinigten Staaten abhängig wird, was bibliographische und dokumentarische Informationen anlangt. Auch leiden, wie das Memorandum feststellt, die europäischen Bibliotheken unter dem Mangel an Prioritäten und Unterstützung durch die Regierungen. Die Katalogregeln, Klassifikationsschemata, Austauschformate, Hardware und Software differieren von Land zu Land und benötigen dringend der Harmonisierung. So wird mehr und mehr die Notwendigkeit für ein europäisches Bibliotheksnetz gesehen, wobei die europäischen Organisationen immer deutlicher ihren Willen zu helfen zu erkennen geben. Das Netz soll alle 23 Länder des Europarates umfassen und nicht nur die 12 Länder der Europäischen Gemeinschaft. Alle Organisationen, die an der Zusammenarbeit der Bibliotheken interessiert sind, sollen hinzugezogen werden: der Europarat, die Europäische Gemeinschaft, die Europäische Cultural Foundation, LIBER und IFLA. Die nationalen Autoritäten müssen ebenso befaßt werden wie die Postverwaltungen in den einzelnen Ländern. Das Papier setzt sich mit der Struktur eines Netzes auseinander und formuliert auch die Rollen der beiden Organisationen: „European Foundation for library cooperation, a body *for* libraries“ und LIBER als eine Organisation *of* libraries. Eine Convention oder Empfehlung „on the Promotion of the European Library and Documentary Resources“ schließt an.

Wenn wir von einer Harmonisierung der Konzeption und Realisierung der Europäischen Bibliothek aus bibliothekarischer Sicht sprechen, dann erkennen wir geradlinige, positive und erfreuliche Entwicklungen von der Bewußtseinsbildung beim Europaparlament und den europäischen Organisationen über die Vorstellung von zunächst einer physischen Bibliothek von allerdings sehr großen Ausmaßen, über eine europäische Datenbank, zu deren Verwirklichung sich die Vorstellungen immer mehr verdichten, bis zu einer großräumigen europäischen Bibliothekspolitik, deren Zielsetzungen wir nur bejahen können.

Literatur

Betrifft: Europäische Bibliothek. In: LIBER News Sheet No. 17 (1986), S. 14–19.

Dehennin, Willy J. M.: Considerations and reflections on the Community Library: Propositions for a plan of action. LIBER General Meeting, Bristol, July 5, 1985.

Gaskell, E.: On the way to an European Community Library. In: LIBER News Sheet No. 14 (1985), S. 5–13.

New information technologies and libraries. Ed. by H. Liebaers [u. a.]. Dordrecht [usw.]: Reidel (1985). S 50–69, 70–78, 327–329.

Pflug, Günther: Initiativen zu einer europäischen Bibliothek. In: Parlament und Bibliothek. Internationale Festschrift für Wolfgang Dietz zum 65. Geburtstag. München, Paris, London: Saur 1986. S. 391–398.

3. INFORMATIONSVERMITTLUNG

KLAUS LENK

Fachinformationsversorgung als öffentliche Aufgabe. Zur künftigen Rolle der Bibliotheken

1. Bibliotheken als Mittelpunkt der Fachinformations-Welt?

Als Außenseiter beginne ich mit einer provozierenden These: Die wissenschaftlichen Bibliothekare betrachten ihre Institution, die Bibliothek, als den Mittelpunkt der Welt der Fachinformationsversorgung. Ihre Sorge gilt primär der Erhaltung und Förderung dieser Institution. Nur insoweit, als es diesem Ziel dient, sehen sie auch die Produzenten und Rezipienten fachlicher Information sowie die gesellschaftlichen Zielwerte, denen der gesamte Aufwand für die Fachkommunikation letztlich dienen soll.

Um nicht mißverstanden zu werden und um Ihren mutmaßlichen Ärger ein wenig zu besänftigen: Ich hätte die gleiche These auch vor den Verlegern, den Buchhändlern, den IuD-Leuten und vor der neuen Spezies der information broker vorgetragen. Als jemand, der sich von Amts wegen wissenschaftlich mit Organisationen beschäftigt, habe ich nämlich einige festgefaßte Meinungen. So gehe ich davon aus, daß Organisationen primär an ihr eigenes Überleben denken. Ist ihr Überleben gesichert, so tendieren sie dazu, die Welt auf ihr Maß zuzuschneiden. Wenn sie sich dennoch neuen Strömungen anpassen, erkennt man bei näherem Hinsehen erheblichen Anpassungsdruck. Auf den Wegfall oder den Bedeutungsverlust ihrer Aufgaben reagieren sie damit, sich neue Aufgaben zu suchen. Parkinson würde hier anmerken, daß dann erst ihre eigentliche Wachstumsphase einsetzt.

Die Institution Bibliothek bekommt immer mehr Konkurrenz. Nachdem schon seit längerem Funktionen des Informationsnachweises und der Informationsvermittlung auch durch andere Institutionen erfüllt werden, zielen neue Konzepte des *computer aided publishing* unmittelbar auf den Kernbestand ihrer Aufgaben, auf die Speicherung und Bereitstellung von Information. Technische Neuerungen im Bereich von Speicher- und Retrievalmedien lassen heute, verbunden mit von Verlegerseite bestimmten Konzeptionen des electronic publishing, eine Perspektive auftauchen, in der die Rolle von Bibliotheken deutlich zurückgeht. Jeder Großverleger oder jede Verlagsgruppe könnte sozusagen ihre eigene Bibliothek auf CD-ROM anbieten. Auch das *downloading* ganzer Bibliotheken ist nur noch eine Frage der Preisentwicklung von Lesegeräten. Die Privatbibliothek des Gelehrten oder die Institutsbibliothek auf wenigen Scheiben wird denkbar.

Aber damit nicht genug. Das wissenschaftliche Publikationswesen franst gleichsam aus. Was sich jenseits von ISBN und ISSN abspielt, ist von zentraler Stelle nicht mehr zu überblicken. Die Speicherung dezentralisiert sich; die Autoren selbst halten Manuskripte vor, mit den entsprechenden Transparenzverlusten. Es mag ein glücklicher Zufall sein, wenn der vielzitierte Nutzer dann noch davon erfährt, daß es etwas gibt, das ihn interessieren könnte.

Was wird unter diesen Umständen aus der ehrwürdigen Institution der öffentlichen wissenschaftlichen Bibliothek? Muß sie Funktionen abgeben, erleidet sie insgesamt einen Bedeutungsverlust?

Die Antworten der Bibliothekare auf diese Herausforderung, die ich bislang ausmachen konnte, passen recht gut in meine Sammlung vorgefaßter Meinungen über Organisationen: Man technisiert und man diversifiziert. Mit welchem Ziel? Nicht um den Prozeß zu verbessern, in dem die Bibliotheken ihre Aufgabe haben: dafür zu sorgen, daß die richtigen Informationen auf produktive Weise an die richtige Stelle gelangen.[1] Sondern um die Position der Bibliotheken in einer sich wandelnden Welt zu sichern. Informationstechnik wird an vielen Stellen eingesetzt; ich behaupte, primär im Eigeninteresse der Bibliothek. Diversifiziert wird planlos in viele Richtungen, ohne Rücksicht darauf, ob es dadurch zu Doppelarbeit kommt: Bibliotheken betätigen sich als Verleger, als Informationsvermittler, als Dokumentationsstellen.

Jetzt werden Sie erstaunt sein, daß ich das Eigeninteresse der Bibliotheken keineswegs als etwas Unfeines anprangern möchte. Im Gegenteil, ich werde mich fragen, in welcher Weise es in den Dienst einer Fachkommunikation gestellt werden kann, die ihren Aufgaben für die Wissenschaft und für die Gesellschaft gerecht wird.

2. *Das System der Fachinformationsversorgung*

Will man mögliche künftige Rollen der Bibliotheken für die Versorgung mit Fachinformation bestimmen, so erfordert das einen Schritt, den gegenwärtig nur wenige gehen. Man muß die Fachinformationsversorgung als *Gesamtsystem* betrachten. Zu fragen ist, welche *Funktionen* dieses System gegenwärtig erfüllt.

[1] Dazu Klaus Lenk, Josef Diekmann, Herbert Schwab, Recht und Politik der Fachinformationsversorgung, unveröffentlichter Schlußbericht des Forschungsprojekts „Rechtsprobleme der Fachkommunikation", Oldenburg, September 1981, S. 34ff.

Mit Funktionen sind Leistungen für politisch und gesellschaftlich anerkannte Ziele gemeint. Man muß sich mithin lösen von der Sicht und den Interessen einzelner *Akteure* wie der Bibliotheken, Verleger oder Fachinformationszentren.

Diese Sichtweise wurde u. a. in einem vom BMFT geförderten und 1979–1981 an der Universität Oldenburg durchgeführten Forschungsprojekt zu Rechtsproblemen der Fachkommunikation entwickelt.[2] Bei der Behandlung einiger der damals virulenten Streitfragen wie Fotokopierstreit, Rechtsform und Trägerschaft von Fachinformationszentren sowie der Öffnung eines Marktes für Online-Dienste zeigte es sich nämlich sehr bald, daß auf allen Seiten, einschließlich der zuständigen Regierungsstellen, eine sehr einseitige, an den Geschäfts- und Überlebensinteressen von Institutionen orientierte Sichtweise vorherrschte. Wir bezogen uns damals auf einen von der GID ansatzweise durchgeführten Versuch einer Systemanalyse der gesamten Fachkommunikation[3] und entwickelten diesen in eine Richtung weiter, von der ich annehme, daß sie prinzipiell geeignet ist, politische und strategische Empfehlungen dafür zu geben, wie sich Fachinformationsversorgung unter gewandelten technischen Vorzeichen entwickeln sollte.

Heute beschäftigt sich eine Vielzahl von staatlichen Stellen mit der Förderung, der Regulierung und der Steuerung fachlicher Information. Dennoch sucht man eine konsistente Politik der Fachinformation immer noch vergebens. Was unter diesem Namen auftritt, ist nach wie vor aus der Perspektive einzelner Institutionen konzipiert, die im Prozeß der Fachinformationsversorgung eine Rolle spielen. So gibt es eine relativ isolierte Bibliothekspolitik. Im Gewand urheberrechtlicher Regelungen erscheint auch eine Verlagspolitik, wenn man die Leistungen des Urheberrechts nüchtern betrachtet. Und schließlich ist auch die Fachinformationspolitik der Bundesregierung immer noch keine Fachinformationspolitik, sondern nach wie vor eine IuD-Politik. Obwohl das Fachinformationsprogramm der Bundesregierung im Gegensatz zu seinem ersten Vorläufer, dem IuD-Programm, inzwischen einige Institutionen in der Fachinformationslandschaft zur Kenntnis nimmt, besteht der Verdacht fort, es gehe mindestens ebenso intensiv um die Förderung der Informationstechnik wie um die der Fachinformation.

[2] Vgl. Herbert Schwab, Das IuD-Programm aus heutiger Sicht. Voraussetzungen, Mängel, positive Ergebnisse, Nachrichten für Dokumentation 32 (1981), S. 165ff.; Klaus Lenk, Anforderungen der Kommunikationsgrundrechte an die Fachinformationsversorgung, UFITA 96 (1983), S. 5–39; ders., Fachinformationsversorgung als öffentliche Aufgabe, in: Rainer Kuhlen (Hrsg.), Koordination von Informationen, Berlin u.a. 1984, S. 336–347.

[3] GID, Sektion für Systementwicklung, Voruntersuchung zur Systemanalyse der Fachkommunikation in der Bundesrepublik Deutschland. Zusammenfassung und Ergebnisbericht, Heidelberg 1979.

Nach wie vor also ein Flickenteppich. Es sieht so aus, als würden von verschiedenen Standpunkten aus Scheinwerfer auf die Landschaft der Fachkommunikation gerichtet. Manches wird grell angestrahlt, vieles gut ausgeleuchtet, aber bestimmte Bereiche lassen sich nur verschwommen wahrnehmen. Mittelpunkt der Welt ist die jeweils eigene Institution; alle anderen Institutionen gruppieren sich um diese. Wahrgenommen werden sie vor allem, wenn sie die eigenen Geschäfts- und Überlebensinteressen berühren. Am schlechtesten kommen diejenigen dabei weg, für die das Spektakel letztlich inszeniert wird: die Produzenten und die Nutzer der Information. Die Fabriken und Werkstätten der Informationsproduzenten verschwimmen ebenso wie die meisten Nutzergemeinden im Dunst.

Das Ganze ist besonders heikel, wenn das Scheinwerferlicht auch noch in bestimmten, dem Feld von außen vorgegebenen politischen Farben erstrahlt. Dann sind vielleicht solche Teile der Landschaft besonders kontrastscharf zu erkennen, in denen Technikeinsatz Nutzen verspricht oder auch den Produzenten oder den Anwendern der Technik rasche Gewinne.

Demgegenüber muß eine Gesamtschau der Fachinformationsversorgung davon ausgehen, daß sich im Laufe der Zeit mehrere *Wege der Informationsbedarfsdeckung*[4] herausgebildet haben, die aufeinander aufbauen. Zwischen dem Produzenten und dem Nutzer von Information knüpft sich gleichsam eine Kette von „Informations*mittlern*". In einem weiten, untechnischen Sinne lassen sich so alle Institutionen bezeichnen, welche an der Lösung der funktionalen Grundprobleme der Fachkommunikation mitwirken.

Informationsversorgung durch Verlagswesen und Buchhandel ist ein solcher Weg der Informationsbedarfsdeckung. Ein anderer bezieht öffentliche Bibliotheken ein, ein dritter schließlich Hinweisdienste und Informations*ver*mittler. Jeder später entwickelte Weg ist eine Reaktion auf Schwachstellen und Mängel des vorhergehenden. Mit den jeweils hinzukommenden Institutionen verlängert sich der Weg zwischen Informationsproduzent und Informationsnutzer.

Die Institutionen, die auf den verschiedenen Wegen der Informationsbedarfsdeckung zusammenwirken, nehmen unterschiedliche Funktionen wahr. Fachinformationen müssen gespeichert und für die weitere Nutzung bereitgehalten werden. Aus dem Gesamtfundus verfügbarer Fachinformationen müssen Verbindungen zu dem spezifischen und begrenzten Informationsbedarf von Nutzern hergestellt werden. Schließlich müssen Informationsnutzer die Chance erhalten, Kenntnis von den für sie relevanten Informationen zu nehmen; dies bedingt vor allem das Kennenlernen von Informationsquellen und die Fähigkeit, mit ihnen umzugehen. So ergeben sich Funktionen

[4] Lenk u.a., a.a.O., S. 45ff.

- der Informationsspeicherung,
- der Bereitstellung und des Transports von Informationen,
- der Selektion (Auswahl) relevanter Informationen,
- des Nachweises (Dokumentation),
- der Beratung und Schulung der Informationsnutzer.

Diese Funktionen sind aber nicht nur jenen Institutionen zuzuordnen, die man aufs erste mit ihnen verbindet. So liefern nicht nur Dokumentationsstellen Sekundärinformationen, sondern auch Bibliotheken durch ihre Kataloge sowie Verlage und der Buchhandel durch Fußnoten und den bibliographischen Anteil in Büchern und Zeitschriften, durch Verlagsprospekte, durch die Auslage in Schaufenstern. Speicherung – und dies soll uns gleich noch stärker beschäftigen – findet nicht nur in Bibliotheken, sondern auch bei Verlagen und Fachinformationsstellen statt.

3. Zielwerte der Fachinformationsversorgung

Das Funktionieren des geschilderten Systems der Fachinformationsversorgung ist kein Selbstzweck. Es geht, wie schon gesagt, darum, die richtige Information möglichst effizient an die richtige Stelle zu bringen. Das ist von Bedeutung für die Wissenschaft, aber auch für die Wirtschaft, für den demokratischen politischen Prozeß und für individuelle Bildung.

Für den wichtigen Teilbereich der Wissenschaft sei dies knapp erläutert. Wissenschaft als arbeitsteiliger Prozeß ist nur möglich, wenn hinreichende Unterrichtung über die Arbeiten und Ergebnisse anderer Wissenschaftler gewährleistet ist. Dabei steht der Wert einer wissenschaftlichen Erkenntnis nicht von vornherein fest. Er mag sich erst nach Jahren erschließen. Schon deswegen müssen wissenschaftliche Erkenntnisse in irgendeiner Art gespeichert und zur Kenntnis genommen werden können. Fachinformationsversorgung ist damit ein Instrument, das für die Realisierung der grundrechtlich verbürgten Wissenschaftsfreiheit unabdingbar ist.[5]

Ein wichtiger Zielwert der Fachinformationsversorgung ist ihre *Öffentlichkeit.* Denn das Grundrecht der Wissenschaftsfreiheit ist nicht auf Wissenschaftler beschränkt, die die Wissenschaft als Beruf ausüben. Die sogenannte externe Lehre, also die Vermittlung wissenschaftlicher Ergebnisse an Nichtwissenschaftler, fällt ebenso unter seinen Schutzbereich wie der Amateurwissenschaftler.

Es spricht heute einiges dafür, daß die bürgerliche Errungenschaft der Öffentlichkeit der Information in Zukunft schwerer zu bewahren ist als bislang.

[5] Näher dazu Lenk 1983, S. 18ff.

Es ist nichts dagegen einzuwenden, daß gegenwärtig Formen der persönlichen Kommunikation unter Wissenschaftlern wieder an Bedeutung zunehmen. Graue Literatur und Telefonate, künftig Mailbox-Systeme erfüllen heute auch Funktionen, die früher dem Briefwechsel unter Gelehrten zukamen. Ihre Bedeutung erschöpft sich aber nicht darin. Das Problem liegt in der zunehmenden Zahl von Papieren, die nur in beschränkten *communities* zirkulieren. Niemand will sie wirklich geheimhalten. Ihre Existenz ist aber nur wenigen bekannt oder erschließbar. Um so wichtiger wird es, sich darauf zu besinnen, daß gegenwärtig gedruckte Bücher und Zeitschriften die einzige Form der Fachinformation darstellen, die wirkliche Allgemeinzugänglichkeit aufweist. Letztlich dank der Bibliotheken, muß man hinzufügen.

4. *Fachinformationsversorgung als öffentliche Aufgabe*

Nicht nur die Anforderungen der Wissenschaft an das System der Fachinformationsversorgung, sondern auch seine Bedeutung in den anderen genannten Zusammenhängen lassen es gerechtfertigt erscheinen, in der Aufrechterhaltung dieses Systems ingesamt eine *öffentliche Aufgabe* zu sehen. Das heißt nun nicht, daß Verlage und Buchhandlungen jetzt zu verstaatlichen seien. Vielmehr ist damit zunächst nur gesagt, daß das Funktionieren des Gesamtsystems im öffentlichen Interesse liegt.

Öffentliche Aufgabe heißt auch nicht, daß nunmehr alle hier anfallenden Aufgaben nur von öffentlich-rechtlich organisierten oder staatlich beeinflußten Institutionen zu erfüllen seien. Gegenwärtig ist die Fachinformationsversorgung dadurch gekennzeichnet, daß sich verschiedene Formen der Erfüllung öffentlicher Aufgaben zum Teil überlagern, zum Teil ergänzen. Ginge man mit dem groben Raster der Unterscheidung von Markt und Staat an die Frage heran, so wäre es durchaus zweifelhaft, ob die Infrastruktur der Fachinformationsversorgung in ihren Grundzügen privatwirtschaftlich verfaßt, aber öffentlichwirtschaftlich überlagert ist oder ob nicht vielmehr einzelne privatwirtschaftlich arbeitende Bereiche wie die Primärpublikation durch Buch und Zeitschrift eingebettet sind in einen insgesamt eher öffentlich-wirtschaftlich verfaßten Prozeß. So ist etwa die Bedeutung der Bibliotheken für den Wissenschaftsbetrieb historisch älter als der „Einstieg“ privatwirtschaftlicher Interessen in das Geschäft der Wissensverbreitung durch die gewerbliche Nutzung des Buchdrucks.

Öffentlich-wirtschaftlich ist weithin die Produktion fachlicher Information. Zu einem erheblichen Teil ist sie die Aufgabe von Wissenschaftlern, die von öffentlichen Bildungs- und Forschungseinrichtungen fest angestellt werden.

Beschränkt man sich auf die Fachkommunikation unter Wissenschaftlern, so sieht man auf der einen wie auf der anderen Seite öffentlich bezahlte Wissenschaftler samt ihren Institutionen und Bibliotheken.

Schließlich wird auch der privatwirtschaftlich arbeitende Teil der Fachinformationsversorgung in vielfältiger Weise öffentlich reguliert und unterstützt, zum Teil im Interesse des Gesamtsystems. So hat die Preisbindung des Buchhandels eine sehr bedeutsame Rolle für die Qualität und Leichtigkeit des Zugangs zu Buch und Zeitschrift. Ferner finden sich Druckkostenzuschüsse. Bei vielen Spezialpublikationen mit niedriger Auflage kommen zudem nur öffentliche Bibliotheken als Abnehmer in Betracht. Das ist gleichbedeutend mit deren öffentlicher Subventionierung. Es garantiert die Existenz vieler kleiner Zeitschriften.

Was liegt damit näher, als die öffentliche Verantwortung für dieses gesamte System endlich einmal im Zusammenhang zu begreifen? Sucht man auch noch so sehr nach Teilbereichen, in denen sich Marktkräfte tummeln können, so steht doch fest: Der Staat hat eine Garantenstellung im Hinblick auf Existenz, Autonomie und Öffentlichkeit des Gesamtsystems der Fachinformationsversorgung.

Die Existenz einer funktionierenden Fachinformationsversorgung wurde bislang als selbstverständlich unterstellt. Das verwundert nicht, sind doch die Leistungen, auf denen das Funktionieren der Fachkommunikation beruht, oft nicht spürbar. Nur wenn sich einzelne Akteure, Verleger, Bibliotheken, Fachinformationszentren in ihrer Handlungsfreiheit bedroht sehen, erwacht die politische Aufmerksamkeit.

Der technische Wandel in der Fachinformationsversorgung wird schon bald dazu führen, daß der Staat deutlicher an seine Garantenstellung erinnert werden muß. Auch wenn Fachinformation in der Informationskette teilweise von privaten Akteuren vermittelt wird, auch wenn der Wunsch nach so viel Markt wie möglich besteht, bleibt die politische Verpflichtung bestehen, für ein Mindestmaß an Fachinformationsversorgung zu sorgen.

5. Zur Rolle der Bibliotheken

Viele politische Verpflichtungen im Hinblick auf die Fachinformationsversorgung werden gegenwärtig von den Bibliotheken erfüllt. Am deutlichsten ist die Bedeutung von wissenschaftlichen Bibliotheken im gegenwärtigen Gesamtsystem, wenn man nicht so sehr dessen Existenz als vielmehr seine Öffentlichkeit betrachtet. Das Netz leistungsfähiger Bibliotheken trägt mit dazu bei, daß die staatliche Garantenstellung weithin latent bleiben kann. Bibliotheken sorgen nicht nur dafür, daß Wissen unabhängig vom aktuellen Bedarf gespeichert wird. Vielmehr erbringen sie eine Reihe von *Vermittlungsleistungen.* Diese werden zwar durch die Leistungen von Fachinformationszentren und Informationsvermittlern ergänzt, sind jedoch für viele Nutzer nach wie vor entscheidend.

Wenn heute Fachinformationsversorgung öffentlich ist, Wissenschaftsfreiheit im oben umrissenen Verständnis realisiert und mit den übrigen Kommunikationsgrundrechten des Grundgesetzes verträglich ist, so liegt dies vor allem daran, daß den Bibliotheken die Funktion eines Sicherungsnetzes zukommt. Mit den öffentlichen Bibliotheken wird ein zweiter Zugang zum System der Fachinformationsversorgung durch Buch und Zeitschrift eröffnet, ein weiterer Weg der Informationsbedarfsdeckung neben dem Buchhandel.

In ein privatwirtschaftlich arbeitendes System ist damit ein *partieller Nulltarif* eingebaut. Er bewirkt, daß von staatlicher Seite die Eingriffe in das privatwirtschaftliche Verlagswesen und den Buchhandel auf ein Minimum beschränkt werden können. Preislimitierungen von Büchern sind überflüssig, solange die Bibliotheksetats ihre Anschaffung verkraften können. Freilich muß der Nutzer geringeren Komfort in Kauf nehmen, wenn er sich nicht über den Buchhandel, sondern über Bibliotheken versorgt. Entfiele der kostengünstige zweite Zugangsweg, so müßten die öffentlichen Belange, also unter anderem die Wissenschaftsfreiheit, auf andere Weise gesichert werden.

Bedroht wird diese Rolle der Bibliotheken aber aus zwei Richtungen. Zum einen wird immer mehr Wissen unterhalb der Schwelle von Öffentlichkeit verbreitet und gespeichert, die durch ISBN/ISSN markiert ist. Zum anderen führt die Entwicklung der Speicher-, Transport- und Vervielfältigungstechniken dazu, daß der On-demand-Eigenverlag bei wissenschaftlichen Autoren erheblich an Bedeutung gewinnen wird. Beide Trends können sich gegenseitig verstärken.

Der Öffentlichkeitsbezug von Fachkommunikation vermittels der sogenannten grauen Literatur ist schon gegenwärtig nur beschränkt gegeben. Faktisch steht diese Form der Fachkommunikation zwischen der personalen Kommunikation und der umfassenden öffentlichen Kommunikation, bei der der Kreis der Nutzer prinzipiell unbeschränkt ist. Gerade die graue Literatur wendet sich oft nicht an eine diffuse Fachöffentlichkeit, sondern an eingegrenzte Teilöffentlichkeiten.

Man kann davon ausgehen, daß die Verbreiter grauer Literatur und die Teilnehmer an Computerkonferenzen nicht immer den Willen haben, Dritte von ihrem Informationsaustausch auszuschließen. Aber ein solcher Ausschluß wird sich vielfach faktisch ergeben. Neben dem im Strafrecht bekannten „öffentlichen Geheimnis“ hätten wir dann so etwas wie eine „geheime Öffentlichkeit". Für graue Literatur in Papierform kann man Bibliotheken mit ihrer Sammlung und dem Aufbau von Nachweissystemen beauftragen. Problematisch wird es aber bei elektronischer Speicherung der Dokumente.

Mit der zu erwartenden Verfügbarkeit von Mailbox-Systemen innerhalb von Universitäten oder auch in überregionalen wissenschaftlichen *communities* würden halböffentliche Kommunikationsformen erheblich an Bedeutung gewinnen. Der Zuwachs interner Kommunikation könnte auf Kosten breiten Publizierens gehen, vor allem wenn die üblichen Anreize des Publizierens, die Gewinnung von Reputation in der *community*, auch auf elektronischem Weg erreichbar sein werden. Das könnte auf den Ausschluß einer breiteren Öffentlichkeit aus bestimmten Wissenschaftsbereichen hinauslaufen. Allgemein zugängliche Quellen der Fachinformation stünden dann vielleicht nicht mehr im erforderlichen Umfang zur Verfügung, das Grundrecht der Informationsfreiheit in seiner gegenwärtigen Auslegung stünde weithin nur noch auf dem Papier.

An dieser Stelle wird deutlich, daß es für die wissenschaftlichen Bibliotheken künftig wichtige neue Aufgaben geben wird. Werden diese nicht erfüllt – und es ist gegenwärtig kein anderer Träger sichtbar, der sie erfüllen könnte –, so dürfte es bald um die Öffentlichkeit der Fachinformation schlecht bestellt sein.

Die neuen Aufgaben bestehen in nichts anderem als Informationsvermittlung. Wie diese Informationsvermittlung ablaufen kann, darüber sollten sich gerade die Bibliothekare rechtzeitig Gedanken machen.

Damit ist wieder das Eigeninteresse der Bibliothekare angesprochen. Wie schon gesagt, sollte es nicht verteufelt werden. Es genügt, es in die richtige, gesellschaftlich nützliche Richtung zu lenken.

6. Zusammenfassung in Thesen

A) Will man die künftige Rolle der Bibliotheken für die Versorgung mit Fachinformation bestimmen, so muß die Fachinformationversorgung als Gesamtsystem betrachtet werden.

B) Auch wenn die Fachinformationsversorgung in Teilbereichen marktmäßig betrieben werden kann, kommt dem Staat eine Gesamtverantwortung für ihre Existenz, Autonomie und Öffentlichkeit zu.

C) Bibliotheken haben neben ihrer Speicherungsfunktion auch Funktionen der Informationsvermittlung. Vor allem garantieren sie die grundrechtlich und gesellschaftlich geforderte Öffentlichkeit der Fachinformationsversorgung. Indem sie kostenlosen oder kostengünstigen Zugang zur Fachinformation ermöglichen, führen Bibliotheken in ein vorwiegend privatwirtschaftliches System eine Art partiellen Nulltarif ein.

D) Technische Veränderungen bei der Informationsspeicherung und der Informationsvermittlung führen tendenziell zu Einbrüchen in dieser Rolle der Bibliotheken. Auf der anderen Seite ist es wahrscheinlich, daß Bibliotheken neue Aufgaben übernehmen müssen, soll die Öffentlichkeit der Fachkommunikation im bisher gewohnten Maßstab beibehalten werden.

GÜNTER STEVEN

Das Fünfjahresprogramm der Europäischen Gemeinschaften im Bereich der Fachinformation

1. Einleitung

Die Tätigkeiten der Kommission der Europäischen Gemeinschaften im Bereich des Fachinformationsmarktes sind durch die Entwicklungen im Rahmen von Euronet und DIANE einer breiten Öffentlichkeit bekannt.

Die Einrichtung des europaweiten Netzes Euronet wurde im Rahmen von drei aufeinanderfolgenden Drei-Jahres-Aktionsplänen zwischen 1975 und 1983 in Zusammenarbeit mit den europäischen Postverwaltungen verwirklicht. Diese Entwicklung hat wesentlich zu den inzwischen eingerichteten nationalen Online-Datennetzen beigetragen. Die Verbindung dieser nationalen Netze untereinander hat seit einiger Zeit die Funktion von Euronet übernommen, so daß der Betrieb von Euronet eingestellt werden konnte. Damit war die Aufgabe der Kommission, die ja keine Dienste betreiben, sondern nur anregen will, in diesem Bereich erfüllt.

Die parallel zur Euronet-Entwicklung von der Kommission angeregte und unterstützte Schaffung des Informationsdienstnetzes DIANE hat dazu geführt, daß heute mehr als 600 Datenbasen den europäischen Online-Benutzern auf etwa 50 Hostrechnern (Host computer) zugänglich sind.

Euronet und DIANE haben zwar insgesamt eine stimulierende Wirkung auf die Entwicklung des Informationsmarktes in Europa ausgeübt und waren auch aus der Sicht der 70er Jahre eine durchaus zeitgemäße Entwicklung, entsprechen aber aus heutiger Sicht nicht mehr den Anforderungen, die der Dynamik dieses wichtigen Marktsektors gerecht werden. Aus diesem Grund legte die Kommission dem Ministerrat vor Ablauf des 3. Aktionsplans im Jahre 1983 ein neues Fünfjahresprogramm zur Entwicklung des europäischen Fachinformationsmarktes vor.

2. Fünfjahresprogramm 1984–88

Im November 1984 hat der Ministerrat dem Fünf-Jahres-Gemeinschaftsprogramm für den Zeitraum 1984–88 zugestimmt und dafür einen Gesamthaushalt von DM 55 Millionen genehmigt. Dieses Programm ist als Rahmenprogramm konzipiert, das zwei allgemeine Zielsetzungen verfolgt:

- die Verbesserung des Informationsumfeldes und der Marktbedingungen für die Nutzung von Informationsprodukten und -diensten europäischen Ursprungs, um deren wirtschaftliche Lebensfähigkeit so weit wie möglich zu sichern, und
- die Stärkung der Wettbewerbsfähigkeit europäischer Informationsanbieter auf dem europäischen und dem Weltmarkt durch die Schaffung und Weiterentwicklung hochwertiger und innovativer Informationsprodukte und -dienste, wobei insbesondere deren Akzeptanz durch einen großen Benutzerkreis zu verbessern ist und die wirtschaftliche Größenordnung des europäischen Marktes besser genutzt werden soll.

Vor dem Hintergrund dieser allgemeinen Zielsetzungen werden eine Reihe bedarfsorientierter Entwicklungen schwerpunktmäßig gefördert. 1984 wurden sechs Bereiche festgelegt, in denen auf der Grundlage bestehender Markterfordernisse und aufgrund strategischer Überlegungen vorrangig eine Reihe von Entwicklungen in Angriff genommen wurden:

- Patentinformation,
- Information auf dem Gebiet der Biotechnologie,
- Werkstoffdatenbanken,
- Elektronische Veröffentlichung,
- Information für die Industrie,
- Abbau regionaler Unterschiede.

Diesen Bereichen wurde Ende 1985 auf der Grundlage einer Ministerratsentschließung ein siebter Bereich hinzugefügt:

- Vorbereitung eines Gemeinschaftsprogramms für Bibliotheken.

3. Weiterentwicklung im Rahmen von DIANE

Die Erfahrungen beim Betrieb von DIANE haben zwei wesentliche Schwächen dieses Systems verdeutlicht:

- Erstens richtet es sich an eine verhältnismäßig kleine Zahl von Online-Experten, und
- zweitens liefert es nur Referenzen zu Dokumenten, nicht die Dokumente selbst.

Zum ersten Mangel: Wer bibliographische Online-Datenbasen benutzt, muß die geeignete Auswahl aus vielen Datenbasen treffen, muß sich in Log-on-Verfahren, in Befehlssprachen und in Thesauren auskennen. Diese Kenntnisse kann niemand parat haben, der sich nicht dauernd damit befaßt.

Infolgedessen gibt es eine nur verhältnismäßig kleine Anzahl von Online-Benutzern, von denen etwa 90% als Informationsvermittler für Endbenutzer tätig sind. Gelänge es, die Information direkt für den Endbenutzer zugänglich zu machen, würde der Informationsmarkt um ein Vielfaches wachsen.

Die Kommission ist hier nicht untätig: Nach der Entwicklung der gemeinsamen Befehlssprache (CCL) werden zur Zeit zwei weitere Vorhaben gefördert, die den Zugang zu den Datenbasen erleichtern und wirtschaftlicher machen sollen:

- Schaffung eines Verbunds zwischen den Hosts; damit erhält der Benutzer über einen Host seiner Wahl Zugang zu den Datenbasen der anderen im Verbund zusammengeschlossenen Hosts (der Benutzer braucht nur *ein* Log-on durchzuführen, er bekommt nur *eine* Rechnung). An diesem Vorhaben beteiligen sich zur Zeit fünf große europäische Hosts; es wird erwartet, daß weitere folgen werden und dieses Verbundsystem etwa Mitte 1987 seinen Betrieb aufnehmen wird;
- Entwicklung einer intelligenten Schnittstelle (intelligent interface), die die Log-on Verfahren, die Auswahl der geeigneten Datenbasen und die Benutzung der gemeinsamen Befehlssprache weiter erleichtern wird.

4. DOCDEL

Der zweite Mangel von DIANE liegt, wie gesagt, darin, daß nur bibliographische Referenzen nachgewiesen werden. Um diesem Mangel abzuhelfen, führen wir ein Programm für elektronische Dokumentenlieferung und elektronisches Veröffentlichen durch, das sogenannte DOCDEL-Programm.

Dieses Programm umfaßt 10 Experimente, die 1984 angelaufen sind und in diesem Jahr abgeschlossen werden. Für das gesamte Programm war ein Haushaltsvolumen von 40 Millionen DM erforderlich, das die Kommission zu 20% mitfinanziert hat.

Die restlichen 80% kommen von den 10 Konsortien, die für die Experimente verantwortlich zeichnen. Naturgemäß können Benutzererfahrungen erst am Ende der Versuche gewonnen und ausgewertet werden. Dennoch läßt sich schon einiges berichten.

Das Experiment, das unseren Vorstellungen von elektronischer Dokumentenlieferung am nächsten kommt, ist TRANSDOC. Die Konsortialpartner sind Telesystemes, CNRS (Centre national de la recherche scientifique), die französische Elektrizitäts- (EDF) und Gasgesellschaft (GDF) und das französische Patentamt INPI. Mehrere Jahrgänge von 70 biomedizinischen Zeitschriften, Forschungsberichte aus dem Gebiet der Elektrizität und Patente werden in Faksimile-Kodierung auf optischen Speicherplatten (Thomson Gigadisk) gespeichert und auf Bestellung ausgedruckt und per Post geschickt oder elektronisch übermittelt. Es ist die erste derartige Verwendung von Thomson Gigadisks in der Welt.

TRANSDOC erprobt parallel zum optischen Plattenspeicher auch einen Microfiche-Speicher, bei dem die bestellten Dokumente nicht nur automatisch auf die Mattscheibe projiziert, sondern auch automatisch digitalisiert, also in Faksimile-Kodierung erfaßt werden. Das Interesse ist groß: Während der Betriebsphase hat TRANSDOC bereits über tausend Besucher aus etwa 20 Ländern empfangen, die sich dieses System haben vorführen lassen.

Im Rahmen des DOCDEL-Programms werden zwei sehr interessante Projekte in der Bundesrepublik Deutschland durchgeführt:

- Ein Konsortium mit den Verlagen Technische Regelwerke (DIN), VDI, Springer und Nomos sowie dem Fachinformationszentrum 4 und der Gesellschaft für Information und Dokumentation verfolgt zwei herausragende Ziele: 1. ein Textspeicher-, -formatierungs- und -kodiersystem, das unabhängig von der Art der verwendeten Textverarbeitungsanlage ist, d. h. das die Weiterverarbeitung von Texten verschiedenen Ursprungs erlaubt, und 2. die Entwicklung von auf Mikrocomputern basierenden elektronischen Arbeitsplätzen, die eine Vielzahl von Tätigkeiten (Texte und Graphiken eingeben, edieren, bestellen, versenden usw.) ermöglicht;
- ein Konsortium mit dem Fachinformationszentrum 4, dem Deutschen Patentamt, dem Satzrechenzentrum Hartmann und Heeneman, Berlin, und der Gesellschaft für Information und Dokumentation erfaßt 200 000 deutsche Patente in maschinenlesbarer Form (kodierte Zeichen) und macht sie zugriffsfähig. Die Besonderheit dieses Projekts besteht darin, daß auch die bei Patenten üblichen Strichzeichnungen in zeichenkodierter Form erfaßt werden, wodurch eine sehr kompakte Speicherung möglich ist.

  Die im Rahmen der beiden letztgenannten Projekte entwickelten Systeme wurden am 22. April 1986 offiziell in Bonn vorgeführt.

Ein Experiment, das schon so gut wie beendet ist, ist The Electronic Magazine von Learned Information Ltd. in Oxford. Bei diesem verhältnismäßig kleinen Experiment verfassen etwa 15 Autoren in verschiedenen Ländern Artikel auf dem Gebiet der Informationswissenschaften. Sie benutzen Textverarbeitungsanlagen und übermitteln die Texte über Datennetze an einen zentralen Host-Rechner.

Von dort werden sie erst von Referenten und dann von Redakteuren abgerufen und ediert und dann in Form einer elektronischen Zeitschrift Abonnenten in der ganzen Welt zugänglich gemacht. Diese Zeitschrift, die es nur in elektronischer, nicht in gedruckter Form gibt, wird zwei- bis dreimal pro Woche auf den neuesten Stand gebracht.

Gewinn macht bereits VNU, ein Verleger in Holland und England, mit seinen beiden Nachrichtenorganen (Newsletters) auf den Gebieten der Informationstechnologie und Informationsindustrie. Jeden Tag gibt es eine neue Ausgabe, auf die sich Besitzer von Datenendgeräten in der ganzen Welt über Telecom Gold und Newsnet abonniert haben. Hier gibt es auch eine gedruckte Version, die natürlich verzögert erscheint.

Die übrigen fünf Experimente sind nicht weniger wichtig. Drei betreffen elektronische Zeitschriften mit Veröffentlichungen, die auch mathematische und chemische Sonderzeichen enthalten, deren Kodierung ebenso bewältigt werden muß wie die der üblichen Buchstaben und Zeichen.

Ein weiteres Experiment, das sogenannte EURODOCDEL-Experiment, befaßt sich mit der elektronischen Lieferung von Veröffentlichungen der Kommission und anderer Gemeinschaftsinstitutionen. Schließlich gibt es ein Experiment, dessen Kern ein europäisches Netz von Mikrocomputern ist, zwischen denen Dokumente ausgetauscht werden.

An den zehn Konsortien, die die Experimente durchführen, sind 35 Organisationen unmittelbar beteiligt, daneben hunderte von Firmen als Zulieferer und Vertragspartner. Über eine Million Seiten werden in elektronischer Form gespeichert. DOCDEL ist das bekannteste europäische Fachinformationsprojekt nach Euronet.

5. APOLLO

Ein Problem der elektronischen Dokumentenlieferung haben wir frühzeitig erkannt: Die heute vorhandenen Fernmeldenetze sind für die Übertragung von Volltexten kaum geeignet; sie sind zu langsam, zu teuer und nicht zuverlässig genug. Wir haben uns deshalb an die Europäische Raumfahrtbehörde ESA gewandt und gemeinsam mit der ESA, mit EUTELSAT, mit einer Arbeitsgruppe der CEPT und den nationalen Postverwaltungen wie der Deutschen Bundespost und British Telecom ein Konzept, das sogenannte APOLLO-Konzept, für die Übertragung von Volltext-Dokumenten mittels Satelliten entwickelt. Die Besonderheit bei der elektronischen Dokumentenlieferung liegt darin, daß verhältnismäßig wenige Lieferanten von Dokumenten (z. B. Verleger oder Bibliotheken) verhältnismäßig viele Empfänger (z. B. wiederum Bibliotheken, aber auch Endbenutzer) bedienen.

Entsprechend gering darf der finanzielle Aufwand auf der Empfangsseite sein. Infolgedessen sind Satellitenstationen, die nur empfangen können und die höchstens ein Zehntel der üblichen Sende- und Empfangsstationen kosten, ein zentrales Element des APOLLO-Konzepts.

Etwa 9 Millionen DM werden die ESA-Mitgliedsländer dafür aufwenden. Die Testphase ist für 1987/88 vorgesehen. Dafür wird der ECS-2 (European Communication Satellite – Flight Unit 2) verwendet, der seit August 1984 in seiner geostationären Position ist.

Die ESA organisiert die technische Entwicklung von APOLLO und die Kommission die Anwendungen. Ich nenne hier drei Anwendungen: Einmal wird die Kommission ihre amtlichen Veröffentlichungen an die Regierungsstellen der Mitgliedsländer und andere Interessenten übermitteln. Zweitens wird das British Document Supply Centre einen Teil seines Leihverkehrs mit anderen europäischen Bibliotheken über APOLLO abwickeln. Und drittens bereitet eine deutsche Gruppe, bestehend aus FIZ 4, dem Deutschen Patentamt und der TIB Hannover, einen APOLLO-Dienst vor. Die Kommission beabsichtigt, Empfangsstationen in den Mitgliedsländern zu finanzieren und einen Teil der Betriebsverluste in der Anfangsphase des APOLLO-Betriebs zu übernehmen.

6. CD-ROM

Eine Technologie, die den Fachinformationsmarkt nachhaltig beeinflussen wird, sind die CD-ROMs (Compact Disk – Read Only Memory). CD-ROM-Systeme lehnen sich sehr stark an die Compact-Audio-Disc-Technologie an, die ja bereits sehr erfolgreich den Verbrauchermarkt erobert hat. Eine CD-ROM kann etwa 600 Megabyte digitaler Daten speichern (= 240000 kodierte A4-Seiten oder bis zu 10000 A4-Bildern). Die Kosten für die Herstellung einer Master-Scheibe betragen zur Zeit etwa 8000 DM, eine Kopie kostet ± 15 DM. Es ist zu erwarten, daß in Zukunft diese Kosten erheblich sinken werden, und zwar auf etwa 3000 DMfür die Master-Scheibe und etwa 5 DM für die Kopie. In ähnlicher Weise werden sich die Kosten für die Abspielgeräte dieser Datenträger entwickeln, wobei mit einem Endpreis von etwa 1000 DM gerechnet wird. Ein Vorteil dieses Systems ist, daß die physikalischen Charakteristiken des Info-Trägers und die wesentlichen Eigenschaften der Lesegeräte bereits weltweit standardisiert sind.

Diese Normung bezieht sich auf Durchmesser, Datenerfassungstechnik und Fehlererkennung und -korrektur. Sie beruht auf einer Übereinkunft zwischen PHILIPS und SONY.

Mit der Frage der Standardisierung ist aber gleichzeitig das Hauptproblem in der CD-ROM-Entwicklung angesprochen. Die bestehenden Normen beziehen sich, wie gesagt, auf die physikalischen Charakteristiken, nicht aber auf zwei andere wichtige Aspekte, nämlich

- die logische Struktur der Datei und
- die Hard- und Softwareschnittstellen zwischen Lesegeräten und Computern.

Wenn für diese beiden Bereiche Normen vereinbart werden, dann können die verschiedensten Retrieval-Softwares unter verschiedenen Betriebssystemen und auf verschiedenen Mikrocomputern ein und dieselbe CD-ROM benutzen. Es gibt bereits eine Reihe von Vorschlägen zu diesen Normungsfragen, die im wesentlichen von der amerikanischen Industrie an die National Information Standards Organization (NISO) in den USA herangetragen wurden.

Auf Drängen der europäischen Software-, Verlags- und Datenbankindustrie hat die Kommission im Januar und Mai dieses Jahres das 1. und 2. europäische „Optical-Disc"-Forum veranstaltet. Diese Veranstaltungen haben den Bedarf nach besserer Information über die amerikanischen Initiativen verdeutlicht, ebenso wie die Notwendigkeit, deren Einfluß auf die europäische Informationsindustrie zu beleuchten.

Zweck dieser Aktivität ist es, die europäische Informationsindustrie für diese Entwicklungen zu sensibilisieren, die zukünftige Entwicklung zu verfolgen und ihre Auswirkung auf den europäischen Markt zu untersuchen. Es ist zu hoffen, daß eine Einigung in diesen Normungsfragen nicht allzu fern ist.

Unabhängig davon halten wir die CD-ROM für ein derart interessantes Medium, daß wir seine Einführung in den Fachinformationsmarkt fördern wollen. Aus diesem Grunde wurde im Sommer 1985 ein Aufruf zur Einreichung von Vorschlägen für die Anwendung von optischen Speichermedien für Informationsdienste veröffentlicht. Von 43 Vorschlägen, die der Kommission zu diesem Thema eingereicht wurden, wurden 11 teilweise hochinteressante Vorhaben ausgewählt. Es wird erwartet, daß diese Entwicklungen bis Ende 1986 anlaufen werden und nach Ablauf von etwa zwei Jahren eine Reihe interessanter und für die weitere Entwicklung des Marktes aufschlußreicher Ergebnisse erbringen werden.

7. Bibliotheken

Eine Reihe von Ereignissen hat die Aufnahme dieses Bereichs in das Fünfjahresprogramm der Kommission in die Wege geleitet:

- die sogenannte „Schwencke-Entschließung" des Europaparlaments zur Schaffung einer Europäischen Bibliothek in Florenz, die darüber hinaus eine Reihe von Aktionen zur besseren Integration und Nutzung der Bibliotheken in der EG vorschlug;
- ein im November 1984 in Luxemburg durchgeführtes Seminar über den Einfluß neuer Informationstechnologien auf die Verwaltung und Zusammenarbeit von Bibliotheken; und schließlich
- die Entschließung des Ministerrates für kulturelle Angelegenheiten vom 27. 9. 1985, in der die Kommission aufgefordert wird, die Zweckmäßigkeit

einer raschen Aktion zur Förderung einer engen Zusammenarbeit im Bibliotheksbereich zu prüfen.

Die in der Ministerratsentschließung vorgesehene Aktion soll insbesondere folgende Ziele verfolgen:

- langfristige Erstellung von Verbundkatalogen auf europäischer Ebene durch Verbindung der derzeit bestehenden oder in Entwicklung begriffenen nationalen Systeme;
- Erstellung eines Arbeitsprogramms, mit dem eine beschleunigte Entwicklung der Arbeit der Bibliotheken angestrebt werden soll und das auf die Anwendung der neuen Informationstechnologien (NIT) im Bibliotheksbereich ausgerichtet ist.

Aufgrund dieser Entschließung hat die Kommission vorbereitende Tätigkeiten aufgenommen, um schrittweise einen Vorschlag für ein Gemeinschaftsprogramm für den Bibliotheksbereich zu entwickeln. Diese vorbereitenden Tätigkeiten sollen insbesondere

- die bestehenden Probleme darlegen,
- Bereiche definieren, in denen eine internationale Zusammenarbeit zu einer besseren Nutzung der nationalen Ressourcen beitragen kann,
- das Umfeld für die Durchführung konkreter Vorhaben auf Gemeinschaftsebene verbessern.

Die Kommission hat zu diesem Zweck eine Reihe informeller Kontakte mit Regierungs- und Bibliothekskreisen sowie nationalen und internationalen Verbänden in den Mitgliedsländern aufgenommen, um Informationen über laufende oder geplante Initiativen einzuholen und um Leitlinien eines zukünftigen Programmes zu diskutieren.

In der Bundesrepublik haben diese Kontakte Ende Februar dieses Jahres unter anderem zu Gesprächen mit

- der Deutschen Forschungsgemeinschaft,
- der Deutschen Bibliothek in Frankfurt und
- dem Deutschen Bibliotheksinstitut in Berlin

geführt, um Orientierungen für die Ausrichtung eines zukünftigen Gemeinschaftsprogramms zu erörtern. Bei diesen Gesprächen wurden insbesondere folgende Probleme angesprochen:

- die Notwendigkeit, in der Bundesrepublik einen Mechanismus zu schaffen, um die internationale Zusammenarbeit zu erleichtern. Dies ergibt sich aus der besonderen Situation der BRD, in der die Bibliotheken in die Zuständigkeit der Länder fallen, wodurch konzertierte Aktionen auf internationaler Ebene erschwert werden;
- das Erhalten und Bewahren von Beständen, wobei der Entsäuerung und dem Schutzverfahren für Bücher besondere Aufmerksamkeit zu widmen ist; die in

den USA von der Library of Congress entwickelten Verfahren sollten in diesem Zusammenhang auf ihre Anwendbarkeit für europäische Bibliotheken untersucht werden, ebenso wie die Frage nach geeigneten Substituten für alte Bestände wie Microfiche oder Bildplatte. Insgesamt sollen die Untersuchungen dazu führen, in Europa ein eigenes F+E-Programm für diesen Bereich zu definieren;

- die Forderung nach der Erstellung europäischer Verzeichnisse von Spezialsammlungen, wie z.B. bestehender Mikrofiche-Sammlungen;
- die Verbesserung des europäischen Leihverkehrsystems durch die Schaffung von Verbundkatalogen und -systemen;
- die sozioökonomische Bedeutung der Bibliotheken und ihre zukünftige Rolle im Informationsmarkt; Aspekte, die im Zusammenhang mit der Einführung von NIT, der Sicherung von Arbeitsplätzen, der Aus- und Weiterbildung von Fachkräften und der Entwicklung der Erwerbungsetats besondere Aufmerksamkeit verdienen.

Parallel zu diesen Gesprächen wurden in allen Mitgliedsländern eine Reihe von vertikal ausgerichteten Untersuchungen eingeleitet, um eine Bestandsaufnahme und Bewertung bezüglich der Anwendung von NIT in den Bereichen Verwaltungsaufgaben, Katalogisierungssysteme und Fernleihe durchzuführen. Dabei wird der Analyse von Erfahrungen mit dem Verbund von Bibliotheken besondere Aufmerksamkeit gewidmet.

In Kürze sollen zwei weitere horizontal ausgerichtete Studienreihen anlaufen:

- Die erste betrifft die Erarbeitung einer Reihe von Optionen als Grundlage für die Aufstellung eines gemeinschaftsweiten Arbeitsprogramms. Dafür kommen unterschiedliche Bereiche in Betracht: z.B. die Problematik der Pflege und des Schutzes von Bibliotheks- und Kunstbeständen sowie die Frage der Ausbildung von Benutzern und des in Bibliotheken beschäftigten Personals;
- die zweite Studienreihe betrifft die Analyse technischer Aspekte, nämlich: die Bewertungskriterien für die der Öffentlichkeit online zugänglichen Kataloge (OPACs), die Funktionen und Leistungen von Telekommunikationsnetzen zwischen Bibliotheken, die Entwicklung methodischer Standardinstrumentarien für die Bestandskontrolle insbesondere im Hinblick auf die gemeinsame Nutzung bestehender Ressourcen.

Ein wichtiger Aspekt für die Erarbeitung des Aktionsrahmens auf Gemeinschaftsebene sind Abgrenzung und Quantifizierung der Rolle der Bibliotheken im sozioökonomischen, erzieherischen und kulturellen Umfeld.

Eine entsprechende Untersuchung wird anhand von Analysen der makroökonomischen und makrostatistischen Daten durchgeführt (Zahl der Bibliotheken unterteilt nach Kategorien, Betriebspersonal, bewilligten Haushaltsmitteln insgesamt und ihrer Entwicklung im Vergleich zum BSP, Gesamtzahl der Neuanschaffungen usw.). Besondere Aufmerksamkeit wird dabei dem Vergleich mit ähnlichen Daten aus Drittländern gewidmet.

Mit der festen Absicht zur Unterstützung der europäischen Bibliotheken ein wirksames und auf internationale Zusammenarbeit ausgerichtetes Programm zu entwickeln und durchzuführen, anerkennt die Kommission die wirtschaftliche und kulturelle Bedeutung, die den Bibliotheken im Rahmen der europäischen Integration zukommt. Aus historischer Sicht haben Bibliotheken von jeher eine wesentliche Rolle beim Fortschritt des Wissens gespielt. In unserer Zeit, in der mit dem Begriff der Informationsgesellschaft die wachsende Bedeutung der Information für die kulturelle, technologische und wirtschaftliche Entwicklung verdeutlicht wird, muß man davon ausgehen, daß die Bibliotheken in zunehmendem Maße Aufgaben wahrnehmen müssen, die dieser Entwicklung angemessen sind. Dabei muß die fortschreitende Automatisierung genutzt werden, um die Rolle der Bibliotheken zu intensivieren und deren begrenzte Ressourcen wirksam einzusetzen.

Gleichzeitig wachsen die Bedeutung und die Möglichkeiten der Bibliotheken, wenn man sie aus dem Blickwinkel der europäischen Integration sieht. Angesichts der internationalen Verflechtung von wirtschaftlicher, technischer und sozialer Entwicklung und der Komplexität der zu lösenden Probleme lassen sich viele Aufgaben nur noch im Rahmen internationaler Zusammenarbeit lösen. Der Aspekt der Kooperation wird deshalb ein wesentliches Element in den Bemühungen der Kommission sein, die Rolle der Bibliotheken als unverzichtbarer Partner am Informationsmarkt zu festigen.

DIETRICH WILKE

Das Fachinformationsprogramm der Bundesregierung unter Berücksichtigung der Bibliotheken

Die Internationalität der Wissenschaft, Leitthema des Bibliothekartages, prägt nicht nur die Praxis der Bibliotheken im internationalen Leihverkehr oder in der Einrichtung internationaler Bibliotheks- und Katalogverbünde, die Internationalität prägt als bestimmendes Charakteristikum die wissenschaftliche Fachinformation als Ganzes; sie war somit auch Ausgangsbasis und Leitlinie des Fachinformationsprogramms, das vor einem Jahr – im Juni 1985 – von der Bundesregierung nach einem aufwendigen Abstimmungsprozeß, an dem u.a. auch die Bibliotheken beteiligt waren, verabschiedet wurde.

Historie des Fachinformationsprogramms

Im April 1983 legte der Bundesrechnungshof (BRH) in seiner Eigenschaft als Bundesbeauftragter für Wirtschaftlichkeit in der Verwaltung ein Gutachten – übrigens das zweite nach dem von 1962 – vor, in dem er sehr kritisch Stellung nahm zu den Ergebnissen des IuD-Programms 1974–1977, insbesondere zum darin geplanten System der Fachinformationszentren und seinem Verwirklichungsstand. Der Rechnungshof forderte darin den Staat auf, grundsätzliche Fragen zur Fachinformationsversorgung zu beantworten:

- Die Kernfrage war, ob Fachinformation *Infrastruktur* ist, die der Staat vorzuhalten hat, oder *Markt*, für die der Staat allenfalls günstige Rahmenbedingungen schaffen kann. Hierzu zählt auch die Frage, welche *Bereiche* der Privatinitiative vorbehalten bleiben sollen, in welchen Bereichen Förderungen erfolgen sollen und wo der Staat selbst Fachinformationsversorgung leisten soll.

- Darüber hinaus empfahl der Rechnungshof, den bis dahin praktizierten flächendeckenden Förderansatz zugunsten einer Schwerpunktsetzung aufzugeben.

- Des weiteren regte er an, die Fachinformationseinrichtungen hinsichtlich ihrer Nutzungseffizienz und der Senkung ihres Zuwendungsbedarfs zu überprüfen.

Die Bundesregierung begrüßte dieses Gutachten, indem sie seine Kritik, seine Fragen und Empfehlungen zum Anlaß nahm, die Fachinformationspolitik zu überdenken und neu auszurichten. Sie tat dies in zwei Schritten:

1. in ihrer Stellungnahme zum BRH-Gutachten vom 5. Oktober 1983 (Grundsätze zukünftiger Fachinformationspolitik) und darauf folgend
2. im Fachinformationsprogramm 1985–1988.

Mit dem Programm ging es ihr darum,

1. allen Betroffenen eine neue Orientierungshilfe zu geben,
2. anläßlich der Haushaltsverhandlungen des Deutschen Bundestages eine erfolgversprechende Legitimationsgrundlage für neue und höhere Mittelanforderungen zu schaffen, nachdem insbesondere durch das BRH-Gutachten die Fachinformationseinrichtungen auch bei den Abgeordneten des Deutschen Bundestages mit einem Negativimage belastet worden waren.

Das Programm legte unter Wahrung der notwendigen Kontinuität folgende langfristigen Ziele neu fest:

1. Das deutsche Fachinformationsangebot und seine Nutzung sind auszubauen und zu verbessern, damit der Informationstransfer in der Wissenschaft sowie zwischen Forschung und Praxis verbessert wird und deutsche Fachinformationsanbieter ihre internationale Stellung stärken können.

Das Programm bezieht deshalb neben den traditionellen Literaturhinweisdiensten auch Fakten- und Volltexte ein und will vor allem in den beiden letzteren Bereichen private Initiativen ermutigen.

2. Mit dem Programm soll der wechselseitige Zugang zur elektronischen Fachinformation im Rahmen des grenzüberschreitenden Datenverkehrs gesichert und durch Schaffung von Interdependenzen die Gefahr einseitiger Abhängigkeiten und Verletzlichkeiten vermieden werden.

Beim Rückstand der Bundesrepublik Deutschland im internationalen Vergleich (ca. 2% Umsatzanteil am Online-Markt; USA ca. 82%, Europa ca. 11%, Japan ca. 7%) ist für ein hochentwickeltes Industrieland nur diese Position vertretbar, die den Zugang auf das weltweit verfügbare wissenschaftliche, technische und wirtschaftliche Wissen sichert.

3. Das Programm zielt darauf ab, internationale Kooperationen bei Aufbau, Angebot und Nutzung von Informationsbanken und die Entwicklung eines weltweiten Informationsnetzes zu fördern. Ein Ausweichen und damit Angewiesensein auf ausländische Informationsdienste ist nicht nur politisch riskant, es würde auch einen Verlust deutschen Informationspotentials bedeuten, denn ausländische Fachinformationsdienste erfassen nur einen Teil deutscher Fachinformation. Ein exemplarischer Vergleich deutscher Informationsbanken mit entsprechenden Banken in den USA und Großbritannien zeigt, daß diese ausländischen Banken weniger als die Hälfte der deutschen Zeitschriften und

weniger als ein Drittel der deutschen Tagungsliteratur berücksichtigen. Ein verbessertes Angebot deutscher Fachinformation bietet darüber hinaus Chancen für den Wissens- und Technologietransfer sowie für wissenschaftliche und wirtschaftliche Kooperationen und den Export in andere Länder.

Mit dieser neuen Zielausrichtung entspricht das Fachinformationsprogramm der wachsenden Bedeutung der Information, die im Übergang von der „Industriegesellschaft" in die „Informationsgesellschaft" häufig auch als „Produktionsfaktor" oder „Rohstoff" bezeichnet wird und als immer wichtiger werdender Bestandteil von neuen Informations- und Kommunikationssystemen gilt, insbesondere für

- Hochschulen, Forschungseinrichtungen und Laboratorien der Industrie, die auf qualitativ hochwertige, aktuelle und umfassende Fachinformation sowie ihre leichte und schnelle Benutzbarkeit angewiesen sind; die zukünftige Leistungsfähigkeit dieser Einrichtungen als einer zentralen Kraft für die wissenschaftliche und wirtschaftliche Entwicklung hängt mehr und mehr von einer effizienten Fachinformationsversorgung ab;
- Unternehmen, da Fachinformation die Entwicklung und wirtschaftliche Umsetzung von Innovationen für neue und bessere Produkte und Verfahren unterstützt, die die Produktivität erhöhen und damit neue Einkommens- und Beschäftigungschancen eröffnen.

Mit der frühzeitigen, gezielten und umfassenden Berücksichtigung vorhandenen Wissens – wie sie durch den Einsatz neuer Informations- und Kommunikationssysteme ermöglicht wird – werden überflüssige Forschungs- und Entwicklungsarbeiten sowie kostspielige Doppel- und Nacherfindungen erspart.

Das Verhältnis Staat – Wirtschaft

Das IuD-Programm sah – übrigens auf Empfehlung des Bundesrechnungshofs von 1962 – die Bereitstellung von Fachinformation weitgehend als öffentliche Aufgabe. Das Fachinformationsprogramm formuliert demgegenüber – im Anschluß an das neue BRH-Gutachten von 1983 – folgende Leitlinien, die im Abstimmungsprozeß in ihrer Gewichtung stark umstritten waren:

1. Produktion und Angebot im Markt für Fachinformation sind in der Regel Aufgaben der Privatwirtschaft. Dies entspricht der weiteren definitorischen Bestimmung der Fachinformation, die neben den elektronischen Hinweisbanken auch die gedruckten Faktensammlungen und Volltexte umfaßt. Selbstverständlich wird der Markt für gedruckte Fachinformation von Privatunternehmen (Verlagen, Buchhandlungen) gestaltet. Dies gilt vor allem für die Wirtschaftsinformation.

Die Bundesregierung hat deshalb klargemacht, daß sie kein FIZ Wirtschaft und keinen Wirtschafts-Host unterstützen wird. Hierdurch war die Entstehung des Wirtschafts-Hosts GENIOS der Handelsblatt-Gruppe (seit Ende 1985) möglich, und demnächst wird voraussichtlich ein weiterer Wirtschafts-Host entstehen. Diese Aktivitäten der privaten Wirtschaft entsprechen der Leitlinie staatlichen Handelns: Privatinitiative auch im Markt für elektronisch gespeicherte Fachinformation zu ermutigen.

In der Startphase elektronischer Fachinformationsversorgung der 60er Jahre hat sich der Staat – unterstützt durch die Empfehlung des Bundesrechnungshofes von 1962 – angesichts des hohen wirtschaftlichen Risikos beim Einsatz teurer Hard- und Software bereiterklärt, insbesondere für eine bessere Informationsversorgung in Wissenschaft und Forschung die finanziellen Mittel für den Aufbau von Dokumentationsdiensten zu übernehmen.

2. Staatliche Förderung erfolgt heute nach dem Prinzip der Subsidiarität aus übergeordneten gesellschaftlichen Gründen, wenn es sich um Aufgaben staatlicher Daseins- und Zukunftsvorsorge (z. B. als wichtige Infrastruktur für Wissenschaft und Forschung) oder um besonders risikoreiche, aufwendige, die Privatwirtschaft überfordernde längerfristige Vorhaben handelt. Dies gilt vor allem für die wissenschaftlich-technische Fachinformation der Fachinformationszentren, die aufgrund des IuD-Programms gegründet wurden.

Für sie gilt die folgende Konkretisierung des Subsidiaritätsprinzips:
„Bei Hinweisbanken, die sich überwiegend wirtschaftlich nicht tragen, und insgesamt bei der Fachinformation für Wissenschaft und Forschung trägt der Staat eine besondere Verantwortung, von der ihn kommerziell arbeitende Unternehmen erfahrungsgemäß nicht durch ein ausreichendes Informations- und Dienstleistungsangebot entlasten. Insofern ist staatliches Engagement in diesem Bereich ein Element indirekter Förderung von Wissenschaft und Forschung. Gleichwohl gilt auch hier, daß der Kostendeckungsgrad der Datenbanken, d. h. das Verhältnis von Aufwand zu Einnahmen, zu verbessern ist." (Fachinformationsprogramm 1985–1988 der Bundesregierung. Hrsg.: Der Bundesminister für Forschung und Technologie. Bonn 1985, S. 16)

Dieser Kostendeckungsgrad liegt z. Zt. überwiegend bei ca. 30–40% und wird in diesem und dem nächsten Jahr voraussichtlich auf 40 bis über 50% steigen.

3. Staatliche Finanzierung erfolgt aufgrund ressortbezogener Zuständigkeiten, die sich aus der sachgemäßen Erfüllung der Aufgaben und Informationspflichten des Staates ergeben.

Förderschwerpunkte

Die Bundesregierung hat den breiten Planungsansatz des IuD-Programms, gleichrangig 20 Fachinformationszentren einzurichten, aufgegeben und ihre Fachinformationspolitik auf folgende Schwerpunkte beschränkt:
1. Verbesserung der Rahmenbedingungen des Fachinformationsmarktes;
2. Ausweitung von Produktion und Herausgabe von Fachinformation, insbesondere von Fakten- und Volltextbanken (Beilstein, Juris, Technische Regeln, Patente);
3. elektronisches Publizieren: Hier wird ein Konsortialprojekt für den integrierten Ablauf des Erfassens, Edierens und Weiterverarbeitens von wissenschaftlich-technischen Texten durchgeführt (z.B. Normen und Technische Regeln);
4. Angebot elektronischer Fachinformation:
– schrittweiser Aufbau eines „Informationsnetzes für Industrie und angewandte Forschung", über das den Nutzern in Wissenschaft, Wirtschaft, Staat und Gesellschaft deutsche und ausländische Informationsbanken in einem weltweiten Verbund zur Verfügung gestellt werden, insbesondere Aufbau eines internationalen Verbundsystems für wissenschaftlich-technische Fachinformation (STN International als Kooperation von FIZ Karlsruhe und Chemical Abstracts Service, USA). Verhandlungen über eine Beteiligung eines japanischen Zentrums laufen positiv;
– neben die zentralen Angebotsstrukturen werden dezentrale Angebotswege treten. Hier bieten CD-ROM z.Zt. interessante Perspektiven für Verlage, Datenbankanbieter und Bibliotheken, weil sie über ein gewaltiges Speichervolumen (bis zu 270000 DIN-A4-Seiten pro Disc) verfügen und bei hohen Auflagen eine preiswerte Alternative zum Online-Zugang darstellen;
5. im Schwerpunkt „Nutzung der Fachinformation" strebt das Programm an:
– Weiterentwicklung des Informationsbewußtseins für die elektronische Fachinformation, z.B. durch verstärktes Marketing sowie durch Einbeziehung in die Aus- und Weiterbildung (Modellversuche an den Fachhochschulen Regensburg und Hannover);
– gesonderte Ausweisung von Haushaltsmitteln für die Nutzung elektronischer Fachinformation; dies ist nach dem langjährigen Widerstand des Finanzministers ein bedeutender Durchbruch;
– Modellversuch innovationsfördernder Informationsvermittlung, insbesondere für den Technologietransfer in die Klein- und Mittelindustrie sowie Hochschulen und Forschungseinrichtungen; außerdem zeichnet sich ein deutliches Interesse des Buchhandels (z.B. Grossohaus Wegner in Hamburg) und der Banken (z.B. Deutsche Bank) an Informationsvermittlungsdiensten ab;

– verstärkte Kooperation von Fachinformationseinrichtungen und Verlagen mit Informationsvermittlungsstellen und Bibliotheken.

Im Kapitel über die Nutzung werden die Bibliotheken aufgeführt, die damit vom Programm zentral in das System der Fachinformation integriert werden. Fachinformationseinrichtungen bieten z. Zt. überwiegend Literaturhinweisbanken an, deren Nutzung nur mit einer anschließenden Literaturversorgung durch die Bibliotheken oder den Buchhandel sinnvoll ist.

Mit der Verknüpfungsmöglichkeit der Bibliotheken und der Fachinformationsrechenzentren im Rahmen des deutschen Forschungsnetzes wird zwischen Bibliotheken und Fachinformations-Rechenzentren Datenaustausch und mit dem geplanten Electronic Mail System ein flächendeckendes System zur Überspielung und Speicherung von Nachrichten ermöglicht. Der Aufbau lokaler universitärer Netze ermöglicht eine weitgehende Dezentralisierung der elektronischen Informationsvermittlung, wie auch im Verbund die Einbeziehung dezentraler institutseigener Bibliotheksbestände in die Literaturversorgung der zentralen Bibliotheken.

Bibliotheken sichern den Zugang zur deutschen und internationalen Fachliteratur als wichtige Infrastruktureinrichtungen für Wissenschaft und Forschung.

Das Programm geht davon aus, daß die allgemeine Bereitstellung der Fachliteratur grundsätzlich aus Gründen des wissenschafts-, gesellschafts- und kulturpolitischen Interesses unter Wahrung des Urheberrechts unentgeltlich erfolgen muß und damit in die Trägerschaft der öffentlichen Hand gehört. Lediglich Leistungen, die einen besonderen Komfort bieten, wie z. B. Eillieferungen, werden in Rechnung gestellt.

Bibliotheken sind besonders geeignet, neue Nutzer an bestehende Informationsbanken heranzuführen. Der weitaus größte Teil der online-verfügbaren Informationsbanken enthält Literaturhinweise und entspricht damit dem in einer Bibliothek anzutreffenden Informationsbedarf, der überwiegend konventionell mittels aufwendiger manueller Recherchen in Bibliographien und Katalogen gedeckt wird. Daß hier moderne Online-Recherchen an Bedeutung gewinnen werden, bestätigt deutlich die Entwicklung in den USA.

Die Leistungsmöglichkeiten moderner rechnergestützter Informationssysteme sind immer noch nicht hinreichend bekannt. Bibliotheken – sowohl zentrale Hochschulbibliotheken als auch dezentrale Fach- und Institutsbibliotheken – bieten gute Bedingungen, die Informationsvermittlung unter Nutzung elektronischer Speicher auszuweiten, wie auch die Auswertung des von der DFG geförderten Modellversuchs „Informationsvermittlung in Bibliotheken" zeigt.

Bibliotheken – Fachinformationseinrichtungen

Das Fachinformationsprogramm wünscht besonders eine enge Zusammenarbeit zwischen Bibliotheken und Fachinformationseinrichtungen.

Die elektronisch gespeicherten Titelaufnahmen der Bibliotheken können insbesondere in den Fachgebieten, die von den Fachinformationseinrichtungen noch nicht hinreichend abgedeckt werden, als Informationsbanken öffentlich über ein Fachinformations-Rechenzentrum angeboten werden.

Sie können darüber hinaus helfen, bei den Fachinformationseinrichtungen den Input zu rationalisieren, indem man dort auf eine Neuerfassung bibliographischer Angaben verzichtet und sich lediglich auf die Anreicherung übernommener standardisierter bibliographischer Nachweise um ein Kurzreferat konzentriert.

Die Fachinformationseinrichtungen könnten in enger Kooperation mit den Bibliotheken die Literaturversorgung beschleunigen, indem sie z.B. die Standortnachweise der Zentralkataloge in ihre Literaturhinweise übernehmen. Nach wie vor wird von Nutzern die Diskrepanz zwischen rascher Online-Recherche und – wochenlang dauernder – Fernausleihe als unbefriedigend empfunden. Das Online-Ordering hat hier bereits eine erhebliche Beschleunigung ermöglicht.

Für die Bibliotheken wird die Entwicklung der Massenspeicher (optische Bildplatte, CD-ROM) neue Reproduktionsmöglichkeiten schaffen. Literatur kann unbegrenzt vervielfältigt werden. Bibliotheken bietet sich – unter Wahrung der urheberrechtlichen Ansprüche etwa über Lizenzverträge mit Verlagen – die Möglichkeit, neue Dienstleistungen zu entwickeln, die in Zukunft vielleicht einmal das „leider ausgeliehen“ erübrigen. Von daher werden neue Kooperationsbeziehungen zwischen Bibliotheken und privatwirtschaftlichen Verlagen möglich, indem Verlage z.B. den Bibliotheken für den Vertrieb elektronischer Dienste gegen Gebühr Lizenzen erteilen, nachdem die gedruckte Auflage vergriffen ist, oder parallel zur Vermarktung der gedruckten Fassung, wenn der Verlag diesen Dienst nicht selbst anbieten will.

Die Entwicklung optischer Speichermedien ist sowohl hinsichtlich ihres Tempos als auch ihrer Produkte noch nicht so weit überschaubar, daß bereits heute die Auswirkungen auf den Bibliotheksbereich kurzfristig in entsprechende Planungen umsetzbar erscheinen, aber die Elektronifizierung sowohl im internen Arbeitsablauf als auch im Servicebereich ist unaufhaltsam.

Eine der wichtigsten Voraussetzungen für den Erfolg des Electronic Publishing ist eine funktionsfähige Infrastruktur, wie sie mit dem Breitband ISDN, einer größeren Verbreitung von Datenendgeräten im industriell-technischen und im Wissenschaftsbereich sowie einer besseren Kompatibilität unterschiedlicher Systeme angestrebt wird.

Von der frühzeitigen Einbeziehung des Menschen, des Mitarbeiters bei der Einführung elektronischer Medien und von seiner Akzeptanzbereitschaft wird die Leistungsfähigkeit dieser Techniken entscheidend abhängen.

Wie die Bibliotheken heute schon ihre Bestände und ihre Service-Angebote auf die Medien Tonträger, Videotechnik, Mikrofiche u. a. ausgeweitet haben, werden sie sich der weiteren technischen Entwicklung elektronischer Medien anpassen, um ihren Informationsauftrag auch in Zukunft bedarfsgerecht zu erfüllen.

Zusammenfassung

Im Fachinformationsprogramm haben – insbesondere unter dem Aspekt, die Nutzung der Fachinformation zu verbessern – Bibliotheken eine besondere Stellung. Zusammen mit den Buchhandlungen und den Verlagen dienen sie der Literaturversorgung; öffentlich getragen sind sie die Garanten für die allgemeine Verfügbarkeit auch jener Literatur, die nicht oder nicht mehr käuflich zu erwerben ist.

Fachinformationseinrichtungen und Bibliotheken sind sowohl beim Aufbau ihrer Leistungsangebote wie bei der Ausweitung ihrer beider Nutzerpotentiale sich vortrefflich ergänzende Institutionen. Die neuen Techniken werden neue Dienste ermöglichen und helfen, Fachinformation rascher und zielgerechter verfügbar zu machen.

Bei aller Technologieorientierung und -prognose sei aber auch deutlich angemerkt:

Die gedruckte Literatur wird nicht von der Elektronik verdrängt. Es wird in Teilen zu Substitutionseffekten kommen, aber auch zu wechselseitiger Bereicherung, in toto zu einem ergänzenden Nebeneinander von Buch und Computer.

So, wie die Fotografie nicht die Malerei verdrängt hat, sondern ihr eine andere Funktion als die des naturgetreuen Abbildens zuwies und neue Impulse gab, wird das Buch, das ohne Steckdose, Telefon und Bildschirm genutzt werden kann, das Zeitalter der Elektronifizierung unbeschadet überleben.

Auch wenn die neuen Techniken die Informationssuche vereinfachen, die Informationsbewertung und ihre Verwertung bleiben immer originäre Aufgabe des Menschen.

CHRISTA-ROSE HUTHLOFF

Online-Informationsvermittlung und Auskunft

Weltweit werden heute etwa 3000 Datenbanken von über 450 Hosts öffentlich angeboten. Es handelt sich dabei um Datenbanken mit unterschiedlichem Inhalt: Literaturnachweise, Konferenztermine, Statistiken, Einkaufsführer, biographische Daten, Lexika, Nachrichten bzw. Zeitungsartikel im Volltext etc. Manche dieser Dienste werden nur online angeboten. Grund genug, darüber nachzudenken, wie diese Dienstleistungen in die Auskunftsarbeit wissenschaftlicher Bibliotheken einbezogen werden können. Da die Entwicklungen in anderen Ländern schon weiter sind, bietet es sich an zu schauen, welche Erfahrungen zum Beispiel amerikanische Kollegen mit Online-Diensten in der Auskunft gemacht haben.

Durch den Ausbau der Online-Verbundkataloge sind bereits in vielen Bibliotheken die technischen Voraussetzungen für Online-Recherchen im Katalog-/Auskunftsbereich gegeben. Ist es daher sinnvoll, nach wie vor herkömmliche Auskunft und Informationsvermittlung zu trennen oder gar völlig auf den Zugriff auf externe Datenbanken zu verzichten?

Es gibt genügend Gründe, die gegen die Einbeziehung von Online-Diensten in der Auskunft sprechen: Kosten, Vielzahl der Retrievalsprachen, unterschiedlicher Aufbau der Datenbanken, Zugangs- und Nutzungsmodalitäten bei verschiedenen Hosts und nicht zuletzt das Personalproblem, denn Online-Auskunft bedeutet nicht nur Hilfe zur Selbsthilfe, sondern das Heraussuchen von Literatur und Fakten für den Benutzer. Wie dies im Einzelfall geschehen kann, wird an ausgewählten Beispielen aufgezeigt. Bei der Beschreibung der Beispiele werden mögliche Suchstrategien erläutert. Vorkenntnisse im Online-Retrieval werden nicht vorausgesetzt.

1. Datenbanken weltweit

1.1 Anzahl der Datenbanken

Das Angebot der online-verfügbaren Informationsmittel hat in den letzten Jahren beträchtlich zugenommen, sowohl in bezug auf die Anzahl als auch auf die Verschiedenartigkeit dieser Informationsmittel. Mit welcher Geschwindigkeit das Anwachsen erfolgte, läßt sich aus der Übersicht ablesen, die in der 7. Ausgabe des „Directory of Online Databases" (Directory, 1986) veröffentlicht wurde. Danach stieg die Zahl der Datenbanken von 400 im Jahre 1979/80 auf 1350 im Jahre 1982/83 und liegt heute bei annähernd 3000, die der Anbieter stieg von 59 1979/80 über 213 1982/83 auf den heutigen Stand von 450.

1.2 Nutzung von Datenbanken in der Auskunft amerikanischer Bibliotheken

Vergegenwärtigt man sich, woher die meisten der Online-Dienste stammen, so kann man feststellen, daß 76% aus Nordamerika kommen. Aus Europa stammen 21%, die Bundesrepublik ist mit 3% (Lipp 1985) beteiligt.

Bei dem hohen Anteil der nordamerikanischen Datenbanken ist zu erwarten, daß unsere Kollegen in den USA sich bereits mit dem Problem der Benutzung von Online-Diensten in der Auskunft auseinandergesetzt haben. Leider kann ich hier keinen Bericht aufgrund eigener Erfahrungen geben, sondern muß mich auf Literatur stützen. Aber es gibt zahlreiche Veröffentlichungen über den Einsatz von Online-Diensten in amerikanischen Bibliotheken. Dabei lassen sich unterschiedliche Diskussionsschwerpunkte herauskristallisieren.

Das Auskunftsinterview

Die Kostenpflicht der Literaturrecherchen erfordert besondere Sorgfalt bei der Bearbeitung. Damit gewinnen das Auskunftsinterview und die Überprüfung der Suchergebnisse noch an Bedeutung. Sowohl in Büchern über Auskunft (Katz 1982) als auch über Online-Recherchen (Fenichel; Hogan 1981) finden sich Kapitel, in denen das Auskunftsinterview und die einzelnen Schritte des Suchprozesses beschrieben werden.

Wegen des ausführlichen Beratungsgesprächs, das bei Online-Recherchen geführt werden muß, werden diese Literaturrecherchen nicht am Auskunftsplatz, sondern außerhalb des Benutzungsbereiches durchgeführt.

Online-Informationsmittel in der täglichen Praxis

Einen weiteren Schwerpunkt bildet Literatur zu der Frage, ob und wie sich Online-Dienste in der täglichen Auskunftspraxis einsetzen lassen. 1982 wurden verschiedene Projekte (Brownmiller 1984; Chenoweth 1982; Droessler 1983; Miller 1982) durchgeführt, in denen für Schnellauskünfte (Bearbeitungsdauer 1–5 Minuten) kostenlos je nach Fragestellung auch Online-Recherchen durchgeführt wurden. Dabei wurden nach wie vor für umfangreiche und komplexe Fragestellungen kostenpflichtige Online-Recherchen angeboten.

Am Beispiel des hier verkürzt wiedergegebenen Berichtes über die Einführung von Online-Recherchen in der Auskunft der University of Arizona Library (Brownmiller 1984) soll gezeigt werden, wie kommerzielle Datenbanken in die tägliche Praxis einbezogen werden können. 1977 war aus Mitarbeitern der verschiedenen Auskunftsabteilungen eine „Computer Assisted Reference Service Group" gebildet worden, die für die Suche in den Datenbanken von Dialog, dem größten kommerziellen Datenbankanbieter der USA, BRS (Bibliographic Retrieval Services) und ähnlichen Systemen ausgebildet wurden. Es wurden von dieser Zeit an kostenpflichtige Literaturrecherchen durchgeführt, zu deren Bearbeitung eine längere Vorbereitungszeit sowohl durch den Bibliothekar als auch durch den Benutzer nötig war. Auf die Bedeutung des Auskunftsinterviews in diesem Zusammenhang wurde bereits vorher hingewiesen. Da es auf Dauer unbefriedigend war, am gleichen Tag einmal online in wenigen Sekunden eine Suche in einer Datenbank durchzuführen und anschließend in der gedruckten Version des gleichen Verzeichnisses zahlreiche Registereintragungen durchzusehen, wurde 1982 eine Arbeitsgruppe gegründet, die die Möglichkeiten der Nutzung von Literatur- und Faktendatenbanken für Auskunftszwecke untersuchen sollte. Beim Literaturstudium zu diesem Problem wurde festgestellt, daß in immer mehr Bibliotheken Online-Dienste zur Auskunftserteilung benutzt wurden. Wichtig in diesem Zusammenhang war auch herauszufinden, wie hoch die durchschnittlichen Kosten für die Beantwortung einer Frage sein würden. Die Arbeitsgruppe schätzte die Kosten auf 4 $ pro Frage und ging davon aus, daß etwa 1000 Fragen im Laufe eines Jahres online zu bearbeiten wären. So wurde die Bibliotheksverwaltung um die Bereitstellung von 4000 $ für Online-Auskünfte gebeten.

Als nächstes wurde die Art der Fragen untersucht, die sich für eine Beantwortung mit Hilfe von Online-Diensten eignen. Dabei wurde festgestellt, daß online-verfügbare Informationsmittel den traditionellen Auskunftsdienst in folgenden Situationen gut ergänzen würden:

1. Der verfügbare gedruckte Dienst eignet sich nicht für eine Suche, da der Verzug in der Berichtszeit gegenüber der Online-Version zu groß ist oder weil die Einstiegsmöglichkeiten in der gedruckten Ausgabe nicht ausreichen, um die gesuchte Information zu finden.
2. Eine Online-Recherche ist die einzige Möglichkeit, da eine gedruckte Quelle nicht vorhanden ist, sei es, daß die Bibliothek dieses Informationsmittel nicht besitzt oder daß es überhaupt keine konventionelle Ausgabe dieses Verzeichnisses gibt.
3. Die Online-Recherche ist schneller und bringt das gleiche oder ein besseres Ergebnis als eine langwierige manuelle Suche.

Aufgrund dieser Vorstellungen wurden für einen Versuchszeitraum von fünf Monaten die entsprechenden Haushaltsmittel zur Verfügung gestellt.

Nach Abschluß der Versuchsphase wurde festgestellt, daß in dieser Zeit 293 Recherchen mit einem durchschnittlichen Kostenaufwand von $ 4,51 pro Recherche durchgeführt wurden. Die Kosten schließen allerdings nur die Datenübertragungskosten, Anschaltgebühren beim Host und Gebühren für die Nutzung der Datenbanken ein. Die Arbeitszeit des Personals, Kosten für Geräte etc. wurden nicht berücksichtigt. Insgesamt wurden nicht so viele Recherchen durchgeführt wie vermutet, die einzelne Recherche war aber teurer als erwartet.

Während der Planungen war befürchtet worden, daß es sich schnell herumsprechen würde, daß kostenlose Online-Recherchen in der Auskunft angeboten werden und zahlreiche Benutzer von diesem Service profitieren wollten. Diese Befürchtung hat sich nicht bewahrheitet, den Benutzern kam es auf eine schnelle und korrekte Antwort auf ihre Frage an, egal, ob diese aus einem Buch oder aus einem Terminal stammte. Die Bibliothekare, die bereits vorher Online-Recherchen durchgeführt hatten, waren mit den erweiterten Möglichkeiten, Auskunftsfragen zu beantworten, voll zufrieden. Es stellte sich heraus, daß Auskunftsbibliothekare, die mit Online nicht vertraut waren, zurückhaltend reagierten. Es war daher nötig, daß durch eine Zusammenarbeit zwischen Online-Experten und den anderen und durch entsprechende Schulungsprogramme alle an der Auskunft Beteiligten sich eingehend mit Online-Suchstrategien auseinandersetzten.

Insgesamt wurde der Versuch positiv bewertet und die entsprechenden Haushaltsmittel für Online-Auskünfte zur Verfügung gestellt.

Während in dem Bericht der University of Arizona Library nur kommerzielle Datenbanken berücksichtigt wurden, gibt es aus anderen Bibliotheken Berichte über den Einsatz der Katalogdatenbanken OCLC (Online Computer Library Center), RLIN (Research Library Information Network) und WLN (Washington Library Network). Auch bei diesen Berichten geht es darum, die konventionelle Auskunftstätigkeit durch das Einbeziehen von Online-Diensten zu verbessern. Die Erfahrungen mit dem Einsatz der Katalogdatenbanken OCLC und RLIN in der Auskunftsabteilung der Van Pelt Library, University of Wisconsin (Miller 1982), zeigen, daß durch die vielfältigen Einstiegsmöglichkeiten bei der Suche unterschiedliche Fragestellungen in diesen Datenbanken gelöst werden können. Dazu gehört die Ermittlung unvollständiger und fehlerhafter Zitate, die konventionell sehr schwer oder überhaupt nicht möglich wäre. Bei bereits bekannten Titeln können Schlagwörter herausgesucht und mit ihrer Hilfe weitere Literatur zum Thema gefunden werden. Zu allen Titeln können Standorte nachgewiesen werden. Außerdem wird noch erwähnt, daß Online-Recherchen weniger Zeit beanspruchen als die Suche mit konventionellen Katalogen. Schwierigkeiten gibt es zum einen, wenn Benutzer zu hohe Erwartungen an die Recherchen stellen, zum anderen durch die Unzulänglichkeiten der Systeme und mitarbeitenden Bibliotheken. So können Zeitschriftenaufsätze über OCLC und RLIN nachgewiesen werden. Für diese Literatur muß eine Literaturrecherche in kommerziell angebotenen Datenbanken angeschlossen werden. Diese

Recherche wird nur dann als kostenlose Auskunft behandelt, wenn die Suchzeit vermutlich 4 Minuten nicht übersteigt und lediglich 1–2 Zitate gewünscht werden, wenn nach neuen technischen Begriffen gesucht wird etc. Auch ist es frustrierend, wenn über die Katalogdatenbanken Standorte nachgewiesen werden, die Benutzer die so gefundenen Zitate aber nicht bekommen können, da es bei den besitzenden Bibliotheken Benutzungsbeschränkungen gibt.

In allen Berichten kommt eine positive Einstellung zum Einsatz von Online-Diensten zum Ausdruck und die Bereitschaft, in größerem Umfang davon Gebrauch zu machen. Eine Umfrage (Hitchingham 1984) bei Bibliotheken unterschiedlichen Typs hat allerdings ergeben, daß 1982 bei 160 Institutionen der Anteil der mit kommerziell angebotenen Online-Diensten beantworteten Auskunftsfragen erst bei 2,4% lag. Dabei schwankte der Anteil zwischen 1,31% bei wissenschaftlichen Bibliotheken und 13,22% in Krankenhausbibliotheken und Bibliotheken medizinischer Zentren. In privatwirtschaftlichen Einrichtungen betrug der Anteil an Online-Auskünften sogar 19,52%. Es wird davon ausgegangen, daß es für den Auskunftsbibliothekar in wenigen Jahren genauso selbstverständlich sein wird, an ein Terminal zu gehen, um Auskunftsfragen zu beantworten, wie an den Bestand gedruckter Informationsmittel.

2. *Online-Recherchen in der Auskunft auch bei uns?*

Nachdem wir gehört haben, daß die amerikanischen Kollegen zur großen Zufriedenheit aller für die Auskunft alle Informationsmittel benutzen, gleichgültig, in welcher Form sie vorliegen, sollten wir uns diese Informationsmittel einmal genauer ansehen.

2.1 Typologie der Datenbanken

Auch bei Datenbanken gibt es unterschiedliche Typen, genauso wie bei den gedruckten Informationsmitteln. Dabei sind vier Hauptgruppen zu unterscheiden: Literatur-, Fakten-, Volltext und Referraldatenbanken.

Literaturdatenbanken

Die ersten Literaturdatenbanken sind hauptsächlich im naturwissenschaftlichen und technischen Bereich als „Abfallprodukte“ durch die Automatisierung bei der Herstellung der gedruckten Dienste entstanden. Inzwischen gibt es Literaturdatenbanken in fast allen Fachgebieten. Dazu kommen allgemeinbibliographische wie z.B. BIBLIO-DATA, Comprehensive dissertation index, Ulrich's international periodicals directory, und standortnachweisende Datenbanken wie OCLC (Online Computer Library Center), RLIN (Research

Libraries Information Network), ZDB (Zeitschriftendatenbank) oder NMN (Niedersächsischer Monographien-Nachweis). Hier kann die bisher verwendete Typologie der Bibliographien weiter benutzt werden.

Faktendatenbanken

Die Faktendatenbanken oder nicht-bibliographischen Datenbanken bieten ebenfalls aus zahlreichen Fachgebieten Informationen an. Darunter finden sich Datenbanken

- mit statistischen Daten wie STATIS-BUND, der Datenbank des statistischen Bundesamtes,
- für chemische Strukturformeln wie Chemline,
- für Stoffeigenschaften aus Physik, Geowissenschaften, Technik,
- für Sachverhalte aus bestimmten Bereichen wie Toxikologie, Medizin oder auch lexikalische Informationen, wobei durch die Länge der Artikel der Übergang zu Volltextdatenbanken fließend wird.

Referral-Datenbanken

In diesen Datenbanken finden Sie Hinweise auf Konferenztermine (CONF), Einkaufsführer (EK MRA), Firmenhandbücher (Hoppenstedt), Biographische Verzeichnisse (Biography Master Index), Verzeichnisse von Datenbanken (Cuadra, Directory of Online Databases).

Volltextdatenbanken

Besonders im Bereich der Nachrichten/Zeitungsliteratur gibt es in zunehmendem Maße Volltextdatenbanken, wobei hier zur Zeit nur die Texte, jedoch noch nicht oder nur mit entsprechender technischer Ausstattung Abbildungen und Graphiken übertragbar sind.

Beispiele für solche Datenbanken sind VDI-Nachrichten, Handelsblatt, Wirtschaftswoche, Financial Times und, ohne gedrucktes Äquivalent, die dpa-news. Auch für Patente (voraussichtlich ab Juli 1986), Gerichtsurteile (z.B. JURIS) und im Bereich der Lexika (Academic American Encyclopedia, Kirk-Othmer Encyclopedia of Chemical Technology/Online) werden die Langtexte, teilweise mit Graphiken und Tabellen, online angeboten.

2.2 *Konsequenzen aus dem Datenbankangebot*

Der knappe Überblick über das Datenbankangebot hat gezeigt, daß in nahezu allen Bereichen online-verfügbare Informationsmittel existieren. Betrachtet man diese näher, kann man feststellen, daß meist die Online-Versionen vollständiger und aktueller sind als die entsprechenden konventionellen Ausgaben. Dies gilt nicht nur für kommerziell hergestellte Dienste, sondern auch für die standortnachweisenden Verzeichnisse, insbesondere hier in Niedersachsen für den NMN, wo die jüngste Microfiche-Ausgabe aus dem Jahre 1982 stammt, die Online-Version den Stand vom 14. 5. 1986 hat und wöchentlich aktualisiert wird. Auch bieten die Online-Dienste erweiterte Suchmöglichkeiten im Verhältnis zu ihren konventionellen Ausgaben. So stehen zum Beispiel bei einer Suche im NMN für den Titel

Pannenberg, Wolfhart
Die *Bestimmung des Menschen*
Göttingen 1978
(kleine Vandenhoeck-Reihe; 1443)
ISBN: *3-525-33423-0* ; MNM-ID:2121/96d

2 Möglichkeiten in der Microfiche-Ausgabe (Pannenberg, Bestimmung)
12 Einstiegsmöglichkeiten in der *Online-Version*

gegenüber. Nicht berücksichtigt wurde dabei die Suche mit Standort und NMN-Identifikationsnummer. Entsprechendes gilt bei BIBLIO-DATA und der Deutschen Bibliographie (vgl. Hoffmann 1985, S. 6ff.). Der Unterschied bei den Zugriffsmöglichkeiten ist noch größer, da die Sachgruppen der wöchentlichen Hefte, Angaben über Erscheinungsland, Publikationsform etc. ebenfalls suchbar sind.

Berücksichtigt werden muß darüber hinaus, daß nicht alle Online-Dienste auch in gedruckter Form vorliegen. Das bedeutet, daß es notwendig ist, auf Online-Dienste zurückzugreifen, um neueste Informationen bei komplexen Fragestellungen oder unvollständigen Angaben unter Berücksichtigung *aller* Informationsmittel aufzuspüren.

Viele wissenschaftliche Bibliotheken bieten bereits ihren Benutzern seit längerer Zeit als besondere Dienstleistung kostenpflichtige Online-Recherchen an, insbesondere in technischen, naturwissenschaftlichen und medizinischen Datenbanken. Dies geschieht meist in eigenen Abteilungen, den Informationsvermittlungsstellen, die weder organisatorisch noch personell mit der Auskunft verknüpft sind. In der täglichen Auskunftspraxis wird in der Regel von den bereits in diesen Bibliotheken verfügbaren Online-Informationsmitteln kaum Gebrauch gemacht.

Das liegt zum Teil sicher auch daran, daß erst in jüngster Zeit immer mehr auch für Kurzauskünfte geeignete Datenbanken produziert werden. Das Gewicht bei der Anzahl der Datenbanken entwickelt sich weg von den reinen Literaturdatenbanken zu Fakten-, Referral- und Volltextdatenbanken.

2.3 Das Datenbankangebot

Auch bei Online-Diensten kann eine Bibliothek ihren Benutzern nicht alles bieten. Viele Datenbanken sind auf einen ganz bestimmten Benutzerkreis ausgerichtet und nicht von allgemeinem Interesse.

Aus der Vielzahl der angebotenen Datenbanken ist eine sinnvolle Auswahl für die Auskunftsarbeit zusammenzustellen. Dazu ein kurzer Überblick über eine Auswahl deutscher und ausländischer Hosts mit Schwerpunkten und ausgewählten Datenbanken:

Deutsche Hosts

DIMDI – Deutsches Institut für medizinische Information und Dokumentation
Fachgebiete: Medizin, Biologie, Agrarwissenschaften, Naturwissenschaften, Umweltschutz, Sozialwissenschaften
Wichtige Datenbanken:
MEDLARS, EMBASE, BIOSIS, AGRIS, SCISEARCH, ENVIROLINE, Social Scisearch

STN International. STN Karlsruhe. The Scientific Technical Information Network (im Aufbau)
Fachgebiete: Chemie, Pysik, Mathematik
Wichtige Datenbanken:
CAS-Online, Phys (Physics Briefs), NTIS, Math, INSPEC, COMPENDEX

FIZ Technik. Fachinformationszentrum Technik, Frankfurt
Fachgebiete: Maschinenbau, Elektrotechnik, Ingenieurwissenschaften, Betriebswirtschaft
Wichtige Datenbanken:
DOMA, ZDE, COMPENDEX, INSPEC
DITR-Technische Regeln, VDMA. Wer baut Maschinen

GENIOS – GENIOS. Wirtschaftsdatenbanken. German economic Network
Fachgebiet: Wirtschaft
Wichtige Datenbanken:
Handelsblatt, Wirtschaftswoche, BDI – Die Deutsche Industrie, Hoppenstedt

GID – Gesellschaft für Information und Dokumentation mbH
Fachgebiet: Information und Dokumentation
Wichtige Datenbanken:
INFODATA

DBI – Deutsches Bibliotheksinstitut
Alle Fachgebiete
Wichtige Datenbanken:
ZDB, GKS

BRZN – Bibliotheksrechenzentrum Niedersachsen
Alle Fachgebiete
Wichtige Datenbanken:
NMN, NZN, IBZ

JURIS – Juristisches Informationssystem für die Bundesrepublik Deutschland
Fachgebiet: Bundesrecht bzw. in der Bundesrepublik Deutschland geltendes Recht
Wichtige Datenbanken:
JURIS-Rechtsprechung, JURIS-Rechtsliteratur

Bertelsmann Datenbankdienste GmbH
bietet Datenbanken von BRS an.

Ausländische Hosts

data-star – Radio Suisse, Bern
Fachgebiete: Wirtschaft, Biomedizin, Chemie, Technik
Wichtige Datenbanken:
Predicasts, Medline, Excerpta Medica, Chemical Abstracts, NTIS, INSPEC

Dialog – Dialog Information Services
Fachgebiete: Chemie, Wirtschaft, Technik, Sozialwissenschaften, Geisteswissenschaften
Wichtige Datenbanken:
Books in Print, LC Marc, Remarc, GPO Monthly Catalog, Electronic yellow pages, National Newspaper Index, Ulrich's international periodicals directory, Dissertation abstracts online, Everyman's Encyclopedia, Conference papers index, LISA

2.4 Technische Voraussetzungen für Online-Auskünfte

Um diese Datenbanken für Auskunftsfragen benutzen zu können, müssen am Auskunftsplatz oder in der Nähe die technischen Voraussetzungen geschaffen werden. Dazu gehört ein eigener Telefonhauptanschluß, ein Datenendgerät mit Akustikkoppler oder Modem. Datenendgeräte können sein: Schreibterminal, Bildschirmgerät mit Tastatur und Drucker oder Mikrocomputer als komfortabelste Lösung.

Um das Datenübertragungsnetz der Deutschen Bundespost benutzen zu können, muß von dort ebenfalls eine Nutzerkennung vorhanden sein.

2.5 Einbeziehung der Verbundkataloge in die Auskunftspraxis

Die technischen Vorausetzungen, die es ermöglichen, Verbundkataloge in die Auskunftspraxis einzubeziehen, sind, zumindest in Niedersachsen, bereits in zahlreichen Bibliotheken vorhanden. Das Bibliotheksrechenzentrum (BRZN) stellte Terminals für Katalogisierung und bibliographische Ermittlungen in den Datenbanken zur Verfügung. Dabei sind die Zugriffsmöglichkeiten auf den Rechner des Bibliotheksrechenzentrums in Göttingen unterschiedlich. Der günstigste Zugriff, um die Online-Kataloge für Auskunftszwecke zu benutzen, ist eine Standleitung, da dann morgens das Terminal eingeschaltet und abends wieder ausgeschaltet werden kann. Bei Zugriff über das Datenübertragungsnetz der Deutschen Bundespost (Datex P 20) muß für jede Anfrage eine Log-in-Prozedur durchgeführt werden, die aus folgenden Schritten besteht: Anwählen des nächsten Datex-P-Netzknotens. Über den Rechner der Bundespost erfolgt die Verbindung nach Göttingen. Die Prozedur muß für jede Frage neu durchgeführt werden, wenn nicht mehrere Fragen direkt nacheinander bearbeitet werden können. Bei Verwendung eines Mikrocomputers als Datenendgerät kann der Eingangsdialog abgespeichert werden.

3. Ermittlung von Auskunftsfragen in Datenbanken

Nachdem wir uns mit den äußeren Bedingungen für Online-Recherchen beschäftigt haben, kommen die Kenntnisse von Retrievalsprachen, die nötig sind, um in Datenbanken erfolgreich zu recherchieren.

3.1 Aufbau von Datenbanken

Beim Aufbau von Datenbanken werden die einzelnen Eintragungen, Dokumentationseinheiten, seien es nun bibliographische Angaben, Fakten oder Volltexte, für die Suche und Anzeige aufbereitet. Dazu werden die Suchbegriffe in einer Datei, vergleichbar dem Register eines Buches, und die Dokumentationseinheiten in einer anderen Datei abgespeichert. Vereinfacht dargestellt sieht das wie folgt aus:

Datenbankaufbau

Wörterbuch (Register) Suche ↓		Dokumentdatei (Text) Anzeige
Anhäuser Champagne Entdeckungsfahrten Europas Geschichte im Köln Kunst Landschaft Lothringen . . .	→	AU: Anhäuser, Uwe TI: Lothringen: Kunst Geschichte, Landschaft; Entdeckungsfahrten im Herzen Europas zwischen Vogesen u. Champagne PU: Köln: DuMont; 1985 SH: Lothringen . . .

3.2 Retrievalsprachen

Die Vielzahl der Retrievalsprachen wirkt sicherlich auf den Anfänger abschreckend und trägt auch bei ‚alten Hasen' dazu bei, daß die eine oder andere Datenbank weniger oft genutzt wird. Die Umstellung auf die Retrievalsprache Messenger bei INKA und auf DSO bei FIZ Technik ist für Bibliothekare bedauerlich, da die anderen für sie wichtigen Datenbanken beim DBI, BRZN und bei DIMDI nach wie vor mit der Retrievalsprache GRIPS/DIRS angeboten werden.

Deshalb lohnt es, sich mit den Grundproblemen der Online-Suchtechniken auseinanderzusetzen, da sie in jeder Retrievalsprache wieder auftauchen. Für den Anfang genügt es auch, sich mit den Hauptfunktionen vertraut zu machen.

Überblick über die wichtigsten Funktionen

Da in der Regel ein Host mehrere Datenbanken anbietet, muß als erstes die entsprechende Datenbank *ausgewählt* werden.

Als nächstes sollen Zitate, bibliographische Angaben, Dokumente in der vorher ausgewählten Datenbank mit einem oder durch die Verknüpfung mehrerer Suchbegriffe *gesucht* werden. Wenn keine nähere Festlegung über den Zusammenhang, in dem ein bestimmter Begriff im Text vorkommen muß, gemacht werden soll, verwendet man die *logischen Operatoren* and, or, not.

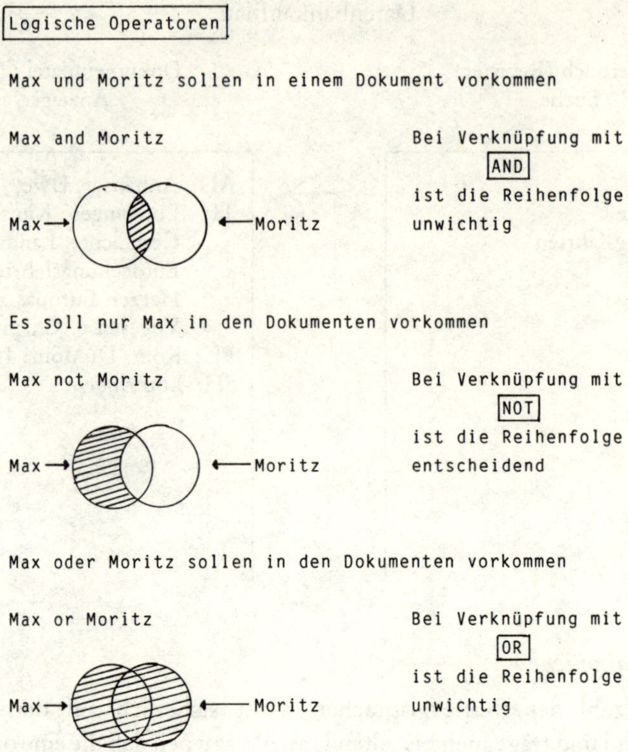

Mit Hilfe von *Kontextoperatoren* können benachbarte Begriffe oder Begriffe, die in einem bestimmten Sachzusammenhang vorkommen müssen, gesucht werden.

Mögliche Kontextbedingungen bei GRIPS sind z.B.:

- 2 Begriffe sollen hintereinander stehen (information retrieval),
- zwischen beiden Begriffen können beliebig viele Wörter stehen (information ... retrieval).

Wenn man eine Datenbank noch nicht so gut kennt, sollte man sich einen *Einblick* in das Wörterbuch der Datenbank verschaffen.

Ist die Schreibweise, besonders bei Endungen, eines Wortes nicht bekannt, kann vom Suchbegriff nur der Wortstamm eingegeben werden, der Rest wird durch ein *Maskenzeichen* (z.B. bei GRIPS BIBLIOTHEK$) ersetzt.

Um die gefundenen *Dokumente anzusehen*, gibt man wieder einen bestimmten Befehl ein.

Wenn man längere Zeit am Terminal verbracht hat, kann man sich die *gestellten Fragestellungen* noch einmal ansehen.

Als letztes muß dann noch die Verabschiedung vom Host erfolgen.

Übersicht über die wichtigsten Befehle

Befehl	GRIPS	DATA-STAR DSO	MESSENGER	DIALOG
Auswahl der Datenbank, Datenbankwechsel	base	..change	file	begin
Heraussuchen von Dokumentationseinheiten	find	..search	search	select
Einblick ins Wörterbuch	display	root	expand	expand
Anzeige der gefundenen Dokumente	show	..print	display	type
Überblick über das Suchprofil	tab	..display	display	display
Beenden des Dialogs	stop	..off	logoff	logoff

4. Konkrete Lösungsbeispiele für Online-Auskünfte

Wir hatten bereits gehört, daß sich die Katalogdatenbanken zur Ermittlung von Auskunftsfragen eignen. Deshalb werden die ersten Fragestellungen mit den Datenbanken des BRZN gelöst.

4.1 Suche in den Datenbanken des BRZN

Als erstes Beispiel liegen unvollständige Titelangaben vor. Da es sich offensichtlich um eine Monographie handelt, ist die entsprechende Datenbank für die Lösung dieser Frage der Niedersächsische Monographiennachweis NMN.

Aufbau der Datenbank NMNO

Fast alle Teile eines Titels sind in einem Wörterbuch zu finden. Separate Wörterbücher gibt es für das Erscheinungsjahr, die ISBN, Sigel und Signatur sowie die NMN-Identifikationsnummer. Bei den Teilbeständen, für die Schlagwörter vergeben worden sind, können diese in dem separaten Wörterbuch für Schlagwörter gesucht werden. Verfasser, Titel, Serientitel, Körperschaften, Kongreßtitel und Erscheinungsorte sind außer in dem gemeinsamen noch in eigenen Wörterbüchern abgespeichert. Das heißt, man kann entweder einzelne

Begriffe, die irgendwo im Titel vorkommen können, miteinander verknüpfen oder in dem Wörterbuch für Sachtitel z.B. nach dem kompletten Sachtitel suchen.

Angenommen, von dem vorherigen Beispiel hätten wir die Angaben

Verfasser: Pannenberg

Serie: kleine Vandenhoeck-Reihe 1443

Bei diesem Beispiel kann die Suche entweder mit einem Begriff aus der Reihe, z.B. Vandenhoeck und der Zählung, oder mit dem Autor und der Zählung durchgeführt werden.

```
?                                   → Autor
f pannenberg and "1443" → Zählung der Serie

1.00  NUMBER OF HITS IS  1
?
s

1.00/000001 BRZN: NMN - DATENBANK <COPYRIGHT: NSUB GöTTINGEN>
  KY: 000010478
    DIE BESTIMMUNG DES MENSCHEN / PANNENBERG, WOLFHART . - GöTTINGEN :
    1978
    (KLEINE VANDENHOECK-REIHE ; 1443)
    ISBN: 3-525-33423-0 ; NMN-ID: 0094/24K
    SIGEL : 7 <8 Z. GEN. 1525:1443>; 35 <78/4246>
***END OF SHOW***
```

Der Computer interpretiert alle Ziffern als Tabellennummern, wenn nicht besondere Vorkehrungen getroffen werden. Deshalb ist bei diesem Beispiel die Zählung in Anführungszeichen gesetzt.

Sachliche Recherchen mit dem NMN

Obwohl nur bei einem geringen Teil der Titel Schlagwörter vorhanden sind, können doch über Titelstichwörter erste sachliche Recherchen gemacht werden. Selbstverständlich kann bei dieser Suchmethode keine vollständige Literaturliste der im NMN vorhandenen Literatur zu einem Thema erstellt werden. Auch wirkt sich hierbei nachteilig aus, daß noch nicht alle Titelaufnahmen zusammengeführt sind und deshalb das gleiche Buch mehrfach auftauchen kann. Teilweise sind in diesen Fällen die Bestände schon zusammengeführt, die Titel werden intern noch als Treffer geführt. Das ergibt z.Z. noch Zielinformationen ohne bibliographische Angaben.

Bücher und Aufsätze zum Thema umweltfreundliche Abwasserbeseitigung

Bei diesem Thema wird zuerst der NMN benutzt und dann die Internationale Bibliographie der Zeitschriftenliteratur.

Im NMN wird sowohl mit Schlagwörtern als auch mit Freitextbegriffen gesucht. Dabei ergibt die Suche mit Freitextbegriffen drei relevante Treffer, bei der Schlagwortsuche waren ebenfalls brauchbare Titel dabei, die mit Freitextbegriffen nicht zu finden gewesen wären. Auch ergibt sich bei der Durchsicht der Titel die Möglichkeit, weitere für die Fragestellung wichtige Suchbegriffe aufzuspüren.

```
d sw=abwasser$

 1.01        2 ABWASSER
 1.02        1 ABWASSER / NIEDERSACHSEN
 1.03        3 ABWASSERABGABE / NIEDERSACHSEN
 1.04        2 ABWASSERBEITRAG
 1.05        2 ABWASSERBESEITIGUNG
 1.06        9 ABWASSERREINIGUNG
 1.07        1 ABWASSERVERWERTUNG / BIOGAS
 1.08        2 ABWASSERVERWERTUNG / ENTWICKLUNGSLAENDER
****END OF DISPLAY****
?
f 1.01;1.02;1.05 to 1.07 ← Auswahl der relevanten Suchbegriffe

2.00  NUMBER OF HITS IS  15
?
s hc

2.00/000001 BRZN: NMN - DATENBANK <COPYRIGHT: NSUB GöTTINGEN>
  KY: 001641215
    BIOLOGIE DER ABWASSERREINIGUNG / MUDRACK, KLAUS ; KUNST, SABINE . -
    STUTTGART U.A. : FISCHER, 1985. - VII, 166 S. : 80 ILL. U. GRAPH.
    DARST. ; 24 CM
    LITERATURVERZ. S. 161 - 163
    ISBN: 3-437-30453-4 ; NMN-ID: 6543/42D
    SIGEL : 115 <TECH 1128/14>

2.00/000003 BRZN: NMN - DATENBANK <COPYRIGHT: NSUB GöTTINGEN>
  KY: 001511696
    UMWELTSCHUTZ : TECHNOLOGIE, öKOLOGIE / FLEISCHHAUER, WILHELM JOSEF
    ; MEIS, KARL-RAINER ; SCHWARTZ, FRIEDEL-HERBERT . - BRAUNSCHWEIG
    U.A. : VIEWEG, 1980. - VIII, 171 S. : 72 ABB. U. 33 TAF.
    (VIEWEGS FACHBüCHER DER TECHNIK)
    ISBN: 3-528-04167-6 ; NMN-ID: 1579/60G
    SIGEL : 35 <80/5892>; 84 <2572-5205>; 89 <L SAN 5 = AF 9306>; 104
    <80 A 814>; 115 <TECH 1152/54>; 116; 153; 223; 285; 351; 700 <SVP
    4193-446 5>; 700 <SVP 4199-472 2>; 719; 725; 731; OLD 2; VA 1


f (abwasser and beseitigung ) or abwasserbeseitigung

3.00  NUMBER OF HITS IS  21
?
f 3 and all umwelt$

4.00  NUMBER OF HITS IS  3
?
s hc
 .
 .
 .
4.00/000002 BRZN: NMN - DATENBANK <COPYRIGHT: NSUB GöTTINGEN>
  KY: 001201122
    WURZELRAUMENTSORGUNG : EIN VERFAHREN NATURNAHER ABWASSERBESEITIGUNG
    / INSTITUT FüR UMWELTFORSCHUNG, FORSCHUNGSZENTRUM GRAZ ;
    STEIERMäRKISCHE LANDESREGIERUNG, FACHABTEILUNG IB, REGIONALPLANUNG
    UND öRTLICHE RAUMPLANUNG . - S.L. : 1979. - 52 S.
    (IFU VERöFFENTLICHUNG ; 30)
    NMN-ID: 0M59/28N
    SIGEL : 89 <RA 4501(30)>
```

Die Suche in der Internationalen Bibliographie der Zeitschriftenliteratur war weniger erfolgreich. Da in der Internationalen Bibliographie der Zeitschriftenliteratur jeder Titel Schlagwörter enthält, genügt es, hier mit Schlagwörtern zu suchen. Für die Anzeige sind die Dokumente hier noch weiter untergliedert. So kann man sich, um einen schnelleren Überblick über die gefundenen Treffer zu bekommen, nur die Sachtitel anzeigen lassen. Bei den ausgewählten Treffern kann dann nach einem Datenbankwechsel der Standortnachweis im NZN erfolgen.

```
fs sw=abwasser and sw=umwelt

  1.00        694 SW=UMWELT
  2.00        409 SW=ABWASSER
 3.00  NUMBER OF HITS IS  5

?

s f=ti

3.00/000001 BRZN: IBZ - DATENBANK <COPYRIGHT: VERLAG FELIX DIETRICH>
TI: ENVIRONMENTAL EFFECTS OF THE DISCHARGE OF UNTREATED EFFLUENT FROM
    THE POTATOFLOUR INDUSTRY
3.00/000002        ------------------------------
TI: A SUMMARY OF TISSUE LESIONS IN AQUATIC ANIMALS INDUCED BY
    CONTROLLED EXPOSURES TO ENVIRONMENTAL CONTAMINANTS,
    CHEMOTHERAPEUTIC AGENTS, AND POTENTIAL CARCINOGENS (PISCES)

s


3.00/000005 BRZN: IBZ - DATENBANK <COPYRIGHT: VERLAG FELIX DIETRICH>
KY: 00000246
AU: BRAND, R.;  WERTHER, E.;  LEMKE, D.
TI: ERFAHRUNGEN BEI DER VORBEREITUNG UND REALISIERUNG VON
    INDUSTRIEMESSNETZEN FUER DEN GEWAESSER- UND UMWELTSCHUTZ AM
    BEISPIEL DES VEB LEUNA-WERKE "WALTER ULBRICHT"
ZN: 37161 = WASSER-WIRTSCHAFT - WASSER-TECHNIK. WWT.BERLIN (OST-): VLG.
    F. BAUWESEN. J. 32, 82, H. 12, S. 429-431
SW: ABWASSER;  GEWAESSERSCHUTZ;  UMWELT
SG: 15 = TECH; 11 = BIOL
```

Online-Bestellkomponente beim BRZN

Sowohl bei Monographien als auch bei Zeitschriften können die gefundenen Titel online bei den besitzenden Bibliotheken bestellt werden.

Standortermittlung im NZN

Um die Standorte für die in der Internationalen Bibliographie der Zeitschriftenliteratur gefundenen Aufsätze zu ermitteln, ist ein Datenbankwechsel zur Datenbank NZN erforderlich.

```
?
f wasserwirtschaft wassertechnik

1.00  NUMBER OF HITS IS  1
?
s

1.00/000001 BRZN: NZN - DATENBANK <COPYRIGHT: NSUB GöTTINGEN>
NZN-ID  : 00190009
TITEL   : WASSERWIRTSCHAFT, WASSERTECHNIK
ORT     : BERLIN
ISSN    : 0043-0986
WEIT.T.: WWT
K.HRSG.: KAMMER DER TECHNIK
 -----84 <BA Z 501>
         14-21.1964-1971 = JA-2279  22.1972 = 3406-9143
 -----89 <ZA 2181 (L BAU Z 800)>
         1-30.1951-1980 U.FF.
         ANM: FF
-------- B E I G A B E N   V O R H A N D E N --------
```

4.2 Suche in Datenbanken des Fachinformationszentrums Karlsruhe

Die Datenbanken, die beim Host Fachinformationszentrum Karlsruhe aufliegen, können in vielfacher Hinsicht von Bibliothekaren genutzt werden. Zum einen können Literaturrecherchen in den umfangreichen Literaturdatenbanken durchgeführt werden, zum anderen können diese Datenbestände auch für den bibliographischen Nachweis von Titeln benutzt werden. Die wichtigste Datenbank für Bibliothekare ist dabei BIBLIO-DATA. Auf die Benutzung von BIBLIO-DATA für bibliographische Ermittlungen soll hier nicht näher eingegangen werden, da das ausführlich von Hoffmann (1985) dargestellt worden ist.

Sachliche Recherche mit BIBLIO-DATA zum Thema Schädlingsbekämpfung bei Erdbeerpflanzen

Für sachliche Recherchen in BIBLIO-DATA benötigt man Kenntnisse über die Sacherschließung der Deutschen Bibliothek. Außerdem muß die Art des verzeichnenden Schrifttums berücksichtigt werden. Als nationalbibliographische Datenbank verzeichnet BIBLIO-DATA Literatur aus allen Gebieten des Wissens. Bei der Suche mit Freitextbegriffen ist daher eine Einschränkung auf die Sachgruppen der wöchentlichen Hefte vorzunehmen, um so Romane und Kinderbücher etc. auszuschließen. In diesem Fall kämen Biologie und Landwirtschaft in Frage.

```
f all erdbeer$ and cc=(32;39;22a;18a)

1.00  NUMBER OF HITS IS  32
?
f sh=erdbeere

2.00  NUMBER OF HITS IS  1
?
s f=sho

2.00/000001 INKA: -BIBLIO76 /COPYRIGHT  DT. BIBL., FFM
AU: Debor, Herbert Wilhelm
TI: Bibliographie des internationalen Erdbeeren-Schrifttums;
    Bibliography of the international literature on strawberries
PU: Berlin: Universitätsbibliothek d. Techn. Univ. Berlin, Abt. Publ.;
    1976
SH: Bibliographie / Fachbibliographie / Land- und Forstwirtschaft ->
    Erdbeere; Erdbeere / Bibliographie
***END OF SHOW***
?
f sh all sch$dling$

3.00  NUMBER OF HITS IS  126
?
f 3 and 1

4.00  NUMBER OF HITS IS  0
?
f 1 and bek$mpfung

5.00  NUMBER OF HITS IS  1
?
s f=sho

5.00/000001 INKA: -BIBLIO76 /COPYRIGHT  DT. BIBL., FFM
AU: Karl, Ewald
TI: Die Erdbeermilbe und ihre Bekämpfung
PU: Aschersleben : Inst. für Phytopathologie; Markkleeberg :
    Landwirtschaftsausstellung d. DDR; 1980
```

Bei einer Anschaltzeit von aufgerundet 3 Minuten entstanden für diese Recherche ungefähr 7,– DM an externen Kosten. Sie setzen sich zusammen aus ungefähr 1,– DM für Datenübertragung und 6,– DM Datenbankgebühren. Dabei wurde der Höchstsatz von DM 120,– pro Anschaltstunde an BIBLIO-DATA zugrundegelegt. Um zum gleichen Suchergebnis zu kommen, müßten die Bände der Deutschen Bibliographie ab 1976 durchgesehen werden. Berücksichtigt man beim Kostenvergleich die Zeitersparnis gegenüber der konventionellen Suche und die einfache Möglichkeit, das Suchergebnis in gedruckter Form an den Benutzer weitergeben zu können, so ist der Preis für die online durchgeführte Suche vergleichsweise niedrig.

Bei der Interpretation des Suchergebnisses muß bedacht werden, daß sicher noch weitere Literatur zum Thema „Schädlingsbekämpfung“, wie sie auch bei Erdbeeren angewendet werden kann, in BIBLIO-DATA verzeichnet ist. Als erster Einstieg in die Thematik reichten jedoch diese Titel aus. Für eine umfangreiche Literatursuche wäre außerdem eine Recherche in einer Fachdatenbank besser geeignet.

Suche nach einem Kongreß

Bei sehr unvollständig vorliegenden Angaben zu einem Kongreß aus den Gebieten Energie, Physik und Mathematik bietet die Datenbank CONF gute Suchmöglichkeiten. Für die Suche nach dem Kongreß aus Anlaß des 50. Geburtstages der Entdeckung von Neptunium und Plutonium wird mit einem der beiden Sachbegriffe begonnen, da sie vermutlich weniger häufig vorkommen als der Anlaß.

```
BASE COMMAND ACCEPTED FOR ZK70;CONF     ;ED=01.01.70 TO 31.05.86
?
f neptunium

1.00  NUMBER OF HITS IS  1
?
s

1.00/000001 INKA: -CONF     /COPYRIGHT FIZ KARLSRUHE
TI: International Symposium Commemorating the 50. Anniversary of the
    Discovery of Neptunium and Plutonium in Conjunction with the 200.
    National Meeting of the American Chemical Society
CS: American Chemical Society, Washington, DC
CL: Washington, DC (USA)
CD: 26-31 Aug 1990
CONTACT: Dr. J.D. Navratil * Rockwell International * Chemical Research
 * Rocky Flats Plant * P.O. Box 464 * Golden, CO 80401 * USA
RF: Meet. At. Energ. (Apr 1986) v. 18(2) p. 115
UD: 21 Aug 1985; 30 Apr 1986
CC: 10E; 11F
ND: K99508605
```

Das Ergebnis zeigt, daß die Eingabe eines Begriffes bereits zum Erfolg führte. Eine gedruckte Version dieser Datenbank existiert nicht.

Suche nach grauer Literatur

Die Datenbank SIGLE, die ebenfalls beim Informationszentrum Karlsruhe aufliegt, ist für den bibliographischen Nachweis nicht-konventioneller Literatur aus den Mitgliedsstaaten der Europäischen Gemeinschaft eine gute Quelle. Bei der Suche nach Veröffentlichungen des in Hannover durchgeführten Modellversuchs „Konzeption und Entwicklung von Studiengängen im Bereich Bibliothek, Information und Dokumentation" genügt die Eingabe der Begriffe „Konzeption" und „Bibliothek", um eine Titelliste mit 13 Angaben zu bekommen, und das in weniger als 6 Minuten. Bei allen Zeitangaben muß berücksichtigt werden, daß die Suchen mit der langsamsten Übertragungsgeschwindigkeit (300 baud) erfolgten.

```
BASE COMMAND ACCEPTED FOR AS81;SIGLE    ;ED=01.01.81 TO 31.05.86;TL=ENG
L
?
f Konzeption and bibliothek

1.00   NUMBER OF HITS IS  13
?
s hc

1.00/000001 INKA: -SIGLE      /COPYRIGHT INPUT CENTERS
TI: Presentation and discussion of first results of the model
    experiment BID
    Praesentation und Diskussion erster Ergebnisse des Modellversuchs
    BID
AU: Bock G.  ; Kutz J. (eds.)
CS: Fachhochschule Hannover (Germany, F.R.); Hannover Univ. (Germany,
    F.R.). Inst. fuer Regionale Bildung; Niedersaechsisches Ministerium
    fuer Wissenschaft und Kunst, Hannover (Germany, F.R.)
SO: Konzeption und Entwicklung von Studiengaengen im Bereich
    Bibliothek, Information und Dokumentation. 12.
    May 1983    173 p.
    BID (Librarianship, Documentation, Information) -Workshop '82,
    Hannover (Germany, F.R.), 9-10 Mar 1982
    (In German)    TIB: RO 434 (12).
ND: 84DE87615
```

Ausblick

Es ist mir völlig klar, daß ich bei diesem kurzen Überblick über die Möglichkeiten des Einsatzes von Online-Diensten in der Auskunft einige Probleme ausgeklammert habe, da es hier hauptsächlich um die praktische Anwendung ging. Wenn diese Dienste aber wie die konventionellen Informationsmittel für die Beantwortung von Auskunftsfragen eingesetzt werden sollen, muß man sich auch mit diesen Problemen auseinandersetzen. Da wären zum einen die Kosten. Die Benutzung der Online-Dienste kostet Geld. Wer trägt diese Kosten, die für die Beantwortung einer Frage entstehen? Für die Bereitstellung der gedruckten Dienste wird der Benutzer nicht zur Kasse gebeten. Diese werden „auf Verdacht“ angeschafft und bei Bedarf genutzt oder auch nicht. Wenn teure gedruckte Bibliographien abbestellt werden, muß der Benutzer die Möglichkeit haben, bestimmte Probleme online lösen zu lassen, ohne daß für ihn zusätzliche Kosten entstehen. Das Angebot an Informationsmitteln bezahlte bisher auch die Bibliothek. Zu Kostenfragen finden sich grundsätzliche Überlegungen und Modellrechnungen bei Scharna (1985).

Datenbanken erweitern das Spektrum an Auskunftsmöglichkeiten – aber ist das überhaupt notwendig? Reichen die vorhandenen Auskunftsmittel nicht völlig aus, ja werden diese überhaupt intensiv genutzt?

Die Benutzung von Online-Diensten stellt zusätzliche Anforderungen an die Ausstattung des Arbeitsplatzes „Auskunft“, an die Organisation des Auskunftsdienstes und an das Personal. Hier sind gezielte Fortbildungsmaßnahmen in Form von Einführungs- und Aufbaukursen, Vorträgen von Anbietern und

Herstellern von Datenbanken, organisiertem Erfahrungsaustausch unter Auskunftsbibliothekaren nötig, um Barrieren abzubauen und dazu beizutragen, daß die Kenntnisse stets auf dem neuesten Stand sind.

Außerdem wäre die Frage zu behandeln, inwieweit die Benutzer selbst in der Bibliothek am Terminal oder sogar direkt von ihrem Arbeitsplatz aus ohne die Hilfe von Bibliothekaren ihre Informationsprobleme lösen. Sicher werden Benutzer einen Teil ihrer Auskunftsfragen selbst erledigen. Aber genauso, wie bei der Benutzung von Katalogen und Bibliographien heute noch den Benutzern geholfen werden muß, obwohl diese Hilfsmittel schon lange in den Bibliotheken frei zugänglich aufgestellt sind, wird auch in Zukunft der Bibliothekar bei der Benutzung der Online-Informationsmittel behilflich sein müssen. Wie intensiv diese Hilfestellung betrieben wird, ist eine Frage der Auskunftspolitik.

Da Online-Dienste inzwischen einen festen Platz unter den Informationsmitteln einnehmen, kann die Frage nicht mehr heißen: Online – ja oder nein? sondern nur: Welche Qualität und welchen Umfang soll die Auskunft in wissenschaftlichen Bibliotheken beinhalten? Soll sie sich weiter überwiegend auf Hilfe zur Selbsthilfe beschränken? Kann über das Einbeziehen der Online-Dienste die Auskunftsarbeit benutzerorientierter werden?

Sollten nicht auch die konventionellen Informationsmittel intensiver genutzt werden? Wäre es nicht an der Zeit, der Informationsvermittlung in Bibliotheken – egal, mit welchen Mitteln – einen höheren Stellenwert zuzumessen, den Dienstleistungscharakter bei der Vermittlung von Informationen stärker zu betonen, auch vor dem Hintergrund der durch Verbundkatalogisierung veränderten Arbeitssituation der Diplom-Bibliothekare?

Informationsmittel und Informationsspezialisten sind vorhanden. Definieren wir eine benutzer- und dienstleistungsorientierte Auskunftspolitik!

Literaturverzeichnis

Bonta, Bruce D. (1983): Online searching in the reference room
In: Library trends 31(1983)3, S. 495–510

Brownmiller, Sara; Hawbaker, A. Craig; Jones, Douglas E.; Mitchel, Robert (1985): Online-ready-reference searching in an academic library
In: RQ 24(1985)3, S. 320–326
(Bericht über Online-Dienste in der Auskunft der University of Arizona Library)

Chenoweth, Russ (1982): The integration of online searching in reference service
In: The reference librarian (1982)5/6, S. 119–127
(Bericht aus der Van Pelt Library of Pennsylvania)

Datenbankbeschreibungen für NMN, IBZ, NZN, BIBLIO-DATA, CONF, SIGLE

Directory of online databases (1986)
New York: Cuadra/Elsevier 1986 Vol. 7,1 S. V

Droessler, Judith B.; Rholes, Julia M. (1983): Online services at the reference desk: Dialog, RLIN and OCLC
In: Online 7(1983), S. 79–86
(Bericht aus der Sterling C. Evans Library der Texas A&M University)

Fenichel, Carol H.; Hogan, Thomas H. (1984): Online searching
Marlton, NJ: Learned Information 1984
(Zum Auskunftsinterview S. 83 ff.)

Hitchingham, Eileen; Titus, Elizabeth; Pettengill, Richard (1984): A survey of database use at the reference desk
In: Online 8(1984), S. 44–50
(Untersuchung über den Einsatz von Online-Diensten)

Hoffmann, Bernward (1985): Deutsche Bibliographie und BIBLIO-DATA
In: Online-bibliographieren in allgemeinbibliographischen Datenbanken
Hannover: Koechert 1985, S. 4–24

Katz, William A. (1982): Introduction to reference work
Vol. 2: Reference services and reference processes. 4. Aufl.
New York u. a.: McGrawHill 1982
(Auskunftsinterview S. 61 ff., bei Online-Recherchen S. 209 ff.)

Lipp, Michael; Berthold Stukenbröker (1985): Status und trend für Online-Datenbanken
In: Umschau 85(1985)5, S. 283

Scharna, Dieter; Detlef Skalski (1985): Online-Recherchen im Bibliographier- und Signierdienst wissenschaftlicher Bibliotheken
Berlin: Berlin Verl. Spitz 1985
(Kostenüberlegungen S. 48 ff.)

4. ERWERBUNG

ROLF GRIEBEL

Preisindizes und Haushaltsplanung

Als man sich auf dem Bibliothekartag in Darmstadt 1982 mit den Auswirkungen drastischer Etatkürzungen auseinandersetzte, rückte auch der Themenkomplex Etatplanung und Preisentwicklung stärker in den Blickpunkt des Interesses[1]. Vor allem an Bibliotheken, die nicht oder nicht mehr über nennenswerte Aufbaumittel verfügen, stellt sich aber auch in Jahren, in denen sie von einschneidenden Etatkürzungen verschont bleiben, das Problem, ausgehend von den verfügbaren Mitteln in der Etatplanung den finanziellen Rahmen für eine möglichst kontinuierliche Realisierung ihrer Erwerbungsprogramme zu entwickeln. Die Haushaltsplanung, die vor allem an einschichtigen Hochschulbibliothekssystemen immer auch die Frage der Etatverteilung aufwirft, stützt sich hierbei im wesentlichen auf eine differenzierte Erwerbungsstatistik, daneben auch auf bibliotheksexterne Daten. Im folgenden werden Möglichkeiten und Grenzen der Auswertung nationaler und lokaler Indizes im Hinblick auf die Etatplanung diskutiert.

Zunächst sei ein Blick auf die nationalen Statistiken im bundesdeutschen und angloamerikanischen Bereich geworfen[2], auf den ein Großteil des Erwerbungsvolumens wissenschaftlicher Bibliotheken entfällt.

Die Entwicklung der Buchproduktion und -preise in der Bundesrepublik Deutschland erfaßt „Buch und Buchhandel in Zahlen“[3]. Die jährliche durch-

[1] R. Landwehrmeyer: Die Etat-Situation der wissenschaftlichen Bibliotheken 1982. In: ZfBB 29 (1982) S. 260–270; K. W. Drozd: Die Entwicklung von Preisindizes für Bibliotheken und ihre praktische Anwendung auf die Etatplanung. In: Etatkürzungen und Öffentlichkeitsarbeit. Hrsg. von J. Hering. Frankfurt 1983 (ZfBB-Sonderheft 38), S. 32–38.

[2] S. hierzu auch R. Griebel: Literaturproduktion und Preisentwicklung – Überlegungen zur Etatverteilung, Haushaltsplanung und -steuerung an Universitätsbibliotheken. In: Buch und Bibliothek in Bamberg. Festschrift zur Einweihung des zentralen Bibliotheksgebäudes der Universitätsbibliothek. Hrsg. von D. Karasek. Bamberg 1986 (Schriften der Universitätsbibliothek Bamberg 3), S. 113–156, (S. 125–140). Die 1978 erschienene Studie Hausers (H.-J. Hauser: Literaturproduktion und -preise im Publikationswesen außerhalb der BRD. München 1978 [Bibliothekspraxis 22]) erfuhr – unter Einbeziehung bislang vernachlässigter Aspekte – im Herbst 1985 eine Fortschreibung (H.-J. Hauser: Literaturproduktion und -preise im Publikationswesen außerhalb der Bundesrepublik Deutschland. In: Bibliothek 9 [1985] S. 150–187).

[3] Buch und Buchhandel in Zahlen für die Berichtsjahre 1974 bis 1984.

schnittliche Produktion lag bei den Titeln mit mehr als 48 Seiten in den Jahren 1977 bis 1984 mit 46440 Titeln 27% über der Produktion des Basiszeitraums 1974/76. Von der Mitte der 70er bis zur Mitte der 80er Jahre werden trotz Schwankungen teilweise Verschiebungen zwischen den fächerspezifischen Anteilen an der Gesamttitelproduktion als Trends erkennbar; so ist etwa die auf Recht entfallende Quote rückläufig, während der Anteil medizinischer Literatur Zuwächse verzeichnet. Die Entwicklung des Gesamtdurchschnittspreises (Abb. 1) ist im letzten Jahrzehnt durch einen überwiegend kontinuierlichen Anstieg auf 30,06 DM im Jahr 1984 gekennzeichnet. Dieser gemäßigte Preisanstieg auf einen Indexwert von 139 – bezogen auf den Basiszeitraum 1974/76 – ist vor dem Hintergrund eines expandierenden Anteils von Taschenbuchtiteln zu sehen[4]. Unter deren Ausschluß erhöhte sich der Durchschnittspreis auf 41,62 DM, einen Indexwert von 163. Die fächerspezifische Preisentwicklung, die jährliche Schwankungen aufweist, ist durch disproportionale Steigerungsraten gekennzeichnet. So erreichte der gemittelte Durchschnittspreis der Jahre 1982/84 in den Naturwissenschaften, bezogen auf den Basiszeitraum 1974/76, einen Indexwert von 177, in Sprach- und Literaturwissenschaften hingegen von 112. Das Preisspektrum der Jahre 1982/84 erstreckt sich von 143,20 DM in Naturwissenschaften bis 24,12 DM in Pädagogik.

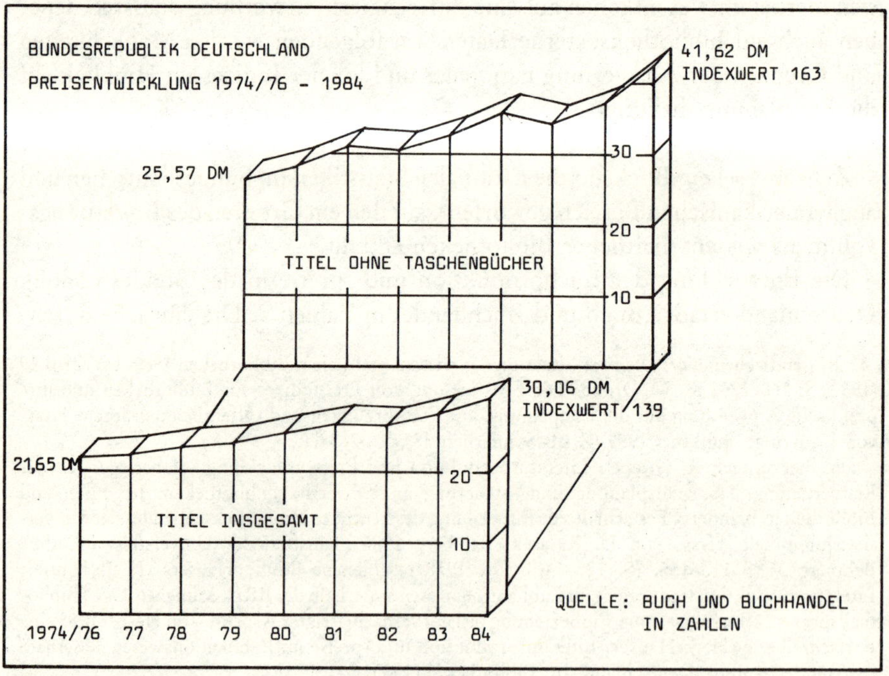

Abb. 1

Die Entwicklung der Literaturproduktion und -preise Großbritanniens wird in den Statistiken des „Bookseller" und des „Library Association Record" erfaßt[5].

Die Statistik des „Bookseller" weist aus, daß die Produktion in den Jahren 1977 bis 1985 durchschnittlich 45800 erreichte und damit um 34% höher lag als im Basiszeitraum 1974/76[6]. Die Interpretation hat zu berücksichtigen, daß auch importierte englischsprachige, insbesondere US-Titel enthalten sind, die über Niederlassungen und Auslieferungslager in Großbritannien vertrieben werden[7]. Die Einbeziehung importierter englischsprachiger Titel relativiert die Aussagekraft der Buchpreisstatistik des „Bookseller". Es müssen Verzerrungen einkalkuliert werden, die durch Wechselkursschwankungen und die gegenüber den US-Inlandspreisen deutlich erhöhten Preise von in Großbritannien vertriebenen US-Titeln bedingt sind. Nach der Buchpreisstatistik des „Bookseller" erhöhte sich der Gesamtdurchschnittspreis von 4,81 £ im 2. Halbjahr 1975 kontinuierlich auf 16,78 £ im 2. Halbjahr 1985[8]. Dies entspricht einem Indexwert von 349.

Die Statistik des „Library Association Record", die auf der BNB basiert, zeigt, daß im Bereich „adult non-fiction" die Zahl der Einheiten, die Ende der 70er Jahre bei ca. 25000 lag, in den 80er Jahren bis auf unter 17000 absank[9]. Dieser Rückgang liegt nicht etwa in einer rückläufigen Buchproduktion, sondern in dem signifikanten Anstieg fehlender Preisangaben und in CIP-Eintragungen begründet, die in dem Index nicht erfaßt werden. Die Reduzierung der Datenbasis wirkt sich im LAR-Index in einer Absenkung des Durchschnittspreises aus, da unter den nicht erfaßten Titeln die höheren Preiskategorien überrepräsentiert sind. Andererseits ist die Einbeziehung importierter englischsprachiger, insbesondere US-Titel zu berücksichtigen, die in Großbritannien zu deutlich erhöhten Preisen vertrieben werden. Der LAR-Index weist für „adult

[4] Der Anteil der Taschenbuchproduktion erreichte 1984 16,3% (1974: 9,5%).

[5] S. auch P. J. Curwen: The UK publishing industry. London 1981, S. 104ff.

[6] Für die Berichtsjahre 1976 bis 1985 s.: Bookseller, 25. 12. 1976/1. 1. 1977, S. 2838–2839; 24./31. 12. 1977, S. 3260–3261; 23./30. 12. 1978, S. 3634–3635; 5. 1. 1980, S. 22–23; 3. 1. 1981, S. 10–11; 2. 1. 1982, S. 10–11; 1./8. 1. 1983, S. 14–15; 14. 1. 1984, S. 106–107; 12. 1. 1985, S. 86–87; 4. 1. 1986, S. 14–15.

[7] Deren Anteil wird in den 80er Jahren auf knapp 30% beziffert.

[8] Zur Preisentwicklung s.: Bookseller, 17. 7. 1976, S. 175–176; 15. 1. 1977, S. 103–104; 23. 7. 1977, S. 323–324; 28. 1. 1978, S. 330; 12. 8. 1978, S. 1489; 3. 2. 1979, S. 536; 18. 8. 1979, S. 740; 16. 2. 1980, S. 630; 23. 8. 1980, S. 800; 7. 2. 1981, S. 418; 22. 8. 1981, S. 623; 27. 2. 1982, S. 739; 21. 8. 1982, S. 638; 5. 2. 1983, S. 393; 27. 8. 1983, S. 919; 25. 2. 1984, S. 721; 28. 7. 1984, S. 368; 2. 3. 1985, S. 836; 25. 1. 1986, S. 308.

[9] Für die Berichtsjahre 1976 bis 1984 s.: Libr. Ass. Rec. 79 (1977) S. 70–71; 80 (1978) S. 57; 81 (1979) S. 57; 82 (1980) S. 115; 83 (1981) S. 130; 86 (1984) S. 128–129, S. 261–262, S. 483, S. 485; 87 (1985) S. 154–155 sowie unveröffentlichtes Datenmaterial, das die British Library dem Verfasser freundlicherweise zur Verfügung stellte.

non-fiction" (Abb. 2) einen weitgehend kontinuierlichen Anstieg auf 10,45 £ als gemittelten Durchschnittspreis der Jahre 1982/84 aus, was, bezogen auf die Basisperiode 1974/75, einem Indexwert von 292 entspricht. Vergleicht man die Preisentwicklung der einzelnen DDC-Hauptklassen, so werden deutliche Unterschiede sichtbar. Während technology (600) und science (500) Indexwerte von 344 und 342 erreichten, lag der Indexwert in religion (200) bei 216. Das Preisspektrum erstreckt sich in den Jahren 1982/84 von 19,01 £ für science bis zu 4,87 £ für language (400). Es zeigt sich die Tendenz, daß teurere Fächer einem stärkeren Preisanstieg unterliegen.

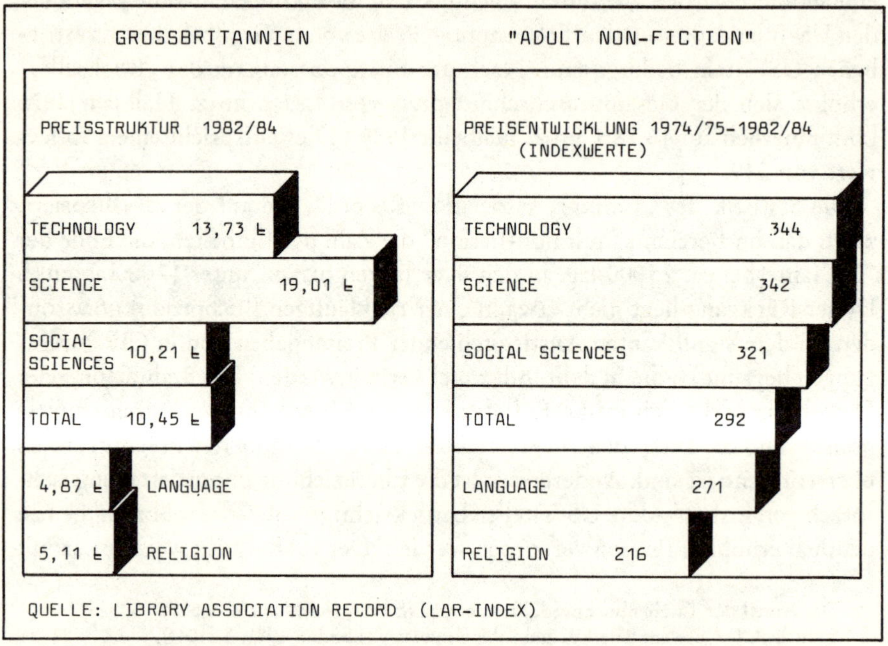

Abb. 2

Die Entwicklung der Buchproduktion und -preise der USA wird unter Zugrundelegung der – 1983 modifizierten – „American National Standard Criteria for Price Indexes for Library Materials" (ANSI Z 39.20 – 1974)[10] in den Statistiken von „Publishers' Weekly" erfaßt, die daneben jährlich im „Bowker

[10] American National Standard Criteria for Price Indexes for Library Materials (ANSI Z39.20 – 1974). New York 1974; American National Standard for Library and Information Sciences and Related Publishing Practices – Library Materials – Criteria for Price Indexes (ANSI Z39.20 – 1983). New York 1983.

Annual of Library and Book Trade Information" veröffentlicht werden[11]. Die Statistiken, in die im Gegensatz zum LAR-Index Titel unter 49 Seiten nicht aufgenommen werden, erfassen die Literatur in 23 Klassifikationsgruppen der DDC, differenziert nach Hardcovers, „trade (higher priced) paperbacks" und „mass market paperbacks". Für non-book material ist ein eigener Preisindex entwickelt worden.

Die Statistik des „Book Title Output", deren Interpretation die Einbeziehung importierter Titel zu berücksichtigen hat[12], weist aus, daß die durchschnittliche jährliche Titelproduktion in den Jahren 1977 bis 1984 mit 46465 die Produktion des Basiszeitraums 1976 um 11% übertraf[13]. Mit 31641 lag die Zahl der Hardcovers im Vergleichszeitraum um 7%, die der „trade paperbacks" mit 12280 um 13% über dem Produktionsvolumen des Jahres 1976. Die Preisentwicklung der Hardcovers ist – auch auf Fächerebene – durch einen weithin stetigen Anstieg gekennzeichnet. Der gemittelte Durchschnittspreis der Jahre 1982/84 erreichte, bezogen auf die Basisperiode 1976, mit 30,54 $ einen Indexwert von 176. Der Durchschnittspreis der „trade paperbacks" stieg im Vergleichszeitraum auf 12,71 $ an, was einem Indexwert von 226 entspricht (Abb. 3).

Da die nationalen Indizes auch die wissenschaftlich nicht relevante Literatur erfassen, stellt deren Ausgrenzung ein entscheidendes Problem dar. Aus der Vielzahl der Begriffsbestimmungen wissenschaftlicher Literatur sei hier neben der Meyer-Dohms nur Pflugs an einem „funktionalen Wissenschaftsbegriff" orientierte Definition genannt[14].

Nach ersten Ansätzen von Kretzer (1954), Sticker (1955) und Machill (1965), den Anteil und das Preisniveau wissenschaftlicher Literatur in der Bundesrepublik zu bestimmen[15], unterzog Scheib (1971) die Buchproduktion von 11 Fä-

[11] Für die Berichtsjahre 1976 bis 1984 s.: Bowker Annual 21 (1976) S. 178–189, S. 202–211; 22 (1977) S. 319–327, S. 331–342; 23 (1978) S. 306–310, S. 316–326; 24 (1979) S. 321–326, S. 332–345; 25 (1980) S. 446–453, S. 454–466; 26 (1981) S. 324–329, S. 329–335, S. 340–353; 27 (1982) S. 383–391, S. 396–413; 28 (1983) S. 371–379, S. 385–403; 29 (1984) S. 411–418, S. 425–438; 30 (1985) S. 459–468, S. 471–488; Publishers' Weekly, 23. 8. 1985, S. 41–44.

[12] Der Anteil der importierten Titel betrug 1984 im Bereich der Hardcovers und „trade paperbacks" ca. 13%.

[13] Hierbei ist zu berücksichtigen, daß sich die Zahl der „mass market paperbacks" ab dem Berichtsjahr 1981 aufgrund einer modifizierten Erfassungsmethode deutlich erhöhte.

[14] R. Erpf – P. Meyer-Dohm – L. Scheib: Untersuchungen zum Preisniveau wissenschaftlicher Bücher: Methoden und Vorergebnisse. In: Das wissenschaftliche Buch. Hrsg. von P. Meyer-Dohm. Hamburg 1969 (Schriften zur Buchmarktforschung 16), S. 186; G. Pflug: Die Bibliotheken und die wissenschaftliche Literatur. Stuttgart 1979 (AWL 5), S. 13.

[15] H. Kretzer: Oft nur zwei- bis dreihundert Exemplare. In: Handelsblatt, 5. 11. 1954, S. 4; B. Sticker: Das wissenschaftliche Buch im Rahmen der gesamten Bucherzeugung. In: Börsenblatt, 8. 7. 1955, S. 433–438; H. Machill: Statistik der wissenschaftlichen Veröffentlichungen im Rahmen der Gesamt-Buchtitelproduktion. o. O. 1965.

chern in ausgewählten Untersuchungsjahren einer umfassenden Analyse[16]. Der Anteil der wissenschaftlichen Titel an der Gesamtproduktion lag bei ca. 50%[17], differierte freilich zwischen den Fächern erheblich, so etwa 1965 zwischen 36% in Theologie und 82% in Philosophie/Psychologie. Die Preisunterschiede zwischen der wissenschaftlichen Literatur und der gesamten Titelproduktion auf Fächerebene variieren aufgrund des unterschiedlich hohen Anteils wissenschaftlicher Literatur erheblich, bleiben aber innerhalb eines Faches relativ stabil.

Untersuchungen wie die von Scheib und eine wenig später erschienene von Erpf[18] vermitteln über den Informationsbedarf der Haushaltsplanung hinaus differenzierte Einsichten in die Struktur der wissenschaftlichen Literaturproduktion. Angesichts des von Fabian noch stärker ins Bewußtsein gerückten Strukturwandels, der sich auf dem akademischen Buchmarkt im Bereich der

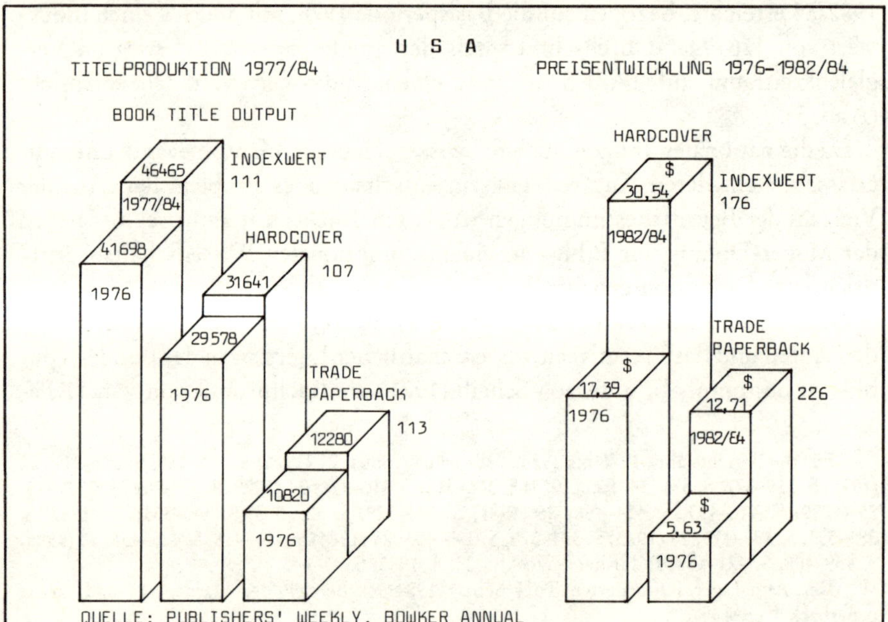

Abb. 3

[16] L. Scheib: Das Angebot wissenschaftlicher Bücher in der BRD. Hamburg 1971 (Schriften zur Buchmarktforschung 23), insb. Bd. 1, S. 37–78; Bd. 2, S. 10–20.

[17] Zum Anteil der wissenschaftlichen Literatur s. auch G. Stephenson: „Sparsame" Kulturpolitik und ihre Folgen für Forschung und Lehre. In: ABI-Technik 2 (1982), S. 212, Anm. 2.

[18] R. Erpf: Internationale Preisvergleiche wissenschaftlicher Bücher. Hamburg 1974 (Schriften zur Buchmarktforschung 22).

Geistes- und Sozialwissenschaften vollzieht[19], stellt eine Analyse der wissenschaftlichen Literaturproduktion Mitte der 80er Jahre ein Desiderat dar.

Seit 1974 veröffentlicht das Centre for Library and Information Management (CLAIM) an der Loughborough University Indizes, die auf der Grundlage der BNB die Preisentwicklung wissenschaftlicher Bücher in Großbritannien erfassen[20]. Die Produktion belief sich in den Jahren 1977 bis 1983 auf durchschnittlich ca. 18000 Einheiten. Da der Anteil der Titel ohne Preisangabe seit 1981 bis auf die Hälfte aller wissenschaftlichen Titel anstieg, konnte sich der CLAIM-Index nur noch auf eine erheblich geschmälerte Datenbasis stützen. Untersuchungen, in denen fehlende Preisangaben auf anderem Weg ermittelt wurden, offenbarten, daß sich der Ausschluß von Titeln ohne Preisangabe in dieser Größenordnung in einer deutlichen Absenkung des Durchschnittspreises auswirkte. CLAIM trug dem 1984 dadurch Rechnung, daß Preise anderweitig festgestellt wurden.

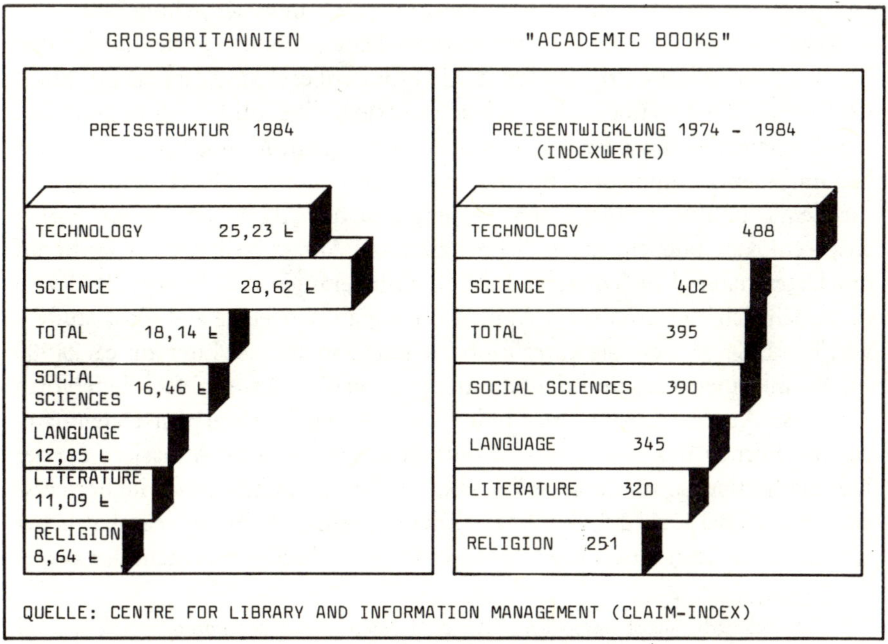

Abb. 4

[19] B. Fabian: Buch, Bibliothek und geisteswissenschaftliche Forschung. Göttingen 1983 (Schriftenreihe der Stiftung Volkswagenwerk 24), insb. S. 238–276.

[20] Zuerst Library Management Research Unit (LMRU). Für die Berichtsjahre 1974 bis 1984 s.: LMRU-Report 1, 3, 6, 11, 14 und CLAIM-Report 1, 7, 21, 31, 37, 40, 41. L. Wood (CLAIM) stellte dem Verfasser darüber hinaus freundlicherweise Datenmaterial zur Verfügung.

Die Preisentwicklung der „academic books" (Abb. 4) ist durch einen weithin kontinuierlichen Anstieg auf 18,14 £ im Jahr 1984 gekennzeichnet. Dies entspricht, bezogen auf 1974, einem Indexwert von 395. Die Preisentwicklung auf Fächerebene läßt wiederum deutliche Unterschiede erkennen. Die Preissteigerung bewegte sich zwischen Indexwerten von 488 für technology und 251 für religion; das Preisspektrum reichte 1984 von 28,62 £ für science bis 8,64 £ für religion. Es bestätigt sich die Tendenz, daß teurere Fächer einem stärkeren Preisanstieg ausgesetzt sind.

Ab dem Berichtsjahr 1985 basiert der CLAIM-Index auf den Daten der Firma Blackwell Oxford. Anfang 1986 wurde die erste Ausgabe des Index auf der Grundlage von Blackwells New English Book Selection (NEBS) Services vorgelegt, die – unter Ausschluß importierter Titel, insbesondere aus den USA und Kanada – auf der Basis von ca. 9000 Titeln für 1985 einen Gesamtdurchschnittspreis von 19,07 £ ausweist[21]. Der Vergleich der Auswahlkriterien läßt erkennen, daß Blackwell im Zweifelsfall den Begriff „academic books" enger faßt und tendenziell Titel „of only local interest" unberücksichtigt läßt.

Zieht man zur Ausgrenzung wissenschaftlicher Literatur in den USA[22] den Library Acquisitions Price Index (LAPI) für „college" und „university libraries" heran[23], in dem unterschiedlich gewichtete Indizes für US-Monographien, US-Zeitschriften und außerhalb der USA erscheinende Monographien in einem Gesamtindex zusammengefaßt sind, so wären demnach alle Hardcovers den „academic books" zuzurechnen, wohingegen die „trade paperbacks" völlig ausgeschlossen blieben. Einen differenzierteren Ansatz stellt der Rückgriff auf das Datenmaterial bedeutender Bibliothekslieferanten dar. So legt Blackwell N. A. jährlich eine Analyse – Approval Program Coverage and Cost-study – vor. Für 1984/85 weist sie unter Einbeziehung kanadischer Literatur ca. 28500 Bücher mit einem Gesamtdurchschnittspreis von 30,13 $ aus[24]. Nach dem North American Academic Book Price Index, der auf dem approval plan-Datenmaterial der Firmen Baker & Taylor, Coutts und Blackwell N. A. basiert, lag der Durchschnittspreis für „academic books" in den USA und Kanada im Berichtsjahr 1983/84 bei 30,48 $[25]. Zur Analyse der Preisentwicklung wissenschaftlicher US-Literatur kann ferner der Choice-Index herangezogen werden, der ausge-

[21] CLAIM-Report 50.

[22] Zum „scholarly publishing" in den USA s. F. Machlup – K. Leeson: Information through the printed word. Bd. 1–4. New York 1978–1980; B. Fry – H. S. White: Publishers and libraries. Lexington 1976; Scholarly communication. Baltimore 1979; Publishers and librarians. In: Libr. Quart. 54 (1984) S. 1–106. Zur Ausgrenzung wissenschaftlicher US-Literatur in ausgewählten Fächern s. auch Erpf, Bd. 2, S. 4; Bd. 3, S. 24ff., S. 94ff., S. 168ff.

[23] Bowker Annual 29 (1984) S. 389–394, (S. 392); 30 (1985) S. 442–446, (S. 445).

[24] Blackwell N. A.: Approval program coverage and cost study 1984/1985, S. 1a (11). Vgl. auch Blackwell Oxford: Approval plan coverage and cost study July 84-June 85.

[25] Bowker Annual 30 (1985) S. 476.

hend von ca. 6000 im Jahrgang 1985 besprochenen Titeln einen Durchschnittspreis von 31,19 $ ausweist, was, bezogen auf das Basisjahr 1978, einem Indexwert von 173 entspricht[26].

Die Preisentwicklung der für wissenschaftliche Bibliotheken relevanten US-Zeitschriften spiegelt der US-Periodicals-Index (USPI) wider, den das Library Materials Price Index Committee der ALA jährlich im „Library Journal" herausbringt[27]. Der USPI, dessen Auswertung zu berücksichtigen hat, daß sich das Sample innerhalb bestimmter Grenzen ändert[28], läßt 1985, bezogen auf das Basisjahr 1976, einen Preisanstieg auf 59,70 $, d.h. einen Indexwert von 265, erkennen. Innerhalb des Fächerspektrums sind hinsichtlich der Preisstruktur die Bereiche „science/technology", „social sciences" und „humanities" klar voneinander abzugrenzen. So lagen die Klassen chemistry/physics mit 238,43 $ und medicine mit 137,92 $ an der Spitze; die Zeitschriften in den Fächern sociology und economics waren mit 50,87 $ und 44,41 $ erheblich teurer als jene

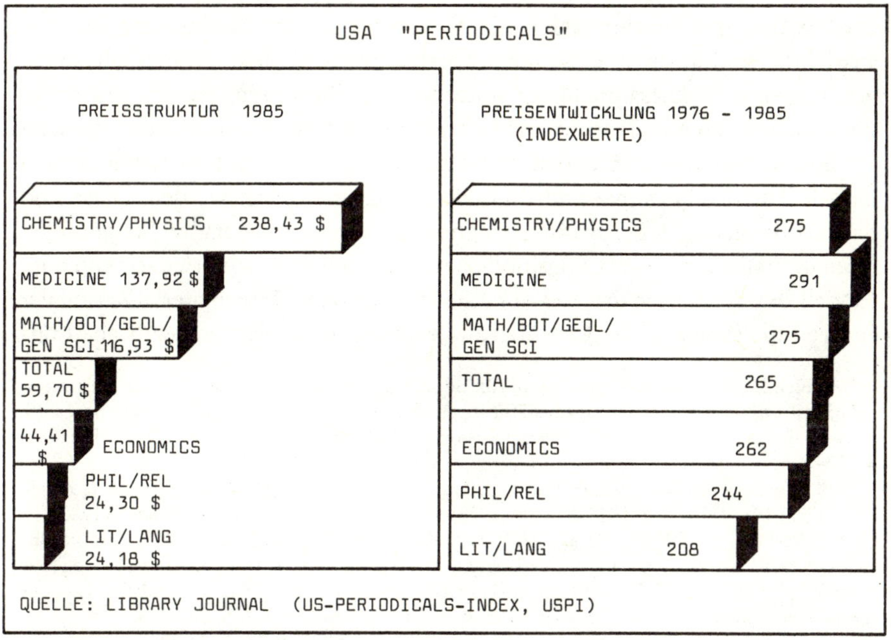

Abb. 5

[26] Choice 23 (1985/86) S. 997, S. 999–1003.

[27] Für die Berichtsjahre 1976 bis 1985 s.: Library Journal 101 (1976) S. 1600–1605; 102 (1977) S. 1462–1467; 103 (1978) S. 1356–1361; 104 (1979) S. 1628–1633; 105 (1980) S. 1486–1491; 106 (1981) S. 1387–1393; 107 (1982) S. 1379–1382; 108 (1983) S. 1659–1662; 109 (1984) S. 1422-1425; 110 (1985) August, S. 53–59.

[28] So umfaßte das Sample 1985 3731 Titel, 1976 hingegen 3151.

in philosophy/religion und literature/language mit 24,30 $ und 24,18 $. Die Preisentwicklung ist dadurch gekennzeichnet, daß Fächer mit höheren Sockeldurchschnittspreisen in der Regel auch einem stärkeren Preisanstieg ausgesetzt sind und zugleich größere Umfangszuwächse verzeichnen[29]. So lag der Indexwert für medicine bei 291, für literature/language hingegen bei 208 (Abb. 5).

Ab dem Berichtsjahr 1985 übertrug das Library Materials Price Index Committee die Erarbeitung des USPI der Firma Faxon, die ihrerseits seit 1972 einen eigenen Index veröffentlicht[30]. Es ist beabsichtigt, den USPI weiterzuentwikkeln und ab dem Berichtsjahr 1986 auch wieder den Index für „serial services“[31] vorzulegen.

Die Auswertung der nationalen Indizes im deutschen und angloamerikanischen Bereich[32] erschließt Eckdaten, die für die Haushaltsplanung herangezogen werden können.

Aus der retrospektiven Analyse der Preisentwicklung und der Ausweitung der Novitätenproduktion lassen sich Richtwerte für die Bestimmung des voraussichtlichen künftigen Gesamtetatbedarfs ableiten. Auch in Haushaltsanträgen mag die Bedarfsanmeldung mitunter an Überzeugungskraft gewinnen, ohne freilich deren Bedeutung im Hinblick auf die tatsächliche Mittelzuweisung zu überschätzen, wenn neben individuellen erwerbungsstatistischen Daten globale Titelproduktions- und Preistrends zugrundegelegt werden. Diese sind darüber hinaus zur Überprüfung prognostizierter statisch gefaßter Steigerungsraten in Etatbedarfsermittlungsmodellen heranzuziehen, wie etwa seinerzeit im Modell des Wissenschaftsrates von 1964[33]. Aus dem Datenmaterial nationaler Indizes, die ebenso einen Orientierungsrahmen für die fächerspezifische Etat-

[29] S. auch Machlup – Leeson (wie Anm. 22), Bd. 2, S. 187–198. Es sind ausschließlich „institutional prices“ zugrundegelegt, die einem stärkeren Anstieg als die „individual prices“ unterliegen. (S. hierzu P. Joyce – T. E. Merz: Price discrimination in academic journals. In: Libr. Quart. 55 [1985] S. 273–283).

[30] Für die Berichtsjahre 1972 bis 1983 s.: Library Journal 99 (1974) S. 2447–2449; 100 (1975) S. 1775–1777; 101 (1976) S. 2015–2019; 104 (1979) S. 2168–2171; The Serials Librarian 5 (1980/81), H. 3, S. 81–90, S. 91–99; 7 (1982/83), H. 1, S. 75–83; 8 (1983/84), H. 2, S. 107–118. Zum Faxon-Index, der eine Gewichtung nach der Verbreitung der Titel aufweist, s. auch Machlup – Leeson (wie Anm. 22), Bd. 2, S. 56–67, S. 87–89 und R. T. Lenzini – J. Horn: 1975–1985: Formulative years for the subscription agency. In: The Serials Librarian 10 (1985/86), H. 1/2, S. 225–238.

[31] Dieser wurde bis 1984 zusammen mit dem USPI veröffentlicht (s. Anm. 27).

[32] Zur Buchproduktion und – teilweise – zur Preisentwicklung in Frankreich im letzten Jahrzehnt s. die vom Syndicat national de l’édition herausgegebenen Données statistiques sur l’édition de livres en France. Das Unesco Statistical Yearbook enthält Datenmaterial zur internationalen Buch- und Zeitschriftenproduktion, dem man freilich mit gewissen Vorbehalten gegenübertreten muß.

[33] Die Fortschreibung des Modells hatte eine jährliche Etaterhöhung von 10% vorgesehen, die weit hinter der realen Steigerungsrate von 15–18% zurückblieb. (Gesamtplan für das wissenschaftliche Bibliothekswesen. Bd. 1. München 1973, Anhang, S. 315–333).

planung darstellen, können ferner Richtwerte für die Etatverteilung gewonnen werden.

Ungeachtet dessen bleibt zu konstatieren, daß die Auswertung nationaler Indizes, die die Veränderung von Faktoren wie z.B. Umfang oder Ausstattung grundsätzlich nicht berücksichtigen, unter verschiedenen Aspekten begrenzt ist[34].

Die Tatsache, daß Normen für einen international einheitlichen Preisindex für Literatur bisher nicht vorlagen, beeinträchtigt die Auswertbarkeit der nationalen Indizes. So ist die Vergleichbarkeit etwa durch differierende Fächereinteilungen oder die unterschiedliche Erfassung von Literatur unter 49 Seiten erschwert. Nachdem bereits 1977 eine Ad-hoc Working Group der ISO ein Projekt erörtert hatte, das in enger Zusammenarbeit mit der IFLA die Entwicklung von Standards für einen international einheitlichen Preisindex vorsah[35], mußte Lynden noch auf der IFLA-Konferenz 1982 in der Sektion Statistik konstatieren, daß Normen für einen Preisindex nach wie vor ein dringendes Desiderat darstellen. Die im Jahr 1983 eingesetzte ISO-Working Group entwickelte schließlich jüngst „Criteria for Price Indexes for Library Materials“, die dem ISO-TC 46 bis zum 31. März 1986 zur Votierung vorlagen[36]. Hierin wurden Grundsätze für die Bildung von Preisindizes für Monographien und „serials“ erarbeitet. Non-book material bleibt in dem ISO-Standard vorläufig ausgeklammert.

Die Interpretation der nationalen Indizes hat vor allem stets zu bedenken, daß sie auch die für wissenschaftliche Bibliotheken nicht relevante Literaturproduktion einschließen. Das LIBER-Projekt von 1977, in einzelnen europäischen Staaten Indizes für wissenschaftliche Literatur zu entwickeln[37], wurde, sieht man vom CLAIM-Index ab, nicht realisiert. Beziehen die nationalen Indizes einerseits Literatur ein, die für die Erwerbungspolitik wissenschaftlicher Bibliotheken keine Rolle spielt, so schließen sie andererseits die nicht-konventionelle wissenschaftliche Originalliteratur und die sonstigen wissenschaftlich relevanten Materialien zum ganz überwiegenden Teil aus. Eine unmittelbare Übertragung der Daten auf individuelle Bibliotheken verbietet sich ferner aus dem Grund, daß die nationalen Indizes die gesamte Literaturproduktion widerspiegeln, das Erwerbungsprofil einer einzelnen Bibliothek hingegen einen spezifischen Ausschnitt erfaßt. Einer direkten Anwendbarkeit steht nicht zuletzt

[34] S. auch Drozd (wie Anm. 1), S. 33.

[35] F. C. Lynden: Price indexes for library materials. IFLA Council 1982, Bl. 6–7.

[36] Criteria for price indexes for library materials. ISO/TC 46/WG 8 N 50. Avant-projet ISO/DP 9230.

[37] J. L. Schofield – A. W. Wamsteker-Meijer – E. Mittler: A research proposal for consideration by the Board of LIBER for submission to the Council of Europe. In: LIBER Bulletin 9/10 (1978) S. 68–72; dies.: Academic book prices. In: LIBER Bulletin 9/10 (1978) S. 112–115.

entgegen, daß die nationalen Statistiken ausschließlich die primäre Preisentwicklung abbilden. Die sekundären Faktoren der Preisbildung im Bereich der Beschaffung hingegen sind nicht berücksichtigt.

Es ist daher unerläßlich, daß sich die einzelnen Bibliotheken in ihrer Haushaltsplanung auf die exakte Analyse der Ist-Ausgaben und Preisentwicklung stützen, die in einem lokalen Index differenziert dokumentierbar ist. Die Lokalindizes bilden im Gegensatz zu den nationalen Indizes die Preisentwicklung auf der Grundlage des jeweiligen Erwerbungsprofils ab und erfassen darüber hinaus auch die Einflüsse der sekundären Preisbildungsfaktoren.

Letztere können beim Bezug ausländischer Literatur durch die Wahl der Beschaffungswege und im Rahmen der Lieferantenpolitik beeinflußt werden[38]. Die Berechnung von zusätzlich zum Original-Verlagspreis anfallenden Kosten – wie Besorgungsgebühren oder Porto – wird ebenso wie die Rabattierung in den Lieferungsvereinbarungen geregelt. Neben den jeweils geltenden Bestimmungen der Einfuhrumsatz- und Mehrwertsteuer ist unter den sekundären Preisbildungsfaktoren vor allem den Wechselkursschwankungen bedeutender Währungen ein besonderer Stellenwert beizumessen, deren Auswirkungen es zu quantifizieren gilt. So können z. B. Wechselkursgewinne beim US-Dollar die primäre Preissteigerung nicht nur kompensieren, sondern darüber hinaus zu Absenkungen des Durchschnittspreises führen.

Der Lokalindex muß die Preisentwicklung differenziert nach Fach und Literaturtyp – Monographien und Zeitschriften – widerspiegeln. Das Fach muß ein Erwerbungsvolumen aufweisen, das eine ausgeprägtere Auswirkung von Zufallseinflüssen ausschließt. Der Lokalindex setzt voraus, daß die Erfassungsmodalitäten der Erwerbungsstatistik unverändert bleiben. Neben der Konstanz der statistischen Usancen setzt der Lokalindex insbesondere weitgehende Kontinuität der erwerbungspolitischen Prämissen voraus. Sobald diese gravierende Veränderungen erfahren, Erwerbungsprofile in ihrer inhaltlichen wie formalen Ausgestaltung grundlegend modifiziert werden, ist die Preisentwicklung zugleich – unter Umständen vor allem – Reflex einer veränderten Titelauswahl. So läßt sich ein deutlicher Preisanstieg infolge drastischer Etatkürzungen womöglich darauf zurückführen, daß sich die Erwerbungspolitik im wesentlichen auf die grundlegende Literatur konzentriert, die einen entsprechend höheren Durchschnittspreis aufweist.

Der Lokalindex, der die im Novitätenbereich weithin durch Linearität gekennzeichnete primäre Preisentwicklung und den – diese überlagernden –

[38] Hierzu H. J. Dörpinghaus: Aktuelle Erwerbungsprobleme im Bibliothekswesen der Universitäten. In: Literaturversorgung in den Geisteswissenschaften. Hrsg. von R. Frankenberger und A. Habermann. Frankfurt 1986 (ZfBB-Sonderheft 43), S. 52–76, (S. 53–69).

Einfluß der sekundären Preisbildungsfaktoren abbildet, ermöglicht eine differenzierte Interpretation der fächerspezifischen Kostenentwicklung. Er läßt Trends erkennen, aus denen sich mit aller gebotenen Vorsicht prognostische Aussagen für die Haushaltsplanung ableiten lassen.

Im Gegensatz zur Novitätenerwerbung ist die Grundbestandserwerbung beim Aufbau eines Faches unter inhaltlichen wie formalen Aspekten oft durch jährliche Schwerpunktverlagerungen geprägt, z.B. hinsichtlich des Literaturtyps oder des Herkunftslandes. Daneben sind auch die Auswirkungen unterschiedlicher Beschaffungsmethoden zu bedenken; so kann die Grundbestandserwerbung eines Faches in einzelnen Jahren stärker durch einen Sammelkauf, den Erwerb lieferbarer Titel oder durch antiquarische Einzelkäufe geprägt sein. Die Veränderungen der Durchschnittspreise der Grundbestandserwerbung, die von vorneherein Schwankungen unterliegen, unterscheiden sich insofern grundsätzlich von der Preisentwicklung der Novitätenerwerbung; nur diese ist in einem lokalen Index darstellbar, der Preisentwicklungstendenzen erkennen läßt und dadurch prognostische Möglichkeiten im Hinblick auf die Haushaltsplanung eröffnet. Dies bedeutet, daß die erwerbungsstatistischen Daten der neu erscheinenden Monographien und vor allem der laufenden Zeitschriften separat von den Daten der Rückergänzung erhoben werden müssen, sofern diese ein nennenswertes Erwerbungsvolumen umfaßt. In diesem Zusammenhang ist festzustellen, daß der Novitätenbegriff unterschiedliche Auslegungen erfährt und die Abgrenzung zur Grundbestandserwerbung und Rückergänzung nicht einheitlich definiert wird.

Sind damit die Rahmenbedingungen für die Bildung von Lokalindizes skizziert, so erhebt sich die Frage nach dem Zusammenhang von lokalen und nationalen Indizes. Als Axford 1975 die Auswertbarkeit des im „Bowker Annual" veröffentlichten Index für Monographien in Zweifel zog, beriefen sich Lynden und Birkel als Vertreter des Library Materials Price Index Committee in ihrer Entgegnung auf das komplementäre Verhältnis, in dem beide Indextypen zueinander stehen[39]. Nationale Indizes, die die primäre Preisentwicklung der

[39] H. W. Axford: The validity of book price indexes for budgetary projections. In: Libr. Res. & Techn. Serv. 19 (1975) S. 5–12; F. C. Lynden – P. E. Birkel: Book price indexes. In: Libr. Res. & Techn. Serv. 20 (1976) S. 97–98; s. auch F. C. Lynden: Sources of information on the costs of library materials. In: Library Acquisitions 1 (1977) S. 105–116, (S. 107). Zum Zusammenhang zwischen nationalen und lokalen Indizes s. z.B. N. L. Waltner – C. B. King – W. C. Horner: Periodical prices: a comparison of local and national averages. In: Library Acquisitions 1 (1977) S. 237–241; S. F. Williams: Construction and application of a periodical price index. In: Collection Management 2 (1978/79) S. 329–344; C. H. Bélanger – L. Lavallée: Towards a periodical and monograph price index. In: Coll. & Res. Libr. 42 (1981) S. 416–424; M. E. Clack – S. F. Williams: Using locally and nationally produced periodical price indexes in budget preparation. In: Libr. Res. & Techn. Serv. 27 (1983) S. 345–356.

gesamten Literaturproduktion – d. h. stets globale Trends – widerspiegeln, und Lokalindizes, die die Preisentwicklung auf der Grundlage des jeweiligen Erwerbungsprofils unter Einbeziehung der sekundären Preisbildungsfaktoren abbilden, ergänzen sich gegenseitig in ihrer Aussagekraft. Voraussetzung für die Vergleichbarkeit ist, daß auf der nationalen und lokalen Ebene dieselben Kriterien Anwendung finden. Dies wird auch in dem ISO-Standard ausdrücklich postuliert.

Stehen National- und Lokalindizes in einem komplementären Verhältnis zueinander, stellt sich die Frage nach der Vergleichbarkeit von Lokalindizes.

Es ist vor allem die Besonderheit des Erwerbungsprofils einer Bibliothek, die es zu beachten gilt, wenn bibliotheksexterne Daten zum Vergleich herangezogen werden. Das Erwerbungsprofil einer individuellen Bibliothek weist in einem Fach formal und inhaltlich vielfältig abgestufte Ausprägungen auf, die etwa durch die Diversifikation der Forschung und Lehre, die Erweiterung von Sammelaufträgen – z. B. infolge der Beteiligung am SSG-Programm –, durch die Übernahme regionaler Aufgaben, durch Abweichungen in der Zuordnung von Literatur zu einzelnen Fächern, an Universitätsbibliotheken durch Unterschiede im Bibliothekssystem und spezifische Standortgegebenheiten bedingt sein können. Neben der Individualität des Erwerbungsprofils, die sich im Durchschnittspreis niederschlägt, stellen die jeweiligen erwerbungsstatistischen Erfassungsmodalitäten und die Beschaffungsmethodik im Bereich der ausländischen Literatur gewichtige Faktoren dar, die beim Vergleich der Durchschnittspreise beachtet werden müssen. Falls diese nicht in die Überlegungen einbezogen werden, birgt die Auswertung externer Daten, z. B. in Jahresberichten, in hohem Maße die Gefahr von Fehlinterpretationen in sich.

Die Vorbehalte gegenüber der Übertragbarkeit von Indexwerten anderer Bibliotheken gelten auch für die DBS, insbesondere in der bisherigen Fassung. Die bislang aus der DBS ableitbaren fächerspezifischen Gesamtdurchschnittspreise waren bereits aufgrund der Vermengung verschiedener Zugangsarten kaum für Vergleiche heranzuziehen. Die neue Konzeption der DBS bietet diesbezüglich bessere Voraussetzungen. Auf der Grundlage der erhobenen Daten kann nunmehr die Preisentwicklung der Monographien und laufenden Zeitschriften in den einzelnen Fächern bestimmt werden. Allerdings wird bei den Monographien nicht zwischen Rückergänzung und Neuerscheinungen unterschieden. Dies bedeutet, daß die Durchschnittspreise von Bibliotheken, die noch über nennenswerte Grundbestandsmittel verfügen, nicht ohne weiteres mit Daten von Bibliotheken vergleichbar sind, deren Erwerbung sich weitgehend auf Novitäten konzentriert.

Der seit dem Berichtsjahr 1980 an der Staatsbibliothek Preußischer Kulturbesitz von Drozd erarbeitete Preisindex[40] dokumentiert – differenziert nach Fächern und Erscheinungsräumen – die Preisentwicklung von Monographien und Zeitschriften. Er stellt einen Lokalindex dar, der aufgrund der Erwerbungstiefe und -breite in den meisten Fächern zugleich den Anspruch erhebt, allgemeine Trends der Preisentwicklung widerzuspiegeln, Indexwerte zu repräsentieren, die grundsätzlich von anderen Bibliotheken herangezogen werden können. Die Analyse des Index für Monographien offenbart allerdings auf Fächerebene teilweise deutliche Diskontinuitäten, die womöglich auf Veränderungen der erwerbungspolitischen Prämissen schließen lassen, jedenfalls einer vergleichenden Auswertung von Preisentwicklungstrends entgegenstehen. Dessenungeachtet können aus dem Index wertvolle globale Orientierungsdaten zur Preisentwicklung in einzelnen Erscheinungsräumen gewonnen werden.

Ausgangspunkt und Grundlage der Haushaltsplanung jeder Bibliothek bleibt die exakte Analyse der fächerspezifischen Ist-Ausgaben und Preisentwicklung. Optimale Voraussetzungen hierfür bietet eine EDV-Erwerbungsstatistik, in der das Datenmaterial in der jeweils erforderlichen Feinstruktur aufbereitet werden kann. Für Bibliotheken, die noch nicht über eine EDV-Statistik verfügen, besteht die Möglichkeit, im Bereich der Zeitschriften als Ergänzung zu eigenen Daten auf Statistiken von Agenturen zurückzugreifen, die die Preisentwicklung des jeweiligen „Pakets" differenziert sichtbar werden lassen. Wenngleich sich die Budgetplanung primär auf den lokalen Preisindex stützt, so wird sie doch subsidiär auch externe Daten heranziehen. Der Rückgriff auf das Datenmaterial nationaler Indizes oder anderer Bibliotheken erfordert allerdings eine vorsichtig abwägende Interpretation.

Der Lokalindex ermöglicht, die künftige Kostenentwicklung abzuschätzen und die erforderliche Erhöhung des Gesamtetatbedarfs zu bestimmen. Auch im Etatbedarfsermittlungsmodell für laufendes Schrifttum, das in den „Empfehlungen" des Beirats für Wissenschafts- und Hochschulfragen beim Bayerischen Staatsministerium für Unterricht und Kultus[41] entwickelt wurde, vollzieht sich die Fortschreibung aufgrund der Preisveränderung, wobei zwischen Naturwissenschaften/Medizin und den übrigen Fächern unterschieden wird.

Die Haushaltsplanung kann sich auch insofern auf den Lokalindex stützen, als er die Preisentwicklung auf Fächerebene für Monographien und Zeitschrif-

[40] K. W. Drozd: Preisindex 1983: Durchschnittspreise 1981, 1982 und 1983 auf der Grundlage der Erwerbungsstatistik Staatsbibliothek Preußischer Kulturbesitz. Berlin DBI 1983; Bibliotheksdienst 19 (1985) S. 303–306; 20 (1986) S. 50–66.

[41] Hierzu zuletzt H. Wimmer: Modelle für die Berechnung des Literaturbedarfs an Universitätsbibliotheken. In: Literaturversorgung in den Geisteswissenschaften. Hrsg. von R. Frankenberger und A. Habermann. Frankfurt 1986 (ZfBB-Sonderheft 43), S. 31–51, (S. 40–51).

ten abbildet. Die Etatplanung hat im Hinblick auf die Ausgewogenheit der Erwerbungsprogramme der einzelnen Fächer die Relation zwischen den Fixkostenansätzen, insbesondere für Zeitschriften, und dem freien Ansatz für Monographien zu beachten. Ungeachtet dessen, daß die fächerspezifischen Schwellenwerte unterschiedlich hoch anzusetzen sind, ist es eine vordringliche Aufgabe vorausschauender Erwerbungsplanung, die Fixkostenansätze innerhalb der Fächer in Grenzen zu halten, um die Monographienerwerbung nicht zu gefährden. Voraussetzung hierfür ist die Analyse der Preisentwicklung, insbesondere von Zeitschriften, daneben von Fortsetzungen. Dies gilt in besonderer Weise für die Phase des Grundbestandsaufbaus, in der die Novitätenerwerbung, vor allem die laufenden Verpflichtungen, im Hinblick auf den künftigen Fortfall der Grundbestandsmittel ein bestimmtes Volumen nicht überschreiten sollte.

Da die einzelnen Fächer in unterschiedlichem Maße von der Preissteigerung betroffen sind, erwächst der Haushaltsplanung die Aufgabe, ausgehend vom Lokalindex die disproportionale Preisentwicklung innerhalb des Fächerspektrums zu quantifizieren. Vor allem angesichts mehr oder minder stagnierender Etats stellt sich der Haushaltsplanung das Problem, den finanziellen Rahmen für eine Erwerbungspolitik zu entwickeln, die einerseits dem Prinzip der Kontinuität im Bestandsaufbau, andererseits dem Grundsatz der Wahrung der Ausgewogenheit innerhalb des Fächerspektrums verpflichtet ist. Dies berührt vor allem an Universitätsbibliotheken zugleich immer auch die Frage der Etatverteilung auf die einzelnen Fächer.

Die Etatverteilung vollzieht sich, ohne hier die Problematik der Fächerkontingentierung entfalten oder gar die intensive „Suche nach dem Stein der Weisen"[42] nachzeichnen zu können, aufgrund von tradierten, aus lokalen Verteilungsusancen erwachsenen Quotierungsschlüsseln oder anhand von Kontingentierungsmodellen. Die vor allem an einschichtigen Bibliothekssystemen entwickelten Etatverteilungsmodelle zeichnen sich durch ein hohes Maß an Transparenz aus, indem sie die diversen Parameter und deren Gewichtung evident werden lassen. Zum anderen weisen sie gegenüber den eher statischen Quotierungsschlüsseln in der Aktualisierung der Daten a priori eine dynamische Strukturkomponente auf. Die Verteilungskriterien stellen ein empfindliches Instrumentarium für die Widerspiegelung von Veränderungen im fächerspezifischen Mittelbedarf dar. So differenziert das Spektrum der Parameter sein mag – die Variablen reichen von der Zahl des hauptamtlichen wissenschaftlichen Personals und der Studenten über die Orts- und Fernleihe bis hin zur Zahl der

[42] W. Leist: Auf der Suche nach dem Stein der Weisen. In: Vom neuen Standort der Gesamthochschulbibliothek. Hrsg. von W. Barton. Siegen 1977, S. 79–86. Zur Problematik der Etatverteilung s. R. Griebel (wie Anm. 2) und die dort verzeichnete Literatur.

verliehenen akademischen Grade und Veröffentlichungen –, so kommt doch dem „literature-size approach", der Literaturproduktion und dem Durchschnittspreis der einzelnen Fächer, besonderes Gewicht zu[43]. Der Haushaltsplanung erwächst von daher die Aufgabe, in der Aktualisierung des Parameters „Preis" das erforderliche Korrektiv in das Etatverteilungsmodell einzubringen.

Sind damit Möglichkeiten und Grenzen der Auswertung lokaler und nationaler Indizes im Hinblick auf die Haushaltsplanung aufgezeigt, so dürfte künftig neben beiden Indextypen der kommerzielle Index an Bedeutung gewinnen. In dem auf dem Datenmaterial bedeutender Bibliothekslieferanten beruhenden kommerziellen Index läßt sich die fächerspezifische Preisentwicklung der von den wissenschaftlichen Bibliotheken in der Bundesrepublik nachgefragten ausländischen Literatur in den jeweiligen Erscheinungsräumen dokumentieren. Kommerzielle Indizes, die zwar nur die primäre Preisentwicklung widerspiegeln, sich aber ausschließlich auf wissenschaftlich relevante Literatur beziehen, bieten der einzelnen Bibliothek die Möglichkeit, die auf dem Bestellvolumen einer Vielzahl wissenschaftlicher Bibliotheken basierenden Indexwerte für die eigene Etatplanung heranzuziehen. Derzeit werden in einzelnen Firmen Überlegungen angestellt, kommerzielle Indizes, für Zeitschriften eventuell in einer Gewichtung nach der Verbreitung, zu entwickeln.

Daneben dürfte sich die Erarbeitung kompatibler Lokalindizes für die Haushaltsplanung als wertvoll erweisen. Das Anfang 1986 im „Bibliotheksdienst" angekündigte Vorhaben der Erwerbungskommission des DBI, auf der Grundlage der neu gefaßten DBS einen Preisindex zu erarbeiten[44], wird nicht realisiert. Es erhebt sich die Frage, ob nicht an ausgewählten Bibliotheken, die verschiedene erwerbungspolitische Ausprägungen repräsentieren, verläßlichere Werte für die Entwicklung eines Preisindex gewonnen werden können, allein schon deshalb, weil eine genauere Abstimmung der erwerbungsstatistischen Erfassung gewährleistet wäre. Die aus dem Sample für die einzelnen Fächer bzw. Fächergruppen in abgestufter Sammlungstiefe und -breite ableitbaren Indextypen und ein darauf aufbauender Gesamtindex würden die fächerspezifische wie die globale Preisentwicklung der an wissenschaftlichen Bibliotheken der Bundesrepublik erworbenen Literatur erfassen. Insbesondere, sofern sie auf EDV-Statistiken basieren, würden sie differenzierte Planungswerte erschließen, auf die individuelle Bibliotheken zurückgreifen könnten, nicht zuletzt bei der Begründung der Erhöhung der Etatansätze gegenüber dem Unterhaltsträger.

[43] S. auch J. Stoltzenburg: Neue Bibliothekssysteme zur Literaturversorgung neuer Hochschulen. In: Das Bibliothekswesen der wissenschaftlichen Hochschulen – rechtliche, organisatorische und ökonomische Aspekte. Essen 1984 (Fortbildungsprogramm für die Wissenschaftsverwaltung. Materialien 19), S. 37–61, (S. 46–47).

[44] Bibliotheksdienst 20 (1986) S. 4.

ROSWITHA POLL

Zur Praxis von Tausch und Kauftausch

Die verschwiegenen Wege der Literaturerwerbung

Ein verschwiegener Weg der Literaturerwerbung – das klingt geheimnisvoll, ein wenig weltfern und gemütlich, nach einem wenig begangenen schmalen Seitenpfad neben der breiten vielbefahrenen Straße der Kauferwerbung. Dieser Nebenpfad wird aber immerhin so oft beschritten, daß der Tausch zwischen 10 und 20%, ja in Spezialbibliotheken bis zu 50% der Erwerbung ausmachen kann.

Verschwiegene Wege – da könnte man auch vermuten, daß es sich um etwas zu Verschweigendes, halb Verbotenes handle: Etwa die Verschleuderung wertvollen Altbestandes zur Aufstockung des laufenden Etats. In diesem Sinne war die Formulierung gewiß nicht gemeint. Aber ein wenig im stillen und verborgenen läuft der Tausch tatsächlich ab. Während Buchpreise und Kaufkonditionen häufig diskutiert werden, liegen überraschend wenig Untersuchungen zur Tauscherwerbung vor[1]. Nur die Tausch-Kommission der IFLA befaßte sich intensiv mit der Ausweitung des internationalen Schriftentausches, vor allem aus der Sicht der „Universal availability of publications“[2]. In den Handbüchern der Bibliotheksverwaltung ist dem Tausch (auch dem Geschenk-Zugang) meist nur ein kleiner Abschnitt gewidmet, und auch die Jahresberichte der Bibliotheken stellen diese Art des Zugangs nur selten ausführlich dar. Steht dahinter die Auffassung: Was nichts kostet, kann nicht viel wert sein?

Verschwiegene Wege – versuchen wir, ihnen zu folgen.

[1] Als Handbuch ist zu nennen: Lane, Alfred H.: Gifts and exchange manual. Westport, Conn. 1980.
Aufsätze der letzten Jahre zum Thema Tausch: Adlung, Barbara: Probleme des internationalen Schriftentausches der wissenschaftlichen Bibliotheken der DDR. In: ZfB 96 (1982), S. 289–293. – Amtmann, Günther: Der internationale Schriftentausch an der UB Graz. In: Mitteilungen d. Vereinigung Österr. Bibliothekare 33 (1980), S. 45–60. – Bluh, Pamela, and Virginia C. Haines: The exchange of publications: an alternative to acquisitions. In: The serials collection. Ed. by Nancy J. Melin. Ann Arbor 1982, S. 151–157. – Probleme des internationalen Schriftentausches. Ergebnisse einer Fragebogenaktion. In: ZfB 86 (1972), S. 521–536.

[2] The international exchange of publications. Proceedings of the European conference held in Vienna from 24–29 April 1972. Ed. by Maria J. Schiltman. München 1973. – Studies in the international exchange of publications. Ed. by Peter Genzel. München 1981. (IFLA Publications. 18.). – Gombocz, István: Economic aspects of the international exchange of publications. In: Unesco Bull. for Libraries 25 (1971), S. 267–281. – Kanevskij, B. P.: The international exchange of publications and the free flow of books. In: Unesco Bull. for Libraries 26 (1972), S. 141–149.

1. *Umfang des Tausches*

Um den Umfang des Schriftentausches in deutschen Bibliotheken festzustellen, greift man – wie in so vielen anderen Fällen – zunächst zur Deutschen Bibliotheksstatistik. Leider war die aktuelle Statistik, die von 1985, während der Zusammenstellung der hier vorgelegten Untersuchungen noch nicht erhältlich; deshalb werden durchgehend Daten aus dem Jahr 1984 benutzt, auch dort, wo schon Jahresberichte mit neueren Daten vorlagen.

Angaben über den Tausch- und Geschenk-Zugang finden sich nur im Teil B der Statistik (wissenschaftliche Bibliotheken). Die dort angegebenen Daten für Tausch und Geschenke wurden zunächst zusammengefaßt, um die ganze Breite des Nicht-Kauf-Zugangs zu zeigen[3]. Tausch und Geschenk sollten schon deswegen stets in Beziehung gesehen werden, weil die Übergänge fließend sind und im Einzelfall von den Bibliotheken, wie sich bei Nachfragen herausstellte, unterschiedlich interpretiert werden (z.B.: Ein Partner in einem regelmäßigen Tausch überläßt einer Bibliothek einmalig und ohne weitere Gegengabe eine größere Anzahl von Dubletten: Schenkt er oder tauscht er?).

Geschenk-/Tausch-Zugang 1984

	Gesamtzugang	Geschenke + Tausch	%	Tausch	%	Mittel für Tauschkauf
National- u. zentrale Fachbibliotheken (7)	644795	143992	22,3	58821	9,1[1]	259718 DM (zwischen 0,1 u. 7% des Etats, 1 Bibl. kein Tauschkauf)
Regionalbibliotheken (30)	319658	70125	21,9	14601	4,6[2]	nur bei 3 Bibliotheken, bis zu 1% des Etats
Universitätsbibliotheken (56)	2474943	665412	26,9	352574	14,2	455188 DM (zwischen 0,05 u. 1,2% des Etats, 23 Bibl. keine Angaben)
Hochschul- u. Fachhochschulbibliotheken (81)	307730	72640	23,6	14471	4,7[3]	nur bei 3 Bibliotheken, zwischen 0,4 und 6%

[1] zwischen 2 und 34%

[2] zwischen 1 und 27%, 6 Bibliotheken kein Tausch

[3] zwischen 2 und 42%, nur 16 Bibliotheken tauschen

[3] Der Pflichtzugang wurde dabei außer acht gelassen, da er nur wenige Bibliotheken betrifft.

Der Tausch-/Geschenk-Zugang ist laut Statistik am höchsten in den Universitätsbibliotheken (26,9%); aber auch bei den drei anderen in der Reihe B genannten Bibliotheks-Gruppen liegt er über 20% des Gesamtzugangs.

Die Zahlen für den Tauschzugang sind im Vergleich mehrerer Jahre weniger variabel als die der Geschenke. Der Geschenkzugang ist abhängig von größeren einmaligen Zuwendungen, aber auch von der Personallage, die beispielsweise die Aufarbeitung von Nachlässen erlaubt. Der Tausch bildet dagegen eine mehr oder weniger konstante Größe.

Während offensichtlich alle Bibliotheken gern Geschenke annehmen, zeigt sich beim Tausch bereits ein differenzierteres Bild: Alle National- und Zentralbibliotheken und alle Universitätsbibliotheken tauschen, aber nicht allen Regionalbibliotheken stehen Tauschgaben zur Verfügung; bei den Fachhochschulbibliotheken ist der Tausch sogar die Ausnahme.

Leider gibt die Deutsche Bibliotheksstatistik keine Auskunft über Tauschzugang bei den Öffentlichen Bibliotheken und bei den wissenschaftlichen Spezialbibliotheken. Bei den Öffentlichen Bibliotheken spielen zwar Geschenke eine gewisse Rolle, der Tauschweg aber, wie Rückfragen zeigten, so gut wie keine. Nur in wenigen Fällen werden kommunale Publikationen von der Bibliothek für den Tausch genutzt, oder es wird der Tausch für einen Heimatverein übernommen.

Ganz anders stellt sich die Situation bei den wissenschaftlichen Spezialbibliotheken dar: Die Bibliotheken von Museen, Archiven, Ministerien, Firmen, kirchlichen Einrichtungen oder Forschungsinstituten sind für ihre häufig sehr speziellen Sammelgebiete mehr oder weniger stark auf den Austausch von Publikationen angewiesen, so daß sich vermuten läßt, daß sie prozentual sogar den höchsten Tauschzugang aufweisen[4].

Der Schriftentausch stellt sich zunächst als Einheit dar. Er gliedert sich aber praktisch in drei große Bereiche, die sich nach Art und Zahl der Tauschgaben und vor allem im Arbeitsaufwand ganz wesentlich voneinander unterscheiden. Die geringste Rolle spielt insgesamt der Dublettentausch, bei dem Doppelstücke oder entbehrliches Material als Tauschgabe verwendet werden, und der punktuell beim Neuaufbau von Bibliothken oder zur Ergänzung von Bestandslücken genutzt wird. Einen weit größeren Umfang hat der „laufende" Tausch, bei dem zwei Institutionen nach Vereinbarung regelmäßig ihre aktuellen Publikationen austauschen. Als Sonderform des laufenden Tausches ist schließlich der Dissertationen-Tausch zu nennen, der zahlenmäßig zumindest bei den Universitätsbibliotheken den größten Teil des Tauschzugangs darstellt.

[4] So erhält z.B. die Bibliothek der Remeis-Sternwarte in Bamberg ca. 60% ihres Zugangs im Tausch von astronomischen Instituten.

2. *Dissertationen-Tausch*

Obgleich die Dissertationen in der Bibliotheksstatistik speziell ausgebracht sind – sie tauchen beim Zugang nach Fächern zusammengefaßt auf –, läßt sich der Dissertationen-Tausch nicht eindeutig vom sonstigen Tausch trennen. Nachfragen ergaben, daß nicht nur die eigenen Dissertationen jeder Universität von dieser als „Geschenk" bzw. auch „Pflichtzugang" deklariert werden, sondern daß auch dort, wo keine ausreichenden Gegengaben vorliegen, Dissertationen häufig als „Geschenk" aufgefaßt werden. Wenn also die Dissertationen bei den Universitätsbibliotheken 11,7% des Zugangs darstellen, so kann dies nicht einfach vom Tauschzugang subtrahiert werden. Bei 13 speziell befragten Bibliotheken betrug der reguläre Tausch ohne Dissertationen immerhin 4,3% des Zugangs.

Universitätsbibliotheken (56)

Zugang insgesamt	Tausch	%	Dissertationen	%	% Tausch ohne Dissertationen*
2474943	352574	14,2	289629	11,7	4,3

* genaue Angaben von 13 Bibliotheken liegen vor

Der Dissertationen-Tausch befindet sich seit mehreren Jahren im Umbruch. Die ungeheure Menge des jährlich vertauschten Materials mit den Problemen des Arbeitsaufwandes, der Porto- und Verpackungskosten, der Katalogisierung und vor allem des Stellplatzes gab Anlaß zu der Überlegung, ob hier nicht Einschränkungen möglich und notwendig seien. Solche Einschränkungen waren ab Ende der 70er Jahre vor allem in bezug auf medizinische Dissertationen mehr und mehr zu beobachten: Manche Bibliotheken verzichteten gänzlich auf medizinische Dissertationen, andere wählen nur noch nach Angebotslisten aus. Dadurch blieben aber den versendenden Bibliotheken um so größere Halden von nicht mehr vertauschbaren Exemplaren abgelieferter Dissertationen.

1984 zeigte eine Untersuchung, daß zwar 50% aller Dissertationen in der Bundesrepublik medizinischer Herkunft sind, daß diese aber an der ohnehin geringen Ausleihe von Dissertationen nur einen Anteil von 5% haben[5].

[5] Lohse, Hartwig: Der Tausch mit medizinischen Dissertationen an den Universitätsbibliotheken der Bundesrepublik Deutschland. In: ZfBB 31 (1984), S. 19–29.

Im Augenblick geht die Tendenz dahin, daß pro Bundesland nur noch eine Bibliothek die medizinischen Dissertationen vollständig sammelt. Bei mehreren medizinischen Fakultäten wurde daraufhin die Zahl der abzuliefernden Exemplare bereits verringert.

Die zweitgrößte Gruppe bei den Dissertationen bilden die naturwissenschaftlichen, die z.T. ebenfalls nur selten ausgeliehen werden. Auch bei dieser Gruppe wird über Einschränkung des Tausches nachgedacht[6]. Hier dürfte in der Nutzung allerdings bereits nach Fächern stärker zu differenzieren sein.

Die Jahresberichte der Bibliotheken aus den letzten drei Jahren zeigen, daß vielfach auch der Zugang ausländischer Dissertationen strengeren Richtlinien unterworfen wurde, und zwar denselben Richtlinien, wie sie für den sonstigen ausländischen Tausch angewendet werden. Die Bibliotheken verzichten auf Fachgruppen, die nicht eindeutig ihrem Erwerbungsprofil entsprechen, und beschränken sich auf Dissertationen in gängigen Sprachen, sofern nicht spezielle Interessen vorliegen[7]. Einen hohen Anteil des Zugangs ausländischer Dissertationen machen an vielen Bibliotheken die juristischen Dissertationen der Schweiz aus, die wohl auch nicht überall vollständig gesammelt werden müßten.

In der Bibliotheksstatistik zeichnet sich die skizzierte Einschränkung des Dissertationentausches erst allmählich ab:

Dissertationen-Zugang

Universitätsbibliotheken

	Dissertationen	Zugang pro Bibliothek (Durchschnitt*)
1976	227563	6321
1980	307051	6533
1984	289629	5911
1985	295873	5801

* Die Zahl der meldenden Bibliotheken variiert.

[6] Quarg, Gunter: Verwendung naturwissenschaftlicher Dissertationen im Tausch. Erfahrungen der Universitäts- und Stadtbibliothek Köln. In: Mitteilungsblatt NRW. N.F. 34 (1984), S. 466–468. – Lohse, a.a.O., S. 28f.

[7] Vgl. z.B. Universitätsbibliothek Würzburg. Jahresbericht 1984, S. 25f. – Bericht über die Verwaltung der Öffentlichen Bibliothek der Universität Basel, 1982, S. 8, und 1984, S. 6f.

Bei einzelnen Bibliotheken dagegen ist der Rückgang drastisch:

Tauschzugang der Universitätsbibliothek Basel:
1982 14354 Einheiten
1984 5920 Einheiten
Basel hatte den gesamten Dissertationentausch auf Auswahllisten umgestellt[7].

Der Dissertationentausch ist ein Komplex, bei dem die Verpflichtung zur Verbreitung nicht außer acht gelassen werden darf. Dennoch sind Einschränkungen sicher vertretbar, wenn sie einerseits kooperativ geschehen und wenn andererseits einige weiterhin vollständig geführte Sammlungen den Zugriff über die Fernleihe gewährleisten. Für europäische ausländische Dissertationen wäre dies, soweit notwendig, Aufgabe der Sondersammelgebiete. Wie weit Mikroformen das Problem der Aufbewahrung lösen können, ob sie andererseits bei nur wenigen Sammelstellen überhaupt notwendig sind, ist noch nicht abzusehen.

3. *Laufend geführter Tausch (ohne Dissertationen)*

Nachdem die Effizienz des Dissertationentausches angezweifelt und sein Umfang bereits erheblich eingeschränkt wird, stellt sich die Frage, ob der sonstige laufend gepflegte Tausch der Bibliotheken nicht ebenfalls auf zu breiter Ebene geführt wird. Es ließe sich vermuten, daß manche Tauschbeziehung auf bloßer Tradition beruht oder daß der Wert der Gegengaben nicht dem Arbeitsaufwand des Tauschversands entspricht. Läßt sich der Tausch durch Kauf ersetzen, kann er überhaupt entfallen?

Der Tausch abzüglich der Dissertationen beträgt, wie bereits erwähnt, bei den Universitätsbibliotheken etwa 4,3% des Zugangs und stellt damit einen zwar respektablen, aber doch nicht überwältigend hohen Anteil der Erwerbung dar. In dieser Zahl sind sowohl laufend geführte Fortsetzungen und aktuelle Monographien wie auch durch Dublettentausch hereinkommende Antiquaria enthalten. Bei den Regionalbibliotheken dürften die in der Bibliotheksstatistik angegebenen 4,6% Tausch keine Dissertationen enthalten, da die Regionalbibliotheken die ihnen zukommenden Dissertationen eher als Geschenke ansehen. Bei den Zentralbibliotheken (9,1% Tausch) und den Fachhochschulbibliotheken (4,7% Tausch) sind in dieser Zahl sicherlich auch Dissertationen enthalten. Prozentual liegt die Tauscherwerbung wohl am höchsten bei den wissenschaftlichen Spezialbibliotheken, die auch Sonderdrucke in den Austausch einbeziehen.

Um nähere Informationen darüber zu gewinnen, aus welchen Gründen von den Bibliotheken der Tauschweg gewählt wird, konnten nicht alle 608 in der

Bibliotheksstatistik vertretenen wissenschaftlichen Spezialbibliotheken oder auch die 81 Fachhochschulbibliotheken befragt werden. Da aber von vielen Universitätsbibliotheken ausführliche Jahresberichte herausgegeben werden, war hier schon ein Großteil der gesuchten Fakten zu ermitteln. Zusätzlich wurden bei 10 Universitätsbibliotheken (neuen und alten) speziellere Daten zu Umfang, Form und Gründen des Tausches erfragt, vor allem dort, wo die Statistik Besonderheiten zeigte, oder wo der Jahresbericht detaillierte Kenntnis der eigenen Tauschbeziehungen vermuten ließ. Die gleichen Daten wurden auch bei zwei Regionalbibliotheken, zwei Öffentlichen Bibliotheken, drei wissenschaftlichen Spezialbibliotheken und einer großen Staatsbibliothek ermittelt. Erlanger Erfahrungen flossen besonders mit ein, obgleich in diesem Fall der Tausch stark von den Sondersammelgebieten der Bibliothek geprägt ist.

4. *Tauschgaben*

Den Universitätsbibliotheken, vor allem den älteren, steht meist eine breite Palette von Tauschgaben zur Verfügung. „Kostenlos“ sind neben den eigenen Publikationen der Bibliothek, den Dissertationen und den anfallenden Dubletten meist auch die Veröffentlichungen der Universität. Bei ihren eigenen Publikationen muß die Bibliothek aber die Druckkosten tragen, außerdem steckt auch in Jahresbibliographie, Forschungsbericht oder Schriftenreihen der Universität oft die Editionsarbeit der Bibliothekare.

Zu ermäßigtem Preis für den Tausch angekauft werden häufig die Veröffentlichungen von Universitätsinstituten. Die Schwierigkeit, laufend den Druck einer Serie oder Zeitschrift zu finanzieren, ist groß, weswegen die Institute z. T. damit rechnen, daß ihnen die Bibliothek einen Druckkostenzuschuß zahlt oder eine feste Anzahl für den Tausch abkauft. Die Bibliotheken stützen damit manchmal ganz bewußt Zeitschriften oder Reihen, deren Beginn bis in das 19. Jahrhundert zurückreicht und deren Renommee für den Ruf der Universität von Bedeutung ist.

Häufiger als Institutspublikationen sind es Schriften gelehrter Gesellschaften (Historische oder Naturwissenschaftliche Vereine, Akademien), die von den Bibliotheken als Tauschgaben genutzt werden. Von den 10 befragten Universitätsbibliotheken gaben alle an, Publikationen der eigenen Universität zu vertauschen; 9 haben den Tausch für gelehrte Gesellschaften übernommen, einige gleich für mehrere Gesellschaften. Auch für diese Tauschgaben werden z. T. Zuschüsse oder verbilligte Preise gezahlt. Probleme bietet diese Art des Tausches durch die nicht immer ganz geklärten Besitzverhältnisse. Im Regelfall werden die im Austausch gegen die Publikationen der gelehrten Gesellschaft eingehenden Titel Besitz der Bibliothek. Zuweilen aber – in 2 Fällen bei den befragten 10 Bibliotheken – hat die Gesellschaft ihren Buchbestand der Bibliothek nur als Leihgabe überlassen. In jedem Fall kann es vorkommen, daß die Gesellschaft bei der Auswahl der Tauschpartner mitsprechen möchte, und daß auf diese Weise mehr und andere Tauschgaben in die Bibliothek kommen, als für den Bestandsaufbau willkommen ist.

5. *Kauftausch*

Einen Teil ihrer Tauschgaben beschaffen sich die Bibliotheken jeweils durch gezielten Kauf. Da dies als besonders aufwendige Art des Tausches gilt, stellt sich um so mehr die Frage nach den Gründen. Bei den Regional- und den Fachhochschulbibliotheken spielt der Kauftausch so gut wie keine Rolle: Nur je 3 Bibliotheken haben ihn 1984 überhaupt benutzt. Bei den Zentralbibliotheken wurden immerhin 260000,– DM dafür ausgegeben. Dort besteht aber jeweils ein Sammelauftrag, der Vollständigkeit fordert, so daß auch aufwendige Beschaffungswege genutzt werden müssen.

Die Universitätsbibliotheken gaben 1984 insgesamt 455000,– DM für Kauftausch aus. Bei den einzelnen Bibliotheken bedeutet dies allerdings relativ wenig, nämlich zwischen 0,05 und 1,2% des Erwerbungsetats. Die Angabe von 3% durch eine Universitätsbibliothek erwies sich als Irrtum, da hier auch Mitgliedsbeiträge und Einfuhrumsatzsteuer in der Rubrik „Ausgaben für Tausch“ verzeichnet waren.

Ein wesentlicher Teil der Kauftausch-Summe wird für die bereits erwähnten Tauschgaben verwendet, nämlich als Zuschuß für Publikationen von Instituten oder gelehrten Gesellschaften. Ankauf von Buchhandelsliteratur, vor allem spezielle Titel auf Wunsch des Tauschpartners hin, wird nur als letzte Möglichkeit und im Einzelfall praktiziert, wie die befragten Bibliotheken angaben. Ziel sei jeweils, auf anderem Wege schwer beschaffbare Literatur zu erhalten. Sechsmal wurde speziell die DDR genannt, mit der solche Beziehungen bestehen. So nutzen z.B. zwei Bibliotheken die Möglichkeit, Kopien vergriffener Titel aus der DDR zu erhalten, und kaufen dafür Buchhandelstitel nach Bestellung.

Aus den Ländern, in denen nicht genügend Devisen für den Kauf durch Bibliotheken zur Verfügung stehen, wird natürlich häufig der Wunsch nach der Lieferung aktueller Buchhandelsliteratur an die Bibliotheken der „reicheren“ Länder herangetragen. So wurde z.B. bei einer Konferenz der Nationalbibliotheken der europäischen sozialistischenLänder 1977 Klage darüber geführt, daß die Tauschpartner im Westen nicht bereit seien, Literatur zu Tauschzwecken zu kaufen. Täten sie es doch, so wollten sie nicht Titel für Titel tauschen, sondern wegen der großen Preisdifferenz ein besseres Äquivalent erhalten[8].

6. *Verrechnung des Tausches*

Detaillierte Aufrechnung von Leistung und Gegenleistung bleibt bei den meisten Bibliotheken dem Einzelfall vorbehalten. Keine der befragten Bibliotheken gab an, nach Seiten abzurechnen – eine Form der Abrechnung, die in einer englischen Publikation 1979 als „rather small minded" bezeichnet wurde[9]. Band gegen Band wird häufig bei Dublettentausch abgeglichen. Nach Preisen wird nur in wenigen Fällen abgerechnet, wenn ein wichtiger Tauschpartner dies verlangt; hier wurden wiederum Tauschpartner in der DDR genannt. Bei den meisten Tauschbeziehungen wird offensichtlich „pauschal" abgerechnet, d.h. im Falle eines eng begrenzten Tausches eine Fortsetzung gegen eine andere; bei einem vielgliedrigen Tausch aber, wie ihn die Universitätsbibliotheken führen, spielt das spezielle Interesse an den angebotenen Publikationen und deren Nichterhältlichkeit über den Kaufweg eine größere Rolle als die genaue Anzahl der eingetauschten Bände.

Allerdings mag es auch am mangelnden Personal liegen, wenn die Tauschverrechnung relativ großzügig gehandhabt wird. Von den zehn befragten Bibliotheken hatten sechs im Laufe der letzten vier Jahre die Tauschbeziehungen revidiert, zwei kamen seit langem nicht dazu, bei zweien sind die Tauschbeziehungen noch im Aufbau.

Interessant ist, daß in den Bibliotheksberichten der letzten drei Jahre, wann immer von Revision des Tausches die Rede ist, stets von Einschränkung der Tauschbeziehungen gesprochen wird, nicht etwa vom Aufbau. Nach der Euphorie der Nachkriegszeit, in der man sich über jede neu geschlossene Verbindung mit der weiten Welt freute, ist in den letzten Jahren offensichtlich der Tausch weitgehend wieder auf den Umfang zurückgeschraubt worden, der dem tatsächlich gewünschten Erwerbungsprofil entspricht. Dabei sind vor allem Beziehungen zu außereuropäischen Staaten gekappt worden, was andererseits der UNESCO-Konvention von 1958 über den internationalen Austausch von Publikationen eher zuwiderläuft[10].

[8] Kamiński, Stanisław: Internationaler Dublettentausch im Urteil der Nationalbibliotheken sozialistischer Länder. In: Bestandsaufbau, Pflichtexemplare, Schriftentausch: Vorträge der ersten drei Konferenzen der Arbeitsgruppe Bestandsaufbau/Schriftentausch der Staats- und Nationalbibliotheken sozialistischer Länder. Hrsg. v. Peter Genzel. Berlin 1981. S. 110–116.

[9] Wood, D. N.: Current exchange of serials at the British Library Lending Division. In: Library Acquisitions: Practice and Theory 3 (1979), S. 109.

[10] Unesco. Convention Concerning the International Exchange of Publications, Paris 1958. Abgedruckt in: Lansky, Ralph: Bibliotheksrechtliche Vorschriften. 3. Aufl. Frankfurt a.M. 1980 ff.

7. *Tauschpartner*

Die Zahl der Tauschpartner bewegte sich bei den befragten Bibliotheken zwischen 290 und 1650 (!)[11]. Ohne Definition, was als Tauschpartner zu gelten habe, bleiben diese Angaben aber ungenau. So kann die Anzahl der Tauschbeziehungen auch die Fälle einmaligen Austausches von Publikationen oder seit Jahren ruhende Tauschbeziehungen enthalten. Im Durchschnitt waren bei den befragten Bibliotheken über 50% ausländische Tauschpartner zu verzeichnen. Zwei Aufgliederungen der Tauschpartner nach Ländern zeigen trotz unterschiedlichen Bibliothekstyps ein ähnliches Bild[12]:

Tauschverbindungen

Erlangen UB (Hauptbibliothek)	
Bundesrepublik	412
Osteuropa	71
DDR	57
USA	51
Schweiz	37
Österreich	35
Niederlande	21
Großbritannien	15
Frankreich	14
Japan	9
Sonstige	115
	837

Graz TUB	
Bundesrepublik	50
Österreich	46
Osteuropa	32
DDR	17
Japan	16
USA	11
Großbritannien	6
Schweiz	4
Niederlande	3
Frankreich	1
Sonstige	39
	225

In jedem Fall beeinflussen die Tauschgaben, die einer Bibliothek zur Verfügung stehen, die Auswahl ihrer Tauschpartner. So tauscht z. B. die Universitäts-

[11] Die Bibliothek mit den 1650 Tauschpartnern revidiert ihren Tausch bereits.
[12] Universitätsbibliothek der Technischen Universität Graz. Jahresbericht 1984, S. 18. – Dazu Erlanger Daten.

bibliothek Erlangen-Nürnberg eine fränkische landeskundliche Zeitschrift vor allem mit historischen Instituten und Vereinen im deutschen Sprachgebiet, eine naturwissenschaftliche Zeitschrift dagegen mit naturwissenschaftlich-technischen Instituten in aller Welt.

8. *Arbeitsaufwand für den Tausch*

Bei Darstellungen des Tausches wird stets betont, daß der Tausch ein aufwendigerer Erwerbungsweg sei als der Kauf[13]. Man empfindet den Tauschweg offensichtlich weitgehend wie die British Library als „necessary but undesirable", notwendig, weil nur so Vollständigkeit im gewünschten Umfang erreicht werden könne, aber nicht wünschenswert wegen des größeren Arbeitsaufwandes[14].

Das Urteil „arbeitsaufwendig" wird allerdings häufig nur durch den allgemeinen Eindruck belegt. So spricht die British Library beispielsweise davon, daß bei den Tausch-Zeitschriften besonders häufig reklamiert werden müsse, gibt andererseits aber an, daß es sich dabei um schwer beschaffbares, unregelmäßig erscheinendes, z.T. graues Material handle. Die Lieferschwierigkeiten würden also wohl auch auf dem Kaufweg eintreten, wenn er überhaupt gangbar wäre. Bei regelmäßig erscheinenden sowjetischen Zeitschriften sei die Tauschbeziehung nicht aufwendiger als der Kauf, obgleich man alle Tauschgaben kaufen müsse, und der Bezug über eine Agentur könne in diesem Fall teurer werden[14]. Es scheint also sinnvoll, einen laufenden Austausch regelmäßig erscheinender Fortsetzungen anders zu bewerten als einen unregelmäßigen Tausch mit Einzelwerken.

Um solch einen „laufenden" Tausch vom Arbeitsaufwand her zu gewichten, werden aus den von R. Funk in einer DFG-Untersuchung ab 1973 ermittelten Arbeitszahlen einige Werte für Kauf- und Tausch-Fortsetzungen einander gegenübergestellt[15]. Die erstmalige Tauschvereinbarung, die im Durchschnitt wesentlich aufwendiger ist als eine erste Kaufbestellung, bleibt unberücksichtigt. Leider fehlen bei Funk Zahlen für den Versand; hier wurden Erlanger Erfahrungswerte eingesetzt.

[13] Z.B. ALA World Encyclopedia of Library and Information Services. Chicago 1980, S. 22 (Artikel „Acquisitions"). – Lexikon des Bibliothekswesens. Hrsg. v. Horst Kunze u. Gotthard Rückl. 2. neubearb. Aufl. Bd. 2, Leipzig 1975, Sp. 1328 (Artikel „Tausch"). – Kluth, Rolf: Lehrbuch der Bibliothekspraxis. Wiesbaden 1979, S. 215. – Grieder, Ted: Acquisitions. Where, what and how? Westport, Conn. 1978 (Contributions in Librarianship. 22).

[14] Wood a.a.O., S. 110.

[15] Funk, Robert: Arbeitsablaufuntersuchung und Personalbedarfsermittlung für die Buchbearbeitung an Hochschulbibliotheken. München 1977. (Bibliothekspraxis. 20). S. 58ff.

Arbeitsaufwand beim Bezug einer Schriftenreihe

Kauf und Tausch gleich:

Mängelprüfung
Eintrag in die Fortsetzungskartei
Titelaufnahme für die Akzessionskartei
Zugangsverzeichnis
Statistik

Kauf zusätzlich:	Minuten
Vergleich Lieferschein – Sendung	0,65
Rechnung prüfen	1,25
Zugangs-Nr. auf die Rechnung	0,87
Anweisung	3,34
	6,11

Tausch zusätzlich:

Empfangsbestätigung	(1,31)
Tauschkartei führen	(1,82)
beides kann bei Fortsetzungen entfallen	(3,13)
regelmäßiger Versand einer Gegengabe	2
Verpacken der Gegengabe	ca. 3
	ca. 5
ggf. Anweisen der Pauschalrechnung für die Gegengaben (6,11 Minuten pro Rechnung)	

Die Zahlen erlauben die Annahme, daß bei einer laufenden Tauschbeziehung mit einem einigermaßen zuverlässig liefernden Partner der Arbeitsaufwand nicht höher sein muß als bei Kauf. Voraussetzung ist, daß Empfangsbestätigungen möglichst entfallen und Tauschgaben nicht in mehreren Karteien notiert werden.

Aufwendiger als Kauf ist in jedem Fall der Einzeltausch, der eine auf den Spezialfall zugeschnittene Korrespondenz, Auflistung der Tauschgaben, Lagerhaltung etc. verlangt.

9. *Porto- und Verpackungskosten*

Neben dem Arbeitsaufwand und den evtl. Kosten für den Kauf von Tauschgaben sind auch Porto- und Verpackungskosten bei der Effektivität des Tausches mit zu bewerten.

Genaue Angaben über die Versandkosten sind nur an wenigen Stellen in der Literatur zu finden. 1982 kostete allein der Versand der Dissertationen in Tübingen bereits 4000,– DM[16]. 1984 gibt dagegen die Universitätsbibliothek Würzburg für den gesamten Tauschversand nur Portokosten in Höhe von 5149,– DM an (3112 Sendungen, davon 504 Dissertationen-Pakete)[17]. Würzburg kann allerdings für den Tausch innerhalb Bayerns das regelmäßige Bücherauto nutzen. Eine Aufrechnung der Portokosten der Erlanger Hauptbibliothek ergab folgendes:

Porto-Kosten für Tauschversand
(UB Erlangen 1985)

Regelmäßiger Tauschversand (1257 Bände)	1754 DM	
Tauschversand auf Einzelanfrage (239 Bände)	334 DM	
Dublettenversand (1029 Bände)	676 DM	
Vorlesungs- und Personalverzeichnisse (717 Bände)	805 DM	
		3569 DM
Dissertationen-Versand Deutschland (15663 Bände)	2191 DM	
Dissertationen-Versand Ausland (5003 Bände)	1643 DM	
Dissertationen einzeln auf Anfrage (425 Bände)	425 DM	
		4259 DM
		7828 DM

Es wurden – außer für den Einzelversand – jeweils Durchschnitts-Bandzahlen pro Paket eingesetzt.
Nicht enthalten ist der Tausch innerhalb Bayerns mit Bücherauto.
Den Versand von 5600 Dissertationen ins Ausland übernahm die DFG.

Zu diesen doch erheblichen Portokosten wäre noch der Aufwand für Verpackungsmaterial zu addieren. Am teuersten stellt sich – wie sicher auch in anderen Bibliotheken – der Dissertationen-Versand. Durch die bereits erwähnte Einschränkung des Dissertationentausches werden sich hier automatisch Einsparungen ergeben.

10. *Gründe für den Tausch*

Als Begründung dafür, den Tauschweg für die Erwerbung zu wählen, wird in der Literatur angegeben:

a) knapper Etat, fehlende Devisen,
b) das Vorhandensein preiswerter Tauschgaben,
c) das Interesse daran, Publikationen der eigenen Institution oder einer gelehrten Gesellschaft zu verbreiten,

[16] Lohse a. a. O., S. 19.
[17] Universitätsbibliothek Würzburg. Jahresbericht 1984, S. 26.

d) Beschaffung von Literatur, die auf dem Kaufweg nicht oder schwer erhältlich ist: graue Literatur von Institutionen, die den Tausch dem Kauf vorziehen; Literatur aus Ländern mit unzureichendem Buchhandel; vergriffene Literatur (Kopie im Tausch, Dublettentausch),
e) Großzügigkeit gegenüber Ländern mit Devisenmangel, gegenüber aufbauenden Bibliotheken in Entwicklungsländern.

In den Ländern des Ostblocks steht bei Umfragen die Etateinsparung im Vordergrund. In den Jahresberichten von Bibliotheken, die Fächer mit nicht-konventioneller Literatur umfassend sammeln, wird der Tausch wegen der Beschaffungsschwierigkeiten als unverzichtbarer Erwerbungsweg herausgestellt. Das Germanische Nationalmuseum in Nürnberg z.B., das über die Hälfte seiner Bücher auf dem Tausch-Geschenkweg bekommt, hält regelmäßige Tauschbeziehungen mit ausländischen Museumsbibliotheken für die einzige Möglichkeit, deren Publikationen rasch und vollständig zu erhalten, da man häufig vom Erscheinen der Titel nicht oder zu spät erfahre[18]. Eine Übersicht über die Verteilung nicht-konventioneller Veröffentlichungen auf die verschiedenen Fächer zeigt, daß vor allem auf den Gebieten Wirtschaftswissenschaften, Bildungswesen, Technik, Kunst und Geschichte in hohem Maße „graue“ Literatur erscheint, die häufig nur auf dem Tausch-Geschenkweg erhältlich ist.

Nicht-konventionelle Literatur

(Deutsche Bibliographie, R. B, 10 Hefte)

Fach	Titel	%
1: Allgemeines	140	2,6
2–3: Philosophie, Psychologie	66	1,2
4: Religion	150	2,7
5: Soziologie	172	3,1
6: Politik	213	4,0
7: Wirtschaft	611	11,2
8: Recht	104	1,9
9: Erziehung, Bildung	295	5,4
10: Volks- und Völkerkunde	42	0,8
11: Naturwiss. allgemein	8	0,1
12–13: Mathematik, Informatik	202	3,7
14: Physik, Astronomie	114	2,1
15: Chemie	11	0,2
16: Geowissenschaften	174	3,2
17: Biologie	73	1,3
18: Medizin	181	3,3

[18] Telefonische Mitteilung.

Fach	Titel	%
19–22, 24–25: Technik	847	15,5
23: Land- und Hauswirtschaft	344	6,3
26: Umweltschutz	112	2,1
27–28: Kunst	469	8,6
29: Musik…	66	1,2
30: Sport, Spiele	53	1,0
31–37: Sprach- und Literaturwiss.	127	2,3
38: Belletristik	243	4,4
39–40: Archäologie, Geschichte	360	6,6
41: Geographie	285	5,2
	5462	100,0

Der Versuch, Buchhandelsliteratur aus Ländern mit ungenügendem Buchhandel sicherer über den Tausch zu erhalten, wird nicht nur von Spezialsammlungen unternommen. Er ist aber nicht immer erfolgreich: In einer DDR-Umfrage bei wissenschaftlichen Bibliotheken 1979 wurde beklagt, daß gezielte ausländische Bestellungen auf DDR-Verlagsproduktion nicht geliefert werden konnten[19].

Bei den zehn speziell befragten Universitätsbibliotheken standen bei der Entscheidung für den Tauschweg das Vorhandensein preiswerter Tauschgaben und die Verbreitung der Universitätspublikationen im Vordergrund. Großzügigkeit wurde lediglich gegenüber Partnerschaftsuniversitäten betont.

11. *Dublettentausch*

Ein fast unlösbares Problem stellt offensichtlich die sinnvolle und praktische Dublettenverwertung dar. Hier weichen die Praktiken der Bibliotheken besonders stark voneinander ab.

Zwischen 1000 und 30000 Bänden an Dublettenbeständen gaben die Jahresberichte und die befragten Bibliotheken an; dazu kommen z.T. sogar noch größere Bestände von bisher an den Katalogen nicht überprüften Geschenken und Nachlässen. Dubletten fallen, wie die Jahresberichte zeigen, bei den alten Universitätsbibliotheken vor allem durch Übernahme von Institutsbeständen an, ansonsten durch Schenkungen, Nachlässe, Übernahme von Firmenbüchereien oder von Altbeständen kommunaler Bibliotheken. Unter viel Unbrauchbarem, da bereits häufig Vorhandenem, finden sich wahre Schätze.

Nur die Hälfte der befragten Bibliotheken bietet Listen an, nur z.T. sind diese nach Fachgebieten getrennt. Diese Zurückhaltung ist verständlich, wenn

[19] Adlung a.a.O., S. 293.

man Daten über die Effektivität von Dublettenlisten und Dublettenbestellungen vergleicht[20].

Dublettentausch

Nutzung von Dublettenlisten

	Abgabe von Titeln einer allgemein versandten Liste
Wien ÖNB	41%
München TUB	ca. 90%
Sozialist. Nationalbibliotheken	zwischen 15 und 95%
Erlangen UB	8 Titel pro einzeln versandter Liste

Effektivität von Dublettenbestellungen (Eintreffen bestellter Titel)

	1982	1983
München TUB	20%	40%
Erlangen UB	50–60%	

Doppelbestellungen

Zwischen 5 und 50% der Titel einer Liste werden von mehreren Bibliotheken bestellt (Sozialist. Nationalbibliotheken)

„Umsatz“ von Dublettenbeständen

	Zuwachs	Abgabe	makuliert	Zeitraum
Erlangen UB	1900 Bde.	1800 Bde.	300 Bde.	Jahresdurchschnitt (8 Jahre gezählt)
München TUB	196 m	154 m	24 m	1982

Solche Zahlen lassen Zweifel daran aufkommen, ob die Erschließung von Dublettenbeständen den Aufwand lohnt. Andererseits können Dublettenangebote unschätzbare Hilfe bieten bei der Lückenergänzung oder bei dem Aufbau

[20] Aus: Österr. Nationalbibliothek. Jahresbericht 1983, S. 34. – Technische Universität München. Universitätsbibliothek. Jahresbericht 1982, S. 28, und 1983, S. 26f. – Kamiński a.a.O., S. 114f. – Dazu Werte der Universitätsbibliothek Erlangen-Nürnberg, Hauptbibliothek.

von Spezialsammlungen, eine Hilfe, die durch Antiquariatslisten nicht ersetzt wird. Die Antiquar bietet nur das an, was vom Preis und von der erwarteten Absatzchance her für ihn interessant ist. Nicht oder selten angeboten werden graue Literatur und Kleinschrifttum aus der Buchhandelsliteratur. Suchlisten der Bibliotheken, die sich nicht auf teure Grundlagenliteratur beziehen, zeitigen daher oft wenig Erfolg.

Um Dubletten nicht mühevoll erschließen zu müssen, versuchen die Bibliotheken, ihre Dublettenbestände pauschal zu verkaufen oder zu vertauschen. Gegen pauschale Abgaben von Dublettenbeständen an Antiquariate sprechen sich aber die bisher erlassenen Verordnungen über die Abgabe von Bibliotheksbeständen aus, wenn sie fordern, daß zunächst der Bedarf anderer Bibliotheken des gleichen Bundeslandes abzudecken sei[21].

Mehrfach haben Bibliotheken ihre Dublettenbestände pauschal an aufbauende Bibliotheken geschenkt oder getauscht. Andere bieten interessierten Bibliotheken freie Suche im Dublettenmagazin an. Der Dublettenbestand sollte zu diesem Zweck aber zumindest grob nach Fächern geordnet sein, damit eine gezielte Suche möglich wird. Auf Dublettenlisten sollte angeboten werden, was nach eigener Erfahrung und nach der Erfahrung anderer Bibliotheken besonders interessant oder selten ist, darunter auch „graue“ Literatur. Was vielen Bibliotheken – z.B. von amtlichen Stellen – geschenkt wurde, ist auch für die Tauschpartner Makulatur.

Besonders in finanziellen Notzeiten sind immer wieder Zentralen für die Dublettenverwertung innerhalb eines Landes aufgebaut worden. Während die Staatsbibliothek Preußischer Kulturbesitz ihre Funktion als zentrale Dubletten-Verwertungsstelle 1984 aufgegeben hat[22], existiert in Großbritannien und den USA jeweils ein Zentrum, das die sinnvolle Verteilung von Dubletten und ausgeschiedenen Beständen übernommen hat. Die beiden Zentren sind sehr unterschiedlich organisiert. Die Sektion „Gift and Exchange“ der British Library hat primär die Aufgabe, aus dem von anderen englischen Bibliotheken geschenkten Titelmaterial die Sammlung der eigenen Bibliothek zu ergänzen. Zusätzlich kann sie aber aus diesen Geschenken und dem von der Bibliothek selbst ausgeschiedenen Material jährlich ca. 60000 Monographien und 15000

[21] Richtlinien für die Abgabe von Bibliotheksgut. Richtlinien des Bayer. Staatsministeriums für Unterricht und Kultus vom 14. 5. 1975. („Das Bibliotheksgut muß bei der abgebenden Bibliothek entbehrlich und darf bei keiner anderen staatlichen Bibliothek in Bayern benötigt sein.“)
Abgabe von Bibliotheksgut der Hochschulen des Landes Nordrhein-Westfalen. Runderlaß des Ministers für Wissenschaft und Forschung des Landes Nordrhein-Westfalen v. 17. 11. 1978. („Entbehrliches Bibliotheksgut… muß vor einer Veräußerung nach Nr. 3 oder einer Abgabe im Tausch nach Nr. 4 mindestens zwei geeigneten Hochschulbibliotheken des Landes Nordrhein-Westfalen angeboten werden, …“). Beides abgedruckt in: Lansky a..a.O.

[22] Staatsbibliothek Preußischer Kulturbesitz. Jahresbericht 21 (1984), S. 80.

Zeitschriftentitel anbieten[23]. Die Publikationen verbleiben während des Angebots bei der besitzenden Bibliothek. Mehrere hundert Mitglieder subskribieren die Angebotslisten. 1978 führte die Sektion im Auftrag der IFLA eine Kostenstudie durch[24]. Damals wurden 60% der angebotenen Bücher und 35% der angebotenen Zeitschriften abgerufen. Die Kosten für die Übermittlung eines Buches (Angebot + Versand) lagen damals bei 57 p, für einen Zeitschriftenband (-heft) bei 19,8 p.

Anders arbeitet die amerikanische Tauschzentrale „USBE" (Universal Serials and Book Exchange), die zwar mit Hilfe von Spenden gegründet wurde, sich inzwischen aber durch Subskription von 1700 Mitgliedern und Zahlungen für jeden vermittelten Titel selbst trägt. Auch diese Tauschzentrale untersuchte 1978 im Auftrag der IFLA ihre Wirtschaftlichkeit[25]. Sie vermittelte 1977 ca. 340000 Publikationen, und zwar über Listenangebote, Einzelanfragen oder Suche direkt am Bestand. Man berechnete damals 18,9 Minuten für die Vermittlung einer Publikation; die Kosten betrugen dafür seinerzeit 2,52 $. Bemerkenswert ist, daß ein großer Teil des eingehenden Materials sofort makuliert wird, sofern nach den bisherigen Erfahrungen keine Nachfrage zu erwarten ist. Beide Institutionen wollen durch Automatisierung ihren Service noch verbessern.

Sicherlich wird die Verbreitung der Katalogisierung mit EDV es erleichtern, Titelmeldungen von entbehrlichen Duplikaten – zumindest in Auswahl – an eine Zentrale weiterzugeben. Ob es auf diese Weise in absehbarer Zeit möglich sein wird, durch eine einzige Anfrage bei einer „Dubletten-Datenbank" einen gesuchten Titel zu ermitteln?

12. *Einschränkung von Tauschbeziehungen*

Folgende Bedingungen sollte eine Tauschbeziehung erfüllen, um sinnvoll und vertretbar zu sein:

a) Die Tauschgaben sollten so beschaffen sei, daß man sie ggf. – bei ausreichendem Etat – auch kaufen würde.
b) Der Arbeitsaufwand sollte so gering wie möglich gehalten werden. Vor allem beim Versand ist noch Rationalisierung möglich, z.B. durch Nutzung von Mikrocomputern.
c) Der Tauschweg sollte nur da gewählt werden, wo der Kauf nicht den leichteren Zugang bietet oder wo ein spezielles Interesse an der Verbreitung eigener Publikationen besteht.

[23] The British Library Lending Division. Newsletter (1985), No. 4.

[24] Allardyce, Alex: Some operational costs of the gift and exchange section of the British Library Lending Division. In: Interlending Review 7 (1979), S. 90–98.

[25] Rovelstad, Howard: The economics of the Universal Serials and Book Exchange (USBE). In: Interlending Review 7 (1979), S. 98–101.

Die Berichte der Bibliotheken aus den letzten Jahren vermitteln aber eindeutig den Eindruck, daß die sehr breiten, großzügigen Tauschbeziehungen der 50er und 60er Jahre, in denen man stolz auf internationale Verknüpfung und möglichst viele Tauschpartner war, in den Zeiten zurückgehender Etats bereits einschneidend eingeschränkt wurden.

Die Bibliotheken vergleichen die Tauschgaben mit ihrem Erwerbungsrahmen, lehnen schwer verständliche Sprachen ab und wissen ihren Tausch mit konkreten Gründen zu belegen. Die Arbeitsabläufe wurden vielfach vereinfacht, Formulare und Standardbriefe eingeführt, eine aufwendige „Einzelverrechnung" findet nur noch selten statt, und der besonders umständliche Kauf einzelner Titel für den Tausch wird offensichtlich nur ganz gezielt eingesetzt. Zu verschweigen scheint also wenig an dem verschwiegenen Weg des Tausches, und ein starker Rückgang dürfte bei den 4,3% Tausch wohl nicht mehr zu verzeichnen sein, auch bei noch genauerem Überdenken.

Das „Zuviel" eines nicht immer voll überlegten Zugangs könnte nach den Zahlen der Bibliotheksstatistik heute im allgemeinen eher im Geschenk stecken. Beim Tausch ist man sich bewußt, eine Gegengabe liefern zu müssen; außerdem handelt es sich meist um langfristige Beziehungen, die doch überlegt eingegangen werden. Beim Geschenk, auch bei angebotenen Dubletten, fällt die Entscheidung leichter. In diesem Bereich sind – wie bei dem Dissertationentausch – noch Möglichkeiten zu sinnvoller Einsparung zu vermuten.

JOACHIM-FELIX LEONHARD

Der Schriftentausch der Deutschen Forschungsgemeinschaft

Erwerbung Grauer und spezieller Literatur als zentrale Aufgabe überregionaler Literaturversorgung

„Tausch ist die Hingabe eines Tauschgutes (einer Ware, von Leistung oder von Geld) gegen den Empfang eines anderen auf der Grundlage subjektiver Wertschätzung." So oder ähnlich beschreiben wirtschaftswissenschaftliche Lexika eine Erwerbungsform, die für Bibliotheken und Bibliothekare neben dem Kauf von Literatur die zweitwichtigste Erwerbungsform darstellt. In der Tat: Tausch und Tauschverkehr kommen dadurch in Gang, daß die Wirtschaftssubjekte den Wert derjenigen Güter, die sie erwerben wollen, zum Zeitpunkt des Tausches höher einschätzen als den Wert der Güter, die sie abzugeben haben. So eingängig diese theoretische Definition der Ökonomen mit ihrer vor allem subjektiven Wertschätzung der jeweiligen Tauschgüter klingen mag, so ist doch zu fragen, inwieweit sie auch Gültigkeit besitzt für ein Programm, mit dem die Deutsche Forschungsgemeinschaft auf dem Wege des Tausches Graue und spezielle Literatur zur Verbesserung der überregionalen Literaturversorgung in der Bundesrepublik Deutschland erwirbt. Vieles nämlich unterscheidet sich von den Zielen und Zwecken der eingangs zitierten Definition, manches von der Form des Schriftentausches, den einzelne Bibliotheken untereinander pflegen, einiges differiert vollständig von dem, was die bibliothekarische Theorie – und in weiten Teilen auch die Praxis – gemeinhin unter dem Tausch als einer besonderen Erwerbungsform versteht.

Das System der überregionalen Literaturversorgung in der Bundesrepublik Deutschland

Der Tausch von wissenschaftlicher Literatur zwischen einzelnen Bibliotheken und Institutionen besitzt eine lange Tradition, die vom Austausch von Handschriften zwischen mittelalterlichen Bibliotheken über die festen Tauschbeziehungen der Akademien des 17. und 18. Jahrhunderts bis hin zum Tauschverkehr von Bibliotheken und Institutionen unserer Zeit reicht. Ob dabei allgemeine Universitätsschriften, Dissertationen, Akademieschriften, Ausstellungskataloge, Zeitschriftenverzeichnisse, Jahrbücher, Vorlesungsverzeichnisse oder Dubletten getauscht wurden – meist gründet sich dieser Tausch auf bilaterale Beziehungen zwischen einzelnen Bibliotheken und wissenschaftlichen Institutionen im In- und Ausland. Vielfach erfolgt dieser Austausch in naturalwirtschaftlicher Form, wenn Buch gegen Buch, zum Teil gar auf der Basis von errechneten Seitenzahlen, also gleiches mit gleichem oder zumindest ähnliches mit ähnlichem getauscht wird. Oft, um nicht zu sagen fast in der Regel, erfolgt dieser Tausch auf der Basis der Unentgeltlichkeit und relativen Äquivalenz, zumal dann, wenn sich das eigene Tauschangebot aus Büchern und Zeitschriften zusammensetzt, die dem eigenen Bereich oder dem des Umfeldes entstammen. Wenn aber die Deutsche Forschungsgemeinschaft jährlich ca. 600000,– DM zum Kauf von Tauschangeboten für ihre zur Zeit über 1200 Tauschpartner in aller Welt aufwendet und die hereinkommenden Tauschgaben nicht für sich selbst, etwa für eine eigene Bibliothek, sammelt, sondern im System der überregionalen Literaturversorgung einzelnen Schwerpunktbibliotheken in der Bundesrepublik Deutschland anbietet, darf man annehmen, daß ein solches Programm andere Ziele verfolgt, als sie üblicherweise bei Tauschbeziehungen angestrebt werden.

Welchen Zwecken dient also der Schriftentausch der Deutschen Forschungsgemeinschaft, der durch weitere – in enger Beziehung dazu stehende – Förderungsprogramme ergänzt wird, nämlich durch die Beschaffung Grauer Literatur über die beiden Außenstellen Washington und Tokio der Gesellschaft für Information und Dokumentation und das Spendenprogramm der Deutschen Forschungsgemeinschaft sowie durch den internationalen Schriftentausch. Um organisatorische Formen, Methoden und Schwerpunkte des Schriftentauschprogrammes besser verstehen zu können, ist ein Blick auf die Strukturen der allgemeinen Wissenschaftsförderung und insbesondere der überregionalen Bibliothekspolitik und Bibliotheksplanung in der Bundesrepublik Deutschland unerläßlich. Bekanntlich hat das Grundgesetz der Bundesrepublik Deutschland im förderalistischen Staatsverständnis die Kulturhoheit – und damit weitgehend auch die Forschungsförderung und Finanzierung – den einzelnen Ländern zugewiesen. Ein zentrales Wissenschaftsministerium, das den Ministerien in zentralstaatlichen Ländern wie Frankreich und Italien vergleichbar wäre und Weisungsbefugnis sowie Kompetenz für die gesamte Organisation der wissenschaftlichen Forschung und des Kulturbereichs besäße, gibt es in der Bundesrepublik Deutschland nicht. Wie bereits in der Zeit nach dem 1. Weltkrieg die frühere Notgemeinschaft der Deutschen Wissenschaft angesichts vergleichbarer föderalistischer Strukturen die Funktion eines Selbstverwaltungsorgans für überregionale Wissenschaftsförderung und damit auch Aufgaben überregionaler Bibliothekspolitik übernommen hatte, so griff die Deutsche Forschungsgemeinschaft als Nachfolgeorganisation nach dem 2. Weltkrieg diese Aufgabenstellung wieder auf. Im Bereich des wissenschaftlichen Bibliothekswesens war und ist dabei sowohl die finanzielle Förderung wissenschaftlicher Bibliotheken als auch die allgemeine Bibliotheksplanung im überregionalen Rahmen, die ihren Ausdruck nicht zuletzt in Denkschriften und Empfehlungen fand, von besonderer Bedeutung; hier ist der Bibliotheksförderung, insbesondere dem Bibliotheksausschuß der DFG, die als privatrechtlicher Verein ihre Mittel für die Forschungsförderung in erster Linie von Bund *und* Ländern erhält, eine entscheidende Rolle zugefallen. Dies gilt um so mehr, als in der Bundesrepublik keine Bibliothek existiert, die in ihrem umfassenden, auch historischen Sammelauftrag und ihrer Aufgabenstellung etwa der Library of Congress in Washington, der British Library in London, der Bibliothèque Nationale in Paris sowie der Lenin Bibliothek in Moskau vergleichbar wäre. An die Stelle einer umfassend sammelnden Nationalbibliothek ist im Hinblick auf den historisch verstandenen Sammelauftrag in der Bundesrepublik ein System der überregionalen Literaturversorgung getreten, das unter Berücksichtigung wertvoller historischer Grundbestände – um das Wort Altbestände zu vermeiden – verschiedenen Bibliotheken die Aufgabe von Sammelschwerpunkten in einzelnen Fächern zugewiesen hat. In diesem von der DFG mit Sach- und Personalmitteln geförderten System sind derzeit 17 Sondersammelgebietsbibliotheken, 4 Zentrale Fachbibliotheken sowie bestimmte Spezialbibliotheken zusammengefaßt; nicht gezählt sind hier die zahlreichen Hochschulbibliotheken, Staats- und Landesbibliotheken, Spezialbibliotheken und andere Forschungsbibliotheken, die ihrerseits, wenngleich ohne finanzielle Unterstützung der Deutschen Forschungsgemeinschaft, die Aufgabe der Literaturversorgung für Forschung und Lehre vor allem vor Ort wahrnehmen.

Formen, Methoden und Ziele des Schriftentausches der Deutschen Forschungsgemeinschaft

Von den üblichen Prinzipien, mit denen die Deutsche Forschungsgemeinschaft die wissenschaftlichen Bibliotheken unterstützt, nämlich vom Prinzip der freiwilligen Kooperation, der Selbstverwaltung und der Subsidität, bleibt der Schriftentausch nicht ausgenommen. Mit gegenwärtig über 1200 Partnerinstitutionen in mehr als 80 Ländern dient er der überregionalen Literaturversorgung und erfolgt in erster Linie zugunsten der Sondersammelgebietsbibliotheken, der Zentralen Fachbibliotheken sowie der Spezialbibliotheken. In Ergänzung zu den Mitteln, mit denen die DFG die Erwerbung ausländischer Bücher, Zeitschriften und Mikroformen durch die jeweiligen Schwerpunktbibliotheken unterstützt, hat der Schriftentausch in erster Linie das Ziel, Veröffentlichungen zu besorgen, die auf herkömmlichem Wege (über den Buchhandel) nicht oder nicht zuverlässig erworben werden können. Diese Beschränkung auf schwer beschaffbare Literatur erweist sich als notwendig, weil auch der Schriftentausch der DFG – wie das Tauschgeschäft in jeder Bibliothek – personell mehr Aufwand erfordert als etwa der Kauf über den Buchhandel. Vieles, um nicht zu sagen, das meiste von dem, was im Rahmen des Schriftentausches der DFG zugunsten einzelner Bibliotheken erworben wird, erscheint entweder gar nicht im Buchhandel oder in so geringer Auflage, daß diese bei Eintreffen einer regulären Buchhandelsbestellung im jeweiligen Land längst vergriffen wäre; gesucht wird jedoch speziell Graue Literatur aus Ländern, die keinen regulären Buchhandel besitzen. Auch ist es denkbar, daß Publikationen als Veröffentlichung einen so geringen Streuungsgrad haben, daß sie für wissenschaftliches Interesse aus dem Ausland kaum erreichbar sind. Die Reihe der Beispiele ließe sich fortsetzen. Kooperation, das heißt vor allem viel, sehr viel Korrespondenz bestimmt daher die Beziehungen zu den jeweiligen Tauschpartnern. Wichtig ist dabei, daß die Deutsche Forschungsgemeinschaft mit ihren vielfältigen Beziehungen vor allem auch zu Wissenschaftsorganisationen, wie beispielsweise den Nationalakademien, in den einzelnen Ländern eine besondere Servicefunktion übernehmen kann. Immer, wenn die Deutsche Forschungsgemeinschaft im Wissenschaftsbereich Beratungsfunktion für Parlament und Regierung übernimmt, etwa bei Kulturabkommen mit einzelnen Ländern, zählt auch der Austausch wissenschaftlicher Literatur zu den festen Bestandteilen derartiger Vereinbarungen.

All diese mehr allgemeinen Überlegungen führen zu der Frage, was nun konkret im Rahmen dieses Schriftentausches erworben wird, welche Literatur in welcher Form im Tausch angeboten wird. Wie den Markt, so bestimmen auch hier Angebot und Nachfrage die Qualität und Quantität der Beziehungen. So werden Angebote in Listen zusammengestellt, aus denen die ausländischen Tauschpartner auswählen können. Dies ist *eine* Möglichkeit im Rahmen der Tauschbeziehungen. Die weit wichtigere Form jedoch stellt die Nachfrage der ausländischen Partner selbst dar. Hier werden – und dies ist ein gewichtiger Unterschied zum Tausch von einzelnen Bibliotheken untereinander – konkrete Desiderata von Tauschpartnern mit der Bitte übermittelt, den einen oder anderen Titel zu besorgen, gleich ob das Buch oder die Zeitschrift inner- oder außerhalb des Buchhandels in der Bundesrepublik Deutschland erschienen sind. Da es sich sowohl bei den von den Tauschpartnern übermittelten Desiderata als auch bei den Titellisten um Publikationen handelt, die größtenteils in Verlagen der Bundesrepublik erschienen sind, werden diese Titel über den Buchhandel besorgt. Für die Erwerbung dieser Gegengaben wurden im Jahre 1985 600000,– DM aufgewendet, wobei sich die Kosten zu 75% auf Zeitschriftenabonnements und zu 25% auf Monographien verteilten. Im Hinblick auf die Etatberechnung war dabei zu berücksichtigen, daß sich die Teuerungsrate, die sich insbesondere bei den Zeitschriftenabonnements bemerkbar machte, nicht vollständig auffangen ließ. Ferner gilt es festzustellen, daß der Tausch der Monographien mit einzelnen Ländern Schwankungen unterliegt, wohingegen der Tausch von Periodika mit meist größerer Regelmäßigkeit verläuft. Gleichfalls von Bedeutung ist auch die Überlegung, ob und in welchem Umfang sich der Tausch durch den regulären Kauf durch die jeweilige Schwerpunktbibliothek ersetzen läßt. Stets wird auch gefragt, ob nicht auch die in der Zwischenzeit gewachsenen Tauschbeziehungen zwischen einzelnen wissenschaftlichen Bibliotheken der Bundesrepublik und ihren ausländischen Partnern die Möglichkeit bieten, diese spezielle Literatur direkt für den jeweiligen Sammelschwerpunkt zu erhalten.

Mehr als von nur akademischem Interesse ist der Gedanke, welche Gegengaben die ausländischen Partner im Rahmen des Schriftentausches anbieten können. Aus welchen Fächern sollen die Titel stammen, sollen es Monographien sein, in welcher Weise verhalten sich die wissenschaftlichen Stellenwerte der einzelnen Publikationen im Tausch gegeneinander, passen die Angebote der ausländischen Partner in das Sammelprofil der jeweiligen Schwerpunktbibliotheken – all diese Überlegungen und Betrachtungen münden in der Frage der Äquivalenz der Tauschbeziehungen. Um es vorweg zu sagen: Eine auf alle 1200 Partner in 80 Ländern anwendbare Regel gibt es nicht. Zuviel ist abhängig vom Publikationswesen in den verschiedenen Ländern, zuviel abhängig von der Art des Zuganges des Tauschpartners zur Literatur, gleich, ob diese inner- oder außerhalb des Buchhandels erschienen ist; zuviel orientiert sich an Etat- und Devisenproblemen einzelner Länder, ganz zu schweigen von den politischen Unbeständigkeiten, die sich gleichfalls in vielen Ländern der Welt zeigen. Wichtig ist in diesem Zusammenhang der allgemeine Hinweis, daß sich die Unesco stets mit Nachdruck für die Intensivierung des wissenschaftlichen Schriftentausches eingesetzt hat. Nicht zuletzt hat Gisela von Busse, die das Bibliotheksreferat der Deutschen Forschungsgemeinschaft nach dem Kriege aufgebaut und vor allem durch die Tausch- und Beschaffungsstelle der DFG die internationalen Beziehungen wieder in Gang gebracht hat, in einem Rückblick den Tausch als unumgängliche Methode des Buchvertriebs bezeichnet. Dennoch wird es wohl kaum gelingen, dies zeigt die Erfahrung der vergangenen 40 Jahre, allgemeingültige Maßstäbe für die Tauschbeziehungen aufzustellen. Werden beispielsweise von ausländischen Tauschpartnern, besonders aus der Dritten Welt, bevorzugt technische, naturwissenschaftliche und medizinische Titel aus deutscher Verlagsproduktion gewünscht, so scheint sich das Interesse der deutschen Schwerpunktbibliotheken neben den genannten Fächern vor allem auch auf länderkundliche, historische, theologische oder sonstige geistes- und sozialwissenschaftliche Literatur zu konzentrieren. Wie verschiedenartig man verfahren muß mit dem jeweils anderen Partner, mag ein anderes Beispiel zeigen: Um Literatur aus einem Land der Dritten Welt zu erhalten, das weder einen regulären Buchhandel noch ein flächendeckendes Publikationswesen hat, wird dennoch das wissenschaftliche Interesse in einem Industrieland wie der Bundesrepublik Deutschland groß genug sein müssen, um möglicherweise auch Wünschen des Partners nach zum Teil wertmäßig teureren Gegengaben entsprechen zu können. Andererseits ist das Instrument des Schriftentausches der Deutschen Forschungsgemeinschaft auch nicht dazu angetan, durch allzu strapazierte Großzügigkeit das Tauschangebot in den Rang eines Beinahe-Geschenkes zu rücken. Vieles ist eine Frage psychologischen Verständnisses, das meiste daher auch Gegenstand umfangreicher Korrespondenz; dies macht sich auch bemerkbar, wenn man z. B. einen Tauschpartner, von dem man seit drei Jahren nichts mehr erhalten hat, nach der Zukunft der Tauschbeziehungen fragen möchte. Wenn dieser Tauschpartner vielleicht in einem Land mit schwierigen politischen Verhältnissen beheimatet ist, lassen sich derartige Anfragen kaum mit Formbriefen starten; die Kenntnisse verschiedener jeweils landesspezifischer Eigenheiten der politischen Probleme, der Mentalitäten, der religiösen Besonderheiten oder anderer Aspekte – sie alle zusammen können über Jahre hinaus kontinuierlich Vertrauen in den jeweiligen Tauschbeziehungen aufbauen.

Dies gilt auch für Länder, mit denen die Äquivalenzberechnung auf den ersten Blick einfach erscheint, weil sie auf einer kummulativen oder individuellen konkreten Abrechnungsbasis gegründet ist. Hier stellen sich andere Fragen: Wie will man beispielsweise die jeweiligen Devisenschwankungen mit den feststehenden Preisen deutscher Gegengaben in Harmonie bringen, oder welcher Preis soll für antiquarische Monographien festgelegt werden, die deutsche Bibliotheken von ausländischen Partnern als Gegengaben für Neuerscheinungen aus dem technisch-naturwissenschaftlichen Sektor erhalten? Grundsätzlich gilt hier, daß es keine fachlich bestimmte Grundlage gibt, nach der etwa philologische Bücher gegen philologische Bücher getauscht würden; es gibt auch keine Regelung, daß grundsätzlich nur Monographien gegen Monographien und nicht auch Monographien gegen Zeitschriften getauscht werden können. Eher bestimmt die Erfahrung, daß die sehr verschiedenen Tauschobjekte im Gesamtzusammenhang angemessen bewertet sein müssen. Stets wird daher das gesamte Paket der Tauschbeziehungen auf die Kontinuität hin beobachtet, werden die Konditionen von Zeit zu Zeit neu bewertet – oder besser – neu ausgehandelt. Damit die Bewertungskriterien durch qualitative Gesichtspunkte gestützt werden, erfolgt die Bewertung der von den ausländischen

Partnern geschickten Literatur in steter Abstimmung mit den jeweiligen Fachreferenten der Sondersammelgebietsbibliotheken, der Zentralen Fachbibliotheken oder Spezialbibliotheken. Dabei wird insbesondere bei Problemfällen der absolute wissenschaftliche Wert ebenso geprüft wie der relative Wert, das heißt auch der Aufwand, der für die Erwerbung deutscher Gegengaben betrieben wird. Keinesfalls sind die Schwerpunktbibliotheken jedoch nur rezeptiv tätig: Die Fachreferenten dieser Bibliotheken sind es, die die Tauschlisten kritisch durchsehen und die „Erwerbungsentscheidung" treffen und anschließend dem jeweiligen Ländersachbearbeiter in der Geschäftsstelle der Deutschen Forschungsgemeinschaft mitteilen. Die fachliche Kompetenz wird nicht zuletzt durch Beschaffungsreisen erweitert, die einzelne Referenten und wissenschaftliche Mitarbeiter in bestimmte Regionen und Länder zur Erwerbung spezieller Literatur unternehmen und die von der DFG finanziell unterstützt werden. Auf der anderen Seite können die Fachreferenten der jeweiligen Schwerpunktbibliotheken aufgrund der Nachfragesituation aus dem Bereich Forschung und Lehre sehr leicht feststellen, welche Desiderata in Bibliotheken der Bundesrepublik vorhanden sind. In einem solchen Falle wird ein Titel an die Geschäftsstelle der Deutschen Forschungsgemeinschaft herangetragen mit der Bitte, diesen auf der Basis der besonderen Beziehungen, die die DFG zu den Partnerorganisationen in den jeweiligen Ländern hat, besorgen zu helfen. Daß es bei der Bearbeitung der jeweiligen Titelwünsche auf eine zügige Übermittlung ankommt, liegt auf der Hand. Spezielle Literatur, Graue Literatur zumal, hat nun einmal die Eigenschaft, entweder bibliographisch schwer identifizierbar und nicht selten auch schwer beschaffbar, oft aber auch schnell vergriffen zu sein.

Der aktuelle Stand des Programms. Ein Überblick

Die allgemeinen Grundsätze und Erfahrungen besitzen für die Tauschbeziehungen mit allen Ländern Gültigkeit. Wie in den früheren Jahren verlief, betrachtet man die Tauschbeziehungen vom Gesamtvolumen her, der Tausch mit Bibliotheken und Institutionen der UdSSR am intensivsten. Herausragende Bedeutung unter den sowjetischen Tauschpartnern besitzen die Bibliotheken der Sibirischen Abteilung der Sowjetischen Akademie der Wissenschaften in Novosibirsk, die Lenin Bibliothek in Moskau, die All-Union-Bibliothek für fremdsprachliche Literatur in Moskau, das INION Institut der Akademie der Wissenschaften in Moskau, die Saltykov-Scedrin Bibliothek in Leningrad und die Bibliothek der Akademie der Wissenschaften in Leningrad. Die Beschaffung von Monographien und Mikrofilmen aus der UdSSR weist für das vergangene Jahr eine erhebliche Steigerung auf, wobei diese positive Bilanz auch für die aus der UdSSR kommenden Zeitschriften gilt. Der Tausch mit den Partnern in der UdSSR erfolgte vor allem zugunsten der Technischen Informationsbibliothek Hannover, der Bayerischen Staatsbibliothek München (Sondersammelgebiet Osteuropa) und der Staatsbibliothek Preußischer Kulturbesitz Berlin (Osteuropa Sammlung). Gleichfalls eine Steigerung erfuhr von 1985 auf 1986 der Tausch mit Partnerbibliotheken in anderen Ländern des Ostblocks mit einer beachtlichen Zunahme im Monographientausch. Zunehmende Bedeutung erlangte auch der Tausch mit der Volksrepublik China, wo zur Zeit mit knapp 20 Bibliotheken Tauschbeziehungen bestehen. Dies hat den Informationstransfer sehr positiv beeinflußt. Auch die Tauschbeziehungen mit Ländern der Dritten Welt in Afrika, Asien und Lateinamerika konnten zugunsten einiger Spezialsammlungen in der Bundesrepublik Deutschland intensiviert werden. Hier sind vor allem die Sondersammelgebiete Ostasien bei der Staatsbibliothek Preußischer Kulturbesitz in Berlin, für den Vorderen Orient und Südasien bei der Universitätsbibliothek Tübingen und für Afrika bei der Stadt- und Universitätsbibliothek Frankfurt am Main sowie für Lateinamerika beim Ibero-Amerikanischen Institut in Berlin zu nennen. Der Schriftentausch mit Bibliotheken in Europa und Nordamerika, der sich in Ergänzung zu den vielfach bestehenden jeweiligen bilateralen Tauschbeziehungen einzelner deutscher Schwerpunktbibliotheken vor allem auf die Erwerbung sehr spezieller Literatur konzentrierte, hat sich im vergangenen Jahr weiterentwickelt.

Die Kooperation mit den Außenstellen Washington und Tokio der Gesellschaft für Information und Dokumentation

Wie im bisherigen Verlauf der Ausführungen dargestellt wurde, erfolgt die Besorgung der speziellen ausländischen Literatur durch die jeweiligen ausländischen Tauschpartner im Lande. Neben dem wissenschaftlichen Interesse an spezieller Literatur gibt es auch einen Bedarf an möglichst raschem Zugang zu hochspezieller Literatur aus bestimmten Ländern. In diesem Rahmen stellt die Erwerbung der hochspeziellen und schwer beschaffbaren Literatur aus den USA und Japan durch die beiden Außenstellen der Gesellschaft für Information und Dokumentation in Washington und Tokio eine wesentliche Ergänzung zur Literaturversorgung in der Bundesrepublik Deutschland dar. Die Aufgaben der beiden Außenstellen richten sich gezielt auf die Beschaffung von „reports" „government publications" und auch Kopien von Zeitschriften etc. aufgrund von Bestellungen einzelner Bibliotheken bzw. Interessenten. Die Erfahrung der vergangenen Jahre hat gezeigt, daß die beiden Außenstellen durch ihre Arbeit vor Ort die Bestellungen erledigen konnten, die über den internationalen

Leihverkehr relativ lange Zeiten hätten in Anspruch nehmen müssen. Möglich war dies nur durch das Vertrauen, das die beiden Außenstellen in den Gastländern erworben haben. Die beschleunigte Abwicklung der Bestellungen ist nicht zuletzt auch unter dem Gesichtspunkt der wirtschaftlichen Verwertbarkeit der Information zu sehen. So liegt der Schwerpunkt der hochspeziellen Literatur auf dem Gebiete der Technik und Medizin, aber auch der Sozialwissenschaften. Kaum verwunderlich ist daher, daß die Technische Informationsbibliothek Hannover als Zentrale Fachbibliothek zu den wichtigsten Auftraggebern der beiden Außenstellen zählt, aber auch die Zentralbibliothek der Medizin in Köln und die Zentralbibliothek der Wirtschaftswissenschaften in Kiel als Schwerpunktbibliotheken werden über die beiden Büros in Washington und Tokio mit Literatur versorgt. Das gleiche gilt auch für die Stiftung für Wissenschaft und Politik in Ebenhausen sowie das Institut für Kriminologie der Universität Tübingen. Die Erwerbung dieser hochspeziellen Literatur ist von so zielgerichtetem und aktuellem Interesse, daß es nicht zu Überschneidungen zum sonstigen Schriftentausch der Deutschen Forschungsgemeinschaft mit japanischen bzw. amerikanischen Partnern kommt. Im Gegenteil hat eine Kooperationsvereinbarung zwischen der Gesellschaft für Information und Dokumentation und der DFG dazu geführt, daß die DFG der Gesellschaft für Information und Dokumentation Mittel für die Beschaffung von Publikationen, die sonst in der Bundesrepublik Deutschland nicht verfügbar wären, zugunsten der Zentralen Fachbibliotheken und einiger Sondersammelgebietsbibliotheken zur Verfügung stellt. Die Erfahrung zeigt, daß es sich bei der Mehrheit der Bestellungen um die Nachfrage nach Dokumenten handelt, die für den Auftraggeber einen vor allem auch wirtschaftlichen Nutzen, und zwar kurzfristig, darstellen. Da diese Dokumente zum Teil in nur geringer Auflagenhöhe erscheinen, müssen sie um so schneller beschafft werden. Ein anderer Teil der Bestellungen richtet sich auf die Erwerbung vergriffener Dokumente, wobei die Palette von Einzelheften alter Zeitschriftenjahrgänge über ältere Monographien bis zu hochspezialisierten Fachthemen reicht. Keineswegs stimmt die Gleichung, wonach Graue Literatur meist auch kostenfrei abgegeben würde; in den USA ist beispielsweise durch eine starke Reduktion der Auflagen bei den bisher kostenlos abgegebenen Dokumenten die Situation eingetreten, daß viele Dokumente bereits nach kurzer Zeit vergriffen waren. Ihre Beschaffung erforderte daher, wenn sie überhaupt Erfolg hatte, relativ viel Zeit. Die Zeit wiederum kostete Geld. Es hat sich darüber hinaus gezeigt, daß viele bisher kostenfrei abgegebene Dokumente künftig nur noch nach Vorauszahlung bzw. nach Entgelt erhältlich sind. Unabhängig von dieser Form der Beschaffung hochspezieller Literatur in kurzer Zeit liegt der Wert der beiden Außenstellen nicht zueltzt in ihrer allgemeinen Funktion, Informationen über den Stand und die Entwicklung des

Informations-, Dokumentations- und Bibliothekswesens in den USA und in Japan zu geben. Beide Außenstellen haben mehr als nur die Funktion einer Art „Einkaufsagentur vor Ort".

Das Spendenprogramm und der Internationale Schriftentausch

In einem gewissen Zusammenhang zum Schriftentausch steht das Spendenprogramm der Deutschen Forschungsgemeinschaft, das aus Mitteln des Auswärtigen Amtes bestritten wird. In diesem Programm werden gezielt Buchspenden aus der Produktion deutscher Verlage an einzelne wissenschaftliche Institutionen des Auslandes gegeben. Im Jahre 1985 erreichte das Spendenprogramm ein Gesamtvolumen von rund 2 Mio. DM. Die Adressaten der einzelnen Spenden verteilten sich auf eine große Anzahl von Ländern rund um die Welt. Die Beziehung zum Schriftentausch ist nicht direkt, sondern eher mittelbar: Werden durch eine Buchspende erste Kontakte zu einem Institut oder einer Universität oder Bibliothek in einem bestimmten Land geknüpft, so können später daraus kontinuierliche Tauschbeziehungen erwachsen. Es zeigt sich, daß sich beide Programme wechselseitig ergänzen. Nicht zuletzt gilt dies für die Länder in der Dritten Welt, für die manche Spende den Auftakt regulärer Tauschbeziehungen bedeutete.

Nicht zu verwechseln mit dem Schriftentausch ist der sogenannte Internationale Schriftentausch, der gleichfalls von der DFG als deutscher Tauschzentrale organisiert wird. Hier übernimmt die DFG den Sammeltransport fertig adressierter Sendungen von deutschen Akademien, Instituten, wissenschaftlichen Gesellschaften und Bibliotheken an ausländische Tauschzentralen und verteilt die hereinkommenden Sendungen im Inland. Dies entspricht den Rahmenabkommen der Unesco vom Jahre 1958, wonach vor allem kostengünstige und einfache Verfahren beim Transport von wissenschaftlicher Literatur angestrebt werden sollen. Im Jahre 1985 wurden in diesem Bereich insgesamt 91480 Sendungen ins Ausland und 14792 Sendungen im Inland weitergegeben. An dem Sammelstransportverfahren haben die Tauschzentralen in Dänemark, Finnland, Frankreich, Italien, Jugoslawien, den Niederlanden, Norwegen, Österreich, Schweden, der Schweiz und Spanien teilgenommen.

Das Fazit, das sich aus dem bisherigen Verlauf des Schriftentauschprogramms der Deutschen Forschungsgemeinschaft ziehen läßt, kann relativ kurz ausfallen.

Der Tausch als bibliothekarische Erwerbungsform erhält angesichts der Formen und Methoden, derer sich die DFG in dem Programm Schriftentausch bedient, eine andere Dimension: In keiner Weise sind die Tauschbeziehungen so angelegt, daß sie der Verbesserung der Literaturversorgung der eigenen Institution dienen, sondern vielmehr einem System überregionaler Schwerpunktbibliotheken. Dies steht in enger Abhängigkeit zur der Erfahrung der historisch-politischen Entwicklung in der Bundesrepublik Deutschland, die nicht nur die Kulturhoheit dezentral den Ländern überlassen hat, sondern auch keine Nationalbibliothek mit historisch verstandenem umfassendem Sammelauftrag kennt.

In dem in sich abgestimmten System der Literaturversorgung, das neben der Grundversorgung für die Bedürfnisse im lokalen und regionalen Bereich die Bestandserweiterung mit spezieller Literatur in überregionalen Schwerpunktbibliotheken betreibt, übernimmt die Deutsche Forschungsgemeinschaft ein Verteilungssystem für Literatur, die sie aufgrund ihrer vielfältigen Beziehungen aus dem Ausland besorgen kann. Sie betreibt intensiv den *Kauf* von Tauschangeboten und unterscheidet sich daher maßgeblich von Tauschbeziehungen einzelner Bibliotheken untereinander, die eher die Literatur aus der eigenen Produktion oder der des Umfeldes tauschen. Zur Verbesserung der Literaturversorgung im überregionalen Bereich soll der Schriftentausch der Deutschen Forschungsgemeinschaft einen Beitrag leisten, indem über ihn die auf herkömmlichem Wege nicht oder nur schwer beschaffbare Literatur mit nicht wenig Kooperation, viel Korrespondenz und einem hohen Maß an Verständnis beschafft wird. Es zeigt sich, daß die Wege, die man dabei gehen muß, nicht immer geradeaus führen. Es lohnt sich aber in jedem Falle, sie zu gehen.

SIEGFRIED FELLER

Die amerikanische Erwerbungspraxis: Approval Plans

„Die amerikanische Erwerbungspraxis: Approval Plans – wie und warum." Was bedeutet „Approval Plans" eigentlich? Heutzutage versteht man unter „Approval Plan" ein umfassendes Programm, in dem eine Bibliothek von einem Lieferanten alle neuen wissenschaftlichen Bücher aus vielen Verlagen automatisch und kurz nach dem Erscheinen übersandt bekommt, auf der Basis eines ausführlichen und detaillierten Fach- und Sachprofils. Dazu gehört das Recht, die Bücher zurückzuschicken, mit denen die Bibliothekare nicht einverstanden sind. Weitere Bedingungen, die weniger allgemein sind, müssen Kunde und Lieferant besprechen und sich darüber einigen.

Man hört auf amerikanisch auch „Blanket Approval Plan", was dieselbe Bedeutung hat. „Blanket Order" (ohne das Wort „Approval") bedeutet für uns ein Vertrag mit einem einzelnen Verleger für automatische Zusendung aller Publikationen, mit oder ohne Rückgaberecht. Zum Beispiel: Wir erhalten von der University of Massachusetts Press automatisch nach Erscheinen 8 Exemplare von jedem neuen Buch durch unsere „Blanket Order" oder Gesamtbestellung. Andere automatische Sendungen sind bei uns auch „Subscriptions" (hier Abonnements); „Standing Orders" dagegen sind Fortsetzungsbestellungen auf eine Reihe oder ein mehrbändiges Werk.

Nur unsere Library of Congress erhält Pflichtexemplare, aber verschiedene wissenschaftliche Bibliotheken sind festgelegte „depository libraries"; so erhalten wir regelmäßig und kostenlos die Publikationen von unseren Bundes- und Staatsdruckereien, was auch eine Art von Blanket Order ist.

Approval Plans sind natürlich nicht ohne bestimmte Festlegungen möglich, und es ist auch nicht ungewöhnlich, daß eine Bibliothek mehrere solche Pläne auf einmal hat. Am 1. Januar haben wir für Großbritannien einen neuen Plan eingeführt. Für die USA und Kanada haben wir seit 1982 zwei Pläne, mit einem Lieferanten für Universitätsverlage und mit einem anderen für die übrigen Verlage. Seit 1969 haben wir einen Approval Plan für UdSSR-Bücher mit einem Lieferanten in Paris und mit 14 Lieferanten in Lateinamerika für Bücher aus Ländern der südlichen Hemisphäre.

Geographische Begrenzungen scheinen sehr einfach zu sein, leicht zu definieren und zu verstehen. Aber – besonders wenn man von englischsprachigen

Veröffentlichungen spricht – ist die Sache nicht so einfach. Wenn man Verträge mit Approval Plan-Lieferanten in den USA, Großbritannien und der Bundesrepublik hat, wer von ihnen soll uns die Bücher vom Springer-Verlag liefern? Oder von de Gruyter? Diese Firmen haben überall Niederlassungen. Mit diesen sind die internationalen Beziehungen bis jetzt noch klar, und man kann einfach bestimmen, daß der eine Lieferant Produktionen von Springer oder de Gruyter *nicht* schickt. Aber es gibt Fälle, die viel komplizierter sind. Zum Beispiel habe ich 1985 Macmillan, London untersucht. Von 40 neuen Titeln war die Hälfte in den USA von Macmillans Tochterfirma, St. Martin's Press, lieferbar. Was mich auch etwas überrascht hat ist, daß 15 von den 20 Büchern in Amerika billiger waren, und mit einem weiteren Steigen des Pfundes sind die britischen Bücher noch teurer geworden. Sechzehn weitere Macmillan-Bücher waren durch *zehn* andere amerikanische Verleger zu beziehen, und die letzten vier haben wir während des Untersuchungszeitraumes nicht in Amerika finden können. Macmillan, London ist vielleicht ein extremes Beispiel, aber im Prinzip keine seltene Ausnahme. (Und für St. Martin's Press, NY, gilt wahrscheinlich Ähnliches, nur umgekehrt.)

In dieser modernen Vermischung auf dem internationalen Buchmarkt haben wir der Frankfurter Buchmesse sehr viel zu verdanken. Viele Verleger haben sich daran gewöhnt, jeden Oktober dort zusammenzukommen und für individuelle Titel mit verschiedenen ausländischen Partnern Verträge zu schließen und nicht mehr alles an eine Firma zu geben – noch nicht einmal mehr an die eigene Niederlassung. Bis jetzt haben wir zu wenig Erfahrung, um zu wissen, wie umfangreich das Problem sein wird; wir hoffen, daß die ausländischen Exemplare früher ankommen, so daß wir ein bißchen Ärger, Porto und Zeit einsparen können.

Man kann auch einen Approval Plan für einen Sprachraum abschließen. Man soll solche Verträge nicht mit zu vielen Lieferanten machen, aber man soll auch nicht alle Eier in einen Korb legen. 1965 versuchte unsere Bibliothek alle Produktionen aus dem spanischsprachigen Südamerika durch einen Lieferanten zu erwerben, aber es klappte nicht. Der arme Mann hat sich verrückt gemacht und uns auch; jetzt besorgt er die Bücher aus zwei Ländern, und dafür haben wir jetzt vierzehn Lieferanten.

Ein Approval Plan muß auch noch andere Parameter haben. Z. B. ist es immer gut, wenn man am 1. Januar anfängt. Wir haben einmal mit dem Schuljahr – September – angefangen, aber da wußte kein Referent vom Erscheinungsjahr her, ob er ein Buch im Approval Plan erwarten konnte oder ob er es bestellen sollte.

Viel komplizierter ist die genaue Beschreibung der erwünschten Sammelgebiete. Wer trifft die Entscheidung und wie? Jeder Approval-Plan-Lieferant macht einen ausführlichen Vorschlag, meistens nach dem Muster des Systems der Library of Congress, das er dann potentiellen Kunden zuschickt. Die Fachsystematik von Ballen Booksellers International ist auf 64 Seiten gedruckt und so detailliert, daß z. B. auf 3 Seiten 124 Begriffe unter *Religionswissenschaft* notiert sind und unter *Orientalistik* sind es 52. Komischerweise unter *Romanistik* steht nur „PQ: Romance Literatures" und unter *Germanistik* nur „PT" ohne weitere Unterteilungen.

Unsere Fachreferenten studieren die Abschnitte, die ihre eigenen Sammelgebiete betreffen, manchmal mit Konsultationen untereinander, und/oder mit einigen Professoren. Wenn es für eine Bibliothek schon ein formuliertes Erwartungsprofil gibt, ergibt sich doch ein pragmatisches Simile aus der Praxis. Wenn etwas derartiges noch nicht existiert, erarbeiten wir es in diesem Zusammenhang. Für jeden Begriff im Umriß (und für neue Einträge) müssen wir auf Folgendem bestehen; entweder:

1. das Buch sofort zuzuschicken, oder
2. lieber nur einen bibliographischen Zettel zu schicken, oder
3. keines von beiden.

Da man nicht immer genau sagen kann, wo ein Fachgebiet endet und das nächste beginnt, müssen sich die Referenten untereinander absprechen.

Wir gehen davon aus, daß alle unsere Approval Plan-Bücher einen wissenschaftlichen Wert haben. Aber fast jeder Fachreferent versteht unter dem Wort „wissenschaftlich" etwas anderes, und wenn wir selber nicht einig sind, wie können wir dem Lieferanten unsere Wünsche klar machen? Am besten durch Erfahrung und andauernde Kommunikation – wir müssen beiderseits voneinander lernen oder uns schließlich trennen, um neue Partner zu suchen.

Die Bibliothek muß auch vereinbaren, mit welcher Intensität sie die einzelnen Fächer sammeln möchte. In unserer Bibliothek z. B. erwerben wir fast alles, was Massachusetts berifft: nicht nur Lokalgeschichte/Heimatkunde und derartige wissenschaftliche Publikationen, sondern auch Kinderbücher und populäre Literatur. Für andere Fächer wollen wir nur die allerwichtigsten Bücher haben oder sind mit Bücherzetteln zufrieden und bestellen einzeln. Es ist noch nicht überall Praxis, aber manche wissenschaftlichen Bibliotheken – wie die Mitglieder des Research Library Network – zeigen ihre Interessenintensität mittels einer normierten Kodierung an, wobei 5 die höchste Stufe darstellt (wie bei uns für alles, was Massachusetts betrifft) und 1 die niedrigste.

Nun weiter über unser Sammelprofil. In Ballens Handbuch finden wir 13 Seiten mit rund 150 Publikationskategorien, für die wir auch angeben müssen – wie für Fachgebiete –, ob wir Bücher, Zettel oder nichts beziehen wollen. Einige Beispiele:

1. Für Symposia, Festschriften, Lehrbücher für fortgeschrittene Leser: *Bücher;*
2. für Belletristik, Partituren, zu teure Bücher, unveränderte Nachdrucke usw.: nur *Zettel;*
3. für Handschriftenfacsimilies, programmierte Lehrbücher, bestimmte Verlage oder Verlagskategorien: *nichts.*

Dazu noch einige Erklärungen:

4. Für Belletristik wählen wir einzelne Titel aus, nachdem wir die Rezensionen gelesen haben;
5. Preisgrenzen sind bei uns unterschiedlich; für Kunst und Naturwissenschaften $ 100 pro Band; für andere Fächer $ 50 pro Band, und teurer als $ 300 bitten wir erst um Rücksprache.

Periodika sind normalerweise von Approval Plans ausgeschlossen, obwohl manche Lieferanten bereit sind, die ersten Nummern aller neuen Titel als Probeexemplare zu schicken. Von Reihen, Gesamtausgaben und anderen Fortsetzungen bekommen wir nur den ersten Titel. Dann entscheiden wir, ob wir bestimmte Titel oder Reihen durch eine normale Fortsetzungsbestellung kaufen möchten oder einzeln wählen wollen, entweder zur Ansicht oder von Zetteln. Bis wir nicht von der Qualität einer neuen Fortsetzung überzeugt sind, sind wir etwas konservativ mit neuen Fortsetzungsbestellungen.

Wir haben unsere amerikanischen (und britischen) Lieferanten angewiesen, daß sie uns von einigen von uns bezeichneten Verlagen manchmal nur Zettel liefern sollen. Zum Beispiel sind da einige Firmen, die als Verlage firmieren, aber in Wirklichkeit fast nur importierte Bücher mit sehr hohen Preisen vermitteln. Andere Firmen sind ihres schlechten Rufes wegen ausgeschlossen. Die ganze Kategorie Universitätsverlage ist vom Ballen Plan ausgeschlossen, weil wir schon früher mit Yankee Book Peddler auf diesem Gebiet zusammengearbeitet haben; von einigen anderen Verlagen kaufen wir deshalb direkt, weil sie uns bessere Rabatte einräumen.

In einem Vortrag an unserer ACRL-(Verband der Universitäts- und Wissenschaftlichen Bibliotheken)Konferenz, die im letzten Monat in Baltimore stattfand, hat Karen Schmidt, Erwerbungsleiterin an der Universitätsbibliothek Illinois (Urbana) ein neues Konzept vorgestellt: Approval Plans sind fast immer von einem Fach- und Sachprofil abhängig gewesen. Frau Schmidt dagegen ist der Meinung, daß es viele Universitätsverlage und auch andere Verlage mit Produktionen von solch hoher Qualität gibt, daß man sehr viel einfacher und effektiver ein Verlagsprofil umreißen könnte, da man sowieso fast alles von diesen Firmen kauft. Auf diese Weise kann man nicht nur den Lieferanten, sondern auch den Fachreferenten das Leben wesentlich erleichtern und dabei noch Zeit einsparen. Für solche Verlage müssen auch Ausnahmen festgelegt werden; aber da viel weniger existieren, ist dies sehr viel leichter zu entscheiden. Die Richtigkeit dieser These können wir aus eigenen Erfahrungen bezeugen: Unser Approval Plan für die Universitätsverlage läuft für alle Teilnehmer viel schneller und problemloser als alle anderen.

Was kostet so ein Approval Plan? Wenn man noch keine Erfahrung damit hat, kann man sich an Bibliotheken von ähnlicher Größe und mit ähnlichen Bedürfnissen wenden und eine Durchschnittsschätzung machen. Unsere Lieferanten mit ihren EDV-Systemen können uns solche Daten besorgen. Man muß außerdem noch mit der zukünftigen Inflation, der künftigen Buchproduktion und den Schwankungen des Dollars rechnen. Und nach allen diesen ausführlichen und ernsthaften Untersuchungen mit der EDV und in Nachschlagewerken stellt es sich am Ende des Planjahres heraus, daß die angesetzte Summe um mindestens ein Viertel zu niedrig war.

Aufgrund meiner Nachfragen und meiner Fachliteraturrecherchen habe ich gefunden, daß unser Approval Plan-Verfahren im großen und ganzen für eine amerikanische Universitätsbibliothek mittlerer Größe typisch ist. Es läuft folgendermaßen: Wöchentlich kommen von unseren zwei Lieferanten Sendungen per Lastwagen in unserer Erwerbungsabteilung an. Assistenten packen aus, versehen jeden Titel mit einem Bestellzettel, sortieren die Bücher nach Fächern (wie auf jedem Zettel angegeben) und stellen sie auf die Regale, wo alle Fachreferenten bezeichnete Bretter haben. Diese Regale sind in drei Sektionen unterteilt, eine pro Woche, so daß wir zu jeder Zeit die Sendungen von drei Wochen einsehen können. Die Fachreferenten überprüfen ihre eigenen Fachgebiete und entscheiden bei jedem Buch, ob sie es akzeptieren oder nicht. Wenn ja, kodieren wir den Bestellzettel, um später die Buchhaltung für die Ausgaben nach Fächern machen zu können. Wenn erforderlich, schreiben wir auch andere Notizen, z.B.: „Bitte Herrn Professor Eselinski informieren, sobald das Buch zum Ausleihen bereit ist“ oder: „Schicke dieses Buch an Frau Doktor Waschlappski in die sozialwissenschaftliche Zweigbibliothek“.

Wenn ein Buch nicht akzeptiert wird, notieren wir auf einem Formular, warum wir es zurückschicken, z.B. Dublette, nicht im Interessenprofil, populäre Ausgabe und andere Gründe. Abgelehnte Bücher werden auf ein so bezeichnetes Brett gestellt und von anderen Referenten (einschließlich des Chefs) nachgeprüft.

Am Ende jeder Woche entfernen die Erwerbungsassistenten die betroffenen Bücher von den Regalen und ersetzen die älteren durch die neuangekommenen Bände.

Jede Lieferantensendung wird von einem Computerband begleitet, worauf die für jeden Titel nötigen Arbeitsdaten zu finden sind. Von diesem Band drucken wir sofort die Bestellzettel für jeden Titel, dann ziehen wir einen

Vergleich zu unserem Library of Congress MARC Band (d.h. maschinell-lesbare Katalogisierung), um die Katalogisierung herauszuziehen – insoweit diese schon in MARC zu finden ist. Im vorigen Jahr haben wir die Katalogdaten für 88,4% der amerikanischen Bücher sofort gefunden. Die übrigen suchen wir einzeln in unserer OCLC-Datenbank (d.h. Online-Zentrum für Bibliotheks-katalogisierung) oder später nochmal in MARC. Die Daten für die zurückgeschickten Bücher werden vom Lieferantenband entfernt. Die korrigierten Daten werden schließlich in unseren eigenen Großrechner eingegeben.

Die angegebenen Titeldaten schließen auch ISBN ein, die wir in einem getrennten Band eintragen. Da wir zur Auswahl auch gedruckte Bücherzettel von Library of Congress benutzen, vergleichen wir erst maschinell die ISBN von allen erhaltenen Approval Plan-Büchern, um die Dubletten von MARC auszuwerfen. Dabei ersparen wir den Fachreferenten wenigstens ein bißchen Arbeit: von ungefähr 3000 LC-Titeln kommen zwischen 250 und 350 jedesmal heraus. Meiner Meinung nach sollten mindestens dreimal so viele Dubletten herausfallen, aber bis jetzt haben wir nicht genau feststellen können, warum es so wenig sind.

Ich will Ihnen aber auch nichts vormachen. Mit Approval Plans zu arbeiten ist bei weitem kein Kirschenessen. Probleme gibt's bei uns wie bei Ihnen. Zum Beispiel kann man die Lieferanten nicht anklagen, wenn einige Verlage auf Bestellungen schlecht reagieren, und es gibt überall Verleger, mit denen niemand zufrieden sein kann. Wenn ein Lieferant uns zu viel unbrauchbare Literatur schickt, müssen wir uns mit ihm zusammensetzen, um das Profil zu verbessern. Die Kollegin aus Illinois hat in ihrem Vortrag erwähnt, daß ihre Rücksendungen in einigen Fachgebieten fast 60% erreicht hatten. So etwas ist unerträglich, sowohl für den Lieferanten als auch für die betroffene Bibliothek, und ich muß annehmen, daß die Referenten ihre Profile schlecht definiert hatten. Am Anfang hatten bei uns die Naturwissenschaften bis zu 22% Rückgaben – zum Teil auch weil das Geld für die teuren Bücher etwas knapp war; aber nach drei Monaten und einigen Anpassungen lief es besser. Gegen Ende 1982 gingen durchschnittlich 12% zurück; während unserer letzten Probezeitspanne, vom 1. Juli 1985 bis 31. März 1986, waren es 9,7% der kommerziellen Publikationen und 9,8% der Publikationen aus Universitätsverlagen. Wenn wir die Dubletten jetzt abziehen, fallen die Prozentteile für Ballen bis auf 7,5% und für Yankee bis auf 6,8% herab. Daß es mehr Dubletten bei den Universitätsverlagen gibt, ist daher zu erklären, daß wir uns von Yankee auch unveränderte Nachdrucke schicken lassen; einige Dubletten behalten wir auch, aber mehr als die Hälfte geht zurück.

Es ist sehr schwierig festzustellen, welche Bücher, die wir in einem Approval Plan erwarten, nicht geschickt werden oder sehr verspätet ankommen. Wir haben regelmäßig Stichproben gemacht, aber wir haben nichts besonderes herausgefunden, außer, daß Menschen nicht alles perfekt machen können. Mir ist leider keine Methode bekannt, die mir eine Vorhersage ermöglicht, ob ein Lieferant ein erschienenes Buch sofort oder überhaupt zuschickt, ungeachtet wie augenfällig das Thema in unser bezeichnetes Profil fällt.

Wie schützen wir unsere Benutzer vor möglichen Weglassungen und Verspätungen? Ganz einfach, durch ein laufendes, gewöhnliches Erwerbungsprogramm, wie wir es schon früher gemacht haben. Unsere bibliographische Hauptquelle bleibt die Library of Congress-Katalogisierung, maschinell sortiert nach Klassifikationen, gedruckt und an die zuständigen Referenten verteilt. Von den MARC-Computerbändern entfernen wir zuerst ISBN-Dubletten und viele andere Kategorien (wie Kinderbücher, CIP, viele Fremdsprachen usw.). Dann drucken wir alle 2 Wochen die übrigen rund 3000, aus denen wir wählen.

Es gibt auch viele amerikanische Bücher, deren Verleger in keinem unserer Approval Plans vertreten sind und – wie früher erwähnt – manche Bücher, die man zur Ansicht erwarten kann. Diese letztere Kategorie schicken wir als „claims" (Reklamationen) an den betreffenden Approval Plan-Lieferanten, aber erst 3 bis 4 Wochen später; wir haben erfahren, daß der größte Teil dieser Reklamationen inzwischen von dem Approval Lieferanten geliefert worden sind, aber eben nicht alle.

Die übrigen amerikanischen und kanadischen Bücher bestellen wir bei zwei *anderen* Lieferanten, die nichts mit unseren Approval Plans zu tun haben, oder direkt beim Verleger. Wie stellt man fest, ob ein kommerzieller Verlag im Ballen Plan vertreten ist? Es gibt eine Liste, regelmäßig aktualisiert, in der man die Namen nachschlagen kann. Die Liste von März 1986 besteht aus 18 Seiten mit ungefähr 755 Firmen. *Books in Print* 1985/1986 (unser *Verzeichnis lieferbarer Bücher)* enthält Veröffentlichungen von rund 18200 Verlagen – ohne die Bundes-, Staats- und Stadtdruckereien und verschiedenen Gesellschaften mitzurechnen. Viele davon sind sehr klein oder geben nichts von wissenschaftlichem Interesse heraus. Andere Verlage wollen nichts mit Zwischenhändlern zu tun haben oder erlauben weder Rabatte noch Rücksendungen; mit diesen kann der Lieferant uns auch nicht helfen.

Einige Daten über solche Erwerbungen kann ich Ihnen vorlegen: Im letzten Haushaltsjahr (1. Juli 1984 bis 30. Juni 1985) erhielten wir: *von Ballen* 7386 Titel, die uns $ 204382 (rund 460000 DM) gekostet haben, davon waren 2197 (rund 30%) die sogenannten „claims" und 775 (rund 10,5%), die wir von Ballens Zetteldienst bestellt haben, *von Yankee* 3078 Titel, die uns $ 71639 (rund 161000 DM) gekostet haben, davon 265 „Reklamationen" (8,6%) und 173 (5,6%) vom Zetteldienst.

Der wesentlich kleinere Prozentteil an Reklamationen und Zetteldienst bei Yankee ist ein klarer Beweis dafür, daß ein Plan für Universitätsverlage viel einfacher und effektiver durchzuführen ist als ein umfassenderer Plan für 750 kommerzielle, wenn auch wissenschaftliche Verlage. Die Tatsache unterstützt das Argument von Karen Schmidt.

Außerdem habe ich noch folgende Daten: Von unseren 13 lateinamerikanischen Lieferanten erhielten wir 3676 Titel, die uns $ 27263 (rund 61000 DM) kosteten. Von unserem Pariser Lieferanten erhielten wir 612 russische Titel, die uns $ 7400 (rund 16500 DM) kosteten.

Von allen im Jahr weltweit erschienenen Monographien erhielten wir 1984/85 rund 36600 Titel; durch die verschiedenen Approval Plans erhielten wir rund 14750, mehr als 40% unseres letztjährigen Bücherzuwachses.

Was verlangen wir besonderes von unseren Approval Plan-Lieferanten? Einige Wünsche habe ich schon erwähnt: pünktliche und regelmäßige Lieferung ist das Hauptziel. Alle Lieferanten müssen sich auch auf unseren bürokratischen Geschäftsgang einrichten, mit ihren Rechnungen, ihrem schriftlichen Kontakt und allem anderen, was uns bei den täglichen Verfahren hilft.

Für alle Bibliotheken mag das Folgende nicht gelten, aber für uns sind die Computerbänder sehr wichtig; erstens, weil sie mit unserem eigenen EDV-System kompatibel sind, und zweitens, weil wir zu wenig Personal haben, um die Arbeit ohne EDV durchführen zu können. Andere Firmen, die sich am Anfang 1982 bei uns beworben haben, haben uns etwas höhere Rabatte angeboten, aber konnten uns keine kompatiblen Computerbänder beschaffen.

Warum haben wir uns für die Erwerbungsart „Approval Plans" entschieden? Erstens waren wir überzeugt, daß wir unsere 25000 Benutzer mit modernen Approval Plänen besser bedienen können. Dadurch gewinnen wir beschleunigte Ankunft und Katalogisierung von den wichtigsten amerikanischen Büchern. Zweitens erleichtern diese Pläne in der Erwerbungsabteilung die Buchhaltung, die Vorkatalogisierungsuntersuchungen und garantieren einen regelmäßigen und zuverlässigen Arbeitsablauf für das Personal. Drittens, man kann viel besser entscheiden, ob ein neues Buch wertvoll und treffend ist, wenn man es in der Hand hat und es durchblättern kann. (In manchen Bibliotheken – wie es z.B. die ehemalige Erwerbungsleiterin der Universitätsbibliothek Arizona erzählt – sind Professoren auch eingeladen, an der „Bücherschau" teilzunehmen.) Viertens für Länder, wo bibliographische Informationen erbärmlich spät oder überhaupt nicht herauszukriegen sind, kann man ohne Approval Pläne kaum etwas erwerben.

Probleme gibt es natürlich auch – etwas mehr Arbeit für die Fachabteilung, aber viel weniger in der Erwerbung und Katalogisierung. Aber das wichtigste ist, daß wir mit Approval Plans unseren Benutzern verbesserten Service anbieten können. Als Bibliothekare wollen wir alle unserem Publikum so gut wie möglich durch Literatur- und Informationsversorgung dienen und helfen. Wenn wir nicht danach streben würden, hätten unsere Vorbereitung, unsere Aus- und Fortbildung gar keinen Sinn.

5. BENUTZUNG

RUDOLF FRANKENBERGER

Internationaler Leihverkehr und Literaturversorgung für wissenschaftliche Bibliotheken

Aus der Arbeit einer IFLA-Sektion

Ein Bibliothekartag, der Internationalität im Titel trägt, muß unbedingt auch über die IFLA, die International Federation of Library Associations and Institutions berichten. Dies wird sicher der amtierende Präsident Dr. Hans-Peter Geh, Stuttgart, am Freitag tun. Meine Absicht als Sekretär der Sektion Interlending and Document Delivery ist es, einiges aus der täglichen Arbeit der IFLA vorzustellen. Die Sektion Internationaler Leihverkehr und Literaturversorgung ist Teil der Abteilung Sammlungen und Dienstleistungen. Dieser Abteilung gehören insgesamt folgende Sektionen an:[1]

1. Bestandsaufbau und Schriftentausch
2. Leihverkehr und Literaturversorgung
3. Fortlaufende Sammelwerke
4. Amtsdruckschriften
5. Seltene und kostbare Bücher und Dokumente

Dies macht die Hauptaufgabe der Abteilung deutlich: Sammlungen und Dienstleistungen für die Verbesserung des Bestandsaufbaues und der Versorgung der Leser auf internationaler Ebene. Die mich mit nicht wenig Arbeit betreffende Sektion hat zum Ziel die Förderung des nationalen und internationalen Leihverkehrs in Verbindung mit dem UAP-Programm (Universal Availability of Publications), wobei die Auswirkungen der rapiden technischen Entwicklung auf die Verfügbarkeit der Schriften besonders berücksichtigt werden. Das MTP (Medium Term Program)[1] schließt in Absprache mit den entsprechenden IFLA-Fachgruppen folgende Studien und Projekte ein:

1. Optimierung von Zentralkatalogen, d. h. Feststellung des Grades, bis zu welchem Zentralkataloge ökonomisch entwickelt werden können, sowie der Kriterien für die Auswahl der Bibliotheken, die dazu beitragen könnten.
2. Automatisierung und ihre Auswirkung auf die Fernleihe.

[1] IFLA. Mittelfristiges Programm 1986–1991. Zusammengestellt vom IFLA-Fachrat. Den Haag 1985. S. 80ff.

3. Elektronische Suchverfahren, Information und Literaturversorgung.
4. Einfluß elektronischer Verlagstätigkeit auf die Bibliotheksbestände und den Leihverkehr.
5. Spezielle Probleme der Fernleihe in den Entwicklungsländern.
6. Regionale Seminare für Fachkräfte auf dem Gebiet der Fernleihe.
7. Analyse und Methode der Gebührenerhebung im internationalen Leihverkehr.

Obwohl keine eindeutigen statistischen Angaben vorliegen, kann davon ausgegangen werden, daß jählich mehr als 1 Mio. Bestellungen im internationalen Leihverkehr zu bearbeiten sind. Deutlich läßt sich absehen, daß ein stetes Wachstum stattfindet. Zwischen 1980 und 1982 – nur aus dieser Zeit liegen bereits Zahlen vor – ist eine 36%ige Steigerung eingetreten. Bedenklich stimmt aber, daß sich die durchschnittliche positive Erledigungsrate zu verringern scheint. 1982 betrug die Rate der positiv erledigten Bestellungen lediglich 57%. Hier wartet noch eine Menge Arbeit auf die IFLA, aber auch auf die nationalen Bibliotheksverbünde und auf die einzelnen Bibliotheken. Denn so wie keine einzelne Bibliothek in der Literaturversorgung autonom sein kann, so kann es sicherlich auch kein einzelnes Land. Neben der Verbesserung der nationalen Systeme gilt es deshalb auch, sich intensiver um die internationale Entwicklung zu kümmern.

Vor 11 Jahren hat die IFLA ein Büro für den Internationalen Leihverkehr[2] eingerichtet. Dieses Büro ist bei der British Library Lending Division angesiedelt und kümmert sich

- um die praktische Unterstützung derjenigen, die unmittelbar vom internationalen Leihverkehr betroffen sind
- um Sammlung und Veröffentlichung wichtiger Informationen für diejenigen, die täglich mit dem internationalen Leihverkehr zu tun haben
- Forschungsvorhaben und Studien, die sich auf den internationalen Leihverkehr beziehen.

Im Rahmen der praktischen Unterstützung wurde z. B. vor ca. 11 Jahren ein Bestellformular entwickelt. Dieses Formular wird von der British Library Lending Division zum Selbstkostenpreis abgegeben. Bis zum Herbst 1985 waren rund ½ Mio. solcher Formulare verkauft. Sie wissen, detaillierte Fragebogen haben geholfen, diesen Bestellschein zu entwickeln, der 1983 auch nochmals verbessert wurde. Der Vierfach-Satz erlaubt es, Bestellunterlagen sowohl bei der bestellenden wie bei der gebenden Bibliothek zu belassen, er gibt Raum für Arbeitsvermerke, hat Spalten für spezielle Wünsche, gibt Möglichkei-

[2] Bennet, Richard J.: Die Tätigkeit des IFLA-Büros für Internationalen Leihverkehr. IFLA General Conference, Chicago 1985.

ten Interims- und abschließende Vermerke und den Leitweg anzubringen, weist ein gummiertes Adressenfeld auf, das eine Zollerklärung gemäß den IFLA-Statuten enthält. Weiterhin ist eine Spalte für die Unterschrift als Copyright-Erklärung vorgesehen. Obwohl dieses standardisierte Formular zur Leihverkehrssteuerung allgemein angenommen wurde, sinken seit neuestem die Verkaufszahlen. Das Büro ist bemüht, durch eine Aufklärungsaktion diese Entwicklung zu bremsen und wieder die verstärkte Benutzung anzuregen.

Zur Zeit wird auch geprüft, ob es möglich ist, solche internationalen IFLA-Bestellformulare auf Endlospapierrollen für den Computer-output herzustellen.

Die „International Lending: Principles and guidelines for procedure“ sind ein weiteres Ergebnis der Arbeit des Büros. Die 1978 veröffentlichten Richtlinien wurden 1983 nochmals mit kleineren Verbesserungen herausgegeben. Sie sind u. a. auch in „A brief guide to centres of international lending and photocopying“[3] enthalten. Gerade auf diese Veröffentlichung, die 1984 in dritter Auflage erschien, möchte ich hinweisen. Hier sind Eintragungen aus 90 Ländern mit jeweils Einzelheiten ihrer Leihverkehrspraktiken, Details über Zentralkataloge, Adressen, an die man seine internationalen Bestellungen richten sollte, Preise, Hinweise auf Besonderheiten, Einschränkungen usw. zusammengestellt. Über das Länderregister in verschiedenen Sprachen gewinnt man leicht Zugang zu dieser Veröffentlichung.

Wie schon erwähnt, kann der internationale Leihverkehr nicht erfolgreich sein, wenn die nationalen Leihverkehrssysteme nicht effektiv sind. Es wurde deshalb sogar eine „Modell-Leihverkehrsordnung“[4] erarbeitet.

In Studien wurden bestehende Leihverkehrssysteme untersucht und mögliche Modelle aufgezeigt, weiterhin über die internationale Bereitstellung und Lieferung von Literatur berichtet. Zur Zeit wird eine Zusammenstellung über Spezialsammlungen in Bibliotheken Westeuropas vorbereitet. Herr Tehnzen und ich sitzen gerade am Fragebogen und der Planung. Schon jetzt möchte ich an all die Kollegen appellieren, die den Fragebogen erhalten werden, ihn auszufüllen und termingerecht wieder zurückzusenden. Wenn die Entwicklung in den westeuropäischen Bibliotheken sich fortsetzt, die durch finanzielle Einschränkungen gekennzeichnet ist, dann gewinnen solche Nachschlagewerke eine große Bedeutung. Bei Etatrückgang werden viele Bibliotheken ihre ausländischen Buchkäufe reduzieren, reduzieren müssen, um wenigstens einen angemessenen Zugang der inländischen Buchproduktionen sicherzustellen.

[3] Bennett, Richard J.: A brief Guide to Centres of International Lending and Photocopying. 3. ed. Bosten Spa: IFLA Office for International Lending 1984.

[4] Kopien sind erhältlich bei: IFLA Office for International Lending, c/o British Library Lending Division, Boston Spa, IFLA Office for International Lending.

Weiterhin gilt es zu berücksichtigen, daß das traditionelle Bestellen auf dem Postweg zunehmend durch Online-Bestellungen und vielleicht auch -Lieferungen ersetzt wird. Standardbestellscheine zu diesem Zwecke müssen entwickelt werden.

Die auf dem Markte zunehmend auftauchenden kommerziellen Literaturbeschaffungsstellen sollten zu einem Überdenken der Konzepte für die internationale Literaturbeschaffung führen.

Wie die Entwicklung verlaufen wird, zeigten die Diskussionen beim IFLA-Kongreß in Chicago. Da berichtete Hope E. A. Clement von der kanadischen Nationalbibliothek in Ottawa, über die Verwendung offener Kommunikationsnetze für den Leihverkehr[5] . Das Referenzmodell für die Kommunikation offener Netze (OSI), das von der International Standards Organisation (ISO) und dem International Telegraph and Telephon Consultative Committee (CCITT) verabschiedet wurde, ist ein allgemeines Modell für die Kommunikation zwischen Systemen auf der Basis digital codierter Daten. Protokolle und Standards erlauben Computern, Terminals und Übertragungssystemen verschiedener Hersteller und Betreiber, die diese Standards beachten, den Austausch von Informationen.

OSI (Open Systems Interconnection) besteht aus sieben Schichten, jede Schicht hängt von der darunterliegenden ab. Die ersten Schichten verbinden die verschiedenen Computer und sind unabhängig von den transportierten Daten; die höchste Schicht, die Verarbeitungsschicht, muß für jede Anwendung entwickelt und festgelegt werden. Sie erlaubt die Informationsverarbeitung in der Kommunikation.

In Kanada wurde die Entwicklung entsprechender Protokolle für die höchste Schicht für Bibliotheksanwendungen untersucht. Dabei wurde auch eine Basisversion für Senden und Empfangen von Leihverkehrsbestellungen entwickelt. 16 kanadische Bibliotheken arbeiteten mit. Die Ergebnisse zeigen, daß OSI eine geeignete Basis darstellen kann. Während früher Leihverkehrsbestellungen von den meisten Bibliotheken mit dem Telefon, der Briefpost oder Telex abgewickelt wurden, hat sich in den letzten 3 Jahren in Kanada gezeigt, daß die elektronische Post nicht mehr aufzuhalten ist. Über 56% der Leihverkehrsbestellungen an das Canadian Institute for Scientific and Technical Information (CISTI) werden elektronisch abgewickelt (Telex und elektronische Post). Die Kosten der elektronischen Post entsprechen etwa denen von Telex.

Bei der Nationalbibliothek ist in den letzten 3 Jahren bei den Leihverkehrsbestellungen der Anteil von elektronischer Post von 1% auf 44% gestiegen, Telex von 60% auf 18% gesunken. Hier wird, so meine ich, der Wert der Standardi-

[5] Clement, Hope E. A.: Die Verwendung offener Kommunikationsnetze für den Leihverkehr. IFLA General Conference, Chicago 1985.

sierung deutlich. Mit dem Kommunikationsmodell für offene Netze (OSI) und seinen allgemeinen Protokollen werden die in Kanada genauso wie in anderen Ländern vorhandenen unterschiedlichen Voraussetzungen überwunden. In Kanada sind z. B. im Einsatz das Enroy-System von Telecom und EOS von CNCP Telecommunication, die kanadischen Universitäten nutzen eigene Systeme, CISTI verwendet zur Übermittlung von Leihverkehrsinformationen CAN/DOC, und UTLAS verwendet wieder ein eigenes System, dazu bedienen sich manche kanadischen Bibliotheken amerikanischer Systeme, wie z. B. CLASS oder ON TYME oder ALANET. Die kanadische Nationalbibliothek hat die entsprechenden OSI-Protokolle entwickelt. Die Datenelemente stammen dabei aus dem ISO-Data-Element-Directory der Leihverkehrsanwendung. Zusätzlich hat die Nationalbibliothek einen entsprechenden Prototyp für eine Workstation für Leihverkehr geschaffen, der die entsprechenden Standardprotokolle enthält. Ein IBM PC bildet den Kern einer solchen Workstation. Dieses System unterstützt die Arbeitsvorbereitung bei Leihverkehrsmitteilungen durch entsprechend strukturierte Bildschirme. Von allen Leihverkehrsdatensätzen wird eine entsprechende Datenbank in der Workstation aufgebaut, so daß damit eine vollständige Auskunftsfunktion über die Leihverkehrsvorgänge gegeben ist. Solche Sätze können mit verschiedenen Deskriptoren recherchiert werden. Selbstverständlich enthält das System auch eine entsprechende Reihe von „Help-Funktionen" für den Bediener und gibt spezifische Fehlermeldungen. Eine Speicherung von Spezialsammlungen könnte die Lenkung von Leihverkehrsbestellungen unterstützen. Schließlich kann man sich vorstellen, daß die Leihverkehrsprotokolle in einem noch späteren Stadium verknüpft werden mit Protokollen zur Lieferung von Volltexten. Die kanadischen Versuchsergebnisse sind ermutigend. Ähnliche Modelle im nationalen wie im internationalen Bereich werden mit Sicherheit kommen.

Die für Tokio geplanten Referate und Diskussionen setzen wieder andere Schwerpunkte und machen dabei die Bandbreite der IFLA-Arbeit in dieser Sektion deutlich.

Neben einer Übersicht über den Leihverkehr und die Literaturversorgung in Japan werden Fragen der Konservierung und des Schutzes des Schrifttums im Zusammenhang mit der Verfügbarkeit im Leihverkehr behandelt[6]. In allen Ländern und zunehmend bei uns in der Bundesrepublik kann beobachtet werden, daß die Ausleihbeschränkungen für ältere Literatur immer weitreichender werden. Je deutlicher die Gefährdung historischer Buchbestände bewußt wird, um so mehr werden die Einschränkungen verschärft. Nicht nur national, sondern auch international müssen organisatorische und technische

[6] Lehmann, Klaus-Dieter: Leihverkehr und Bestandssicherung in der Bundesrepublik Deutschland. IFLA General Conference, Tokio 1986.

Verfahren gefunden werden, die in Zukunft den Zugang zu älteren Buchbeständen ermöglichen.

1. Durch Aussondern der besonders wertvollen Bestände gilt es Diebstählen und Verlusten vorzubeugen und für eine einheitliche Benutzungspraxis zu sorgen.
2. Eine systematische Mikrofichierung der gefährdeten Buchbestände kann nicht nur die Bestände schonen, sondern auch für den Leihverkehr Erleichterung bedeuten.
3. Für die Benutzung von allergrößter Wichtigkeit ist aber, daß die entsprechenden Nachweise in den Katalogen, und zwar in den überregionalen maschinenlesbaren Verbundkatalogen, vorhanden sind.

Die Sektion Internationaler Leihverkehr und Literaturversorgung und die Sektion Konservierung werden in diesen Bereichen eng zusammenarbeiten.

Weitere Diskussionen gelten dem Personal in der Fernleihe[7]. Um eine optimale Benutzung unserer Bibliotheksbestände zu ermöglichen, brauchen wir unbedingt ein kompetentes, dynamisches und gut ausgebildetes Fernleihpersonal. Die Mitarbeiter in diesen Stellen müssen Manager sein, Spezialisten für Bibliographien, EDV-Berater, Verbundberater, Lehrer für die Benutzerschulung, Rechtsberater und auch Verteidiger der Leserrechte. Die Veranstaltung von Seminaren und die Erarbeitung von Handbüchern für diesen Zweck werden besprochen. Auch wenn manche Entscheidungsprozesse bei der IFLA nicht sehr rasch sind, hoffe ich gezeigt zu haben, daß die Arbeit für alle Mitglieder sehr nützlich sein kann. Ein Engagement ist allerdings immer erforderlich.

[7] Boucher, Virginia: Staff for Interlibrary Loan Service. IFLA General Conference, Tokio 1986. Vgl. auch:

Lehmann, Klaus-Dieter: Leihverkehr und das UAP-Programm von IFLA und UNESCO, in: Zeitschrift für Bibliothekswesen und Bibliographie. 30 (1983) S.103–109.

Kratsch, Werner: Untersuchung zur Struktur des Leihverkehrs der Deutschen Bibliotheken. Berlin: Dt. Bibliotheksinstitut, 1983. (Dbi-Materialien; 27).

Schutzwürdige Literatur im Leihverkehr. Berlin: Dt. Bibliotheksinstitut, 1986. (Dbi-Materialien; 50).

WOLFGANG ZICK

Elektronische Dokumentenlieferung – Anspruch und Wirklichkeit

Blick auf zu den Sternen,
hab acht auf die Gasse.
(José Ortega y Gasset)

1. Die Bibliothek der Zukunft – eine gigantische Datenbank?

Die elektronische Übermittlung von Dokumenten als spezielle Art der Fernleihe ist heute schon möglich und wird auch schon praktiziert. Es soll hier dargelegt werden, welche Voraussetzungen erfüllt sein müssen, damit diese Möglichkeit der Dokumentenlieferung zu einer für Bibliotheken selbstverständlichen Einrichtung wird.

Dabei ist zunächst auf eine Betrachtungsweise einzugehen, die in der Literatur, und zwar auch in der bibliothekarischen (vor allem angelsächsischen) Fachliteratur, häufig anzutreffen ist: Die Bibliothek der Zukunft reduziert sich auf eine gigantische Datenbank, aus der nach Bedarf Informationen abrufbar und an einem beliebigen Ort ausgebbar sind (s. z.B. Kaiser 1982, S. 13).

Dies bedeutet, daß in einem Bibliothekscomputer nicht nur bibliographische Daten gespeichert sind, sondern auch die Texte (einschl. Bildern und Grafik) der vorhandenen Dokumente; außerdem muß es möglich sein, diese Informationen über einen entfernten Drucker auszugeben. Der erste Aspekt, die Volltext-Speicherung von Dokumenten, ist erst kürzlich ausführlich dargestellt worden (Moralee 1985) und soll hier nicht weiter untersucht werden. Allein die Betrachtung des zweiten, vom ersten unabhängigen Aspektes wird zeigen, daß ein im obigen Sinne „integriertes Bibliothekssystem" auf absehbare Zeit höchstens in Teilausschnitten zu realisieren ist.

2. Was ist elektronische Dokumentenlieferung?

Was ist eigentlich unter elektronischer Dokumentenlieferung zu verstehen, wodurch unterscheidet sie sich von der herkömmlichen Fernleihe? Zunächst ist anzumerken, daß der Begriff Fern„leihe" schon lange nicht mehr zutreffend ist, da inzwischen ein erheblicher Teil der Literaturbestellungen durch Kopien, die zum Verbleib beim Besteller bestimmt sind, erledigt wird (bei der TIB Hannover, sicher ein Sonderfall, beträgt dieser Anteil 88%).

Die British Library Lending Division (BLLD) hat aus dieser Beobachtung kürzlich die Konsequenz gezogen und firmiert seitdem unter der Bezeichnung „British Library Document Supply Center" (BLDSC).

Bei der *Fernleihe* werden Bücher, Mikroformen oder Kopien *physisch* von einer Bibliothek zu einer anderen befördert. Dies geschieht mit der Post oder mit dem Bücherwagen.

Bei der *elektronischen Dokumentenlieferung* wird der Informationsgehalt einer (Papier-)Vorlage mit den Mitteln der Nachrichtentechnik über Fernmeldeverbindungen übertragen. Der Transport erfolgt *immateriell*, d.h. nicht gegenständlich, in Form elektromagnetischer Wellen.

Die Art der Übertragung, wie sie bei der elektronischen Dokumentenlieferung erfolgt, geschieht heute schon täglich tausendfach bei Fernschreiben, Teletex-Nachrichten und Telefax-Sendungen. Im Bibliotheksbereich wird diese Übertragungsform in Deutschland seit 1982 von der TIB Hannover praktiziert, die Zentralbibliothek der Medizin plant ebenfalls den Einsatz eines Fernkopierers.

Es soll hier aber nicht auf singuläre Anwendungen ankommen, sondern darauf, ob diese Form der Fernleihe das Potential hat, zu einem Massengeschäft zu werden, das Bibliotheken routinemäßig betreiben wie heute das Kopieren von Zeitschriftenartikeln.

Dazu ein Beispiel aus der Geschichte der Technik. Vor 100 Jahren, im Januar 1886, wurde von Carl Benz das Automobil zum Patent angemeldet; dieses Jahr gilt seitdem als das Geburtsjahr des Autos. Die Erfindung hat zu einer Revolutionierung des Individualverkehrs geführt und die Lebensgewohnheiten nachhaltig verändert. War dies damals bereits abzusehen? Es gibt dazu folgende Anekdote:

An einem frühen Morgen des Jahres 1888 lud Bertha Benz, die Frau des Erfinders, ihre beiden Kinder in eines der von ihrem Mann gebauten Fahrzeuge und fuhr mit ihnen von Mannheim nach Pforzheim (ca. 90 km). Unterwegs tankte sie Benzin in Apotheken und nahm ihre Haarnadeln und schließlich ihr Strumpfband zu Hilfe, um das Gefährt wieder flottzumachen, aber gegen Abend erreichte sie wohlbehalten ihr Ziel.

Es handelte sich dabei um eine der ersten Überlandfahrten in der Geschichte des Automobils. Heute fahren täglich Tausende die Strecke Mannheim/Pforzheim, Autofahrten über mehrere hundert Kilometer sind eine Selbstverständlichkeit geworden.

Welche Voraussetzungen mußten erfüllt sein, damit der Autoverkehr einen solchen Aufschwung nehmen konnte? Im wesentlichen sind es zwei:

- Es müssen einfach zu bedienende, preisgünstige und leistungsfähige Fahrzeuge zur Verfügung stehen;
- es muß ein gut ausgebautes Straßenverkehrsnetz mit den erforderlichen Nebeneinrichtungen (Tankstellen, Werkstätten, Rasthäuser ...) existieren, d.h. eine Verkehrs-Infrastruktur.

Zurück zur elektronischen Dokumentenlieferung: Damit es hier zu einer breiten Akzeptanz kommt, müssen einerseits die Geräte, die die Informationen auf den Weg bringen, und andererseits die Wege, auf denen die Informationen befördert werden, grundlegend verändert werden. Es sind also nicht nur neue Endgeräte, es ist auch eine andere Fernmelde-Infrastruktur erforderlich; den Lastwagenverkehr von heute könnte man auch nicht auf den Straßen der Jahrhundertwende abwickeln!

3. Gerätetechnische Voraussetzungen

Zur elektronischen Dokumentenlieferung stehen z.Zt. Teletex- und Telefax-Geräte zur Verfügung, die Deutsche Bundespost bietet die entsprechenden Dienste an. Sie unterscheiden sich durch ihre prinzipiell anderen Übermittlungsmethoden:

Teletex – häufig auch Bürofernschreiben genannt – ist eine Weiterentwicklung des in vielen Bibliotheken vorhandenen Fernschreibgerätes (Telex). Wesentliche Unterschiede dieser beiden Dienste sind die deutlich höhere Übertragungsgeschwindigkeit bei Teletex (2400 zu 50 Binärzeichen pro Sekunde) und der umfangreichere Zeichenvorrat (309 zu 57 Zeichen). Eine DIN-A4-Seite reiner Text kann in ca. 8 Sekunden übertragen werden.

Da wissenschaftliche Literatur in der Regel nicht nur alphanumerischen Text in einem Alphabet, sondern Buchstaben aus mehreren Alphabeten (z.B. lateinisch, griechisch) in unterschiedlichen Formen (fett, kursiv) und darüber hinaus Bilder und Grafiken enthalten kann, ist Teletex für die Übermittlung von Dokumenten beliebiger Art nicht geeignet. In diesem Zusammenhang sei erwähnt, daß das britische HERMES-Projekt, das Dokumentenlieferung überwiegend im Teletex-Dienst vorsah (s. Yates 1983), kürzlich abgebrochen wurde (Gurnsey 1985, S. 151).

3.1 Prinzip eines Fernkopierers

Fernkopierer oder *Telefax*-Geräte verarbeiten eine Vorlage, indem sie sie elektronisch abtasten und zeilenweise in Bildpunkte (engl.: picture elements, Abk.: Pixel oder PEL) zerlegen. Jedem Punkt wird ein Farbwert zugeordnet (z.Zt. nur Schwarz oder Weiß), diese Werte werden übertragen und bei der

Gegenstelle wieder zu einem Bild zusammengesetzt (s. Abb. 1). Auf diese Art und Weise können im Prinzip beliebige Vorlagen übertragen werden, die Wiedergabe von Grau- oder Farbwerten ist z.Zt. allerdings in der Regel unbefriedigend.

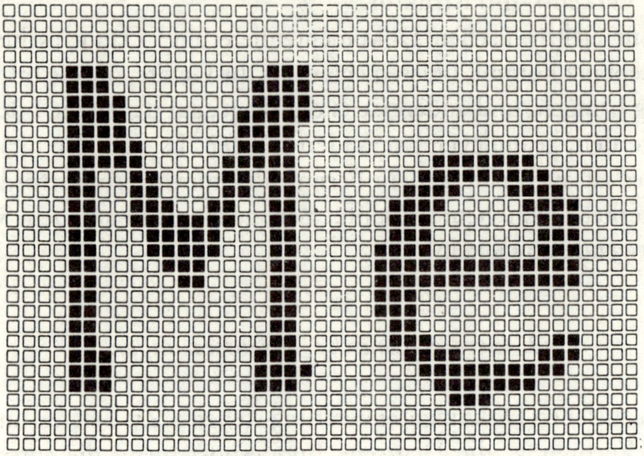

Abb. 1: Aufstellung einer Vorlage in Bildpunkte

Offensichtlich ist das Ergebnis einer Telefax-Übertragung um so besser, je feiner die Auflösung der Vorlage in Bildpunkte ist; z.Zt. liegt der Wert bei 3,85 bzw. 7,7 Punkten pro Millimeter (Normal- bzw. Feinauflösung) in vertikaler und 8 PEL/mm in horizontaler Richtung. Nach den Erfahrungen der TIB Hannover (s. Tehnzen/Zick 1983) reicht diese Übertragungsqualität in der Regel für wissenschaftliche Literatur aus. (Zum Vergleich: Die Grenze des Auflösungsvermögens des menschlichen Auges liegt bei ca. 14 PEL/mm.)

Der wesentliche Nachteil des Fernkopierens besteht darin, daß bei der angegebenen Auflösung pro Seite ca. 2 bzw. 4 Millionen Bildpunkte (Normal-/Feinauflösung) zu übertragen sind. Durch Datenkompression (Redundanzunterdrückung) kann man das zu übertragende Datenvolumen zwar erheblich reduzieren (um den Faktor 10 bis 20), es werden aber trotzdem noch ein bis zwei Minuten für die Übertragung einer Seite benötigt.

3.2 Die CCITT-Gruppen

Fernkopiergeräte werden international durch das CCITT (Comité Consultatif International Télégraphique et Téléphonique) genormt und in Leistungsgruppen eingeteilt, die genau definierten Anforderungen entsprechen müssen (Abb. 2). Die z.Zt. leistungsstärkste ist Gruppe 3, die Gruppen 1 und 2 sind für die elektronische Dokumentenlieferung nicht geeignet.

Geräte-Gruppe	1	2	3	4
Übertragungsdauer pro DIN A4-Seite	6 min	3 min	1-2 min	5-10 sec
Übertragungsverfahren	analog	analog	digital	digital
Übertragungsnetz	analog (Fernsprech)	analog (Fernsprech)	analog (Fernsprech)	digital (ISDN)
Redundanzreduzierung	nein	nein	ja	ja
Modulationsart / Übertragungsprotokoll	FM	RSB-AM-PM	V.21 V.27ter V.29	X.21 X.25 ISDN-Serie I
Bildelemente pro Zeile	-	-	1.728	1.728 2.074 2.592 3.456
Vertikale Auflösung (Linien/mm)	3,85	3,85	3,85 7,7	7,7 9,4 11,8 15,7
CCITT-Empfehlungen	(1968) T.2 T.30	(1976) T.3 T.30	(1980) T.4 T.30	(1984) T.5 T.6 T.62 T.70 T.73

Abkürzungen: FM Frequenzmodulation
RSB-AM-PM Restseitenband-Amplitudenmodulation mit Phasenmodulation

Abb. 2: Leistungsmerkmale von Fernkopierern nach der CCITT-Einteilung

Anforderungen für Gruppe 4 wurden während der CCITT-Tagung 1984 weitgehend, aber noch nicht endgültig, festgelegt (s. Stamps 1985). Da die nächste Tagung erst wieder 1988 stattfindet, ist nicht damit zu rechnen, daß Gruppe-4-Geräte vor 1990 am Markt erhältlich sind (und dann wohl zunächst zu Preisen um 50000 DM, während Gruppe-3-Geräte heute bei ca. 12000 DM liegen).

3.3 Leistungsmerkmale künftiger Geräte

Bedingt durch die Übertragung in einem leistungsfähigeren Fernmeldenetz (s. Abschnitt 4) wird bei der künftigen Gerätegeneration die Übertragungszeit auf wenige Sekunden zurückgehen. Dies ist aber nicht die einzige – wenngleich sehr wesentliche – Verbesserung: Das Auflösungsvermögen wird deutlich erhöht (12 bzw. 16 PEL/mm, ähnlich wie bei Laser-Kopierern), die Datenkompression wirksamer gestaltet und die Fehlerrate bei der Übertragung erheblich reduziert. Die Übermittlung von Farben wird aber auf absehbare Zeit nicht möglich sein, dasselbe gilt für Grautöne. Allerdings bieten heute bereits einige Geräte der Gruppe 3 die Möglichkeit, durch mehr oder weniger dichte Anordnung von schwarzen und weißen Punkten den optischen Eindruck eines Grautones zu erzeugen („Pseudograu").

Es liegt nahe, die Vorteile der Teletex- und Telefax-Geräte miteinander zu verbinden, d. h. den in einer Vorlage enthaltenen Text als Teletex-Zeichen und nicht als Teletex-Zeichen identifizierbare Informationen als Telefax-Kopie zu übertragen. Solche Geräte sind innerhalb der Telefax-Gruppe 4 tatsächlich vorgesehen, sie werden als *Textfax*-Geräte bezeichnet, die im „mixed mode" arbeiten (s. Hunter 1985).

Textfax stellt das optimal erreichbare Werkzeug für die elektronische Dokumentenlieferung dar, nicht nur wegen der gegenüber Fernkopierern erhöhten Übertragungsgeschwindigkeit, sondern vor allem wegen der bei reinen Telefax-Geräten nicht vorhandenen Möglichkeit, im übertragenen Text alphanumerische Zeichen zu identifizieren und weiterzuverarbeiten (etwa für Retrievalzwecke). Wann allerdings mit Textfax-Geräten zu erschwinglichen Preisen zu rechnen ist, ist derzeit völlig offen, vermutlich erst Mitte der neunziger Jahre.

4. *Infrastrukturelle Voraussetzungen*

Um die infrastrukturellen Veränderungen, die sich im Fernmeldebereich in den nächsten Jahren ergeben werden, richtig einzuordnen, ist es erforderlich, zunächst einen Blick auf die derzeitigen Gegebenheiten zu werfen und einige grundlegende Begriffe zu klären.

4.1 Dienste und Netze

Zur Zeit existieren im Bereich der Deutschen Bundespost im wesentlichen zwei Netze (s. Abb. 3):
– das *Fernsprechnetz* (ca. 2,5 Millionen Anschlüsse);
– das *Integrierte Fernschreib- und Datennetz* (IDN) (ca. 300000 Anschlüsse).

Das Fernsprechnetz arbeitet analog im Frequenzbereich 300 bis 3400 Hertz, während es sich beim IDN um ein digitales Netz handelt, d. h. die zu übermittelnden Informationen werden in Form von Binärzeichen (Ja/Nein-Folgen) übertragen.

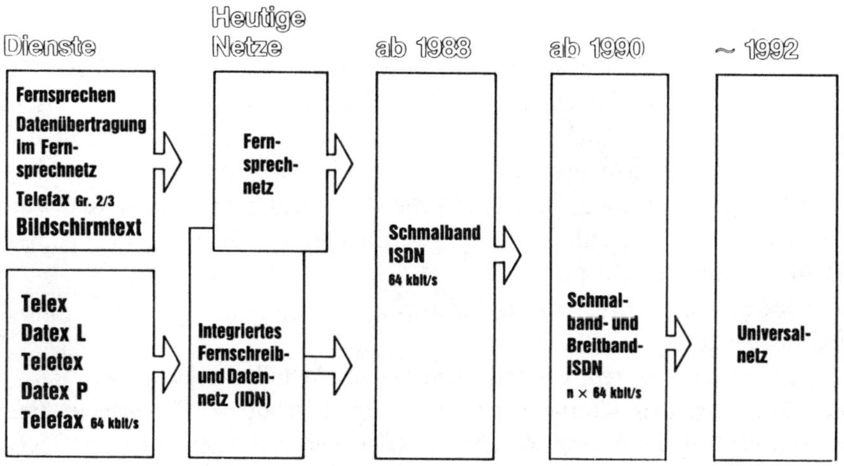

Abb. 3: Dienste und Netze

Innerhalb dieser Netze werden nun verschiedene Dienste angeboten:

- im Fernsprechnetz die Dienste Fernsprechen, Datenübertragung mittels Modem, Telefax und Bildschirmtext;
- im IDN die Dienste Telex, Teletex, Datenübermittlung (Datex P und Datex L) sowie fest geschaltete Verbindungen (HfD = Hauptanschluß für Direktruf).

Die Dienste Telefax und Datenübertragung erfordern ihrer Natur nach eine digitale Übertragung, werden aber im Fernsprechnetz abgewickelt, weil hier mit Abstand die meisten Ansprechpartner zur Verfügung stehen. Dies macht es erforderlich, die digitalen Signale in analoge umzusetzen („aufzumodulieren"), d.h. der Einsatz von Modems (Modulatoren/Demodulatoren) wird erforderlich (bei Telefax-Geräten sind sie bereits eingebaut). Die maximale Übertragungsgeschwindigkeit von digitalen Signalen im Fernsprechnetz liegt bei 9600 Binärzeichen pro Sekunde (bit/s), in der Regel kann man jedoch nur 4800 bit/s erreichen.

Ein erheblicher Nachteil für den Postkunden besteht z.Zt. darin, daß er bei der Nutzung unterschiedlicher Dienste unterschiedliche Rufnummern erhält und für jeden Anschluß Grundgebühren bezahlen muß (z.B. für einen Telefon- und einen Telex-Anschluß zusammen 92 DM im Monat, bei Teletex sogar 247 DM monatlich).

4.2 Das ISDN

Die Überlegung, sämtliche Fernmeldedienste in einem einheitlichen Netz anzubieten, ist ebenso einfach wie naheliegend, war aber aus technischen Gründen lange Zeit nicht zu verwirklichen; erst die sinkenden Kosten für elektronische Bauelemente rückten eine Realisierung in den Bereich des Möglichen. Die Entscheidung, ein einheitliches Fernmeldenetz einzuführen, wurde von der Deutschen Bundespost 1979 getroffen; es trägt die Bezeichnung ISDN. Dieses Akronym steht für

Integrated Services Digital Network,

frei übersetzt

Integriertes System zur Digitalen Nachrichtenübertragung,

und bedeutet, daß sämtliche von der Post angebotenen Dienste in einem universellen, diensteintegrierenden digitalen Fernmeldenetz zusammengefaßt werden, welches sich aus dem zu digitalisierenden Fernsprechnetz entwickeln soll.

Im ISDN beträgt die normale Übertragungsgeschwindigkeit 64 000 bit/s, also etwa das 13fache der im heutigen Fernsprechnetz tatsächlich erreichbaren Geschwindigkeit. Diese hohe Datenrate ist erforderlich, um Sprache in guter Qualität digital zu übertragen. Eine wesentliche Eigenschaft besteht darin, daß für einen ISDN-Anschluß auf der Endteilnehmerseite keine neuen Installationen erforderlich sind; der Anschluß erfolgt über die vorhandenen Kupfer-Doppeladern. Hinzu kommt, daß im ISDN die Posthoheit an der Anschlußbuchse („Telekommunikationssteckdose", in der ISDN-Fachsprache als S_0-Schnittstelle bezeichnet) endet, es können also auch Endgeräte ohne Postzulassung an das Netz angeschlossen werden (Graf 1986).

Das ISDN orientiert sich in seiner Gebührenstruktur am Fernsprechnetz: Die z.Zt. im Entwurf vorliegende Telekommunikationsordnung (TKO) sieht eine Anschlußgebühr in Höhe von 130 DM und (für zwei unabhängige Verbindungen) 74 DM monatliche Grundgebühr vor. Die Kosten für die Inanspruchnahme richten sich nach der Verbindungszeit (–,23 DM je Gebühreneinheit), *nicht* nach der Datenmenge wie etwa im Datex-P-Netz (Kafka 1986). Die neue TKO soll am 1. Januar 1988 in Kraft treten.

4.3 Dienste im ISDN

Einen Überblick über die im ISDN angebotenen Dienste gibt Abb. 4. Über einen ISDN-Hauptanschluß können bis zu acht verschiedene Dienste genutzt werden, davon zwei gleichzeitig; ein Dienstewechsel während einer bestehenden Verbindung ist möglich.

ISDN-Dienste				
	Übermittlungsdienste	Standarddienste	Höhere Dienste	Sonderdienste
Neue ISDN-Dienste mit 64 kbit/s	ISDN-Datenübermittlung (leitungsvermittelt, paketvermittelt)	ISDN-Fernsprechen, -Fernsprechkonferenz ISDN-Teletex ISDN-Telefax (Gruppe 4) ISDN-Textfax	ISDN-Bildschirmtext Voice Mail Text Mail Fax Mail	ISDN-Sicherheitsdienste* ISDN-Fernwirken
Bestehende Dienste aus dem Fernsprechnetz	Datenübermittlung mit V.-Schnittstellen (parallel, seriell)	Fernsprechen Telefax (Gruppe 2/3)	Bildschirmtext (1200/75 bit/s, 1200/1200 bit/s, 2400/2400 bit/s)	Sicherheitsdienste
Dienste für Endgeräte des Integrierten Text- und Datennetzes (IDN)	Für Datenübermittlung mit Schnittstelle X.21	Für Teletex (2400 bit/s) Gegebenenfalls für Faksimile Gruppe 4 (9600 bit/s)	Gegebenenfalls für Bildschirmtext (2400 bit/s)	

Abb. 4: Dienste im ISDN

Für die elektronische Dokumentenlieferung, für die die ISDN-Dienste Telefax (Gruppe 4) und Textfax zur Verfügung stehen, bedeutet die gegenüber dem jetzigen Fernsprechnetz deutlich höhere Datengeschwindigkeit eine erheblich schnellere Übertragung: Eine Telekopie mit der gegenwärtig besten Auflösung von 8 PEL/mm benötigt nur noch ca. 5 Sekunden (s. Abb. 5).

4.4 Entwicklung des ISDN

Ähnlich wie der Ausbau des Fernstraßen- und Autobahnnetzes in den vergangenen Jahrzehnten wird sich die Realisierung des ISDN-Netzkonzeptes über einen längeren Zeitraum erstrecken. Um dies einzusehen, muß man sich die Struktur des Telefonnetzes in der Bundesrepublik Deutschland vor Augen führen (s. Abb. 6).

Sämtliche 500 Fernvermittlungs- und 6400 Orts- und Endvermittlungsstellen müssen auf digitale Technik umgestellt werden; diese Vermittlungseinrichtungen repräsentieren für sich allein einen Wiederbeschaffungswert von rd. 40 Milliarden DM (vgl. ISDN 1984, S. 16). Außerdem müssen die Verbindungen zwischen den Vermittlungen auf eine höhere Kapazität hin ausgelegt werden; dies erfolgt zum großen Teil mit Glasfaserkabeln.

Die Planungen der Post sehen für 1986/87 ein ISDN-Pilotprojekt in Mannheim und Stuttgart vor. Ende 1988 sollen dann die ersten ISDN-fähigen digitalen Ortsvermittlungsstellen in Serientechnik in Betrieb genommen werden. Im Jahre 1990 werden etwa 100 digitale Fern- und 200 digitale Ortsvermittlungsstellen im digitalisierten Fernsprechnetz der Bundespost installiert sein, mit denen sich die Hälfte der Fernsprechteilnehmer erreichen lassen.

Etwa fünf Jahre nach Aufnahme des Serienbetriebes, also etwa 1993, soll eine bundesweite ISDN-Flächendeckung erreicht sein, indem mit Hilfe von Fernschaltungen Teilnehmer aus nicht ISDN-fähigen Anschlußbereichen an ISDN-fähige Ortsvermittlungsstellen herangeführt werden. Sämtliche Fernvermittlungsstellen sollen bis zum Jahr 2000, die Ortsvermittlungsstellen bis zum Jahr 2020 mit digitaler Vermittlungstechnik ausgerüstet sein (s. Rosenbrock 1986, FTZ 1986, ISDN 1984).

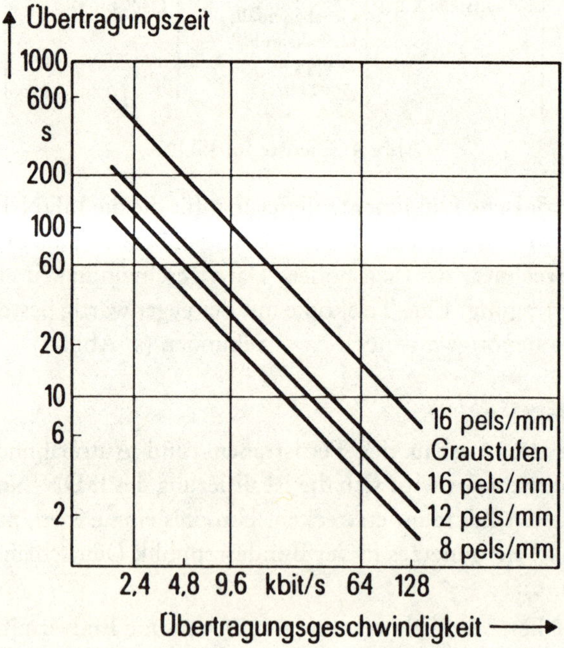

pels *p*icture *el*emets

Abb. 5: Übertragungszeiten für digitales Fernkopieren bei MRC-Code und Dokument mit 75% Text, 15% Graphik und 10% Fotografie

Für die Jahrzehnte dauernde Übergangszeit von den bestehenden Netzen auf das ISDN wird die Post „im wirtschaftlich vertretbaren Rahmen“ (ISDN 1984, S. 13) Endgeräteanpassungen, Netz- und Dienstübergänge anbieten. Im Zusammenhang mit der ISDN-Einführung sind allerdings noch viele Probleme offen, die möglicherweise zu Modifikationen und Veränderungen im Konzept führen werden (s. Hartlep 1986). Ein offenes Problem ist z. B. die Tarifierung der bisher volumenabhängigen Datendienste, etwa Datex P; nach Pattey (1986) kann im ISDN die Recherche in einer Datenbank bis zum Faktor 50 teurer werden als im Datex-P-Netz!

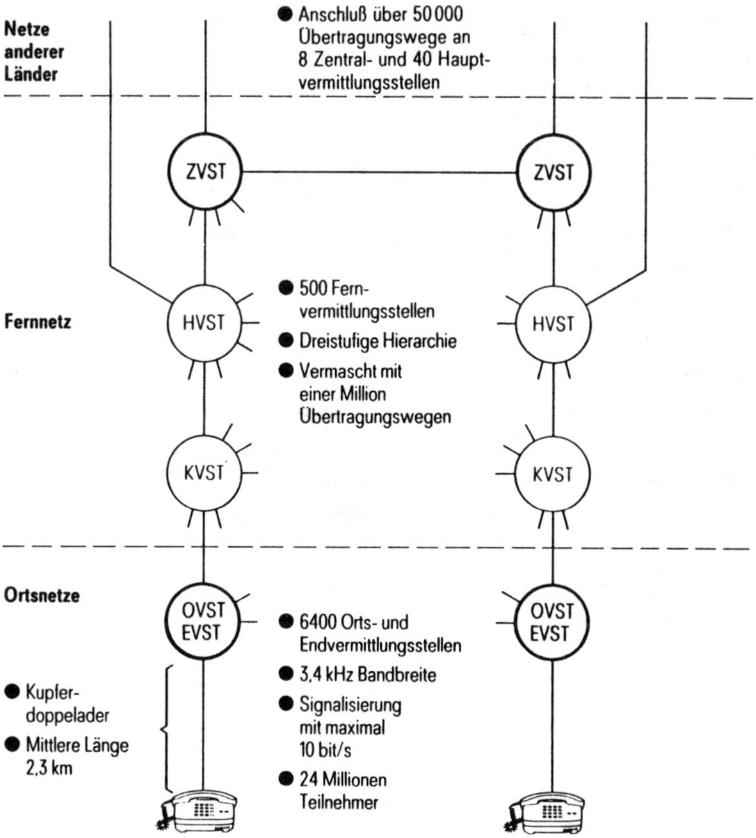

EVST	Endvermittlungsstelle	OVST	Ortsvermittlungsstelle
HVST	Hauptvermittlungsstelle	ZVST	Zentralvermittlungsstelle
KVST	Knotenvermittlungsstelle		

Abb. 6: Charakteristiken des Telefonnetzes in der Bundesrepublik Deutschland

5. Zusammenfassung und Schlußfolgerungen

Insgesamt läßt sich feststellen, daß mit den derzeit lieferbaren Geräten eine massenhafte Übertragung von Kopien nicht möglich ist. Einen grundlegenden Wandel kann es erst dann geben, wenn in einer geänderten Fernmelde-Infrastruktur wesentlich leistungsfähigere Geräte zu niedrigen Preisen zur Verfügung stehen; damit ist nicht vor Mitte der neunziger Jahre zu rechnen.

Die heutigen Probleme müssen aber mit den Mitteln von heute gelöst werden. Die elektronische Dokumentenlieferung ist kein Mittel, die aktuellen Probleme der Fernleihe zu lösen. Sie beschleunigt ohnehin nicht notwendig die Literaturversorgung; dafür sind andere Einflußfaktoren, etwa die Personal- und Etatsituation, viel ausschlaggebender. Dies sagt allerdings nichts darüber aus, daß Geräte zur elektronischen Dokumentenlieferung in Sonderfällen, etwa bei den zentralen Fach- sowie in Spezialbibliotheken, nicht sehr sinnvoll eingesetzt werden können. Dasselbe gilt für die „High-Tech"-Projekte der Europäischen Gemeinschaft (APOLLO-Projekt), auf die an dieser Stelle nicht näher eingegangen werden konnte (s. Vernimb/Mastroddi 1983).

Die British Library rechnet damit, 1990 eine Million Seiten elektronisch zu übertragen; diese Zahl scheint mir zu hoch gegriffen zu sein. Ich bin aber davon überzeugt, daß es langfristig, vielleicht erst nach dem Jahr 2000, zu erheblichen Veränderungen in der Literaturversorgung kommen wird, ja kommen muß.

Blickt man einmal zurück in die fünfziger Jahre, so bekam der Bibliotheksbenutzer, wenn er über die Fernleihe einen Zeitschriftenartikel bestellte, den entsprechenden Band ausgeliehen; heute würde er eine Kopie erhalten (§ 25 Leihverkehrsordnung). Entsprechend ist damit zu rechnen, daß das Verschikken von Kopien allmählich durch das Übertragen von Fernkopien ersetzt werden wird und diese Art der Dokumentenlieferung irgendwann seinen Niederschlag als Regelfall in einer zukünftigen „Dokumentenlieferungsordnung" finden wird.

Ausgewählte Literatur

Gates, Yuri
1985 Elektronische Dokumentenlieferung. In: Umschau in Wissenschaft und Technik 1985 Heft 5, S. 276–279.

FTZ
1986 Aktuelle Aktivitäten des FTZ. In: Fernmelde-Praxis 63 (1986) Heft 8, S. 293–322.

Graddon, Pamela H. B.
1985 Facsimile in libraries. In: Audiovisual librarian 11 (1985) No. 3, S. 153–157.

Graf, J.
1986 Digitale Zukunft. Der Verwaltungsrat der Deutschen Bundespost verabschiedete jetzt eine ‚revolutionäre' Telekommunikationsordnung. In: Computer persönlich 1986 Heft 12, S. 133/34.

Gurnsey, John
1985 The information professions in the electronic age. (Looking forward in librarianship.) London: Bingley 1985, Chapter 12.

Hartlep, Rainer
1986 ISDN realistisch; Wunsch, Planung, Wirtschaftlichkeit. In: Online '86. Symposium X, Vortrag 1. Hamburg 1986.

Hunter, Roy
1985 Mixed mode, a new international document interchange service. In: British telecom technology journal 3 (1985) No. 2, S. 21–31.

Irmer, Th.
1986 ISDN: Standardisierung im CCITT. In: Online '86. Symposium D, Vortrag 1. Hamburg 1986.

ISDN
1986 ISDN. Die Antwort der Deutschen Bundespost auf die Anforderung der Telekommunikation von morgen. Hrsg.: Bundesministerium für das Post- und Fernmeldewesen. Bonn 1984.
1985 Sonderheft ‚Diensteintegrierendes Digitalnetz ISDN'. Telcom Report 8 (1985), Februar. (Diesem Heft wurden die Abb. 4, 5 und 6 entnommen.)

Kafka, Gerhard
1986 Neue Telekommunikationsordnung ab 1988. In: Datacom 1986 Heft 2, S. 70–74.

Kaiser, W.
1982 Interaktive Breitbandkommunikation. (Telecommunications 8.) Berlin: Springer 1982.

Kantowski, Wolf
1985 Bisherige und künftige Entwicklung des Telefaxdienstes. In: Fernmelde-Praxis 62 (1985) Heft 17, S. 651–674.

Martin, Susan
1983 Delivery systems: beyond access. In: New trends in electronic publishing and electronic libraries. Essen Symposium 1983. (Veröffentlichungen der Gesamthochschulbibliothek Essen 6.) Essen 1984. S. 99–117.

Moralee, Dennis
1985 Facing the limitations of electronic document handling. In: Electronic library 3 (1985) No. 3, S. 210–217. (Eine gekürzte Fassung erschien in Bibliotheksdienst 20 (1986) Heft 3, S. 202–205).

Pattay, Walter von
1986 Leistungen und Gebühren des ISDN und ihre Auswirkungen auf die nichtsprachliche Kommunikation. In: Online '86. Symposium D, Vortrag 6. Hamburg 1986.

Rosenbrock, Karl Heinz
1986 Die Einführung des ISDN bei der Deutschen Bundespost: Stand der derzeitigen Planungen und Weiterentwicklung des ISDN. Online '86. Symposium D, Vortrag 2. Hamburg 1986.

Schön, Helmut
1984 Die Deutsche Bundespost auf ihrem Weg zum ISDN. In: Zeitschrift für das Post- und Fernmeldewesen 1984 Heft 6.

Stamps, George M.
1985 The group III/group IV dilemma. In: Electronic imaging 85. International electronic imaging exposition and conference. Boston 1985. S. 344–347.

Tehnzen, Jobst, und Wolfgang Zick
1983 Beschleunigung der Literaturversorgung durch Telekopie. Einsatz eines Telekopierers an der Technischen Informationsbibliothek (TIB) für die Erledigung von Eilbestellungen. In: Nachrichten für Dokumentation 34 (1983) Nr. 3, S. 167/68.

Vernimb, Carlo, und F. Mastroddi
1983 The CEC experiments on electronic document delivery and electronic publishing. In: 7th international online information meeting. London 1983. S. 119–130.

Weaver, Carolyn G.
1986 Electronic document delivery. In: Encyclopedia of library and information science, Vol. 40 (Suppl. 5). New York: Dekker 1986. S. 43–59.

Yates, D. M.
1983 Project Hermes. In: Aslib proceedings 35 (1983) No. 4, S. 177–182.

Zick, Wolfgang
1983 Der Einsatz von Fernkopierern im Informations- und Dokumentationswesen. Entwicklung und gegenwärtiger Stand. Hausarbeit zur Prüfung für den höheren Bibliotheksdienst. Köln 1983.

6. KATALOGISIERUNG UND SACHLICHE ERSCHLIESSUNG

HEINZ-WERNER HOFFMANN

Die Arbeitsgemeinschaft der Verbundsysteme, ihre Aufgaben und Ziele

1. Die Gründung der Arbeitsgemeinschaft der Verbundsysteme

1.1 Die Empfehlungen der Deutschen Forschungsgemeinschaft

Im Jahre 1979 hat der Unterausschuß für Datenverarbeitung des Bibliotheksausschusses der Deutschen Forschungsgemeinschaft „Empfehlungen zum Aufbau regionaler Verbundsysteme und zur Einrichtung Regionaler Bibliothekszentren" vorgelegt. Diese Empfehlungen sind im Jahre 1980 in der Zeitschrift für Bibliothekswesen und Bibliographie (Jahrgang 27, Seite 189–204) veröffentlicht und damit über den Kreis der direkt Betroffenen hinaus bekannt gemacht worden.

Nun ist es aber keineswegs so gewesen, daß es vor der Veröffentlichung der DFG-Empfehlungen in der Bundesrepublik Deutschland noch keine Verbundsysteme oder Pläne zur Errichtung von Verbundsystemen gegeben hätte. In Bayern und in Nordrhein-Westfalen gab es im Jahre 1979 laufende Offline-Verbundsysteme; in Hessen hatte man mit der Entwicklung des Online-Verbundsystems HEBIS begonnen, und in einigen anderen Bundesländern gab es mehr oder weniger ausgereifte Pläne für die Entwicklung und den Einsatz von Verbundsystemen.

Die Deutsche Forschungsgemeinschaft wollte mit ihren Empfehlungen zum Aufbau regionaler Verbundsysteme und zur Einrichtung Regionaler Bibliothekszentren auf der einen Seite die in einigen Bundesländern bereits eingeleiteten Planungen und Entwicklungen bestärken und unterstützen und auf der anderen Seite dort, wo dies noch erforderlich war, entsprechende Initiativen anregen. Im Vorwort der Empfehlungen heißt es dazu: „Der Aufbau regionaler Verbundsysteme für die kooperative Katalogisierung der Bibliotheken und die Einrichtung Regionaler Bibliothekszentren auf der Basis dieser Empfehlungen sollte nach Möglichkeit von allen Bundesländern gleichzeitig in Angriff genommen werden. Für die Zusammenarbeit der Bibliotheken einer Region, der verschiedenen Regionen untereinander sowie der zentralen bibliothekarischen Einrichtungen mit denen des IuD-Bereichs wäre es verhängnisvoll, wenn in einzelnen Ländern auf den Aufbau regionaler Verbundsysteme ganz verzichtet oder dieser allzusehr verzögert würde. Ein dadurch entstehendes Ungleichgewicht der Bibliotheksstrukturen wird sich mit Sicherheit als nachteilig für das gesamte Bibliothekswesen und damit auch für die überregionale Literaturversorgung für Wissenschaft und Forschung erweisen."

1.2 Überregionale Literaturversorgung und Kooperation der Verbundsysteme

Aus dem kurzen Zitat kann man schon erahnen, daß die Deutsche Forschungsgemeinschaft die Einrichtung regionaler Verbundsysteme nicht isoliert betrachtet hat, sondern diese Systeme in den Zusammenhang der überregionalen Literaturversorgung und Kooperation stellt. Die Hauptbeteiligten dieser Kooperation sollen sein die regionalen Verbundsysteme, die zentralen bibliothekarischen Einrichtungen und der IuD-Bereich. Folgerichtig hat die DFG daher einen ganzen Abschnitt, und zwar den Abschnitt 6, dem Thema der Zusammenarbeit der Regionalen Bibliothekszentren gewidmet. Dort heißt es:

„Die Regionalen Bibliothekszentren arbeiten zusammen

- mit der Deutschen Bibliothek als dem nationalbibliographischen Zentrum,
- mit der überregionalen Zeitschriftendatenbank des Deutschen Bibliotheksinstituts und der Staatsbibliothek Preußischer Kulturbesitz,
- mit den Fachinformationszentren und anderen zentralen Einrichtungen des IuD-Bereichs,
- mit den anderen Regionalen Bibliothekszentren,
- mit dem Deutschen Bibliotheksinstitut (DBI).

Ziel der angestrebten Kooperation ist es, dem Benutzer die Möglichkeit zu bieten, seinen Bedarf an fachlicher Information und an Nachweisen über die Verfügbarkeit der benötigten Literatur möglichst an einer Stelle und aus einer Hand zu decken."

An dieser Stelle der Empfehlungen steht also ein klar formuliertes Ziel für die Zusammenarbeit der Bibliotheksverbundsysteme. Dieses Ziel wird an einer anderen Stelle des Abschnitts 6 noch genauer beschrieben: „Standortnachweise für die monographische Literatur in den Bibliotheken der Regionen werden in Fortführung der Aufgaben der bisherigen regionalen Zentralkataloge vom jeweiligen Regionalen Bibliothekszentrum geführt. Die Bibliotheken haben Zugriff zu den Daten des jeweils für sie zuständigen Regionalen Bibliothekszentrums. Die Regionalen Bibliothekszentren haben dagegen auch untereinander Möglichkeiten des wechselseitigen Zugriffs auf die bei ihnen gespeicherten Bestandsdaten."

Abschließend noch ein letztes Zitat zum Thema Zusammenarbeit aus den Empfehlungen der Deutschen Forschungsgemeinschaft:
„Angesichts der besonderen Bedeutung, die die Zusammenarbeit der regionalen Verbundsysteme für die kooperative Katalogisierung, den Bestandsnachweis und die Übermittlung von Bestellungen hat, sollte diese über den Zusammenschluß der Regionalen Bibliothekszentren in einer eigenen Arbeitsgemeinschaft hinaus durch die Einrichtung eines Verbundsekretariats bei einer geeigneten zentralen Institution (z. B. beim Deutschen Bibliotheksinstitut) unterstützt werden. Aufgabe dieses Verbundsekretariats ist insbesondere die laufende aktive Koordinierung der Arbeiten der Regionalen Bibliothekszentren sowie die Organisation der gemeinsamen Kooperationsaufgaben."

1.3 Die Mitglieder der Arbeitsgemeinschaft

Auf der Grundlage dieser Empfehlungen ist die Arbeitsgemeinschaft der Verbundsysteme im Frühjahr 1983 gegründet worden. Gleichzeitig hat das Verbundsekretariat beim Deutschen Bibliotheksinstitut seine Arbeit aufgenommen. Mitglied der Arbeitsgemeinschaft der Verbundsysteme sind zur Zeit die folgenden Institutionen:

- der Bayerische Bibliotheksverbund,
- der Berliner Bibliotheksverbund,
- der Hamburger Bibliotheksverbund,
- der Hessische Bibliotheksverbund
- der Niedersächsische Bibliotheksverbund,
- der Nordrhein-westfälische Bibliotheksverbund,
- der Südwestdeutsche Bibliotheksverbund,
- der Verbund der Bibliotheken der obersten Bundesbehörden,
- die Region Bremen/Norddeutschland,
- die Deutsche Bibliothek,
- die Zeitschriftendatenbank
- und für den IuD-Bereich die Gesellschaft für Information und Dokumentation (GID).

Weiterhin gehören zur Arbeitsgemeinschaft:

- der jeweilige Vorsitzende des Unterausschusses für Datenverarbeitung des Bibliotheksausschusses der Deutschen Forschungsgemeinschaft,
- ein Vertreter des Bibliotheksreferats der Deutschen Forschungsgemeinschaft,
- ein Vertreter der Kultusminister-Konferenz (KMK)
- und last, but not least das Verbundsekretariat beim Deutschen Bibliotheksinstitut.

2. Aus der Tätigkeit der Arbeitsgemeinschaft

2.1 Gegenseitige Information

Ein immer wiederkehrender Tagesordnungspunkt ist die gegenseitige Information darüber, was in den einzelnen Verbünden bisher geschehen ist, was zur Zeit dort getan wird und was für die Zukunft geplant ist. Jede Form der Zusammenarbeit setzt zunächst einmal Informationen über die Partner voraus, mit denen man zusammenarbeiten soll. Erfreulicherweise ist das Wissen über die einzelnen Verbundsysteme, das auf der Gründungsversammlung der Arbeitsgemeinschaft vor dem Unterausschuß für Datenverarbeitung zusammengetragen wurde, nicht auf die Mitglieder der Arbeitsgemeinschaft und des Unterausschusses beschränkt geblieben, sondern dank der Tätigkeit des Deutschen Bibliotheksinstituts und des dort angesiedelten Verbundsekretariats veröffentlicht worden. Der Titel der Publikation, die im Jahre 1983 beim DBI erschienen ist, lautet: „Aufbau Regionaler Verbundsysteme und Einrichtung Regionaler Bibliothekszentren. Berichte zum aktuellen Stand vor dem Unterausschuß für Datenverarbeitung der Deutschen Forschungsgemeinschaft am 28. Januar 1983."

2.2 Stand der Verbundentwicklung in den einzelnen Regionen

Hier ein kurzer Überblick über den aktuellen Stand der Verbundentwicklung in den einzelnen Regionen:

In Bayern arbeiten alle großen wissenschaftlichen Bibliotheken in einem Offline-Katalogisierungsverbund zusammen, der von der Generaldirektion der Bayerischen Staatlichen Bibliotheken in München betrieben wird. Geplant ist die Umstellung auf ein Online-Verfahren unter Nutzung des in Hessen entwickelten Systems HEBIS.

In Berlin ist die Einführung des Systems IBAS III für die Online-Katalogisierung der Monographien im Verbund geplant. Seit 1985 läuft IBAS im Routinebetrieb bei der Staatsbibliothek Preußischer Kulturbesitz. Dafür wird die Datenverarbeitungsanlage des Deutschen Bibliotheksinstituts genutzt.

In Hamburg arbeiten zur Zeit drei Bibliotheken im Verbund zusammen: die Staats- und Universitätsbibliothek, die Bibliothek der Technischen Universität Hamburg-Harburg und die Bibliothek des HWWA-Instituts für Wirtschaftsforschung. Eingesetzt wird das Online-Verbundsystem IBAS III.

In Hessen ist für die Verbundkatalogisierung der wissenschaftlichen und öffentlichen Bibliotheken das Online-System HEBIS-KAT entwickelt worden. Die Erprobungsphase ist abgeschlossen. Seit wenigen Wochen liegt die grundsätzliche Zustimmung der Personalvertretungen zum Einsatz des Systems vor.

Nach der Beschaffung der erforderlichen Datenerfassungsgeräte soll Anfang des nächsten Jahres der Routinebetrieb bei einigen Bibliotheken aufgenommen werden.

Der Niedersächsische Bibliotheksverbund hat mit der Einrichtung des Bibliotheksrechenzentrums für Niedersachsen (BRZN) im Jahre 1982 seine Arbeit aufgenommen. Auf der Basis des Retrieval-Systems GRIPS, das vom Deutschen Institut für medizinische Dokumentation und Information (DIMDI) entwickelt worden ist, werden die Katalogdaten aller größeren wissenschaftlichen Bibliotheken vom BRZN für das Online-Retrieval aufbereitet und zur Verfügung gestellt.

Der Nordrhein-westfälische Bibliotheksverbund besteht derzeit aus neun Bibliotheken, und zwar aus den Universitätsbibliotheken in Bochum, Duisburg, Essen, Hagen, Paderborn, Siegen und Wuppertal, aus der Bibliothek der Fachhochschule Köln und der Zentralbibliothek der Medizin in Köln. Die Datenverarbeitung erfolgt durch das Hochschulbibliothekszentrum in Köln. Im Jahre 1985 ist das früher eingesetzte Offline-Verarbeitungssystem durch ein Online-Verbundsystem auf der Basis des Systems IBAS III ersetzt worden. In den kommenden Jahren sollen schrittweise alle Hochschulbibliotheken des Landes und die Universitätsbibliothek Trier an das Verbundsystem angeschlossen werden.

Im Südwestdeutschen Bibliotheksverbund hat in diesem Jahr die Verbundkatalogisierung mit dem System IBAS III bei den Unversitätsbibliotheken in Heidelberg, Karlsruhe, Konstanz und Tübingen begonnen. Geplant ist der Einsatz des Verbundsystems in allen Hochschulbibliotheken und in den Landesbibliotheken. Die Datenverarbeitung erfolgt bei der Verbundzentrale in Konstanz.

Der Verbund der Bibliotheken der obersten Bundesbehörden befindet sich zur Zeit noch in der Erprobungsphase. Mit dem System HEBIS sollen die Bibliotheken aller obersten Bundesbehörden im Verbund zusammenarbeiten. Der Routinebetrieb wird voraussichtlich im nächsten Jahr mit 10 bis 12 Teilnehmern aufgenommen.

In der Region Bremen/Norddeutschland, die ebenfalls in der Arbeitsgemeinschaft vertreten ist, gibt es noch keine endgültigen Pläne für eine zukünftige Verbundarbeit. Die Staats- und Universitätsbibliothek Bremen betreibt seit vielen Jahren ein Offline-System für die Monographien-Katalogisierung. Seit Anfang 1985 hat die Universitätsbibliothek Kiel einen Testanschluß an das Niedersächsische Bibliotheksrechenzentrum in Göttingen. Die Bibliothek des Instituts für Weltwirtschaft erprobt den Einsatz von IBAS III zusammen mit der Datenzentrale Schleswig-Holstein.

Gemessen an der Teilnehmerzahl ist zweifelsohne die Zeitschriftendatenbank der Staatsbibliothek Preußischer Kulturbesitz und des Deutschen Bibliotheksinstituts das zur Zeit größte Verbundsystem in der Bundesrepublik Deutschland. Diese Datenbank dürfte Ihnen allen so bekannt sein, daß ich mich auf den technischen Hinweis beschränken kann, daß diese Datenbank für Online-Recherchen im System GRIPS vom DBI zur Verfügung gestellt wird, daß die Katalogisierung, d.h. die Datenerfassung im wesentlichen aber offline abläuft. Die Umstellung der Katalogisierungsfunktion der ZDB auf ein Online-System ist geplant.

Wenn wir die Menge der gespeicherten Datensätze zum Maßstab für die Größe eines Verbundsystems machen, dann liegt Bayern mit über vier Millionen Titeln sicher an der Spitze, gefolgt von Nordrhein-Westfalen mit über 2,5 Millionen Titeln. Wobei NRW den größten online geführten Titelpool aller deutschen Verbundsysteme hat.

Für den Fall, daß Sie in meiner kurzen Aufführung der Verbundaktivitäten die Region Rheinland-Pfalz/Saarland vermißt haben, möchte ich noch erwähnen, daß beide Länder keine eigenen Verbundsysteme planen, sondern sich in Fortsetzung der bisherigen Zentralkatalogs-Praxis den Verbundsystemen in Baden-Württemberg, Hessen bzw. Nordrhein-Westfalen anschließen werden.

2.3 Regionale Verbundsysteme und Zeitschriftendatenbank

Mehrmals hat sich die Arbeitsgemeinschaft mit der Frage beschäftigt, wie die regionalen Verbundsysteme mit der Zeitschriftendatenbank bei der Datenerfassung und Datenspeicherung zusammenarbeiten können. Eine Reihe von Verbundsystemen bzw. die in den Verbundsystemen katalogisierenden Bibliotheken wünschen einen Nachweis von Zeitschriftentiteln sowohl in der Zeitschriftendatenbank als auch im regionalen Verbundsystem bzw. im lokalen Katalog. Dabei soll allerdings die Datenerfassung und Datenpflege nur einmal erfolgen. Prinzipiell gibt es nun zwei Lösungsmöglichkeiten für dieses Problem: Entweder werden die Zeitschriften primär in der ZDB katalogisiert, und die interessierten Regionen bzw. Bibliotheken erhalten Kopien der ZDB-Aufnahmen, oder die Zeitschriften werden primär in den Regionen katalogisiert, und die Zeitschriftendatenbank erhält Kopien aus den Regionen. In beiden Fällen ist eine Kompatibilität der eingesetzten Datenformate und Datenstrukturen Voraussetzung für eine sinnvolle Kooperation zwischen der ZDB und den Regionen. Der auffälligste Unterschied bestand in der Vergangenheit zwischen den Stufenaufnahmen der Zeitschriftendatenbank und den Einheitsaufnahmen der regionalen Verbundsysteme. Daß dieser Unterschied seit einigen Monaten nicht mehr besteht, weil die ZDB ihre Katalogisierungspraxis umgestellt hat, ist sicher auch – wenn auch nicht ausschließlich – auf die Beratung der Problematik in der Arbeitsgemeinschaft zurückzuführen.

2.4 Zeichenvorrat

Da Bibliothekare, insbesondere Katalogisierer an wissenschaftlichen Bibliotheken, mit den 96 Zeichen, die Hersteller von EDV-Anlagen standardmäßig den Anwendern zur Verfügung stellen, in aller Regel nicht auskommen, sind in der Vergangenheit oftmals Terminals mit speziellen Zeichenvorräten für einzelne Bibliotheken angefertigt worden. Und wenn es dann zwei Bibliotheken gab, die sich für dieselbe Anzahl von Zeichen entschieden hatten, hieß das noch lange nicht, daß es sich dabei um dieselben Zeichen handelte.

In der Arbeitsgemeinschaft der Verbundsysteme hat das Thema Zeichenvorrat in der Vergangenheit öfter auf der Tagesordnung gestanden. Erfreulich ist die Tatsache, daß man sich auf einen Zeichenvorrat von 128 Zeichen gemäß DIN 31 628 Stufe 2 und auf eine einheitliche Tastatur-Belegung in der Arbeitsgemeinschaft geeinigt hat. Weniger erfreulich ist aber die Tatsache, daß einige Hersteller immer noch Mühe haben, Terminals mit dem gewünschten Zeichenvorrat zu produzieren. Offenbar ist für die Firmen das Geschäft mit den Bibliotheken nicht attraktiv genug, weil immer nur kleine Stückzahlen bestellt werden. Auf der letzten Sitzung ist das Thema „Zeichenvorrat“ wieder zur Sprache gekommen; diesmal mit der Fragestellung „Wäre es nicht besser, wenn die Bibliotheken auf einen eigenen Zeichenvorrat verzichten und sich stattdessen an der Teletex-Norm orientieren?“

2.5 Online-Verbund der regionalen Verbundsysteme

Ein einheitlicher Zeichenvorrat und eine kompatible Datenstruktur sind zwei Voraussetzungen für die Zusammenarbeit der Verbundsysteme und für einen Datenaustausch. Im Offline-Verfahren kann man damit auch ganz gut arbeiten, wie die Beispiele der Fremddatenübernahme von der Deutschen Bibliothek und vom Deutschen Bibliotheksinstitut zeigen. Wenn es in den Empfehlungen zum Aufbau regionaler Verbundsysteme, aus denen ich am Anfang einige Sätze zitiert habe, heißt: „Die Regionalen Bibliothekszentren haben . . . untereinander Möglichkeiten des wechselseitigen Zugriffs auf die bei ihnen gespeicherten Bestandsdaten“, dann ist damit sicher nicht nur ein Offline-Datenaustausch gemeint, sondern in erster Linie eine Online-Zugriffsmöglichkeit. An dieser Möglichkeit fehlt es aber bis heute im großen und ganzen noch. Nicht, daß die Arbeitsgemeinschaft sich mit dem Thema noch nicht befaßt hätte, im Gegenteil, es ist sogar eine spezielle Arbeitsgruppe zu diesem Thema eingerichtet worden. Außerdem gibt es Kontakte zum Verein Deutsches Forschungsnetz (DFN), der sich mit den Möglichkeiten der Datenfernübertragung und der Rechnerkopplung beschäftigt. Nur scheint mir im Augenblick im deutschen Bibliotheksbereich die Zeit dafür noch nicht reif zu sein, und zwar aus mehreren Gründen:

1. In einem speziell für das Online-Retrieval geschaffenen System stehen bisher nur die Daten des Bibliotheksrechenzentrums für Niedersachsen, der Deutschen Bibliothek und des Deutschen Bibliotheksinstituts zur Verfügung.

2. In Nordrhein-Westfalen, im Südwestdeutschen Bibliotheksverbund, in Berlin und Hamburg hat die Online-Verbundkatalogisierung erst vor kurzer Zeit begonnen. Die dort eingesetzten Online-Systeme auf der Basis von IBAS ermöglichen zwar grundsätzlich auch Online-Recherchen, sind aber in erster Linie für den Vorgang der Katalogisierung konzipiert.

3. Bei allen Verbundsystemen reicht die vorhandene Rechnerkapazität nicht aus, um Online-Recherchen von anderen Regionen in größerem Umfang verarbeiten zu können. In einigen Fällen können noch nicht einmal die Katalogisierungsterminals der eigenen Region mit guten Antwortzeiten bedient werden, in anderen Fällen fehlt es an technischen Anschlußmöglichkeiten für die Datenfernübertragung. So gibt es an der Datenverarbeitungsanlage des Hochschulbibliothekszentrums zum Beispiel neben den Standleitungen zu den Verbundbibliotheken im Lande nur ein Wählmodem und keinen DATEX-P-Anschluß. Wenn dieses Modem nun besetzt ist, wie zum Beispiel in dieser Woche für die Verbindung zum Ausstellungsstand auf dem Bibliothekartag, dann kann kein anderer Nutzer außerhalb des Verbundes auf die beim HBZ gespeicherten Daten zugreifen.

4. Es müssen für den Online-Zugriff von einem Regionalen Bibliothekszentrum auf ein anderes Zentrum nicht nur Terminals, Anschlüsse und Rechnerkapazitäten zur Verfügung stehen, sondern auch Geldmittel für die Datenfernübertragung. Auch daran fehlt es an vielen Stellen angesichts der leeren Kassen der zuständigen Finanzminister.

2.6 Kompatibilität der Verbundsysteme

Alle gerade als fehlend gemeldeten Dinge können im Prinzip relativ leicht beschafft werden, wenn das nötige Geld dafür zur Verfügung steht. Dann könnte zum Beispiel das HBZ auf die Daten des BRZN zugreifen, dann könnte man aus Hamburg in Konstanz recherchieren, und dann wären die Daten des HBZ in Oldenburg nicht nur anläßlich des Bibliothekartags, sondern täglich online lesbar. Dann müßte aber beim heutigen Entwicklungsstand jeder, der Nutzen aus anderen Verbundsystemen ziehen möchte, das in dem anderen Verbund eingesetzte System genau kennen, er müßte die erforderlichen Kommandos für das Retrieval beherrschen usw.

Und wer nun glaubt, das Problem sei doch nicht so groß, weil im Prinzip nur drei Systeme eingesetzt werden, nämlich IBAS, HEBIS und GRIPS, der wird in der Praxis sehr schnell feststellen, daß zum Beispiel IBAS nicht gleich IBAS ist. Während die Systeme in Berlin, Hamburg und im Südwesten auf dem sogenannten Standardbibliothekssystem von IBAS beruhen und von daher sehr ähnlich, aber nicht identisch sind, weicht die IBAS-Generierung des Hochschulbibliothekszentrums, die zu einem früheren Zeitpunkt entstanden ist und die Struktur des alten Offline-Systems berücksichtigen mußte, von dem Standardsystem an vielen Stellen ab.

Die Arbeitsgemeinschaft der Verbundsysteme hat ihre schwierigste Aufgabe, nämlich den Online-Verbund der Verbundsysteme, noch nicht bewältigt. Die Probleme sind weitgehend bekannt, Lösungsmöglichkeiten jedoch erst in Ansätzen gefunden. Schwierigkeiten gibt es nicht nur bei der Vereinheitlichung bibliothekarisch begründeter Unterschiede, sondern auch beim Zusammenwirken von Hardware und Software verschiedener Hersteller.

Die Arbeiten werden nach meiner Einschätzung nur langsam vorankommen, weil das erforderliche Geld und das erforderliche Personal zur Zeit fehlen. Solange sich die Verbundsysteme selber noch im Aufbau befinden, wird das Entwicklungspersonal zuerst einmal in den Verbünden selbst benötigt. Freie Entwicklungskapazitäten für verbundübergreifende Aufgaben werden wohl erst dann in größerem Umfang zur Verfügung stehen, wenn die Aufbauphase der Verbundsysteme abgeschlossen ist oder zusätzliches Personal eingestellt werden kann.

3. Vom Nutzen der Arbeitsgemeinschaft

Die letzten Sätze können möglicherweise den Eindruck hervorgerufen haben, daß die Arbeitsgemeinschaft den einzelnen Mitgliedern zur Zeit ungeliebte Arbeit bereitet. Zweifelsohne bedeutet die Zusammenarbeit der Verbundsysteme für die einzelnen Partner zusätzliche Arbeit. Diese Arbeit wird man sicherlich nur dann übernehmen, wenn man in der Zusammenarbeit einen Nutzen sieht. Darum möchte ich zum Schluß noch kurz die Frage beantworten: „Welchen Nutzen bringt die Arbeitsgemeinschaft für die einzelnen Verbundsysteme und die daran angeschlossenen Bibliotheken?"

Eine Antwort auf diese Frage erhält man am besten, wenn man einen Blick auf die gerade etwas ausführlicher dargestellten Themen und die weiteren behandelten Punkte wirft, wie zum Beispiel

- neue Lieferbedingungen der Deutschen Bibliothek für den Magnetbanddienst der Deutschen Bibliographie und der British National Bibliography,
- Änderungen beim Maschinellen Austauschformat für Bibliotheken MAB1,

- Datenlieferungen für den Verbundkatalog maschinenlesbarer Daten des Deutschen Bibliotheksinstituts,
- retrospektive Katalogisierung von Altbeständen,
- Programmentwicklung für die Herstellung von Mikrofiche-Katalogen,
- Programmentwicklung für die Sacherschließung nach den RSWK,
- Zusammenarbeit mit der Deutschen Bibliothek bei der Pflege einer Standardschlagwortliste für die Sacherschließung nach RSWK,
- Verknüpfung zwischen Verbundsystemen und lokalen Online-Katalogen,
- Informationsaustausch über Regelungen für Bildschirmarbeitsplätze,
- Information über das österreichische Bibliotheksverbundsystem BIBOS.

Die Arbeitsgemeinschaft ist also auf der einen Seite eine Art Informationsbörse, zum anderen ein Sprachrohr, mit dem die Verbundsysteme gemeinsame Interessen Dritten gegenüber vertreten, und schließlich ein Planungs- und Arbeitsgremium für den angestrebten technischen Zusammenschluß der Verbundsysteme. Der zuletzt genannte Punkt ist sicher der wichtigste und steht auch bei den DFG-Empfehlungen im Vordergrund. Da Planer und Techniker in der Regel verschiedene Personen sind, hat die Arbeitsgemeinschaft zur Beratung und Lösung technischer Probleme zwei spezielle Arbeitsgruppen eingerichtet, und zwar die AG Software und die AG Anwenderprotokolle.

Der Nutzen, den die Arbeitsgemeinschaft in der Vergangenheit für die einzelnen Verbundsysteme und die daran angeschlossenen Bibliotheken gestiftet hat, wird von Region zu Region unterschiedlich sein und läßt sich wohl kaum in Mark und Pfennig ausdrücken. Was ist es wert, wenn ein Verbund oder eine Bibliothek bei der Ausschreibung für Bildschirmterminals sich keine großen Gedanken über Zeichenvorrat und Tastaturbelegung mehr machen muß, sondern auf die in der Arbeitsgemeinschaft getroffenen Absprachen zurückgreifen kann? Wie hoch soll man es einschätzen, wenn aufgrund eines Erfahrungsaustausches in der AG Software ein bestimmtes Programm zum Laufen gebracht werden kann, weil man von einem Kollegen aus einem anderen Verbund erfahren hat, wie man dort das anstehende Problem gelöst hat? Wieviel eigene Redaktionsarbeit kann man in einem Verbund oder in einer Bibliothek einsparen, wenn es gelingt, zusammen mit der Deutschen Bibliothek ein Verfahren für die kooperative Pflege einer Standardschlagwortliste zu entwikkeln?

Man wird sicher nicht behaupten können, daß die einzelnen Verbundsysteme ohne den Zusammenschluß in einer AG nicht funktionieren würden. Auch bibliothekarische Kooperationen und Abstimmungen zwischen verschiedenen Verbundsystemen hat es vor der Gründung der AG schon gegeben. Diese Zusammenarbeiten waren in der Regel jedoch ohne Wirkungen für die anderen Verbünde. Oftmals haben die anderen gar nichts davon gewußt. Die Arbeitsgemeinschaft bildet dagegen ein Forum für einen Informationsaustausch und eine Koordinierung, an der alle Verbundsysteme gleichermaßen teilnehmen können.

Informationen, Abstimmungen und Koordinierungen in der Arbeitsgemeinschaft der Verbundsysteme sind kein Selbstzweck. Sie dienen letztlich dem angestrebten Online-Zusammenschluß der regionalen Verbundsysteme. Ich habe schon mehrfach darauf hingewiesen, daß in der Lösung der dort bestehenden Probleme die eigentliche Aufgabe und, wie ich hoffe, der große Nutzen der Arbeitsgemeinschaft liegen wird. Das heißt, die Frage nach dem Nutzen der Arbeitsgemeinschaft für die einzelnen Verbundsysteme und die daran angeschlossenen Bibliotheken wird man erst in einigen Jahren vollständig beantworten können, wenn es möglich ist, aus jeder Bibliothek, die an ein Verbundsystem angeschlossen ist, über die eigene Verbundzentrale hinaus in den Datenbeständen der anderen Verbundsysteme zu recherchieren und benötigte Literatur online zu bestellen.

FRIEDRICH GEISSELMANN

Schlagwortkatalogisierung im Verbund

Wenn ich über Schlagwortkatalogisierung im Verbund spreche, möchte ich einerseits über die Erfahrungen im Bayerischen Verbund berichten[1], andererseits darauf aufbauend die grundsätzlichen Forderungen an ein solches System zu beschreiben versuchen.

Ich beginne mit einigen statistischen Zahlen zum bayerischen Verbundkatalog-Schlagwortkatalog: Beteiligt sind die Bayerische Staatsbibliothek, die zehn Universitätsbibliotheken, in einzelnen Fällen schon mit Integration von Institutsbeständen, sowie in jüngster Zeit eine Reihe von Fachhochschul- und staatlichen Bibliotheken. Der Katalog umfaßt bei den Bibliotheksneugründungen den Gesamtbestand seit dem Beginn der Beschlagwortung 1971 bzw. 1975, bei den alten Bibliotheken den Zugang seit dem Übergang zur EDV-Katalogisierung im Jahr 1982, also immerhin von vier Jahren RSWK-Praxis. Insgesamt enthält der Katalog 3695000 Eintragungen. Das Wachstum betrug im letzten Jahr 582000 Eintragungen, dies sind z. B. für die BSB ca. 180000 oder die UB Augsburg 54000. Der SWK ist für die alten Universitätsbibliotheken die einzige Sacherschließung, für die neuen Universitätsbibliotheken einschließlich Würzburg ist er neben der sachlichen Aufstellung die zweite Sacherschließung. Ein SWK wird von allen Bibliotheken für notwendig gehalten. Das Argument ist die Benutzerfreundlichkeit dieses Katalogs und die wesentlich stärkere Inanspruchnahme verglichen mit einem systematischen Katalog[2]. Aus diesem Grund wurde zuletzt an der Bayerischen Staatsbibliothek beim Übergang auf den EDV-Katalog der systematische Katalog abgebrochen (genauer: durch eine Grobsystematisierung ersetzt). Dies stimmt mit dem verschiedentlich festgestellten Trend von der Klassifizierung weg zur Indexierung überein. Für die neuen Universitätsbibliotheken werden als Gründe angeführt: die differenziertere Erschließung der Literatur – während ein Buch nur einmal aufgestellt werden kann –, der interdisziplinäre Charakter des Katalogs, der Literatur von

[1] Berichte über die frühere Entwicklung der Schlagwortkatalogisierung im Bayerischen Verbund enthält: Geißelmann, Friedrich: Der Schlagwortkatalog in den neuen bayerischen Universitätsbibliotheken – DFW 25 (1981), S. 44–48, und Geißelmann, Friedrich: Die Einführung der Regeln für den Schlagwortkatalog (RSWK) an den bayerischen Bibliotheken; in: Bibliotheksforum Bayern 11 (1983), S. 3–23.

[2] Kaltwasser, Franz Georg: Der Einfluß der EDV-geführten IuD-Datenbanken auf die Struktur des Dienstleistungsangebotes der wissenschaftlichen Bibliotheken, in: ZfBB 27 (1980), S. 267–281, insbesondere S. 275–278.

verschiedenen Standorten zusammenführt, die Erschließung der formal aufgestellten Literatur (Dissertationen, Akademieschriften) und der Literatur im Magazin.

Es handelt sich dabei sicherlich um eine Form des Katalogs, die in der Zukunft an Bedeutung gewinnen wird. Bei einem künftigen Übergang zu einem Online-Katalog für den Benutzer ist damit zu rechnen, daß ein gegenüber heute wesentlich höherer Anteil der Recherchen sachlicher Natur sein wird. Aus den USA wird berichtet, daß dies über 60% aller Recherchen sind. Der Übergang vom Mikrofiche-Katalog zu einem Online-Katalog wird die Aufsplitterung des bisherigen Zugangs zum Katalog beenden und sicherlich auch bei uns eine Veränderung des Benutzerverhaltens mit sich bringen. Die amerikanischen Erfahrungen zeigen, daß Verbundsysteme sich rechtzeitig mit der Frage der Sacherschließung auseinandersetzen müssen[3].

Im Bayerischen Verbund lagen, wenn man von einigen Sonderfällen absieht, früher die von der UB Augsburg erarbeiteten Regeln für die Schlagwortvergabe, seit 1982 die RSWK zugrunde. Es wurde von Anfang an eine kooperative Lösung angestrebt. Dies ist keine isolierte Entscheidung, sondern damit im Zusammenhang zu sehen, daß erstmals in Bayern ab 1970 mit der effektiven Nutzung von Fremdleistungen in der Titelaufnahme in großem Umfang begonnen wurde. Gleichzeitig haben sich, wie zunächst Augsburg, alle bayerischen Bibliotheksneugründungen entschlossen, die Regensburger Systematik einzuführen, was in der Zwischenzeit auch von der UB Erlangen und der UB Würzburg für ihre Freihandbestände nachvollzogen wurde. Alle diese Entscheidungen waren autonome Entscheidungen der einzelnen Bibliothek ohne Druck von oben.

Maßgeblich für die Ausbreitung der Idee der Kooperation war dabei die nicht geringe Einsparung an Arbeit, die insbesondere unter dem erheblichen Druck der Aufbausituation notwendig war. Für die systematische Aufstellung kann man feststellen, daß bedingt durch die unterschiedliche Ausstattung der einzelnen Universitäten mit Lehrstühlen und die unterschiedliche Zuordnung von Fächern und wechselnde fachliche Schwerpunkte an den einzelnen Bibliotheken unterschiedliche Anforderungen an die Systematik bestehen. Die Regensburger Systematik ist jedoch hinlänglich flexibel, diesen Bedürfnissen Rechnung zu tragen. Für die verbale Sacherschließung sind solche unterschiedlichen Bedürfnisse jedoch nicht vorhanden, da unterschiedliche Aspekte eines Buches überall in der gleichen Weise erschlossen werden müssen.

[3] Markey, Karen: Subject searching in library catalogs: before and after the introduction of online-catalogs. Dublin, Ohio: OCLC 1983; Bibliothekenverbund und lokale Systeme. Bericht über eine Studienreise in die USA... von Günter Beyersdorff u. a. Berlin: DBI 1985, insbesondere S. 84.

Sicht der einzelnen Bibliothek

Zunächst muß ich einige Worte über die derzeitige bayerische EDV-Katalogisierung sagen, auch wenn diese kein Vorbild mehr darstellt. Es handelt sich im Kern derzeit noch immer um das alte Regensburger Katalogsystem, ein reines Offline-System, bei dem eine Nutzung der Daten der Deutschen Bibliothek heute noch immer nicht möglich ist. Dadurch, daß im Zeitraum zwischen zwei Supplementen Titel in verschiedenen Bibliotheken gleichzeitig bearbeitet werden können, entsteht in gewissem Umfang Doppelarbeit. Trotzdem ist die Nutzung von Fremdleistungen beträchtlich. Zur Zeit werden z. B. bei der UB Augsburg 49% der Titelaufnahmen von anderen Bibliotheken übernommen, im gesamten Katalog von Augsburg stammen 45% von anderen Bibliotheken. Das System arbeitet so, daß Titelaufnahmen von anderen Bibliotheken für den eigenen Katalog dupliziert werden können. Im Verbundkatalog stehen dann beide Aufnahmen unverbunden nebeneinander. Bei diesem „Abruf" können die Daten auch erforderlichenfalls korrigiert und verändert werden. Dies gilt nicht nur für den bibliotheksspezifischen Teil der Titelaufnahme (Signatur, Mehrfachexemplare usw.), sondern auch für den bibliographischen Teil, zu dem auch die Schlagwortdaten zählen. Wenn diese Daten nicht ausdrücklich verändert werden, werden sie übernommen; sie können jedoch im Prinzip verändert werden. Es ist auch durchaus üblich, daß die Schlagwörter bei Abrufen nochmals überprüft werden, was sicherlich keine optimale Lösung darstellt.

Der Geschäftsgang an den Bibliotheken ist auf die Erfordernisse des Verbundes ausgelegt. Das Buch wird vor der Sacherschließung in der Titelaufnahme bearbeitet, so daß zunächst festgestellt werden kann, ob die Nutzung von Fremdleistungen möglich ist.

In der nächsten Station des Geschäftsganges beim Fachreferenten stehen als Arbeitsinstrumente nicht nur der eigene Katalog, sondern auch das Schlagwortregister der gesamten Verbundbibliotheken zur Verfügung – allerdings nicht der sehr umfangreiche Verbund-SWK. Das Verbundschlagwortregister soll primär benutzt werden. Dadurch ist es in der laufenden Arbeit möglich, sich neben dem Regelwerk und den Nachschlagewerken in den zahlreichen darüber hinaus erforderlichen Festlegungen an der Arbeit des gesamten Verbundes zu orientieren. Nach der Arbeit des Fachreferenten gehen Buch mit Titelaufnahme in die Schlagwortredaktion, die die formale Richtigkeit kontrolliert, die terminologische Kontrolle der Schlagwörter überprüft und bei Abweichungen innerhalb des eigenen Kataloges oder zu anderen Verbundbibliotheken koordinierend tätig wird. Eine solche eigene Redaktionsstelle wird lediglich in der Bayerischen Staatsbibliothek, die kein Fachreferentensystem hat, sondern eine eigene Dienststelle mit hauptamtlichen Kräften, nicht für notwendig gehalten.

Es stellt sich nun die Frage, wodurch sich mögliche Unterschiede in der Beschlagwortung ergeben und welche Instrumente es gibt, um solchen Abweichungen zu begegnen. Das erste sind unterschiedliche Auffassungen über das Regelwerk, absichtliche oder unabsichtliche Verstöße gegen dieses und unterschiedliche Auslegungen. Es folgen die unterschiedlichen sprachlichen Fähigkeiten der einzelnen Bearbeiter, ein Punkt, den ich immer mit „Kunst der Beschlagwortung" umschreibe. Es ist zwar sehr viel Handwerk bei der Beschlagwortung, letztlich ist es aber doch eine Kunst, die sicherlich nicht alle Beschlagworter besitzen oder in gleicher Weise ausüben. Abschließend gibt es natürlich auch den Fall, daß Fachreferenten zu unterschiedlichen Ergebnissen bei der Inhaltsanalyse kommen.

Welche Instrumente bestehen, um solchen Abweichungen zu begegnen? – Auszuschalten sind sie natürlich nicht ganz, auch nicht, wenn ein einzelner den Katalog allein führen würde. An Instrumenten sind zu nennen: das Regelwerk, eine zentrale Koordinierungsstelle des Verbundes, ein Register aller vergebener Schlagwörter, eine genormte Datei aller Ansetzungen – die Standardschlagwortliste – und die Möglichkeit einer effektiven Korrektur in den Katalogen.

Beim Regelwerk bestanden im Bayerischen Verbund in der Vergangenheit sicherlich Probleme der unterschiedlichen Auslegungen. Mit den RSWK sind diese Probleme überwunden. Dieses Regelwerk hat zum einen versucht, einen Mittelweg zwischen den unterschiedlichen Traditionen im SWK zu finden (ich nenne: die Frage der Hierarchie des Geographikums, die Frage der Kompositumbildung beim Sachschlagwort, die Ansetzung der Literatur), zum anderen ist es insofern sehr stark auf die Arbeit in einem Verbund ausgerichtet, als es den Nachschlagewerken eine wichtige Rolle zuweist. Damit glaubte man – sicherlich zu recht – sehr vielen Subjektivismen aus dem Weg gehen zu können. Andererseits muß man auch feststellen, daß dieser Weg natürlich zu einzelnen Inkonsequenzen im Katalog führt und die Benutzung der Nachschlagewerke aufwendig ist. Gleichzeitig ist deren Benutzung jedoch die beste Methode der terminologischen Kontrolle. Zum anderen ist das Regelwerk weit detaillierter als bisherige Regelwerke und hat zahlreiche Zweifelsfragen geklärt. Vielleicht ist damit auf Anfänger nicht hinlänglich Rücksicht genommen, so daß eine verkürzte Einführung notwendig sein wird. Die Anforderungen an ein einheitliches Regelwerk sind jedoch meines Erachtens anders als an ein Regelwerk einer einzelnen Bibliothek; manche Bibliotheken kamen ja sogar ohne ein solches aus. In den RSWK wird versucht, die Möglichkeit unterschiedlicher Interpretation auszuschließen, soweit dies angesichts der im SWK verwendeten natürlichen Sprache mit ihren Inkonsequenzen möglich ist.

Über das Regelwerk hinaus sind jedoch auch eindeutige organisatorische Vorkehrungen notwendig. Im Bayerischen Verbund führte dies zur Einrichtung einer Arbeitsgruppe für Schlagwortkatalogisierung und regelmäßigen Treffen der Verbundbibliotheken sowie zur Einrichtung einer zentralen Schlagwortredaktion an der UB Augsburg. Deren Aufgaben wurden schrittweise erkannt und ganz empirisch vorgegangen. Man begann im Jahr 1975, als mehrere Bibliotheken sich an der Schlagwortkatalogisierung beteiligten, mit der Überlegung, problematisch seien eigentlich diejenigen Fälle, in denen mehrere Möglichkeiten für eine Ansetzung bestehen. Hier ist nach dem Regelwerk eine Siehe-Verweisung anzulegen. Man wollte nun diese Verweisungen allen Bibliotheken mitteilen. Sie werden zu diesem Zweck an die UB Augsburg gemeldet, die sie auf die fachliche Richtigkeit und Vereinbarkeit mit dem Regelwerk überprüft und in einem konventionellen Verfahren: Druck auf perforiertem Papier, so daß eine Zettelkartei geführt werden kann, allen Teilnehmern mitteilt. Wir nennen dies Schlagwortinfo. Wenn Bedenken bei einzelnen Bibliotheken bestehen, so können diese Einwendungen dagegen erheben. Daß nachträglich (wohlgemerkt vom bereits überprüften Bestand) ca. 5% Korrekturen erforderlich sind, zeigt, daß die sachlichen Probleme dabei doch recht vielfältig sind. Der Inhalt dieser Schlagwortinfos ist: Besitzer der falschen wie der richtigen Form, eine grobe Facheinteilung, eine Quellenangabe und erforderlichenfalls Erläuterungen. Die Angabe der besitzenden Bibliothek dient vor allem dazu, die betroffenen Bibliotheken auf die Korrektur hinzuweisen bzw. das Erzeugen der Verweisungen zu erleichtern, die Sacheinteilung dient zur Erleichterung der Zuordnung entlegener Begriffe und beim Verteilen der Zettel in den Bibliotheken auf die Fachreferenten, die Quellenangabe dient der terminologischen Kontrolle.

Trotz eines relativ dichten Verweisungssystems reicht dieses Verfahren für die Koordinierung nicht aus. Eine große Anzahl von Fragen, z. B. die meisten Fragen der Kompositumbildung bzw. USW-Ansetzung, die Frage HZ oder USW (z. B. wird Morphologie in der Linguistik und der Biologie mit HZ oder USW angesetzt?) oder die Frage des Pleonasmus in der Schlagwortkette (wird z. B. Skilauf /Verletzung, Skiverletzung oder Skilauf / Sportverletzung gesagt und wie sieht dies kombiniert mit einer Knieverletzung aus: Skiverletzung / Knie oder Skilauf / Sportverletzung / Knie oder: Skiverletzung / Sportverletzung / Knieverletzung?) lassen sich über s.-Vww. nicht sinnvoll klären. Die terminologische Kontrolle muß außerdem nicht nur die besonders problematischen Fälle, bei denen Synonyme vorliegen, umfassen, sondern alle Ansetzungen mit den dazugehörigen s.- und s.a.-Vww. Derartige reine Ansetzungsfragen wurden auch früher schon in die Schlagwortinfo vereinzelt aufgenommen. Voraussetzung für eine solche Arbeit ist jedoch zweckmäßigerweise die Erfassung in einer eigenen Datei. Im Bayerischen Verbund sieht dies zur Zeit so aus, daß die Schlagwortredaktion nach den RSWK überprüfte Ansetzungen mit einer eigenen Kennung (technisch wie eine eigene Bibliothek) erfassen kann. Diese werden den allgemeinen Katalogen beigemischt und sind für die Beteiligten als RSWK-überprüfte Ansetzungen erkennbar.

Ich persönlich hatte mich seinerzeit gegen dieses Verfahren lange gesträubt wegen des hohen damit verbundenen Erfassungsaufwands. Es erwies sich jedoch als unumgänglich im Hinblick darauf, daß eine Umarbeitung der vorhandenen Kataloge erfolgen sollte. Nur auf diese Weise konnte gekennzeichnet werden, welche Ansetzungen bereits nach den RSWK überprüft wurden. Jedoch ist das Verfahren auch langfristig notwendig, da nur in einer eigenen Datei die erforderliche Strukturierung (Quellen, Systematisierung, Verwendungshinweise) geleistet werden kann. Man wird auch davon ausgehen müssen, daß man in der laufenden Bearbeitung des Zuwachses eine Unterscheidung zwischen autorisierten und nichtautorisierten Beständen treffen muß.

Ähnliche Zwecke werden sicherlich auch an der einen oder anderen Bibliothek mit konventionellen Mitteln verfolgt. So hat z. B. die Deutsche Bibliothek neben ihren publizierten Verzeichnissen intern einen Zettelkatalog aller bisher verwendeten Begriffe, bei dem solche interne Hinweise geführt werden.

Die Arbeit an der eben erwähnten Datei wurde in erheblichem Umfang intensiviert in Zusammenhang mit dem Projekt Standardschlagwortliste, das vom DBI gefördert wird. Ich möchte auf das Projekt hier nicht im Detail eingehen, da es nicht Gegenstand dieses Referats ist. Es sei nur soviel erwähnt, daß hier ausgehend vom vorhandenen Material der Deutschen Bibliothek und des Bayerischen Verbundes eine nach den RSWK erarbeitete Liste von Ansetzungen mit den dazugehörigen Verweisungen erstellt werden soll. Der Inhalt sind sowohl Einzelbegriffe wie auch mehrgliedrige Ansetzungen, Schlagwortketten jedoch nur beispielhaft in dem Umfang, der für die Klärung von Zweifelsfragen notwendig ist. Ergänzt wird dies noch durch Verwendungshinweise, z. B. Leibeserziehung (benutzt als historischer Begriff für die Theorie der körperlichen Erziehung als Bestandteil der Gesamterziehung; zur Sache s. Sportunterricht). Die Aufgabe bei der Überprüfung des vorhandenen Materials ist dabei zunächst, die fachliche Richtigkeit zu gewährleisten, sodann die Übereinstimmung mit dem Regelwerk und den festgelegten Nachschlagewerken. Bei einer Reihe von Begriffen spielen Fragen der Praktikabilität und der Notwendigkeit der Verwendung einzelner Begriffe eine Rolle, Fragen, die letztlich von der zu bearbeitenden Literatur abhängen. Ich möchte z. B. hinweisen auf die Probleme des Nebeneinanders von Konkretum und Abstraktum, z. B. Papst neben Papsttum und Heiliger Stuhl, Maschinenbaubetrieb neben Maschinenbauindustrie, Arbeitsloser neben Arbeitslosigkeit, oder die Frage des Umfangs der adjektivischen Wendungen von Lebensalter mit Behinderungen, z. B. Verhaltensgestörtes Kind neben Verhaltensstörung / Kind.

Dies zeigt zum einen, daß der Zweck einer solchen Liste durch die zu bearbeitende Literatur bedingt ist, also keinen universellen Anspruch erhebt, zum anderen, daß eine Nähe zu den Dokumenten notwendig ist. Zwar kann man den Nachschlagewerken sehr viel entnehmen, im Extremfall gibt aber nur das eine zu bearbeitende Dokument Aufschluß über das Problem.

Im Zusammenhang mit der Überarbeitung der alten bayerischen Verweisungen nach den RSWK im Jahr 1981 (diese umfaßte den damaligen Verbundkatalog und die Verweisungen von Erlangen und den beiden Münchner Universitätsbibliotheken) und der Standardschlagwortliste wurde organisatorisch ein neues Mittel eingeführt: die Verteilung der Bearbeitung nach Fächern auf Fachreferenten mehrerer Bibliotheken. Für die Standardschlagwortliste sind dies, was den Teil Sachschlagwort betrifft, zur Zeit insgesamt sieben Bibliotheken mit 26 Kollegen. Eine solche Verteilung der Aufgaben ist für eine retrospektive Überarbeitung des vorliegenden Materials wegen des Umfangs unerläßlich. Sie ist jedoch auch insofern notwendig, als keine Bibliothek (ich spreche hier von allen Bibliotheken des Bayerischen Verbunds) das gesamte Fächerspektrum voll abdecken kann. Das Ziel ist sicherlich, diese fachliche Aufgabenverteilung auch weiterhin fortzusetzen. Nur durch ein enges Zusammenwirken zwischen qualifizierten Fachleuten mit der zentralen Redaktion ist die notwendige terminologische Kontrolle zu leisten.

Die terminologische Kontrolle erfordert sicherlich einen erheblichen Aufwand, den man bei Beginn eines Schlagwortkatalogs zunächst zu unterschätzen geneigt ist. Dies zeigt sicherlich auch die Entwicklung im bayerischen Verbundkatalog, der noch nicht überall das erforderliche Maß der Normierung erreicht hat. Es erklärt sich im konkreten Fall durch die Situation des raschen Bibliotheksaufbaus, die zu einem starken Arbeitsdruck führte. Andererseits ist es aber sicherlich zutreffend, daß Divergenzen in einem Verbund rascher zutage treten als an der einzelnen Bibliothek. Ich bin jedoch der Meinung, daß der Aufwand der terminologischen Kontrolle sowohl bei einer einzelnen Bibliothek wie in einem Verbund in gleichem Maße geleistet werden muß. Auch im Katalog einer Einzelbibliothek rächt sich eine unzulängliche terminologische Kontrolle auf die Dauer. Dabei stellt sich natürlich die Frage, wieweit eine einzelne Bibliothek diese Arbeit überhaupt zu leisten in der Lage ist. Insgesamt kommt daher der Aufwand, der für die Koordinierung notwendig ist, der Qualität der Kataloge zugute.

Prinzipiell ist der Schlagwortkatalog offen für neue Begriffe, die auch dann, wenn man von einem großen Bestand ausgeht, in nicht geringem Umfang erforderlich sein werden. Es ist daher anzustreben, den gesamten Zugang an neu verwendeten Begriffen zu überprüfen und in eine Normdatei aufzunehmen. Im Bayerischen Verbund haben wir mit der Meldung in Zettelform damit begonnen. Anzustreben ist jedoch ein maschinelles Verfahren, das in der laufenden Arbeit alle neu verwendeten Schlagwörter meldet. Dort sollte dann überprüft werden, ob sie korrekt und mit den bisherigen Grundsätzen vereinbar sind, das heißt, ob analoge Fälle analog behandelt wurden.

Diese Elemente der Zusammenarbeit werden noch ergänzt durch regelmäßige Besprechungen aller Bibliotheken, die zur Zeit mindestens zweimal im Jahr stattfinden. Im Zusammenhang mit der Regelwerksdiskussion waren sie allerdings wesentlich häufiger. Auf diesen Besprechungen werden zum einen die Ergebnisse der Kommission für Sacherschließung des DBI weitergegeben, zum anderen grundsätzliche Fragen der Anwendung des Regelwerks besprochen. Hinzu kommen einzelne Ansetzungen, die besonders problematisch sind und vorher zur Diskussion gestellt werden, sowie organisatorische Fragen.

Nicht näher eingehen möchte ich auf die Probleme der Ausbildung und der Weiterbildung der Fachreferenten, insbesondere bei sukzessiven Regelwerksänderungen.

Ein weiterer wesentlicher Punkt der Koordination ist ein Verfahren zur Korrektur vorhandener Bestände. Früher war dies im bayerischen Katalogsystem nur durch eine Korrektur jeder einzelnen Titelaufnahme möglich, wobei der komplette Feldinhalt korrekt neu erfaßt werden mußte. Seit einiger Zeit haben wir ein zentrales Korrekturverfahren. Auch dieses ist nicht bemerkenswert, weil es technisch elegant wäre, im Gegenteil. Es ist jedoch trotzdem recht wirksam und macht die grundsätzlichen Erfordernisse deutlich. Die UB Augsburg hat die Möglichkeit, einzelne Schlagwörter – gemeint sind einzelne Teile von Ketten – gemeinsam für alle Bibliotheken in andere Schlagwörter umzusetzen. Dabei können beide Begriffe sowohl Einzelschlagwörter wie ganze Schlagwortketten sein, also z. B. Agrarwirtschaft wird korrigiert auf Landwirtschaft; Bundesverfassungsgericht auf Deutschland ›Bundesrepublik‹ / Bundesverfassungsgericht. Dies geschieht durch die Erfassung in einer eigenen Datei. Die vorhandenen Titelaufnahmen werden dann zeichenweise mit dieser Datei verglichen und bei einem Treffer entsprechende Korrekturaufnahmen zu jedem Hauptausdruck erzeugt. Die Datei der Korrekturaufnahmen bleibt dann solange bestehen, bis sie von Augsburg gelöscht wird; mit anderen Worten, eine Bibliothek kann noch so oft die falsche Ansetzung, z. B. Tier, wählen, sie wird von alleine richtiggestellt auf Tiere, offensichtlich eine der schwierigsten Ansetzungen im SWK. Wir haben auch ein Programm, das sämtliche vorhandenen Verweisungen laufend in solche Korrekturen umsetzt.

Zum Umfang der Korrekturen möchte ich folgende Zahlen nennen: Wir hatten bisher in fünf Jahren acht Läufe, dabei wurden jeweils zwischen 30000 und 210000 Korrekturen erzeugt, insgesamt 590000. Vergleichbare Korrekturverfahren zur Anpassung an den letzten Stand der LC-Subject-headings gibt es auch in den USA, mir ist jedoch nicht bekannt, ob es dort auch ähnlich umfangreiche Aktionen gibt. Natürlich ist der größere Teil dieser Korrekturen auf die Anpassungen an die RSWK zurückzuführen, eine Arbeit, die sich hoffentlich später durch die Übernahme von Fremdleistungen von der DB bezahlt macht. Man muß jedoch davon ausgehen, daß über solche Übergangsprobleme hinaus ein effektives Korrekturverfahren stets notwendig sein wird. Zum einen besteht das Problem des Sprachwandels, das auch im Bayerischen Verbund trotz der nicht sehr langen Zeit seiner Existenz eine Rolle spielt: Als Beispiel möchte ich nur die erheblichen Anpassungen an die 8. Auflage des Römpp erwähnen. Man muß außerdem davon ausgehen, daß auch nachträglich immer wieder Normierungen notwendig sein werden, daß Synonyme nicht erkannt wurden oder in der Verkettung unterschiedliche Lösungsmöglichkeiten bestehen usw. Auch die Standardschlagwortliste wird nicht alle Probleme im SWK lösen.

Abschließend möchte ich noch kurz auf die Probleme eingehen, die bei einem solchen Korrekturverfahren auftreten. Die Schwierigkeiten bestehen zum einen beim Verweisungssystem: Bei diesem Korrekturverfahren haben wir zwar die s.a.-Vww. einbezogen, nicht aber die s.-Vww., da uns deren Logik zu kompliziert erschien. Die s.-Vww. werden also von der einzelnen Bibliothek im herkömmlichen Verfahren korrigiert. In einem Mehrdateiensystem läßt sich dies besser lösen. Inhaltliche Probleme ergeben sich dort, wo Begriffe mehrdeutig sind und unterschiedlich verwendet wurden. Oft stellt sich dies auch erst nachträglich heraus, so daß grundsätzlich diese Korrekturen vollständig ausgegeben werden und überprüft werden müssen. Probleme ergeben sich natürlich auch, wenn Verweisungen falsch waren und nachträglich die Bestände wieder auseinandergenommen werden müssen. Dies kommt natürlich auch unabhängig von einem maschinellen Korrekturverfahren vor, so haben wir z. B. nachträglich nach zehn Jahren Existenz des Katalogs England und Großbritannien getrennt, was teilweise eine erneute Autopsie nötig machte. Eine sorgfältige Bearbeitung ist jedoch beim zentralen Korrekturverfahren dringend erforderlich. Wir stellen daher die zentralen Korrekturaufnahmen den anderen Bibliotheken nach der Erfassung zur Verfügung, so daß Einspruchs- und Korrekturmöglichkeiten bestehen.

Weiterentwicklung des Systems bei einem Online-Katalog

Es stellt sich nun die Fage, wie ein solches kooperatives System bei besseren technischen Möglichkeiten, insbesondere beim Übergang zur Online-Katalogisierung, aussehen kann. Ich kann hier nicht über abgeschlossene Entwicklungen im Bayerischen Verbund berichten; die Überlegungen zur Behandlung der Schlagwortdaten im neuen Katalogsystem – geplant ist die Einführung von Hebis – sind noch nicht abgeschlossen. Daher möchte ich nur auf die grundsätzlichen Erwägungen eingehen. Zunächst ist es selbstverständlich notwendig, die Nutzung von Fremdleistungen noch effektiver zu gestalten. Vor allem sollten natürlich die Leistungen der Deutschen Bibliothek übernommen werden. Insofern wird es im Bayerischen Verbund sehr begrüßt, daß die DB zu den RSWK übergegangen ist. Bei den Übernahmen kann man hier auch an ein nachträgliches Zuspielen der Schlagwortdaten denken. Es ist ja nicht unbedingt notwendig, Sacherschließung sofort bei der Titelaufnahme zu betreiben. Dabei bietet sich die Möglichkeit an, für die deutschsprachige Literatur auf eine eigene Beschlagwortung weitgehend zu verzichten.

Davon unberührt bleibt jedoch die Frage, wie die Erscheinungen außerhalb des Buchhandels, die Dissertationen oder fremdsprachige Literatur bearbeitet werden soll. Die Verhältnisse in der Bundesrepublik liegen ja anders als in den USA, wo die LOC die Beschlagwortung für die gesamten Neuerscheinungen übernimmt und deren Subject-headings am häufigsten verwendet werden, in der Regel auch ohne die Möglichkeit, eigene Schlagwörter hinzuzufügen. Man kann das Konzept der Nutzung von Fremdleistungen natürlich auch weiter ausdehnen und fremdsprachige Titelaufnahmen samt den dazugehörigen Sacherschließungsdaten von den jeweiligen fremden Magnetbanddiensten übernehmen[4]. Wenn man dies dem Benutzer zur Verfügung stellen wollte, bedeutete es, daß deutschsprachige Titel nach dem RSWK erschlossen würden, amerikanische mit den LC-Subject-headings, englische mit Precis, französische mit den Schlagwörtern der Bibliothèque Nationale usw. Im Bayerischen Verbund ist eine solche Erschließung bisher von niemandem vorgeschlagen worden. Ich halte es auch für recht problematisch, so vorzugehen. Natürlich kann eine solche Situation auch bei der Benutzung von Datenbanken entstehen, bei der es auch vorkommen kann, daß die Datenbank gewechselt werden muß. Dies ist jedoch einer der wesentlichen Gründe, warum hier ein qualifizierter Searcher arbeiten sollte. Ich kann mir nicht vorstellen, daß der durchschnittliche Benutzer damit hinlänglich zurechtkommt. Dies gilt insbesondere dann, wenn man bedenkt, daß der Schlagwortkatalog nach allen Untersuchungen überwiegend von Studenten und Schülern benutzt wird. Zweifellos wird sowohl der zeitliche Aufwand des Benutzers wie der technische Aufwand durch solche Recherchen wesentlich erhöht. Der Hauptvorteil des SWK – der unmittelbare Einstieg des Benutzers ohne Vorkenntnis eines Systems – geht somit verloren. Insbesondere

[4] Vogt, Helmut: Sacherschließung in den Datenbanken des Bibliotheksrechenzentrums für Niedersachsen; in: Mitteilungsblatt der Bibliotheken in Niedersachsen H. 62 (1985), S. 2–4.

erscheint mir ein System aus einem Guß bei einem zukünftigen Online-Katalog mit Zugang für den Benutzer notwendig. Man sollte auch bedenken, daß die Altbestände von keiner Stelle erschlossen werden. Die Kooperation im Verbund bietet – und hier stimmen sicherlich alle Kollegen in Bayern überein – zweifellos genügend Möglichkeiten, den Arbeitsaufwand zu verringern. Das Prinzip sollte sein, Fremdleistungen, soweit sinnvoll, zu übernehmen, jedoch kein perfektes System anzustreben, sondern, wenn man nicht auf Anhieb übernehmen kann, selbst zu katalogisieren.

Wenn man von der Sacherschließung im eigenen Haus ausgeht, besteht natürlich das Problem, daß diese nicht nur mit den anderen Verbundbibliotheken, sondern auch mit den Schlagwörtern der DB kompatibel sein muß. Dabei wird man sicherlich davon ausgehen können, daß neben Begriffen, die de facto nur in der fremdsprachigen oder nur in der deutschen Literatur benötigt werden, in einer großen Anzahl von Fällen Begriffe zuerst in der ausländischen und erst später in der deutschen Literatur erscheinen. Aus diesem Grund wäre es sicher wünschenswert, wenn die Weiterführung der Standardschlagwortliste in einer Normschlagwortdatei nicht nur das Material der DB enthalten würde, sondern auch Begriffe aus der Bearbeitung der fremdsprachigen Literatur. Darum soll die gegenwärtige Zusammenarbeit zwischen der DB und dem Bayerischen Verbund auch fortgesetzt werden.

In einem Verbundsystem, das im Unterschied zum bisherigen bayerischen VK mit einer nur einmal existierenden Titelaufnahme arbeitet und daran besitzerspezifische Daten anhängt, stellt sich die prinzipielle Frage, ob die Schlagwortdaten dem bibliographischen oder dem besitzerspezifischen Teil der Titelaufnahme zugeordnet werden. Die Vorteile des ersteren sind sicher die Wirtschaftlichkeit sowohl im Hinblick auf die Datenverarbeitung wie auf die Bearbeitung in der einzelnen Bibliothek, die Wirkung in Richtung Einheitlichkeit der Sacherschließung, die Möglichkeit einer effektiven Arbeitsteilung, z. B. nach Fachgebieten, die Möglichkeit, in bestimmten Bereichen auf eine spätere Bearbeitung durch andere Bibliotheken zu warten, insbesondere auch die Beschlagwortung von Institutsbeständen ohne Autopsie. Andererseits ist jedoch das subjektive Moment beim Bearbeiten des Schlagwortkatalogs größer als bei der Titelaufnahme: Unterschiede in der Auffassung vom Inhalt eines Werks, bei den fachlichen und sprachlichen Kenntnissen bestehen. Vielleicht gibt es auch in einer ganzen Reihe von Fällen *die* richtige Sacherschließung überhaupt nicht. Daraus können Korrekturwünsche seitens der nachfolgenden Bibliotheken entstehen, für die Schlichtungsmechanismen eingeführt werden müßten. Es ist sicher nicht denkbar, daß eine Schlagwortredaktion, die für die Fortführung der Schlagwortdatei zuständig ist, die Entscheidung für die Beschlagwortung aller einzelnen Titel übernimmt, u. U. ohne das Buch selbst zu besitzen. Führt man die Daten andererseits im besitzerspezifischen Teil, so ergeben sich erhebliche Schwierigkeiten bei der Recherche und bei der Übernahme von Fremdleistungen. Daher sollte man wohl den Weg gehen, die Schlagwortdaten zum bibliographischen Teil der Titelaufnahme zu ziehen, jedoch die Möglichkeit zu eröffnen, auch bibliotheksspezifische Ergänzungen anzubringen. Man darf sicherlich so optimistisch sein, daß nicht überall primär Sonderlösungen angestrebt werden. Dies sollte ergänzt werden durch die Möglichkeit, Schlagwörter mit unterschiedlicher Hierarchie der Bibliotheken einzugeben. Auf diese Weise wäre es möglich, daß die nachfolgende Bibliothek bei Verzicht auf eigene Beschlagwortung bzw. Kontrolle der Beschlagwortung ein optimales Ergebnis erreichen kann, und daß Beschlagwortung z. B. für Institutsbestände auch ohne Autopsie möglich ist.

Für den Schlagwortkatalog ist es wohl erforderlich, ein Mehrdateiensystem zu schaffen, das heißt die Schlagwortdaten in einer eigenen Datei zu führen und maschinell mit den Titelaufnahmen zu verknüpfen. Ein solches Verfahren ist technisch aufwendig und damit teuer; es ist jedoch Voraussetzung für einen maschinellen Vergleich neu eingegebener Schlagwörter mit der Schlagwortnormdatei und damit einer automatischen Meldung neu vergebener Schlagwörter an die Koordination. Zum anderen erleichtert ein solches Verfahren die Durchführung von Korrekturen erheblich. Der Hauptzweck ist jedoch, das Verweisungssystem bei allen Verbundteilnehmern zu sichern. Bei einem Eindateiensystem ist es notwendig, daß jede Bibliothek überprüft, ob sie die notwendigen Verweisungen bereits bei ihrer Titelaufnahme angelegt hat. Dies ist außerordentlich aufwendig, wie sich im Bayerischen Verbund gezeigt hat. Nicht einmal die UB Augsburg, die als Redaktion ja alle Verweisungen erfaßt, ist bisher in der Lage gewesen, in ihrem Bestand alle Verweisungen anzulegen. Das effektivste Verfahren ist dabei noch das manuelle: die Meldung von Verweisungen über die Schlagwortinfos. Daneben gibt es eine Liste der Verweisungen, sortiert nach Begriffen, auf die verwiesen ist, leider aber noch getrennt von den anderen Begriffen. Das Verweisungssystem im SWK ist wahrscheinlich auch wesentlich aufwendiger zu führen als im AK, so daß alles für ein Mehrdateiensystem spricht.

Zum Schluß möchte ich die Frage stellen, welchen Sinn die Kooperation bei der Sacherschließung hat. Die bayerischen Bibliotheken kamen dazu aus der Erwägung heraus, daß auf diese Weise Arbeit eingespart werden könne. Dies ist sicherlich in vielen Fällen auch eingetreten, insbesondere bei den späteren Neugründungen. Andererseits bringt ein Verbund auch Probleme mit sich. Während in der einzelnen Bibliothek eine größere Kontinuität in der Bearbeitung des Katalogs möglich ist, treffen im Verbund unterschiedliche Sprachen verschiedener Bearbeiter aufeinander. Dies ist jedoch nicht negativ zu werten.

Vielmehr handelt es sich dabei zugleich auch um die unterschiedlichen Sprachen der Benutzer. Der Gewinn für den SWK im Verbund liegt daher langfristig in der größeren Qualität des Katalogs durch die sachlichen Beiträge, die von zahlreichen Kollegen geleistet werden.

Stellt man sich die Frage, wie die organisatorische Ausformung dieser Kooperation aussehen könnte, so lassen sich vier Modelle unterscheiden: Die erste Möglichkeit wäre, nur mit einem gemeinsamen Regelwerk zu arbeiten. Das Maß der Gemeinsamkeit wäre dabei jedoch in Wirklichkeit wohl recht gering. Ein weiteres Modell wäre, die Schlagwortbildung und die Schlagwortvergabe bei der einzelnen Bibliothek zu lassen, durch gemeinsame Schlagwortlisten und laufende Koordination das System aber im Griff zu behalten. Ein Schritt weiter wäre die Trennung von Schlagwortbildung und Schlagwortvergabe, das heißt die zentrale Führung aller zugelassenen Schlagwörter in einer gemeinsamen (erweiterungsfähigen) Normdatei, die für alle Teilnehmer verbindlich ist, jedoch die Anwendung dieser Begriffe der einzelnen Bibliothek zu überlassen. Das vierte Modell wäre schließlich die einheitliche Beschlagwortung jedes Buches. Daß dies schwer realisierbar wäre, wurde bereits gesagt. Der Bayerische Verbund befindet sich zur Zeit in der konkreten Arbeit zwischen dem zweiten und dem dritten Modell. Meines Erachtens ist es aber eindeutig notwendig, daß die gemeinsame Normdatei für alle Bibliotheken verpflichtend sein muß. Als eine solche Normdatei können andere Bibliotheksverbände die Standardschlagwortliste (nach Abschluß der Arbeiten daran) sicherlich benutzen. Dies macht jedoch wohl eine eigene Koordination nicht entbehrlich, es sei denn, man möchte sich von vorneherein auf die Übernahme von Fremddaten beschränken. Aus Sicht der Standardschlagwortliste bzw. ihrer Fortsetzung in der Schlagwortnormdatei mögen dies Subredaktionen sein, die das Verfahren nur komplizieren. Ich meine, daß man dies anders sehen muß. Zum einen sehe ich keine Bibliothek, die als eine zentrale deutsche Schlagwortredaktion in der Lage wäre, sich mit den Problemen aller Bibliotheken ungefiltert auseinanderzusetzen. Zum anderen geht es ja primär um die Aufgaben eines Verbundes, die nur innerhalb dieses Verbundes gelöst werden können. Stellt man sich die Frage, wo eine solche Redaktion eingerichtet werden kann, so kommt die Verbundzentrale wohl deshalb nicht in Frage, weil sie selbst über keine Bücher und über keine Fachreferenten verfügt. Eine solche Koordinierungsstelle sollte daher an einer der Verbundbibliotheken eingerichtet werden, was genauso übrigens für Systematik- und Titelaufnahmefragen gilt. Im Bayerischen Verbund wurden mit der Verteilung der Aufgaben auf mehrere Bibliotheken gute Erfahrungen gemacht. Die Koordination sollte dabei auf einem Angebot an Leistungen beruhen, weniger auf der administrativen Durchsetzung von Anordnungen.

FRANZISKA HEINZLE

Freihand-Resystematisierung durch Fremddatenübernahme aus dem Verbundkatalog des Landes Nordrhein-Westfalen: ein Erfahrungsbericht

Lassen sich Daten aus dem Bereich der systematischen Katalogisierung als Fremddaten nutzen? Läßt sich die Zuweisung eines bestimmten wissenschaftlichen Titels zu einer bestimmten Systemstelle innerhalb einer Klassifikation als Fertigprodukt von einer anderen Bibliothek oder gar aus einem von mehreren Bibliotheken gebildeten Datenpool übernehmen? Ist es vertretbar, eine übernommene Notation als korrekt zu akzeptieren wie etwa eine übernommene Titelaufnahme?

Fragen dieser Art standen am Ausgangspunkt der Planung, als sich im Frühjahr 1985 an der Bibliothek der Fachhochschule Aachen die Notwendigkeit zeigte, den vorhandenen Bestand einer Bereichsbibliothek von Grund auf neu zu systematisieren, und dies unter starkem Zeitdruck und ohne die Möglichkeit, fachlich hinreichend sachkundiges Personal, also etwa Fachreferenten, einzusetzen. Von der Umsystematisierung dieses Bestandes durch die Übernahme fremder Systematikzuordnungen zu berichten, ist der Gegenstand meines Vortrages. Ich werde entsprechend versuchen, auf die Eingangsfrage mit einem konkreten Erfahrungsbericht zu antworten, und dies in 6 Abschnitten.

1. Ausgangssituation

Die zum Bestand der Bibliothek der Fachhochschule Aachen gehörende Bereichsbibliothek Maschinenbau/Elektrotechnik/Flugzeugbau bedurfte dringend einer Resystematisierung. 20000 Monographien in Freihandaufstellung waren hier zusammengepfercht in wenigen Stellen einer simplen linearen Systematik, innerhalb derer nach numerus currens geordnet war. In einzelnen Stellen wurden zuletzt bis zu tausend Bände gezählt; eine auch nur oberflächliche sachliche Orientierung am Regal war unmöglich. Entsprechend war der die Aufstellung widerspiegelnde Sachkatalog, eher eine Art systematischer Standortkatalog, als Erschließungsinstrument unbrauchbar; weitere sacherschließende Hilfsmittel fehlten.

Die schon seit langem dringende Resystematisierung war immer wieder an zwei Klippen gescheitert: Zum einen fehlen im Stellenplan der Fachhochschulbibliothek Aachen die für eine solide Umsystematisierung unerläßlichen Fachreferenten, zum anderen wäre, auch wenn wissenschaftlich qualifiziertes Personal hätte rekrutiert werden können, der Zeitaufwand allein für die Bildung neuer Notationen mit mehreren Mannjahren zu veranschlagen gewesen.

Eine weitere Rahmenbedingung der Resystematisierung war der Zeitfaktor: Der fragliche Bestand schlägt sich in der Ausleihe vier- bis fünfmal jährlich um, eine längerfristige Beeinträchtigung der Benutzung durch eine Umsystematisierung der Bücher verbot sich also.

2. *Problemanalyse, Aufgabenstellung*

Die vorgefundenen Bedingungen formulierten die Arbeitsaufgabe also folgendermaßen:

- 20000 Bände vorhandener Bestand sind rückwirkend umzusystematisieren.
- Der laufende Neuzugang soll innerhalb der zu findenden Systematik vom eigenen Personal systematisiert werden können.
- Die Aufgabe ist mit Personal des gehobenen und mittleren Dienstes auszuführen.
- Das Arbeitsresultat – der ganze Bestand umsystematisiert im Regal – muß wissenschaftlichen Standardansprüchen genügen.
- Die Gewinnung der neuen Notation muß in wenigen Wochen durchführbar sein und darf die Bücher dem Ausleihbetrieb auch nicht einmal teilweise entziehen.
- Die technische Umarbeitung der Bücher und der entsprechenden Kataloge muß innerhalb weniger Wochen (Semesterferien) erfolgen.

Da sich die Erarbeitung einer eigenen neuen Aufstellungsordnung von selbst verbot, war als erstes die Wahl einer geeigneten, bereits auf dem Markt befindlichen Systematik nötig. Die Entscheidung fiel für die Systematik des nordrhein-westfälischen Bibliotheksverbundes (GHBS). Bevorzugt wurde diese Systematik nicht nur aus regionalen bibliothekspolitischen Gründen[1], sondern vor allem deshalb, weil in den mit dieser Systematik schon länger arbeitenden Verbundbibliotheken, überwiegend Gesamthochschulbibliotheken, ein dem eigenen Bestand sehr ähnliches Literaturmaterial vermutet werden durfte: Grundsätzlich war davon auszugehen, daß ein erheblicher Teil der in

[1] Größere fachliche Aktualität oder feinere Differenzierung hätten andere Datenpools, etwa der Regensburger Verbund oder die Kataloge einzelner größerer naturwissenschaftlich-technischer Bibliotheken geboten. Es sollte jedoch nicht auf die Möglichkeit eines Anschlusses an den nordrhein-westfälischen Verbund, vorzugsweise im Online-Verfahren verzichtet werden, der der FHB Aachen direkte Fremddatenübernahme im Bereich der alphabetischen wie der systematischen Katalogisierung ermöglichen würde.

Aachen vorhandenen Literatur auch in den Verbundbibliotheken zu finden sein müßte.

Wenn dem aber so war, warum sollte man nicht mit der Systematik auch gleich die Notationen der einzelnen Titel übernehmen können? Es wurden entsprechend zwei Arbeitshypothesen aufgestellt:

1. Die Titelidentität zwischen dem umzuarbeitenden Bestand in Aachen und dem Datenpool des Verbundes ist so erheblich, daß die Übernahme der Fremdnotationen eine notwendige Eigenleistung beim Systematisieren stark minimiert. Als Sollquote wurden 70% Titelidentität angesetzt.
2. Es läßt sich ein Arbeitsablauf entwickeln, der die kurzfristige Umarbeitung der Bücher und Kataloge gewährleistet.

3. Entwicklung eines konkreten Arbeitsablaufs: Fremddatenrecherche, Umarbeitung der Bestände und Kataloge

3.1 Überprüfung der Titelidentität gegenüber dem Fremddatenpool

Die Titelidentität gegenüber dem uns als Mikrofichekatalog verfügbaren Alphabetischen Gesamtkatalog des nordrhein-westfälischen Verbundsystems wurde durch Stichproben aus Teilen sowohl des Alphabetischen als auch des Systematischen Katalogs der Fachhochschule Aachen geprüft. Bei 2104 überprüften Titeln der betreffenden Bereichsbibliothek, also gut 10% des umzuarbeitenden Bestandes, ergab sich eine Titelidentität von 86%[2], lag also erheblich über der gesetzten Sollzahl.

Außerordentlich lehrreich war bei dieser Stichprobenerhebung die genauere Quantifizierung einer naheliegenden Vermutung: Gegenüber einzelnen Bibliotheken lag die Identitätsquote lediglich bei 40–70%, durchschnittlich bei 55%. Daraus ging eindeutig hervor: Nicht die Übernahme der Daten einer einzelnen Bibliothek würde das entscheidende Resultat bringen, wohl aber die Datenübernahme aus einem von vielen, teils recht verschiedenen Bibliotheken gespeisten Pool.

Mit der Einsicht, daß 86% der eigenen Bestände bereits mit fertigen Notationen zugriffsfähig vorhanden waren, fiel die endgültige Entscheidung für eine Umarbeitung der betreffenden Bereichsbibliothek mit Fremdnotationen. Zu entwickeln blieb der konkrete Arbeitsablauf.

[2] Die durch Stichprobe gewonnene Zahl erwies sich im Laufe der Bestandsumarbeitung als korrekt. Auch für die Systematisierung des laufenden Neuzugangs können 4 von 5 Titeln durch Fremddatenübernahme systematisiert werden.

3.2 *Arbeitsablauf*

3.2.1 Datenrecherche

Recherchiert wurde in der Mikroficheausgabe des Verbundkatalogs, und zwar in groben Zügen folgendermaßen: Abprüfen der Hauptaufnahmen des nach RAK-WB geführten Alphabetischen Katalogs der Bereichsbibliothek am Alphabetischen Katalog des Verbundkatalogs, Auftragen der gefundenen Notationen auf die Hauptaufnahme des Alphabetischen Katalogs. Dabei wurde als Notation die Buchstabenkodierung der Systematikstelle (z. B. XPK Raketenantriebe) übernommen, die übrigen Teile der Signatur waren, da sie Individualdaten enthalten, zu einem späteren Zeitpunkt zu bilden[3]. Die annotierten, hochgestellten Hauptaufnahmen wurden kopiert und bildeten als AK/HA die Basis oder besser das Datentransportmittel der Buch- und Katalogbearbeitung.

Im Ablaufdiagramm sieht das folgendermaßen aus:

HA aus AK ziehen
↓
Titelaufnahme in Verbund-AK suchen
↓
TA gefunden? → nein → Karte ohne Notation zurück in AK
↓
ja
↓
Auftragen der Notation
↓
Hochstellen der annotierten HA
↓
Anfertigen einer Kopie aller annotierten HA = AK/HA

Die Datenrecherche wurde in der Katalogabteilung durchgeführt, ohne die Bibliotheksbenutzung zu beeinträchtigen, lediglich jeweils ein AK-Kasten wurde kurzfristig aus der Bereichsbibliothek entfernt.

3.2.2 Umarbeitung der Bestände und Kataloge

Für die Umarbeitung waren drei Kataloge von Bedeutung

– AK = AK der Bereichsbibliothek (Haupt- und Nebeneintragungen)

[3] Die Monographiensignatur baut sich auf aus einer Buchstabenkennung für die besitzende Bibliothek, Standortkennung, Notation, numerus currens, errechneter Prüfzahl und gegebenenfalls einer Bezeichnung für Auflage, Bandzählung und Zählung für Mehrfachexemplare. Die für Verbundteilnehmer vom HBZ Köln errechnete Prüfzahl wurde in Aachen mit Hilfe eines Sharp PC 1401 bei der Signaturenvergabe (s. u. 3.2.2) gebildet.

- AK/HA = Kopie aller mit Fremddaten annotierten HA des AK; der AK/HA verwandelt sich bei der Umarbeitung Karte für Karte zum SyK/neu, s. u.
- SyK/neu = Der neu entstehende SyK. Hinter Leitkarten, die die Systemstellen wiedergeben, baut sich der SyK/neu im Laufe der Bearbeitung auf aus den mit den neuen Notationen versehenen und um die Individualdaten ergänzten HA des AK/HA (s. Ablaufdiagramm unten)[4]

Der Arbeitsfluß wurde auf vier Mitarbeiter = vier Arbeitsplätze in einer Art Fließbandverfahren verteilt, und zwar mit folgendem Ablauf:

Bücher innerhalb der alten Systematik nach numerus currens revidieren[5]

↓

Bücher in entsprechender Ordnung auf Magazinwagen zum AK/HA bringen

↓

Karte der HA in AK/HA suchen

↓

HA in AK/HA vorhanden? → nein → Buch an Sonderstandort

↓ (nein-Zweig) In Eigenleistung systematisieren. Als Datenträger dient die Karte aus dem alten SyK

↓

ja

↓

HA aus AK/HA ins Buch legen

↓ ←

Letzte vergebene lfd. Nummer innerhalb der betr. Systemstelle im SyK/neu suchen, um die numerus currens-Position für die Individualsignatur zu bekommen

↓

[4] Der SyK/neu hat gegenüber der Regalaufstellung keine zusätzliche Erschließungsqualität, da er keine Verweisungen enthält. Erschließend wirkt das Schlagwortregister des GHBS, das auf die entsprechenden Systemstellen verweist.

[5] Bearbeitung der Titel in der Reihenfolge des numerus currens der alten Systematik erhöht die Wahrscheinlichkeit, daß auch in der umgearbeiteten Aufstellungsordnung die neuere Literatur am Ende der Systemstelle zu finden ist.

Aus numerus currens, Buchdaten und Prüfziffer die Individualsignatur[6] bilden

↓

Notation auf der den AK/HA entnommenen HA um Individualsignatur zur kompletten Signatur ergänzen

↓

Signatur auf einen Steckstreifen auftragen

↓

Komplettierte HA in SyK/neu einlegen

↓

Buch mit Steckstreifen an AK transportieren

↓

Original-HA aus AK ziehen

↓

Auf HA Signatur komplettieren, alte Signatur überkleben, neue Signatur ins Buch schreiben, HA zurück in AK

↓

Buch an technische Buchbearbeitung weiterleiten

↓

Neues Signaturenschild nach Steckstreifen beschriften

↓

Neues Signaturenschild gegen das alte austauschen

↓

Buch an Interimsstandort

↓

Berechnen des Platzbedarfs für jede Systemstelle

↓

[6] S. Anm. 3.

Einstellen der Bücher entsprechend
der neuen Systematik
↓
Stop

Die Umarbeitung der Nebeneintragungen im AK erfolgte erst nach der Umsystematisierung, dies jedoch nicht aus sachlichen Gründen, sondern lediglich deshalb, weil während der Umarbeitung nicht genügend Personal zur Verfügung stand. Vom Arbeitsablauf her wäre eine Bearbeitung von Haupt- und Nebeneintragungen in einem Zuge sinnvoller gewesen.

4. Personal- und Zeitaufwand

Die Datenrecherche für die 20000[7] Bänden entsprechenden AK-Hauptaufnahmen nahm 6 Mannwochen in Anspruch, d.h. es wurde an einem Mikrofichelesegerät während 6 Wochen im 2-Stunden-Schichtbetrieb ohne Unterbrechung recherchiert. Die Umarbeitung der Bücher und Kataloge erfolgte in zwei Abschnitten: Während des ersten Abschnittes wurden in 8 Wochen ununterbrochener Arbeit (die Bibliothek blieb in dieser Zeit geschlossen) 10000 Bände umgearbeitet, der neue Systematische Katalog für diese Bände erstellt und die Hauptaufnahmen für diese Bände umgearbeitet. Die Arbeit wurde von zwei Mitarbeitern des gehobenen und zweien des mittleren Dienstes durchgeführt.

Der Personalaufwand lag entsprechend für die Umarbeitung von 10000 Bänden und dem größeren Teil der Katalogarbeiten bei 32 Mannwochen, für anteilige Datenrecherche, Buchbearbeitung und den bezeichneten Teil der Katalogarbeiten wurden also insgesamt für 10000 Bände 35 Mannwochen aufgewendet.

Ein weiterer Umarbeitungsabschnitt war die Bearbeitung der verbleibenden 10000 Bände, die zum Zeitpunkt der Bibliotheksschließung ausgeliehen waren. Diese Bände wurden unmittelbar nach der Rückgabe dem oben dargestellten Bearbeitungsgang unterzogen, so daß sie ein bis zwei Tage später resystematisiert wieder im Regal standen. Diese Arbeiten zogen sich entsprechend noch über Monate hin, allerdings mit „kleiner Besetzung“. Eine stärkere Belastung des Personals war lediglich in den ersten Wochen nach der Bibliotheksschließung zu verzeichnen, danach flaute die Belastung mit dem dünner werdenden Strom der Buchrückgaben ab. Der Arbeitsaufwand für diesen zweiten Teil der Umarbeitungsaktion ist wegen der stark schwankenden Belastung schwer zu quantifizieren, dürfte sich insgesamt aber von dem für die ersten 10000 Bände erforderlichen kaum unterscheiden.

[7] Diese 20000 Bände repräsentieren ca. 12000 Titel, d.h. es ist von ca. 40% Mehrfachexemplaren und zusätzlichen Bänden aus mehrbändigen Werken auszugehen.

5. Probleme und Schwächen der Methode

Die dargestellte Systematisierungsmethode hat ihre offenkundigen Schwächen. Die beiden wohl gravierendsten seien der Vollständigkeit halber kurz erwähnt:

5.1 Durch die Übernahme der Notationen mehrerer Bibliotheken aus einem Datenpool steigt zwar die Anzahl der gefundenen Notationen erheblich, es entsteht aber zwangsläufig ein verhältnismäßig uneinheitliches Bild bei denjenigen Titeln, die unter verschiedenen Aspekten aufgefaßt und eingeordnet werden können. Im Extremfall spiegelt sich im Regal ein Sammelsurium verschiedener Fachreferentenauffassungen.

Wir haben dem in gewisser Weise vorzubeugen versucht dadurch, daß wir bei differierenden Notationen einzelner Verbundbibliotheken die Daten nach festgelegten Prioritäten übernommen haben (1. Paderborn, 2. FHB Köln, 3. Duisburg, 4. Essen). Die Erfahrung hat uns außerdem gelehrt, daß den beteiligten Mitarbeitern gröbere Unstimmigkeiten im Bearbeitungsgang sofort auffallen, eine Korrektur durch eigenes Systematisieren ist hier unaufwendig. Ähnliches gilt für Notationen, die im Datenpool auftauchen, in der ausgedruckten Systematik jedoch noch nicht enthalten sind.

5.2 Spezifische örtliche Bedürfnisse können in der Zuweisung der Literatur zu entsprechenden Systemstellen nicht berücksichtigt werden, wohl aber werden diejenigen anderer Bibliotheken unreflektiert nachvollzogen – der wohl gravierendste Nachteil der Übernahme von Systematikfremddaten. Abhilfe könnte vielleicht eine Systematisierung in Eigenleistung für fachlich fest umrissene, betroffene Bestandsteile sein – hieraus entstehen aber wiederum eine Reihe von Schwierigkeiten, auf die ich hier nicht näher eingehen kann.

Vor- und Nachteile der dargestellten Methode können nicht objektiv, sondern nur unter den individuellen Gegebenheiten einer bestimmten Bibliothekssituation gegeneinander abgewogen werden.

6. Anwendungsmöglichkeiten, Konsequenzen

Die dargestellte Systematisierungsmethode hat, das sei deutlich betont, den Charakter einer Notlösung. Sie ist der Versuch, mit den gegebenen Mitteln das Bestmögliche zu machen, wo das objektiv Bessere nicht erreichbar ist. Dennoch hat sie sich, nach unserer Einschätzung, trotz ihrer immanenten Schwächen und einzelner, erst im Arbeiten entdeckter Detailfehler soweit bewährt, daß eine Entscheidung für die Umarbeitung weiterer Bibliotheksteile verantwortbar war. Die Umarbeitung des aktiven Bestandes einer weiteren Bereichsbibliothek wird zur Zeit mit Hilfe eingeworbener ABM-Kräfte durchgeführt, unter Aufsicht eigener Mitarbeiter des gehobenen Dienstes. Es ist geplant, den gesamten aktiven Bestand der Fachhochschulbibliothek Aachen mittelfristig auf die Systematik des nordrhein-westfälischen Verbundes umzuarbeiten.

Sind die gemachten Erfahrungen übertragbar? Könnten Bestände anderer Bibliotheken, wo nötig, in ähnlicher Weise umgearbeitet werden?

Grundsätzlich ist zu bedenken, was auf der Hand liegt: Was wir in Aachen entwickelt haben, ist auf unsere speziellen, recht anspruchslosen Bedürfnisse zugeschnitten. Die Gegebenheiten anderer Bibliotheken würden veränderte Erfahrungswerte produzieren. Vor allem im Bereich der Katalogarbeiten ist, wo über das simple Duo von Alphabetischem und standortgebundenem Systematischen Katalog hinaus weitere Kataloge umzuarbeiten sind, erhebliche Mehrbelastung zu erwarten. Eine andere Bezugssystematik wird die Ergebnisse mit Sicherheit modifizieren. Aber das grundsätzliche Verfahren, Bestände rückwirkend umzuarbeiten mit Hilfe übernommener Systematikfremddaten und dann mit dem eigenen Personal innerhalb der neuen Systematik weiter zu systematisieren, teils mit Fremddaten, teils mit Eigenleistung, wie im Bereich der Formal-Katalogisierung schon gang und gäbe – dieses Grundverfahren scheint mir übertragbar.

Die Attraktion der Methode liegt zweifellos in der zeitrafferartigen Geschwindigkeit, mit der ein erheblicher Teil der Umsystematisierung zu bewältigen ist. Der Vorgang des Resystematisierens zerfällt ja im allgemeinen in drei Teile: Die Gewinnung der neuen Systematikdaten, die Korrektur der einschlägigen Kataloge und die Umarbeitung der Bücher selbst. Durch Fremddatenübernahme kann vor allem die Gewinnung neuer Notationen verkürzt werden; nach unseren Erfahrungen sind 400 Titelaufnahmem pro Manntag recherchierbar[8]. Einsparungen entstehen auch im Bereich der Katalogumarbeitung, da die Auftragung der recherchierten Daten ja bereits an umzuarbeitenden Katalogteilen geschieht.

Zu denken ist an ein entsprechendes Verfahren natürlich zuerst im Bereich von kleineren Bibliotheken, die schlecht präsentierte Bestände umarbeiten wollen, aber nicht über wissenschaftlich ausgebildetes Fachpersonal für eine verantwortbare Systematisierung verfügen – Fachhochschulbibliotheken sind für diesen Bibliothekstyp im allgemeinen recht charakteristisch.

Zu denken wäre aber auch an die Möglichkeit, mit entsprechender Fremddatenübernahme größere Magazinbestände in Freihandaufstellung umzuarbeiten, und zwar ohne Systematisierungsleistungen etwa vorhandener Fachreferenten.

[8] 20000 Bände = 12000 Titel wurden in 6 Wochen recherchiert, d.h. 50 Titel pro Stunde; dabei löste sich allerdings das Personal alle 2 Stunden ab.

Ohne in die nachgerade klassische Diskussion um die Fragen Magazinbibliothek/Freihandbibliothek, Erschließungsqualität von Freihandsystematiken und standortgebundenen Systematischen Katalogen, etc. eintreten zu wollen, gebe ich zu bedenken, daß bei geschickter Wahl einer den jeweiligen Bedürfnissen entsprechenden Systematik und eines geeigneten Fremddatenlieferanten Magazinbestände in Freihandbestände umgewandelt werden können, ohne über die immense Hürde der völligen Neusystematisierung durch eigenes Personal springen zu müssen.

Entsprechend möchte ich abschließend die Eingangsfrage: Lassen sich Systematikdaten als Fremddaten nutzen?, beantworten: Übernahme fremder Systematikdaten ist sicher nicht der Stein der Weisen, vielleicht aber hier und da der Stein, der die Dinge ins Rollen bringt.

7. ZWISCHEN TRADITION UND FORTSCHRITT

ARMIN DIETZEL

Die Herzogliche Öffentliche Bibliothek in Oldenburg als Regionalbibliothek

Niemand wird erwarten, und es soll auch nicht behauptet werden, daß die Herzogliche Öffentliche Bibliothek etwa als Regionalbibliothek begründet wurde. Als der Herzog Peter Friedrich Ludwig 1791 die Büchersammlung des Hannoveraner Hofrats Georg Friedrich Brandes für zusammen 24000 Rtlr erwarb, wollte er damit als Ersatz für die 1751 beim Schloßbrand zu Varel verlorengegangene Gräfliche Bibliothek eine Büchersammlung gewinnen, die vor allem der Verwaltung und den wissenschaftlichen Bestrebungen der höheren Beamten und des Gymnasiums von Nutzen wäre. Dies ist ihm auch gelungen.

Die Brandes-Bibliothek

Brandes hat in rund 40jähriger Sammeltätigkeit eine geradezu bibliophile Sammlung von über 22000 Bänden erworben. Als er 1769 im Zusammenhang mit dem Referat für die Landesuniversität Göttingen auch die Fürsorge für die neu aufzubauende Universitätsbibliothek erhielt, nutzte er die sich ihm bietenden zahlreichen Gelegenheiten, auch seine eigene Bibliothek weiter aufzubauen[1]. Über die Hälfte seines Bestandes erwarb er auf Auktionen[2]. Natürlich erhielt Brandes auch zahlreiche Buchgeschenke, die er überwiegend seiner Stellung verdankte[3]. Um 1790 dürfte seine Bibliothek ca. 21700 Bände umfaßt haben. Er hatte Freude am schönen Buch und erwies sich darin ganz als ein Kind seiner aufgeklärten Zeit. Besonders kostbare Werke gehörten zu den Fächern der Schönen Künste, der Naturgeschichte und der Geographie. Unter seinem Besitz sind Bände aus den berühmten Sammlungen des Grafen von Bünau, Augusts von Sachsen und Dietrichs von Schönberg und vieler anderer Büchersammler mehr zu finden. Die Sammlung war enzyklopädisch angelegt, die einzelnen Fächer jedoch mit unterschiedlicher Gewichtung. Der Schwerpunkt lag eindeutig bei den Geisteswissenschaften. Die Geschichte mit ihren Hilfswissenschaften bildete mit 6700 Bänden die weitaus stärkste Gruppe[4]. Heinrich

[1] Zum Ganzen vgl. Gabriele Crusius: Gründung und Frühgeschichte der Herzoglichen Öffentlichen Bibliothek in Oldenburg (1792–1847). Oldenburg 1981, S. 7–18. (Schriften der LBO. 10.)
[2–4] ebd. S. 10ff.

Matthias Marcard, der Leibarzt Peter Friedrich Ludwigs, der den Ankauf der Sammlung vermittelte, sagte über das Ganze der Bibliothek: „Sie enthält wenig Medizinisches und ist in der eigentlichen Jurisprudenz und Theologie nicht vorzüglich reich. Aber in den Zweigen, worin alle Gelehrten zusammenstoßen – der Geschichte, Literaturgeschichte und Philosophie – fehlt dann auch kein erhebliches Werk."[5]

Die Sprach- und Literaturwissenschaften waren mit ca. 3700 Bänden die zweitstärkste Gruppe. Die nächststärkste Gruppe war die der Wissenschafts- oder Literärgeschichte mit ca. 3000 Bänden. Die Theologie nimmt ca. 1800 Bände ein. Diese und die übrigen Gruppen sind nachgewiesen in einem von ihm selbst geführten Fachkatalog, der heute noch in drei Bänden vorhanden ist und die Bestände sowie die in den folgenden Jahren von der Bibliothek ergänzend hinzugekauften Bücher nachweist. Gabriele Crusius hat viel dazu beigetragen, den Inhalt der Sammlung zu würdigen[6].

Handschriften fehlten der Sammlung fast gänzlich. Bemerkenswert aber ist eine Sammlung von etwa 200 Aldinen, Klassikerausgaben, besorgt und gedruckt von Petrus Aldus und seinen Erben in Florenz. Auf dem Gebiet der neueren Literatur sind beträchtliche Bestände vorhanden. Dies alles spiegelt Interesse und Kennerschaft des Sammlers wider[7].

Die Benutzung der Bibliothek

Egbert Koolman hat in einer gründlichen Untersuchung der Benutzungsjournale von 1792 bis 1810[8] nachgewiesen, daß die von Brandes angekaufte und ab 1792 auch benutzbare Bibliothek rege benutzt wurde. Vor allem waren es die höheren Beamten am Hofe und die Lehrer des Gymnasiums, vereinzelt auch Schüler desselben. Unter den Benutzern fanden sich nur wenige Frauen.

Mehr als einzelne Benutzungen legen Benutzungsordnungen[8a] die Arbeit und die Intentionen einer Bibliothek fest. Die erste Benutzungsordnung stammt von

[5] Matthias Marcard, der Leibarzt des Herzogs Peter Friedrich Ludwig, an denselben am 16. 6. 1789, zitiert nach Theodor Merzdorf: Die öffentliche Bibliothek. In: Die Großherzoglichen Kunst- und wissenschaftlichen Sammlungen in Oldenburg. 1. = Mitteilungen aus Oldenburg, 9 (1843), S. 81–84 u. 87f., oder Merzdorf: Versuch einer Geschichte der Bibliotheken im Herzogtum Oldenburg. In: Merzdorf: Bibliothekarische Unterhaltungen. Oldenburg 1844.

[6] Crusius, in: Wolfenbütteler Notizen zur Buchgeschichte, 1985, S. 1–16. Hier wird das Zustandekommen der Slg. aus den Briefen Georg Friedrich Brandes beleuchtet.

[7] Crusius: Gründung ... S. 12.

[8] Koolman, Egbert: Benutzung und Benutzer der Herzoglichen öffentlichen Bibliothek in Oldenburg 1792–1810. In: Peter Friedrich Ludwig und das Herzogtum Oldenburg. Oldenburg 1979, S. 213–230.

[8a] 1. Benutzungsordnung von 1792. Sie liegt den Darstellungen im Text zugrunde.

2. Benutzungsordnung vom 8. 5. 1820 ohne wesentliche Änderungen. Bemerkenswert ist die Bezeichnung der Benutzer als Literari, Gebildete.

ihrem Gründer, dem Herzog Peter Friedrich Ludwig. Er hat sie gleich 1792 erlassen. Danach stand die Bibliothek fast allen Bürgern offen. Nur „junge Leute, die noch nicht ihre eigenen Herren sind“, waren zur Benutzung nicht zugelassen[9].

Aus der Ordnung geht nicht hervor, ob in erster Linie an Ausleihe oder an Benutzung in der Bibliothek gedacht war. Deutlich ist aber, daß „Kupferwerke und andere kostbare und seltene Werke“ nicht ausgeliehen wurden. Die Leihfrist betrug 4 Wochen. Auf einmal durften immer nur 4 Bände entliehen werden. Eine Entleihung des gleichen Werkes konnte erst nach 4 Wochen erfolgen, wobei Vormerkung möglich war.

Bevor entliehene Werke nicht zurückgegeben waren, erhielt der Benutzer kein weiteres Buch mehr mit nach Hause. Säumige Benutzer konnten von der Benutzung ausgeschlossen werden. Nach den Benutzungsjournalen hat sich freilich über die Hälfte der Benutzer nicht an die Ausleihfrist gehalten, ohne deshalb ausgeschlossen worden zu sein. Es ist überhaupt kein Fall eines solchen Ausschlusses bekannt. Die Bibliothek war an allen Werktagen einige Stunden geöffnet. Zur damaligen Zeit standen die meisten deutschen Landesbibliotheken überhaupt nur für einen sehr engen Kreis zur Benutzung offen. Unsere Bibliothek war also von Anfang an eine liberale Gebrauchsbibliothek[10].

Zwischen 1792 und 1810, der Zeit, die durch die Ausleihjournale belegt ist, haben insgesamt 12288 Benutzungen stattgefunden. „Mit 425 verschiedenen in den Journalen verzeichneten Benutzern haben insgesamt etwa 12% der damaligen Einwohnerschaft der Haupt- und Residenzstadt Oldenburg von der Benutzung der Bibliothek Gebrauch gemacht.“[11] Etwa 80% der Entleiher, die in den Journalen mit Berufen angeführt sind, gehörten zu der in Oldenburg überwiegenden bürgerlichen Ober- und Mittelschicht[12]. Dabei lagen die Benutzer mit akademischer Ausbildung an der Spitze. „Unter den 13 Benutzern, die in dem Zeitraum zwischen 1792 und 1810 ein Ausleihvolumen von mehr als 100 Titeln ausweisen, sind 6 Gymnasiallehrer, 3 Ärzte, 2 Juristen, der Superintendent und der Prinzenerzieher.“[13]

Von den Benutzern mit 80 bis 100 Bänden sind 12 von 19 in akademischen Berufen tätig: 9 Juristen und 3 Offiziere, ein französischer Lektor, ein Kaufmann, ein Subalternbeamter und eine Dame[14]. Die meisten dieser Benutzer

3. Benutzungsordnung vom 22. 1. 1847. Zeitschriftenhefte werden nur noch auf 8 Tage verliehen (Abs. II, 1).

4. Benutzungsordnung vom 15. 10. 1892. Hier wird auch die Benutzung der Bibliothek durch Auswärtige geregelt (Abschn. IV), was ihre zunehmende Bedeutung für die Region erkennen läßt.

1–4 enthalten im Nds. StA. Oldenburg. Bestand 170–1–167.

[9] Dargestellt bei Crusius: Geschichte ... S. 30.

[10] Vgl. Crusius: Gründung ... S. 31.

[11–15] ebd. S. 32.

brauchten die Bibliothek offenbar ganz überwiegend im Zusammenhang mit der Ausübung ihres Berufs oder ihrer beruflichen Weiterbildung. Literarische Arbeit an den bibliophilen Schätzen der Bibliothek war nicht zu verzeichnen[15].

Etwa 20% der insgesamt 374 Oldenburger Bibliotheksbenutzer gehören der Mittelschicht bzw. dem Kleinbürgertum an[16].

Spätere Benutzungsordnungen haben die Liberalität der Benutzung nicht eingeschränkt, im Gegenteil weiter erhöht.

Die Erwerbung

Die Qualität einer Bibliothek ist nicht mit ihrem Grundstock auch schon gesichert. Sie ist vielmehr abhängig von der laufenden Erwerbung. Wie war dies in Oldenburg gewährleistet?

Mit ihren etwa 22000 Bänden aus dem Besitz Brandes war die Bibliothek erst einmal gut ausgestattet.

Seit ihrer Öffnung hatte die Bibliothek einen jährlichen Etat von 500 Rtlrn. Diese Summe blieb bis 1810 konstant[16a]. Aus ihr waren Buchanschaffungen und Einbandarbeiten zu bezahlen. Zusätzlich gingen aus diesem Titel noch die Kosten für den Geschäftsbedarf, der allerdings eine geringe Rolle spielte. Die Bibliothek konnte über ihren Etat frei verfügen. Die Abrechnung erfolgte jährlich. Der erste Bibliothekar Ludwig Wilhelm Christian von Halem hatte sich von 1809 an jährlich an 4 bis 6 Auktionen beteiligt. Dieser Weg war offenbar der einträglichste. Die Bibliothek steigt auch in den Bezug notwendiger Fortsetzungen ein. Schenkungen fielen in diesen ersten Jahren nicht ins Gewicht.

Eine andere Erwerbungsquelle war der von der Bibliothek geschaffene Vertrag mit der juristischen Lesegesellschaft seit 1804/05[17]. Dieser Anfang wurde in Oldenburg verhältnismäßig früh gemacht, wie Georg Leyh feststellt[18]. Bei der Erwerbung hat man sich deutlich auf deutsche Literatur beschränkt, während vorher am stärksten die englische, aber auch andere westeuropäische Literaturen vertreten waren. Bevorzugt gekauft wurde in den ersten Jahren Staatsrecht, Naturwissenschaften mit Medizin, Theologie, Ökonomie und Geschichte, im übrigen deutsche Wissenschaftsgeschichte mit bio- und bibliographischen Nachschlagewerken[19].

[16] ebd. S. 25f.

[16a] ebd. S. 25.

[17] ebd. S. 26.

[18] Georg Leyh: Die deutschen Bibliotheken von der Aufklärung bis zur Gegenwart. In: Handbuch der Bibliothekswissenschaften. 2. Aufl. Bd. 3, 2. Wiesbaden 1957. S. 208.

[19] Crusius: Gründung ... S. 26f.

Die juristische Literatur erfuhr eine bemerkenswerte Vermehrung durch die Eingliederung der 3010 Bände der Büchersammlung des Kieler Juristen Adolf Friedrich Trendelenburg[20]. Aus seiner Sammlung kommt auch die Erstausgabe des Jutisch Lowbook 1486, des dänischen Landrechts, das König Waldemar II. mit seinen Bischöfen erlassen hatte. Es ist das einzige vollständige Exemplar, das es neben dem der Königlichen Bibliothek in Kopenhagen noch gibt. Mit dieser Sammlung kam auch Schrifttum zur nord- und nordwestdeutschen Territorialgeschichte an die Bibliothek.

Erheblichen Gewinn erhielt die Bibliothek durch die Erwerbung der Sammlung des Pastors Johann Samuel Neumann aus Bardenfleth. Mit seiner Bibliothek kamen besonders viele Oldenburgica an die Bibliothek. Damit wurde ein guter Grund für die Sammelaufgabe als Regionalbibliothek gelegt.

Die Erwerbung hat insbesondere unter dem Bibliothekar Theodor Merzdorff (1841–1877) einen hohen Rang eingenommen.

Aus den Jahrzehnten der Mitte des 19. Jahrhunderts finden sich z. B. Abbildungswerke berühmter Galerien und Sammlungen, Handschriften- und Bibliothekskataloge, frühe wertvolle Ausgaben vor allem deutscher Literatur, ja, man kann sagen, alles was Merzdorf für archivwürdig ansah, an der Bibliothek.

In den letzten Jahrzehnten des 19. und ersten Jahrzehnten des 20. Jahrhunderts entwickelt sich zwischen den deutschen Bibliotheken der Leihverkehr. Was in den 11 großen preußischen Bibliotheken lief, war auch an den anderen Bibliotheken deutscher Länder möglich. An diesem Leihverkehr hat die Landesbibliothek Oldenburg schon recht früh teilgenommen. Stärker entwickelt hat sich derselbe in den 20er Jahren, als an allen deutschen Bibliotheken nur noch ein schmaler Etat für die Erwerbung zur Verfügung stand. Eine Statistik darüber wurde bisher nicht aufgefunden.

Die staatliche Beratungsstelle für öffentliche Büchereien an der Landesbibliothek

Eine besondere Aufgabe erwuchs der Landesbibliothek, die seit 1926 diesen Namen führt, dadurch, daß 1937 eine staatliche Beratungsstelle für öffentliche Büchereien ins Leben gerufen wurde, deren Leitung bis 1969 mit der der Landesbibliothek in Personalunion verbunden war. Ende 1969 wurden die Fachstellen Aurich und Osnabrück mit der in Oldenburg zusammengelegt und in Oldenburg einem eigenen Leiter unterstellt.

In Oldenburg gab es seit 1904 eine Volksbücherei im Sinne einer Lese- und Bücherhalle. Sie war das Ergebnis eines Vertrags des Arbeiterbildungsvereins

[20] ebd. S. 27.

mit der Stadt Oldenburg[21]. Der Schwerpunkt ihres Bestandes lag deutlich in der Belletristik. Daneben bestanden kleinere Abteilungen für Geschichte, Lebenserinnerungen und Biographien, Geographie und Reisen. Diese Lese- und Bücherhalle erfreute sich guten Besuchs, auch bei den „Personen beiderlei Geschlechter aus allen Ständen". Die Inflation beendete den weiteren planmäßigen Aufbau derselben. Die Bücherei war in Oldenburg in der Peterstraße untergebracht. 1931 zog sie in den Steinweg um.

Die Arbeitslosigkeit wirkte sich stark auf die Benutzung der Bücherei aus. Auf Anregung des Leiters der LB, Hans Wagenschein, wurde die Bücherei der LB angegliedert. Ihre Trägerschaft ging damit auf den Staat über. Dieser Vertrag trat am 1. 4. 1934 in Kraft, räumlich blieb die Bücherei aber noch am Steinweg, bis sie zum 1. 4. 1936 als „Abteilung Volksbücherei" der LB einverleibt wurde.

Unter der Leitung Wagenscheins wurde der Bücherei aber eine andere Funktion zuteil. Jetzt ist das Motiv ideologischer Indoktrination stark zu spüren. Die Bibliothekskommission sah die Aufgabe der Bibliothek immer noch in der „Versorgung weitester Schichten der Bevölkerung mit gutem Lesestoff zur Belehrung wie zur Unterhaltung". Nach Ansicht Wagenscheins konnte nun „jeder Volksgenosse (!) ... nach Maßgabe seiner geistigen Richtung und Fähigkeit" die LB mit Gewinn benutzen. Die LB wurde mehr und mehr zu einem Instrument der Volksbildung. Dabei hatte die nationalsozialistische Weltanschauung wachsenden Vorrang.

Nach dem Bombenangriff vom September 1943 mit dem verheerenden Gebäudeschaden am Südflügel der Bibliothek, der den Bestand der Volksbücherei aber fast unversehrt ließ, wurde der Ausleihbetrieb ins Schloß verlegt. Eine Unterbrechung des Betriebs hat kaum stattgefunden, sollte doch die Volksbücherei in Oldenburg nach dem Willen des Reichsministers für Wissenschaft, Erziehung und Volksbildung (RMWEV) ein Musterbeispiel für die Gemeinden des Landes werden.

1943/44 verzeichnete die Bücherei bei einem Bestand von ca. 6000 Bänden 23251 Entleihungen, was durchaus den heute erstrebten Werten gleichkommt.

Wagenschein beantragte eine staatliche Beratungsstelle für die Volksbücherei. Wohl hatte er damit nicht gleich Erfolg. Da er sich aber auf Erlasse des RMWEV berufen konnte, wurde eine solche 1937 vom Ministerium in Oldenburg schweren Herzens doch begründet, wobei der Leiter der LB zugleich Leiter der Beratungsstelle wurde, die sonst nur durch einen Dipl.-Bibliothekar besetzt war. Die Beratungsstelle hatte die Aufgabe, dafür zu sorgen, „daß alle

[21] Müller, Klaus-Peter: Die LBO von der Jahrhundertwende bis 1945. Hausarbeit zur Prüfung für den höheren Bibliotheksdienst. Köln 1984, S. 107ff., wo sich ein ganzer Exkurs über die Tätigkeit dieser Stelle in Oldenburg findet, der wesentliche Ergebnisse der Arbeit deutlich herausstellt.

Büchereien im Geiste des nationalsozialistischen Staates arbeiteten". Darüber hinaus sollte in der Beratungsstelle eine zentrale Ergänzungsbücherei aufgebaut werden, aus der die einzelnen Büchereien ganze Bestände entleihen konnten. In Oldenburg erklärte man die LB zu dieser Ergänzungsbücherei. Ähnliche Verhältnisse gab es im ganzen deutschen Reich nur noch in Detmold[22].

Die Borromäus-Büchereien lehnten die staatliche Einmischung bei der Bücheranschaffung ab. 1940 hatte Wagenschein einen großzügigen Aufbauplan für 36 zusätzliche Volksbüchereien in den Ämtern Cloppenburg und Vechta vorgeschlagen, um den katholischen Büchereien ein Gegengewicht zu verleihen. Dieser Plan gelangte aber nicht zur Durchführung. Im Gegenteil: Sofort nach dem Krieg übergaben die Gemeinden, soweit überhaupt Volksbüchereibestände vorhanden waren, diese den Pfarrbüchereien.

Mit dem Wiederaufbau der staatlichen Beratungsstelle wurde nach dem Krieg der Leiter der LB Oldenburg, Dr. Wolfgang Günther Fischer, beauftragt[23].

Die Entwicklung der Landesbibliothek nach dem 2. Weltkrieg[24]

Nach einer kurzen kommissarischen Leitung der Bibliothek durch den Oldenburger Archivdirektor Dr. Hermann Lübbing wurde 1946 Dr. Wolfgang Günther Fischer zum Leiter der LB berufen. In der ersten Zeit galt es, ein neues Haus für die Bibliothek zu finden. Dies wurde in ausgezeichneter Weise dadurch erreicht, daß die britische Militärregierung das Gebäude des Zeughauses, Ofener Straße 15, zur Verfügung stellte. Der Umzug fand unter einem Großeinsatz von arbeitslosen Helfern im Herbst 1946 statt, wovon der älteste Mitarbeiter, Herr Fritz Janßen, lebensnah zu erzählen wußte. Nun galt es, die ausgelagerten Handschriften und kostbaren Drucke wieder zurückzuführen, was in kurzer Zeit gelang[25]. Durch den Bombentreffer auf den Südflügel des Bibliotheksgebäudes waren etwa 10000 Bände des Altbestandes verlorengegangen und etwa 20000 weitere Bände z.T. schwer beschädigt.

[22] ebd.

[23] ebd. S. 132.

[24] Artikel über die Notlage der LBO. In: Weser-Kurier vom 4. 9. 1952, Nr. 203, S. 8. – Zusammenhängende Darstellungen dieses Zeitraumes finden sich bei Walter Barton: Die LBO in den Jahren 1943–1957. Ein Rückblick auf die Epoche des Provisoriums. In: Oldenburger Jahrbuch 56, 1957, T. 1, S. 51–73. – Armin Dietzel: Die LBO. In: Die Regionalbibliotheken der Bundesrepublik Deutschland, hrsg. v. Wilhelm Totok. Frankfurt/M. 1970, S. 90–96 (Zeitschrift für Bibliothekswesen und Bibliographie. Sonderheft 11.) – Ders.: Die LBO in der Gründungs- und Aufbauphase der Universität (1965–1985). In: Festschrift für Wilhelm Totok, Frankfurt/M. 1986, S. 113–134.

[25] Wolfgang Günther Fischer: Landesbibliothek Oldenburg. Kriegsschäden und Wiederaufbau. In: ZfB 62, 1948, S. 309–311.

Im Zeughausgebäude waren außer der LB auch die Fachstelle für die öffentlichen Büchereien, deren Leitung noch bis Ende 1969 mit der LB in Personalunion verbunden war, und ein Büro der Städt. Volkshochschule, mit der die LB in manchen Veranstaltungen kooperierte, untergebracht. Ferner diente der große Raum des Magazinflügels auf der Höhe des Erdgeschosses der städtischen Feuerwehr als Garage. Damit war die Wirksamkeit der Bibliothek noch lange Zeit räumlich sehr eingeschränkt.

Es ist amüsant, in den Briefen Wolfgang Günther Fischers, die er in diesen Jahren an seine Frau geschrieben hat, nachzulesen, wie er sich erfolgreich bemühte, mit seinen willigen Mitarbeitern die Arbeitszimmer und Flure zu weißen oder die nötigen Kohlen für den Kanonenrohrofen im Lesesaal zu beschaffen[26]. Der Schlüssel für die Toilette mußte von Fall zu Fall von der Fachhochschule besorgt werden, da es im eigenen Hause noch keine solche gab. Paul Raabe, der damals als Praktikant für den gehobenen Dienst seine praktische Ausbildung hier erhielt, beschrieb das gute Zusammenwirken der Bibliotheksangehörigen in seinem Märchen „Der Fischer und sein Aquarium. Eine sonderbare Geschichte." Er beschrieb die Bibliothek als „großes rotes Haus mit gefährlichen Kugeln vor dem Tor" und das Reich des Fischers mit dem Bild der Fische im Wasser: „Sie fühlen sich wohl in ihrer Haut und in dem Wasser, das die Welt der Bücher ist."[27] Die Bibliotheksarbeit war in dieser Zeit vorwiegend Kleinarbeit. Man freute sich über jede kleine Errungenschaft. Auf diese Weise wurde die LB erhalten.

Die großen Bibliotheken in Bremen, Hamburg, Hannover und Münster hatten zum Teil schwere Kriegsverluste hinnehmen müssen. Die LB Oldenburg aber konnte unter bescheidenen Verhältnissen ihre guten alten und dürftigen neuen Bestände in Oldenburg und darüber hinaus vor allem in der Region zur Verfügung stellen. Besonders blühte in diesen Jahren der Direktversand von Büchern, die aus dem Raum Oldenburg von privaten Benutzern bestellt waren. Noch 1968 betrug die Zahl der jährlich versandten Bände weit über 1000.

Obwohl aus diesen Jahren keine Aktenunterlagen vorhanden sind – eine ungetreue Sekretärin soll dieselben in Abwesenheit des Direktors verbrannt haben – wissen wir, daß die Benutzung der Bibliothek am Ort und im deutschen Leihverkehr gut war und stetig wuchs. Kein Wunder, daß an allen Enden Mangel herrschte. Und trotz allen Mangels war es damals durchaus möglich, daß jemand in Ostfriesland an seiner Dissertation arbeitete, wobei die Literaturversorgung selbstverständlich aus und über die LB Oldenburg erfolgte.

[26] Wolfgang Günther Fischer: Aus persönlichen Briefen zur Situation der LBO in den Jahren 1945–1954. Xerokopie. Cim I, 88^{uu}.

[27] Paul Raabe in dem zitierten Märchen, Bl. 2. Beilage zu Fischer: Aus persönlichen Briefen ... Cim I, 88^{uu}.

Die Benutzung in den letzten beiden Jahrzehnten[28]

Nichts anderes rechtfertigt die Aufwendungen für eine Bibliothek mehr als eine gute Benutzung. Von einer solchen ist zu berichten. Sie ist fast stetig gestiegen. Der stärkste Anstieg ist in den Jahren 1978 und 1979 zu melden: Von 49391 im Jahre 1977 stieg die Zahl der schriftlichen Bestellungen auf 65853 im Jahre 1979.

Aber nicht nur die Ortsausleihe, auch die Fernleihe ist angestiegen. Davon nur einige wenige Zahlen. 1976 war die Zahl der schriftlichen Bestellungen bei 8960 angelangt. Es ist verständlich, daß diese Zahl mit der Einrichtung einer eigenen Fernleihstelle am BIS 1976 sich auf 4836 verringerte. Bei dieser Zahl ist es auch in den folgenden Jahren annähernd geblieben.

Die Benutzung hauptsächlich für die Zeit vom 14. 6. bis 31. 7. 1982 hat Günther Wetzig[29] in bezug auf den regionalen und überregionalen Leihverkehr in einer gründlichen und differenzierten Untersuchung dargestellt. In der Tabelle auf S. 41 ist er eingegangen auf die Bestellungen aus den Jahren 1980–1982: 1980 haben die überregionalen Bestellungen im Durchschnitt monatlich 885, 1981 582 betragen. Im regionalen Leihverkehr kamen die monatlichen Bestellungen 1980 im Durchschnitt auf 171 und 1981 auf 154.

Für die Zeit der eingehenderen Untersuchung im obengenannten Zeitraum betragen die Bestellungen im überregionalen Leihverkehr monatlich 605[30], im regionalen Leihverkehr monatlich 278[31]. Wetzig hat diese Zahlen genauestens nach bestellenden Bibliotheken und Fächern aufgegliedert und sehr genaue Übersichten geliefert. Da der untersuchte Zeitraum aber nur rd. 6 Wochen betrug, sind seine Ergebnisse durch Zufälligkeiten belastet.

Bei so hohen Bestellzahlen interessieren natürlich auch die Anzahlen der positiven Erledigungen. Aus der Region sind in den folgenden 3 Jahren folgende Bestellungen eingegangen[32]:

Jahre	Bestellungen	davon wurden positiv erledigt	das sind in %
1980	2054	761	37
1981	1851	673	36,4
1982 (Jan.–Sept.)	1882	628	33,4

[28] Zur Entwicklung der Bibliothek vgl. Armin Dietzel: Die Landesbibliothek Oldenburg in der Gründungs- und Aufbauphase der Universität (1968–1985). In: Festschrift für Wilhelm Totok zum 65. Geburtstag. Frankfurt/M. 1986, S. 113–134.

[29] Günther Wetzig: Zur Struktur von Bestellungen im Regionalen Leihverkehr. Untersuchung aufgrund der an die LBO gerichteten Fernleihbestellungen. Hausarbeit zur Prüfung für den höheren Bibliotheksdienst. Köln 1982.

[30] ebd. S. 56.

[31] ebd. S. 59.

[32] ebd. S. 74.

Die Untersuchung von Wetzig liefert noch weit genauere Einsichten hinsichtlich der notwendigen bibliographischen Bearbeitung und der Aufteilung nach Fächern. Darüber kann hier im einzelnen nicht berichtet werden. Die Arbeit ist ein Musterbeispiel für exakte Auswertung von Benutzerstatistiken und darüber hinaus veranstalteten Zählungen.

Das Pflichtexemplar

Von 1934 bis 1965, also bis zum Erlaß des Niedersächsischen Pressegesetzes, war die LB auch Empfängerin eines Pflichtexemplars[33]. Auf diese Weise sind aus dem Raum des ehemaligen Landes Oldenburg zahlreiche, wenn auch nicht alle Veröffentlichungen an die Bibliothek gekommen. Die Oldenburger Verlage Heinz Holzberg und Gerhard Stalling sowie dessen Nachfolger, der Verlag für Wirtschaft und Kommunikation, haben in großer Treue noch weiter ihre Pflichtstücke abgeliefert, als ob ein Gesetz bestünde.

In diesem Zusammenhang ist es von Interesse, daß vor einigen Jahren – bis auf wenige Stücke – das gesamte Druckarchiv Stalling an die Bibliothek kam.

Das neue Gebäude

Seit 1969 litt die Bibliothek unter Raummangel. Immer mehr Zeitschriften und andere Buchbestände mußten im Dachboden untergebracht werden, obwohl dieser in keiner Weise dafür ausgebaut war. Eine Entrümpelung des Bodens im Zuge einer ABM-Maßnahme brachte zwar Luft, konnte aber nicht bewirken, daß Stellraum für den Zugang aus Kauf, Geschenk und Pflichtlieferung hätte geschaffen werden können. Auf die Erwerbungsarten weise ich deshalb hin, weil insbesondere durch Geschenke an die LB erhebliche Zugänge zu verzeichnen sind und nach Begründung einer Tauschstelle noch in steigendem Maße an die Bibliothek kommen[34].

Im Zuge der Universitätsgründung war zunächst daran gedacht, die neue UB aus der LB zu entwickeln. Deshalb mußten alle Planungen zugunsten der Universität zurückstehen. Nach der Trennung im Sommer 1972 rückte das Problem wieder näher. Im Januar 1973 erhielt die LB durch Erlaß des niedersächsischen Kultusministeriums den Auftrag, einen Raumbedarfsplan zu melden, und zwar unter ausdrücklicher Berücksichtigung der Tatsache, daß die LB auch zur Mitversorgung der Universität Oldenburg da sei. Aufgrund des

[33] Angaben über die Verhältnisse des Pflichtexemplars bis zum Jahre 1957. Bei Walter Barton, wie Anm. 24, S. 66.

[34] Über die Tauscharbeit habe ich berichtet im Mitteilungsblatt der Oldenburgischen Landschaft, Nr. 8, 1975, S. 6f.

genehmigten Raumbedarfsplans wurde mit dem beauftragten Architekten Reinhard Fritsch eine Planung durchgeführt, die auf dem jetzigen Areal der Bibliothek aufbaute und das Gebäude der Städtischen Feuerwehr, Auguststraße 5, mit in die Planung einbezog. Nachdem wegen einer Tieferlegung des Verbindungsbaues die Planung durch die Denkmalspflege ins Stocken geraten war, ging es mit derselben erst wieder voran, als alle Parteien durch die Landtags- und Bundestagsabgeordneten sich der Sache annahmen (1979). Schließlich aber mußte wegen mangelnder Mittel die Planung „gestreckt", d.h. um 3 Jahre verschoben werden. Als dann 1981 die Planung wieder angegriffen wurde, mußte das von der Schutzpolizei freigewordene Kasernengebäude II am Pferdemarkt einer sinnvollen Verwendung zugeführt werden. Die Bauaufsichtsbehörde der Bezirksregierung Weser-Ems, Herr Ltd. Baudirektor Haasis, hat den Vorschlag gemacht, dieses den Pferdemarkt beherrschende, aber einen gründlichen Umbau verlangende Gebäude für die LB umzubauen.

Wieder erhielt der Architekt Fritsch den Planungsauftrag. Unter seiner erfahrenen Leitung wurde ein reifer Plan erarbeitet, für den im Herbst 1983 die Genehmigung des Niedersächsischen Ministeriums für Wissenschaft und Kunst vorlag. Nun konnte im September 1984 mit der Baumaßnahme begonnen werden. Am 6. 10. 1985 feierten wir das Richtfest.

Im einzelnen kann über diesen Bau hier nicht berichtet werden. Zusammenfassend soll aber mitgeteilt werden, daß die Bibliothek damit eine Fläche von fast 5000 qm erhält. Dabei ist an alle ihre Aufgaben ausreichend gedacht, sogar an einen Vortrags- und Ausstellungsraum im 1. Obergeschoß und an einen allgemeinen und regionalen Lesesaal. Durch den Magazinergänzungsbau ist mit einer Stellkapazität von ca. 600000 Bänden bis zum Jahre 2000 Stellraum geschaffen. Hinter dem Gebäude werden 60 Parkplätze für die Bibliothek erstellt, so daß Benutzer auch aus der Umgebung anfahren können.

Es ist offensichtlich, daß ein so stattliches, gut ausgebautes Gebäude auch für die regionalen Aufgaben der Bibliothek von hohem Nutzen ist. Wenn die Bibliothek im Zusammenhang mit dem neuen Gebäude 1986 drei neue Planstellen, je eine für den höheren, gehobenen und mittleren Dienst, erhält, wird damit ihre Bedeutung anerkannt und ihre Leistungsfähigkeit erhöht. Wegen der Weitläufigkeit des Gebäudes sollen im Jahre 1987, wenn der Umzug stattgefunden hat, noch zwei neue Stellen im Bücherholdienst hinzukommen, damit die Sofortausleihe erhalten bleiben kann.

Von einer letzten Tätigkeit soll hier noch berichtet werden, mit der die Bibliothek der Region dient: die Aufbereitung von regionalen Buchbeständen und die Erschließung von regionsbezogenen Nachlässen. Der LB fallen in ihrer Eigenschaft schriftstellerische Nachlässe zu, deren Katalogisierung zu ihren vornehmsten Aufgaben gehört. Bearbeitet wurden bisher der Briefnachlaß

Gerhard Anton von Halem (1752–1819) von Paul Raabe, 1982; der Nachlaß Alma Rogge von Jürgen Beutin, 1972; der Nachlaß August Hinrichs in einem umfangreichen Katalog von Johann Onnen und Gerhard Preuß, 1984, und zuletzt der Nachlaß des Oldenburger Deichbauers Oskar Tenge von Gerhard Preuß, 1985. Daß die Bibliothek auch dabei ist, ihren meist auf Oldenburg und die Nordwestregion bezogenen Handschriftenbestand durch einen gedruckten Katalog zu erschließen, soll hier angekündigt werden.

Schließlich ist es für die Region und die regionalgeschichtliche Forschung von grundlegender Bedeutung, wenn die Oldenburgische Bibliographie 1500–1908, die Egbert Koolman in langjähriger Arbeit zusammengestellt hat, veröffentlicht wird. Wir hoffen, daß dies 1987 durch die Historische Kommission für Niedersachsen und Bremen erfolgt.

Die wichtigsten Tätigkeiten und Aufgaben der Bibliothek für Oldenburg und die Nordwestregion sind hier genannt. Wir hoffen, daß die Bibliothek neben der neuen und mit starken Mitteln und zahlreichem Personal ausgestatteten Universitätsbibliothek ihre Aufgaben als Regionalbibliothek zum Nutzen der ganzen Bevölkerung des Oldenburger Landes weiterhin wahrnehmen kann, damit das Bildungsgefälle, das auch heute noch gegenüber dem Süden und Südosten Niedersachsens besteht, allmählich abgebaut wird. Auch hier im Nordwesten soll der Bürger freien Zugang zu den Quellen der Literatur und Wissenschaft haben.

HERMANN HAVEKOST

Ein oldenburgisches Konzept zur wissenschaftlichen Bibliothek

1. Das Grundkonzept für die oldenburgische Universitätsbibliothek orientiert sich nicht an dem Ziel der Verwaltung einer Büchersammlung oder der Literaturversorgung für eine Hochschule, wie es in den Hochschulgesetzen und Hochschulsatzungen vielfach formuliert ist. Buch und Bibliothek sind kein Selbstzweck. Sie sind im Gebiete der Wissenschaft Gegenstand und Arbeitsmittel von Forschung und Lehre. Ein Bibliothekskonzept für eine wissenschaftliche Bibliothek muß sich deshalb an der Forschung und Lehre orientieren und nicht nur an der Buch- und Bibliothekslehre.

Forschung und Lehre äußern sich in großen Teilen darin, daß Gelehrte Bücher lesen wollen und sollen, über das Gelesene nachdenken, zu neuen Erkenntnissen gelangen und neue Bücher schreiben. Wenn sie ein Buch geschrieben haben, suchen sie für das Manuskript einen Verleger, der es drucken läßt usw. War das Buch bedeutsam, erwirbt es die Hochschulbibliothek, damit es wieder andere Gelehrte lesen, die sich neue Gedanken machen und neue Bücher schreiben. Das Geschriebene und Gedruckte wirkt gleichzeitig nach außen durch die anwendenden Leser, die Gedanken aufnehmen, verwerfen oder umsetzen.

Dies ist ein Prozeß – vereinfacht gesagt ist es der literaturabhängige Wissenschaftsprozeß. An ihm orientiert sich das Bibliothekskonzept. Den Wissenschaftsprozeß zu fördern ist das Ziel.

2. Der Wissenschaftsprozeß ist danach gesehen geteilte Arbeit, und zwar nicht nur Experimentier- und Denkarbeit, sondern auch Kopier- und Schreibarbeit, Druck-, Verteilungs- und Erschließungsarbeit. Nicht bloß die Promovierenden, Habilitierenden und Professoren, Forscher und Lehrer wirken daran mit, sondern auch Verleger, Buchhändler, Dokumentare und andere. Die Arbeitsanteile mögen sich im einzelnen methodisch unterscheiden, prinzipiell gibt es jedoch eine Reihe von Gemeinsamkeiten. Es geht um Selektion, Klassifikation und Erschließung. Betrachtet man die Verleger, so wählen auch sie aus und erschließen. Was sie für ihren Zweck für wichtig genug halten, bringen sie auf den Markt, das andere sortieren sie aus. Was sie auf den Markt bringen, erschließen sie in Titelverzeichnissen, die als Kataloge und Bibliographien bekannt sind. Der Unterschied zwischen den Verlegern, Buchhändlern und

Druckern gegenüber den Bibliothekaren ist der, daß sie ihre Bücher möglichst schnell um des Umsatzes willen veräußern wollen. Die Bibliothekare wollen ihre Bücher möglichst lange um der Bestandsgröße willen behalten. Auch wenn die Auflage vergriffen ist, auch noch nach hundert Jahren und länger, sollen die Gelehrten auf das, was vor ihnen gedacht wurde, zurückgreifen können. Verleger, Drucker und Buchhändler arbeiten gemeinhin in diesem Prozeß in einem privaten Interesse mit. Bibliothekare öffentlicher wissenschaftlicher Bibliotheken erfüllen ein öffentliches Interesse. Gemeinsam ist indessen allen das Ziel, geschriebene Manuskripte von Gelehrten anderen zugänglich zu machen, damit der wissenschaftliche Fortschritt und ebenso der kulturelle Fortschritt – denken wir an die schöngeistige Produktion – weitergeführt werden kann. Findet sich für ein Manuskript kein Verleger, so findet sich kaum eine Bibliothek, in der man es einsehen kann, auch wenn es noch so wichtig ist. Findet sich für ein Buch keine kaufende Bibliothek, so kann nach ein paar Jahrzehnten auch kein Gelehrter mehr auf die Quelle zurückgreifen. Das heißt einerseits, daß die Arbeit der Verleger, Buchhändler, Bibliothekare und Dokumentare unabdingbares Glied in der Kette des Wissenschaftsprozesses ist, und zwar gleichermaßen wie die Arbeit der experimentierenden und denkenden Gelehrten oder Literaten, auch wenn man ihr Gewicht unterschiedlich beurteilt.

3. Mit der Einbeziehung der Arbeit der Verleger, Buchhändler und Bibliothekare sind die äußeren Formen des traditionellen Wissenschaftsprozesses umrissen. Abstrahiert man von diesen herkömmlichen Formen, dann kommt man zu dem Ergebnis, daß die Förderung des Wissenschaftsprozesses durch Herstellung wissenschaftlicher Kommunikation geschieht. Was die Presse auf dem Felde der allgemeinen politischen Unterrichtung zu leisten hat, leisten Buchmarkt und Bibliothek auf dem Felde der Wissenschaft. Damit läßt sich die bibliothekarische Aufgabe weiter eingrenzen als Wahrnehmung jener öffentlichen Aufgaben, die geeignet sind, im Rahmen des Wissenschaftsprozesses wissenschaftliche Kommunikation zu fördern. Aus diesem Aufgabenverständnis lassen sich Besonderheiten des oldenburgischen Bibliotheks- und Informationssystems ableiten, die an Beispielen zu erläutern sind.

4. Mit der Teilnahme am Wissenschaftsprozeß nehmen die Bibliothekare auch an der diesem innewohnenden Freiheit teil. Diese Freiheit äußert sich in der Wahrnehmung von Selektions- und Klassifikationsaufgaben und findet ihre Grenzen dort, wo die Freiheitsrechte der anderen ebenfalls an diesem Prozeß Teilhabenden berührt wird. In der Hochschule sind die Anderen im wesentlichen die Benutzer, d. h. die Professoren und Studenten. In einem Einheitssystem stehen Bibliothekare und Benutzer näher beieinander als in alten zwei-

schichtigen Systemen. Sie sind aufeinander angewiesen, und sie nehmen gleichermaßen, und zwar primär, an jener Freiheit der Wissenschaft teil. Wenn man also sagt, daß etwa die Bibliothekare im Bestandsaufbau oder in der Erschließung frei sind, zu tun, was sie zum Zwecke wissenschaftlicher Kommunikation für richtig halten, so steht dem gegenüber die Freiheit der Anderen, diesen Prozeß mitzubestimmen. Daß es beispielsweise in der Erwerbung oder bei der Verwendung von Bibliotheksmitteln zwischen Hochschule und Bibliothek Konflikte gibt, ist an allen Einheitssystemen bekannt. Man kann sie nur quantitativ lösen. Wir versuchen es mit der folgenden Formel: Es besteht die grundsätzliche Freiheit des Referenten, zu beschaffen, was alleine er für geboten hält. Ihm gegenüber aber besteht auch ein Anspruch der wissenschaftlichen Nutzer, selbst die „Orchideen" zu erwerben, die diese meinen zu benötigen. Diesen Anspruch zu erfüllen, steht im pflichtgemäßen Ermessen des Referenten. Dieses ist quantitativ begrenzt. Bis zu höchstens 50% der zur Verfügung stehenden Etatanteile müssen gegebenenfalls auf Randbereiche verwendet werden, wenn die Nutzer dies fordern, mehr aber auch nicht.

Diese Formel gewährleistet, daß einerseits die spezifischen Bedürfnisse von Hochschullehrern aus Fachbereichen befriedigt werden. Andererseits aber auch, daß ein systematischer Bestandsaufbau nach bibliothekarisch planerischen Gesichtspunkten gesichert bleibt.

5. Anteil der o. g. Definition bibliothekarischer Aufgaben ist auch die Eigenschaft der öffentlichen Aufgabenwahrnehmung. Bibliotheken werden als öffentliche Aufgaben wahrgenommen, weil sich die privaten und beamteten Gelehrten die für ihre Arbeit erforderlichen Bestände weder leisten können noch sie auch verwalten und aufbauen könnten. Bibliotheken sind bis heute nie kurzfristig profitabel gewesen. Marktmechanismen sie einzurichten, existieren also nicht. Folglich fallen sie in den Aufgabenbereich der öffentlichen Hand. Wenn es möglich wäre, Bibliotheken profitabel zu organisieren, würde dies auch getan. Ganz allgemein gilt für öffentliche Aufgaben weithin das Prinzip der Subsidiarität, jedenfalls in den westlichen Ländern. Die Bibliotheken oder auch die staatlichen Dokumentationsstellen und Datenbanken haben keine Monopole wie die Post. Im Gegenteil. Das Subsidiaritätsprinzip besagt, daß wir nur die Aufgaben zu übernehmen haben, die nicht andere schon tun. Und dieses gilt nicht bloß im Verhältnis zu den privaten, es gilt auch gegenüber anderen Einrichtungen. Wenn schon eine andere staatliche Bibliothek Titelaufnahmen gemacht hat, die wir übernehmen können, und sie ist für den Fortgang und die Förderung des Wisssenschaftsprozesses ausreichend, dann dürfen wir diese Titelaufnahme nicht noch einmal machen. Fremddatenübernahmen stehen danach nicht mehr nur im Belieben der Bibliothek, sie sind unter gegebenen

Voraussetzungen Pflicht, die aus dem Gebot der sparsamen Verwaltung öffentlicher Mittel folgt.

Gewiß wird auch die Subsidiarität nicht zu einer Zwangsjacke für die oben postulierte Freiheit werden können. Um in dem obigen Beispiel der Fremddatenübernahme zu bleiben, kann es durchaus sein, daß der Bibliothek die Schlagwortketten lieferbarer Art nicht gefallen. Der Maßstab, nach dem sie dann aber zur aufwendigen Korrektur legitimiert wird, ist alleine die Frage, ob dadurch die wissenschaftliche Kommunikation wesentlich beeinflußt wird. Das aber wird schwer zu begründen sein. Bereits vom erstmöglichen Tage an übernimmt deshalb die Oldenburger Universitätsbibliothek die durchaus noch mangelhaften Sacherschließungsdaten der Deutschen Bibliothek, und ich halte es für ein Gebot, dies zu tun, soweit es möglich ist.

6. Das vorgetragene Aufgabenverständnis wirkt sich gleichermaßen aus in einer sich verändernden Welt der technischen Kommunikation. Wenn wissenschaftliche Kommunikation nicht mehr bloß über Bücher und Zeitschriften erfolgt, sondern auch über andere Medien, dann müssen wir mit gleicher Priorität und nach den gleichen Auswahlkriterien auch Medien, Filme, Dias und ab heute auch die CD-ROM sammeln. Die Bibliothek wird dadurch nicht zu einer Mediothek, sie hat eine. Dies bleibt auch in Oldenburg bisher Postulat; denn die gleiche Priorität und gleiche Auswahlkriterien sind angesichts ungleicher Preise ohne Etatschwierigkeiten nur in Grenzen realisierbar. Indessen ist die realisierte Mediothek Ausdruck dieses Aufgabenverständnisses.

Wenn bibliographische Nachschlagewerke nicht mehr als Buch zur Verfügung stehen, sondern nur noch als Datenbank und deren Nutzung der gleichen Unterstützung bedarf wie bisher komplexe Katalogwerke, dann hat die Bibliothek entsprechende Anschlüsse nach denselben Kriterien bereitzustellen, nach denen sie bisher Großkataloge kaufte. Sie wird dadurch nicht zu einer Informationsvermittlungsstelle, sondern sie hat eine. Es bedarf keiner speziellen Searcher oder Informationsbroker, vielmehr haben sowohl Referenten als auch die Diplombibliothekare hier eine selbstverständliche neue Aufgabe in der Förderung wissenschaftlicher Kommunikation. Sie können sie auch wieder verlieren, wenn der private Markt rentable Leistungen besser und billiger bereitstellt. Dies steht jedoch nicht in Aussicht.

7. Allerdings muß festgestellt werden, daß Aufgaben, die bis vor kurzem noch keinen Privaten interessierten, weil sie profitabel nicht zu vermarkten waren, heute deren Interesse gewinnen, denken wir an die vielen gegen hohe Nutzergebühren angebotenen Recherchesysteme. Haben die Bibliothekare hier nicht eine Aufgabe? Ja, sie haben diese, denn sie sind Spezialisten für Auswahl und Erschließung von Texten im wissenschaftlichen Kommunikationsprozeß

und in der Fachinformation. Sich auf die Auswahlmöglichkeiten eines privaten Marktes zu begrenzen, bedeutet Einschränkung von Freiheit. Die Bibliotheken haben aber den freien Zugang zu Quellen zu eröffnen, kritisch das Angebotene zu sichten und ggf. subsidiär tätig zu werden auf all jenen Teilfeldern, die der Markt auch in diesem neuen Medium nicht abdeckt, eben weil er nicht rentabel ist.

8. Wenn es in der sich verändernden wissenschaftlichen Welt geschieht, daß relevante Texte nicht mehr veröffentlicht werden, keinen Verleger mehr finden, wie es zunehmend der Fall ist, und schließlich auch nicht in die privaten Recherchesysteme aufgenommen werden, dann ist es die öffentliche Aufgabe auch der Hochschule, hierfür Sorge zu tragen, daß etwa die von ihren Wissenschaftlern produzierten Texte dem Kommunikationsprozeß zur Verfügung gestellt werden. Zunehmend geschieht es, daß Forschungsergebnisse keine Publizisten mehr finden. Die Bibliotheken haben das Instrumentarium durch Vertriebseinrichtungen im Hochschulschriftentausch, sie haben technische Einrichtungen, sie haben Selektions- und Erschließungserfahrung. Auch die Universitätspresse ist in der Geschichte der Hochschulbibliothek keine fremde Aufgabe. Die Bibliothek muß sich also darauf einrichten, ihr Aufgabenfeld funktional zu erweitern. Sie nimmt eine bibliothekarisch öffentliche Aufgabe wahr. Tut sie es nicht, bleiben relevante Forschungsergebnisse im dunkeln, werden nicht zitierfähig. Dies ist der Hintergrund, vor dem die Oldenburger Universität unter der einheitlichen ISBN bei der Bibliothek eine Reihe von Büchern produziert und sie über den Tauschverkehr an die anderen Bibliotheken abgibt. An den finanziellen Lasten sind die Fachbereiche beteiligt oder gar die Wissenschaftler selbst. Die Bibliothek sorgt nur dafür, daß aus einem unveröffentlichten Manuskript eines ausgewiesenen Wissenschaftlers eine zitierfähige Schrift wird. In einer sich verändernden Medienwelt gehört dies zu dem definierten Aufgabenverständnis genauso wie das Sammeln und Erschließen von Büchern.

In diesem Lichte ist auch die lokale Forschungsdokumentation zu sehen. Auch hier geht es um Katalogisieren und Erschließen, um Dokumentation von Fakten, die der Beschleunigung der wissenschaftlichen Kommunikation dienen, und zwar auf einem Felde, auf dem die Bibliothekare Spezialisten sind. Schon die Ähnlichkeit der Formen, in denen dies geschieht, macht deutlich, wie nahe dieser Bereich der bibliothekarischen Arbeit steht. Der Forschungsbericht der Universität Oldenburg ist in seinem Berichtsteil ein Katalog, nach den Regeln für die Titelaufnahmen erfaßt und mit den Katalogprogrammen der EDV-Anlage verarbeitet, mit Schlagworten und Abstracts versehen. Man wird sich daran gewöhnen, daß auch nicht geschriebene Bücher in den Katalogen der

Bibliothek ausgewiesen sind; denn es geht nicht nur um Bücher, es geht um die Förderung eines Kommunikationsprozesses.

9. Schlagwort der letzten Jahre an den Hochschulen ist „Technologietransfer". Das ist etwas, was die Bibliotheken in spezieller Form immer getan haben. Heute wird es als neue notwendige öffentliche Aufgabe entdeckt, und an mehreren Hochschulen werden Technologietransferstellen eingerichtet. Man erwartet hier mehr als nur den Nachweis von Titeln oder Hinweise auf Kataloge. Es wird inhaltliche Beratung gewünscht. Keine Schwierigkeit bietet es, dieses Feld unserem Aufgabenverständnis zu subsumieren. Indessen wurde auch in Oldenburg neben der Bibliothek eine eigene Stelle für den Technologietransfer gegründet. Heute jedenfalls scheinen die Bibliothekare mit anderen Aufgaben noch allgemein überlastet zu sein oder auch nicht in der Lage und nicht ausgebildet, in derart weitgehender Art inhaltliche Beratung durchzuführen. Wenn sie es nicht tun, werden es andere tun müssen.

10. Wenn ich oben ausgeführt habe, daß es nach dem Subsidiaritätsprinzip eine Verpflichtung ist, Fremddaten aus Sacherschließungsdaten zu übernehmen, so muß man sich mit der Frage befassen, wie gut und wie schlecht Bücher heute in Deutschland erschlossen sind. Ich bin der Meinung, daß es tatsächlich die schlechtest erschlossenen Medien sind. Fast jeder wissenschaftliche Aufsatz, den ein Dokumentar für eine Datenbank bearbeitet, wird intensiver systematisiert und verschlagwortet, als dies mit Büchern geschieht, die die vergleichbaren Gedanken enthalten. Eine Habilitationsschrift mit drei klugen Gedanken wird nicht selten unter einer Systemstelle des kleinsten gemeinsamen Nenners versteckt. Und das nicht nur in den einzelnen Bibliotheken, sondern durchaus auch in den zentralen Erschließungssystemen. Es erscheint mir weiterhin der größte Skandal des deutschen Bibliothekswesens zu sein, daß diese mangelhafte Erschließung an jeder wissenschaftlichen Bibliothek wohl hundertfach getan wird, anstatt diese Aufgabe ein- oder zweimal wirklich tiefgreifend zu tun. Mit Wissenschaftsfreiheit hat das nichts mehr zu tun, weil es mit Wissenschaft nichts mehr zu tun hat. Im gleichen Atemzuge werden auch im Formalen Kurzkatalogisate gefordert und Regelwerke dafür entwickelt. Diesem allen kann eine einzelne Bibliothek nicht entgegenwirken. Es bedürfte eines überregionalen Konzeptes. Was wir brauchen ist die vollständige Erschließung aller wissenschaftlichen Texte, aller wichtigen Gedanken. Wir könnten damit anfangen, wenn wir uns auf unsere eigene Produktionsstätte beschränken und von der Last der Massenklassifikation befreit würden. Wenn wir die wissenschaftliche Produktion unserer Region wirklich und vollständig lesen und erschließen und die Ergebnisse in zentrale Datenbanken geben, dann kann sich ein jeder das heraussieben, was er braucht, auch das Kurzkatalogisat, auch das Stichwort.

Die Entlastung der Referenten von der Last der Klassifikation gäbe uns Raum für diese Aufgabe. Sie gibt Raum, wieder Rezensionen zu fertigen und Erschließungsarbeit höchster Qualität zu leisten. Sie qualifiziert den Referenten wieder zum Wissenschaftler und zum Wissenschaftskritiker, zum besseren Verständnis für Forschung und Lehre am Ort, und sie legitimiert ihn wieder, zu fordern, was notwendig ist.

Dies ist eine der ohne andere und insbesondere ohne die großen Zentralen Einrichtungen nicht zu realisierende Aufgabenwahrnehmung, aber sie ist im Konzept angelegt.

11. Statt von der Werkstatt Bibliothek, wie Fabian in den letzten Jahren, haben wir von dem Arbeitsplatz Bibliothek gesprochen. Eine Bibliothek zu bauen, in der stilles konzentriertes Arbeiten, aber auch kommunizierender Gedankenaustausch möglich ist, war also geboten. Es gibt wohl keine Regel für den Arbeitsplatz eines Wissenschaftlers, insbesondere nicht für den einheitlichen Arbeitsplatz in der Bibliothek. Den Versuch, den verschiedensten Anforderungen zu entsprechen, haben wir unternommen. Man kann versuchen, diesen aus dem Bau heraus zu interpretieren. Doch wir müssen weitergehen. Festzustellen ist jedenfalls, daß der Arbeitsplatz des Wissenschaftlers in der Bibliothek ein Gegenstand ist, der in gleichem Maße in den Aufgabenbereich der Förderung wissenschaftlicher Kommunikation fällt, wie das Buch, der Text, die Quelle und deren Erschließung. Von daher müssen wir uns auch um diesen Arbeitsplatz der Zukunft sorgen. Zwar scheint der Kopierer nicht immer das Hauptinstrument neben der Schreibmaschine, dem Zettelkasten und dem Leitz-Ordner zu sein, indessen treten der PC und die Textverarbeitung von heute auch mit Relevanz für die Bibliothek an deren Stelle. Sich um die Entwicklung dieses Arbeitsplatzes zu bemühen, ist gleichfalls unsere Aufgabe. Wir versuchen dieser Aufgabe gerecht zu werden, heute mit Testinstallationen. Zeichen der oldenburgischen Aktivitäten sind aber auch die Entwicklung eines Literaturordnungsprogrammes für den einzelnen wissenschaftlichen Arbeitsplatz am PC. Obgleich nicht unvollständig, wurde ein solches mit Unterstützung der GID entwickeltes Programmpaket („Masulist“) bei den schon mit den PCs der ersten Generation arbeitenden Wissenschaftlern zum großen Erfolg. Es ersetzt Zettelkasten und Sortierarbeiten für wissenschaftliche Zitate. Angepaßt an die neuen Betriebssysteme wird das System von der Bibliothek fortgeschrieben.

Der gleiche Ansatz bestimmt die Prioritäten im Ausbau der Online-Kataloge. Die Vernetzung der zentralen Bibliotheksdatenbanken mit allen PCs der Hochschule ist vorrangiges Projekt.

12. Wenn wir den Arbeitsplatz des Nutzers gleichrangig neben dem Buch und der Textquelle zum Aufgabenfeld des Bibliothekars und der Bibliothek erklären, so wird damit gleichzeitig angestrebt, den Charakter der Seminar- oder Institutsbibliothek zu erhalten und in Verbindung zu bringen mit der überkommenden Massenbibliothek, in welcher fächerübergreifend alle Quellen zugänglich sind. Dies Ziel ist vielleicht nach Bau und räumlicher Anordnung in größere Nähe gerückt, es bedarf aber noch weiterer Anstrengungen. Der größte Feind dieses Ziels sind die Ausleihe und die begrenzten Öffnungszeiten. Es gilt deshalb heute, wider die unmäßigen Ausleihen zu streiten oder nur die Zweitexemplare herauszugeben. Es ist an der Zeit, die Bibliotheken auch über Nacht zu öffnen und sie so zu gestalten, daß man darin leben kann. Leben und Arbeiten in Verbindung mit Forschung und Lehre könnte ein Ziel sein, das die Bibliothek auch in Zukunft konkurrenzfähig hält.

13. Für den Bibliothekar, der dann von der überflüssigen Doppel- und Vielfacharbeit entlastet ist, die die anderen Kollegen bereits vor ihm getan haben oder noch nach ihm tun werden, gilt in dieser Bibliothek nicht mehr der Satz, daß er verloren sei, wenn er lese. Es sollte dann der Satz gelten: Wer Bibliothekar ist, der liest und erschließt.

MARTIN TIELKE

Der Emder Buchdruck des 16. Jahrhunderts

Im vorigen Jahrhundert erschien ein englischer Spionageroman, der an der ostfriesischen Wattenküste spielt. Seine deutsche Übersetzung wurde kürzlich wieder aufgelegt unter dem Titel: ‚Das Rätsel der Sandbank'. Als wir in Aurich vor ein paar Monaten unsere Ausstellung über die Emder Drucke des 16. Jahrhunderts planten, stand eins schon von vornherein fest: Der Titel dieser Ausstellung sollte lauten: ‚Das Rätsel des Emder Buchdrucks', und damit sollte angedeutet werden, daß es in Ostfriesland nicht nur hydrogeographische, sondern auch bibliographische und buchgeschichtliche Rätsel gibt, die immer noch erst teilweise gelöst sind. Der Grund liegt vor allem darin, daß dieser Emder Buchdruck des 16. Jahrhunderts eng verbunden ist mit der Geschichte politischer und religiöser Verfolgung, und es sich hier um eine klassische Untergrundliteratur handelt, die alle Register der Mystifikation virtuos beherrscht – vom fehlenden oder fingierten Druckvermerk über Vordatierung, die den Eindruck erwecken sollte, daß das Buch schon lange auf dem Markt und daher unbedenklich sei, bis hin zum kaum durchschaubaren Pseudonym.

Die Drucker waren Flüchtlinge aus den Niederlanden, die von Emden aus ihre zurückgebliebenen protestantischen Glaubensbrüder mit Literatur versorgten, was mit dem heutigen Begriff von ‚Literaturversorgung' nun weiß Gott nichts zu tun hatte. Vielmehr stand jene Arbeit unter den Bedingungen eines Marktes, der von der spanischen Inquisition kontrolliert wurde. Dazu kommt, was erst in jüngster Zeit angemessen erkannt wurde, daß es sich bei den Emder Druckern keineswegs nur um Anhänger der großen protestantischen Kirchen handelt, sondern vor allem auch um Vertreter des ‚linken Flügels der Reformation', um Häretiker also, die selbst im vergleichsweise toleranten Emden nicht offen auftreten konnten. Infolgedessen sind wir heute immer noch weit entfernt von einer zuverlässigen Bibliographie der Emder Drucke, ja, es ist die Frage, ob sie überhaupt jemals erstellt werden kann.

Ich sage bewußt „zuverlässige" Bibliographie, denn es ist nicht etwa so, daß es keine Bibliographie der Emder Drucke gäbe. Es gibt sogar eine ganze Reihe. Bereits 1732 veröffentlichte Isaac Le Long seine Bibliographie der niederländischen Bibeln, die für die damalige Zeit eine erstaunlich genaue Leistung darstellt und die heute immer noch wertvoll ist. Erstmals versuchte dann Johann de Vries in einem Aufsatz im ‚Ostfriesischen Monatsblatt' 1878/79 nicht nur einen Teil, den Bibeldruck, sondern den Gesamtumfang des Emder Drucks zu erfassen. Er wies für das 16. Jahrhundert 54 Drucke nach. Louis Hahn untersuchte dann 1912 in seiner Dissertation über den Sprachwandel in Ostfriesland auch die hier entstandenen Drucke und legte eine Bibliographie vor, die die Zahl von de Vries immerhin schon verdoppelte. Schließlich erschien 1960 die Bibliographie der niedersächsischen Frühdrucke bis zum Jahre 1600 von Walter Brandes, in der Emden mit 157 Drucken als größter niedersächsischer Druckort erscheint.

Daß auch das noch nicht annähernd eine endgültige Zahl sein kann, beweist eine Befragung der niederländischen Bibliotheken, an denen Druckortekataloge geführt werden. Es sind dies die Bibliotheken der Reichsuniversitäten Groningen, Leiden und Utrecht, der städtischen und der Freien Universität Amsterdam sowie der Königlichen Bibliothek Den Haag. Die Bibliotheken der katholischen Universität Nijmegen sowie die Stadtbibliothek Rotterdam führen ebenfalls Druckortekataloge, enthielten aber, mit einer Ausnahme bei Rotterdam, keine Emder Drucke des 16. Jahrhunderts. Allein durch eine Auswertung dieser Druckortekataloge und dazu der gedruckt vorliegenden Kataloge der UB Gent und des Britischen Museums ließ sich die Zahl der Emder Drucke auf 286 steigern. Es ist absehbar, daß mit Erscheinen des ‚Short-title catalogue' für die Niederlande, an dem seit Jahren gearbeitet wird, sowie der Niederländischen Bibliographie für den Zeitraum 1540–1600, an der ebenfalls gearbeitet wird, diese Zahl noch einmal erhöht werden dürfte.

Aber auch eine genaue niederländische Bibliographie deckt nur einen Teil des Emder Drucks ab und hat im übrigen mit den bekannten Schwierigkeiten zu kämpfen, denen sich schon Nijhoff/Kronenberg für die Zeit bis 1540 gegenübersahen und die ihr Werk so unübersichtlich werden ließ, weil sie sich immer wieder gezwungen sahen, Korrekturen nachzuschieben.

Das Hauptproblem des Bibliographen liegt darin, daß zu dieser Zeit der Buchdruck schon so standardisiert ist und das Letternmaterial so breit gestreut, daß allein aufgrund typographischer Analyse keine Zuordnung mehr möglich ist. Vielmehr muß der Bibliograph archivalische Quellen mit heranziehen. Das läßt sich gerade an einem Emder Druck sehr schön demonstrieren. 1563 erschien hier ohne Angabe des Ortes eine Bibel, die durchgehend in einer sehr kleinen Kursive gedruckt ist. Wollte man das Buch allein aufgrund der Typographie lokalisieren, würde man niemals auf Emden oder die nördlichen Niederlande kommen, denn die Kursive war hier zwar nicht unbekannt, für einen durchgehenden volkssprachlichen Bibeldruck aber völlig ungebräuchlich. So ungebräuchlich, daß sich um dieses Buch abenteuerliche Legenden rankten, wie z. B. die, daß es mit silbernen Lettern gedruckt worden sei. Tatsächlich ist es in Emden entstanden, wie sich im Plantin-Archiv in Antwerpen belegen läßt, wo die Unterlagen über einen Kauf von 172 Pfund kursiver Lettern von dem Emder Drucker Johan Gailliart bewahrt sind.

Bibliographisch gehört Emden zwar eher zu den Niederlanden, läßt sich ihnen aber nicht eindeutig zuordnen. Vielmehr handelt es sich hier um einen bibliographischen Zwitter oder, genauer gesagt, um eine dreifache Orientierung. Die Masse der Titel war niederländisch, von Niederländern für Niederländer gemacht, und ist charakteristischerweise in deutschen Bibliotheken so gut wie gar nicht vorhanden. Ein weiterer starker Anteil ist niederdeutsch, in Bibliotheken höchst selten anzutreffen, wenn nicht überhaupt verloren, aber durch die Bibliographie von Borchling/Claußen vorzüglich beschrieben. Schließlich gibt es eine kleine Gruppe englischer Titel, die anscheinend ausnahmslos auf dem Kontinent nicht mehr vorhanden sind und die allesamt ihre Herkunft verschweigen, so daß der Hauptkatalog des Britischen Museums sie nicht als Emder Drucke erkennt, der STC für Deutschland sie zwar in Emden lokalisiert, aber dem falschen Drucker zuweist. Sie erklären sich aus der Existenz einer englischen protestantischen Gemeinde in Emden, und ihre wilden Pseudonyme – antipapistische Schmähschriften trugen z. B. als Druckvermerk „Rome, by the vaticane churche“ – sind zu verstehen aus der blutigen Rekatholisierungspolitik Mary Tudors. Daneben gibt es vereinzelt lateinische und französische Drucke.

Diese Vielfalt läßt den Emder Buchdruck durch das Raster vieler Bibliographien fallen bzw. führt zu immer nur partieller Erfassung. Leider wird auch das große Unternehmen des ‚VD 16‘ für Emden nichts Neues bringen. Frau Dr. Bezzel von der BSB war so freundlich, mir aus der noch unveröffentlichten 3. Abteilung, die die Titel unter ihren Druckorten nachweist, den Eintrag ‚Emden‘ zu fotokopieren – es waren nicht einmal 40 Titel, die da nachgewiesen sind, und sie stammen mit ganz wenigen Ausnahmen aus zweiter Hand, d. h. sind vor allem aus ‚Borchling/Claußen‘ und der ‚Bibliotheca Belgica‘ übernommen.

Um die spezifischen Schwierigkeiten einer Emder Bibliographie des 16. Jahrhunderts verständlich zu machen, ist ein Blick auf die äußeren Rahmenbedingungen dieses Buchdrucks nötig. Die Geschichte Emdens ist eine ganz besondere Geschichte, die man nur versteht, wenn man die übrige norddeutsche Stadtgeschichte vergißt. Vielleicht haben einige von Ihnen im letzten Jahr in Braunschweig die Ausstellung ‚Stadt im Wandel‘ gesehen, in der mit großem Aufwand dargelegt wurde, daß die norddeutschen Städte im späten Mittelalter eine Phase des Aufschwungs erlebten, die dann in der Frühen Neuzeit, in der Folge eines sich durchsetzenden Absolutismus, schnell in Niedergang umschlug. Dieses Schema ist für Emden genau umgekehrt richtig. Und das hängt mit der Nähe Endens zu den Niederlanden zusammen und damit, daß der

Absolutismus in Ostfriesland schwach blieb durch den Gegensatz von Landesherr und Landständen. Die Niederlande gehörten damals zur spanischen Krone, die aber mit der Behauptung ihrer Hegemonie in zunehmende Schwierigkeiten geriet, was schließlich zum sogenannten Achtzigjährigen Krieg führte, aus dem die Republik der Vereinigten Niederlande hervorging. Diese Auseinandersetzung rückte die protestantischen Ränder des spanischen Herrschaftsbereichs, wie England, das Herzogtum Kleve oder eben die Grafschaft Ostfriesland in den Brennpunkt. Das hatte seine wirtschaftlichen Auswirkungen ebenso wie geistig-kulturelle und führte dazu, daß die völlig unbedeutende kleine Stadt Emden nach der Schließung der niederländischen Häfen durch die Spanier für wenige Jahre zum größten europäischen Hafen avancierte (wovon man heute nur träumen kann) und einen unglaublichen wirtschaftlichen Boom erlebte, was etwa einen literarischen Reflex fand in dem Faustdrama von Christopher Marlowe (1592), in dem Ehre und Reichtum dieser Welt metaphorisch in eins gesetzt werden mit der „signiory of Embden".

Aber während die wirtschaftliche Entwicklung Emdens längst detailliert untersucht ist, fehlt bislang eine Darstellung der geistig-kulturellen Aspekte dieses Aufschwungs. Auch sie sind vom niederländischen Achtzigjährigen Krieg diktiert, der ideologisch eine Auseinandersetzung zwischen Katholizismus und Protestantismus war.

Die Reformation konnte in Ostfriesland schon sehr früh Fuß fassen, blieb aber in Emden bis zur Durchsetzung einer calvinistischen Stadtkirche in den neunziger Jahren mehrdeutig und unentschieden. Die Schwäche, vielleicht auch das Desinteresse des Landesherrn führte dazu, daß Ostfriesland ein Hort der Toleranz wurde, ein Refugium religiös Verfolgter. Nach dem Fall des Wiedertäuferreichs von Münster 1534 fanden die Täufer hier ein Rückzugsgebiet, wo sie nicht befürchten mußten, gevierteilt, gerädert oder mit glühenden Zangen zerstückelt zu werden wie anderorts. Der prominenteste Überlebende von Münster, der Kanzler Heinrich Krechting, konnte hier in Frieden sein Leben beschließen und wurde auch christlich begraben; das Grab ist heute noch in der Kirche von Dykhausen zu sehen. Obwohl die Grafen von Ostfriesland in wiederholten Erlassen gegen die Täufer vorgingen – die Polizeiordnung von 1545 fordert in schöner Prägnanz, daß sie „am halse gecorrigeert" werden sollen – entsprachen die wirklichen Verhältnisse auch hier nicht unbedingt ihrer juristischen Überhöhung. Vielmehr gab es gerade in Emden eine Vielfalt der religiösen Gruppen wie an kaum einem anderen Ort in Deutschland. Neben den Reformierten, die noch keineswegs calvinistisch waren und auch nur eine kleine Minderheit repräsentierten, gab es Lutheraner, verschiedene Täufergruppierungen, verschiedene spiritualistische, schwärmerische und mystisch beeinflußte Gruppen, schließlich auch noch ein paar Katholiken und Juden. Kein

Wunder, daß der Geheimrat Philipps II., Joachim Hopper, die Stadt Emden 1568 verärgert ein „receptaculum omnium sectarum“ nennt.

Dieser bunte Strom von Glaubensflüchtlingen, für die Emden zum Freihafen wurde, setzte in den vierziger Jahren ein und führte innerhalb von wenigen Jahren zu einer Vervielfachung der Einwohnerschaft; man hält sogar eine Verzehnfachung für möglich. Und es wäre merkwürdig, wenn Emden als ein Auffangbecken heterogener protestantischer Gruppen, darunter vieler produktiver Theologen und ausgeprägter religiöser Individualisten, nicht auch das Mittel hervorgebracht hätte, das der reformatorischen Sache ihre Durchschlagskraft verlieh und von dem Friedrich Schiller sagt, daß es im niederländischen Unabhängigkeitskampf eine Bedeutung gewann, wie in keinem anderen Krieg: die gedruckte Schrift. Zumal die Masse der Emigranten aus dem Zentrum des damaligen Buchdrucks, den südlichen Niederlanden, kam. In der Tat befanden sich auf den beiden Emigrantenschiffen, die 1553 nach dem Tode Edwards VI. London verlassen mußten, um nach einer langen, in einem berühmten Buch beschriebenen Irrfahrt in Emden anzukommen, zwei sehr fähige Drucker: Steven Mierdman und Niclaes vanden Berghe. Beide hatten ihre Gerätschaft mitgebracht und begründeten in Emden zwei konkurrierende Druckereien.

Zwar hatte es schon in den zwanziger Jahren einen Buchdruck in der Stadt gegeben, aber das war nicht mehr als ein flüchtiges Gastspiel des Druckers Koerdt van Wijnsum aus Deventer gewesen, dessen wenige Drucke heute fast sämtlich verschollen sind. Daneben weisen verschiedene Quellen Drucke des auf ketzerische und verbotene Bücher spezialisierten Niclaes van Oldenborch für Emden nach. Doch handelt es sich bei diesem Drucker, mit dem Maria Elizabeth Kronenberg sich ihr Leben lang beschäftigt hat, ohne doch seine Geheimnisse wirklich lüften zu können, um eine Antwerpener Figur, die allerdings später von Steven Mierdman als Deckname benutzt wurde. 1530 bricht diese erste Phase des Emder Buchdrucks ab aus Gründen, die unklar sind. Im Britischen Museum befindet sich ein Buch von 1534, das im Kolophon einen Iacob Aurik aus Emdon als Drucker nennt, doch ist es höchst unwahrscheinlich, daß es sich hier um einen Emder Druck handelt. Ebenso zweifelhaft ist die Zuweisung eines Druckes von 1544 von Menno Simons durch seinen Bibliographen Irvin B. Horst. Gelegentlich wird die Meinung vertreten, daß das kaiserliche Druckverbot zur Zeit des Augsburger Interims für die Unterbrechung verantwortlich sei. Das kann schon deshalb nicht stimmen, weil dieses Verbot erst 1548 erlassen wurde, der Druck aber schon achtzehn Jahre vorher aufhört. In Ostfriesland gab es gar nichts zu verbieten.

Unzweifelhaft ist, daß wenige Jahre, nachdem das kaiserliche Druckverbot an die Emder Rathaustür angeschlagen wurde, Steven Mierdman im Untergeschoß eben dieses Rathauses seine Druckerei einrichtete. Aus Hooge Mierde in

Brabant um 1510 gebürtig, druckte er zunächst in Antwerpen und flüchtete 1546 oder kurz darauf nach London. Mierdman war nicht irgendein Drucker: Bei ihm handelt es sich nach dem Urteil H. F. Wijnmans um den bei weitem bedeutendsten niederländischen reformatorischen Drucker, der mit seinen spanischen, englischen und niederländischen Büchern auf die Reformationsgeschichte dreier Länder einwirkte, und der nach dem Zeugnis eines seiner Autoren, des spanischen Bibelübersetzers und Cambridger Griechischprofessors Francesco d'Enzinas, für das Heil der Menschheit arbeitete, ohne an seinen Profit zu denken. Aber er stellt die Bibliographen auch vor große Probleme, da er in der Wahl seiner Mystifikationen so geschickt war, daß ihre Entschleierung erst in jüngster Zeit und erst teilweise gelungen ist. Vor allem mit jenem Pseudonym ‚Niclaes van Oldenborch' hat er für anhaltende Verwirrung gesorgt. Daneben benutzte er weitere Pseudonyme, die deshalb so schwer zu lüften sind, weil sie Namen von tatsächlich existierenden Druckern sind.

In Emden tat Mierdman sich mit Johan Gailliart zusammen, der von Brügge über Büderich nach Emden kam. Johan Gailliart war ein ebenbürtiger Partner Mierdmans. Wie dieser war er nicht nur Drucker, sondern auch Autor und Übersetzer. Aber obwohl über seine Person die Quellen sehr viel mehr sagen, ist sie doch mindestens so rätselhaft wie die Mierdmans. Geboren wurde er um 1507 in Brügge als Sproß eines Patriziergeschlechts; gestorben ist er 1574 in Emden. Im Bürgerbuch der Stadt ist sein Beruf als „tipographus" angegeben, auch im Plantin-Archiv in Antwerpen erscheint er 1566 wiederholt als „Jehan Guaillard imprimeur". Aber in Brügge, wo er noch bis etwa 1553 lebte, ist ein Drucker dieses Namens unbekannt. In der landesgeschichtlichen Literatur erscheint Gailliart dagegen als Tuch- und Gewürzhändler. Doch auch damit sind seine Aktivitäten nicht vollständig erfaßt, denn 1558 wird ihm auf der Ems ein Schiff gekapert, dessen Ladung aus Asche und Roggen besteht. Das paßt schon besser zum Reichtum dieses Mannes, der laut Schatzungsregister von 1562/63 zu den vermögendsten Einwohnern der Stadt zählt.

Gailliart hatte in Emden gewisse Auseinandersetzungen mit dem reformierten Kirchenrat, die in dessen Protokollen festgehalten sind. Einmal steht er im Ruf, ein Libertiner zu sein, dann wiederum muß er sich gegen den Vorwurf wehren, ein Anhänger von Menno Simons zu sein und dessen Bücher zu drucken. Andererseits ergreift der Kirchenrat für Gailliart und gegen den streng reformierten Drucker Ctematius Partei und vermittelt wiederholt Drucker in die Werkstatt Gailliarts.

Neben der Offizin von Mierdman und Gailliart im Untergeschoß des Rathauses entstand 1554 eine zweite Werkstatt in Emden, die von Niclaes vanden Berghe und Gillis van der Erven, der sich meistens latinisiert Ctematius nannte, begründet wurde. Während dieser keine Scheu hat, seinen Namen im Impressum zu nennen, erfindet Niclaes vanden Berghe ein ganzes Kuriositätenkabinett von Pseudonymen. Es gibt keinen einzigen richtig firmierten Emder Druck von ihm, so daß sie auch in den Katalogen des Britischen Museums, das diese Drucke besitzt, nicht richtig identifiziert sind. Und Josef Benzing kennt noch 1982 in der überarbeiteten Auflage seines Buches über die Drucker des 16. Jahrhunderts den Namen Niclaes vanden Berghe überhaupt nicht.

Ob es neben diesen beiden leistungsfähigen Offizinen in den fünfziger und sechziger Jahren noch weitere in Emden gegeben hat, ist eher unwahrscheinlich. Zwar gibt es noch etliche Namen, aber es ist sehr zweifelhaft, ob es sich dabei um wirkliche bzw. selbständige Drucker handelt. Immerhin haben es noch drei zu einiger Berühmtheit gebracht, nämlich Urban van Collen, Niclaes Biestkens und Lenaert der Kinderen. Bei dem ersten gibt es die wenigsten Schwierigkeiten. Er war schon 1549 Mitarbeiter vanden Berghes in London und ist 1560 wieder in dieser Stadt nachweisbar. Seit 1567 arbeitet er dann bei Plantin in Antwerpen. Wohl zwischen 1557 und 1559 war er in Emden und dürfte auch hier in unselbständiger Position, als Angestellter in der Druckerei von Ctematius, tätig gewesen sein. Daß er überhaupt aus der Reihe der untergeordneten Emder Drucker, die sich aus den Quellen belegen lassen, hervortritt, dürfte auf de Vries zurückzuführen sein, der ihn im Emder Bürgerbuch entdeckte und ihm zwei Drucke zuwies, was dann von späteren Bibliographen übernommen und vom Katalog des Britischen Museums quasi sanktioniert wurde. Diese Zuschreibungen sind nicht haltbar, und Druckvermerke gibt es von Urban van Collen gar nicht.

Das ist dagegen der Fall bei den beiden anderen. Biestkens wurde zum Inbegriff der täuferischen Bibel, die als sogenannte Biestkens-Bibel bis ins 18. Jahrhundert rund dreißigmal nachgedruckt wurde; das Neue Testament von Biestkens erlebte gar 70 Neuauflagen. Niclaes Biestkens war für niederländische Kirchenhistoriker und Bibliographen ein berühmter Mann. 1907 widmete eine Bio-Bibliographie der niederländischen Drucker des 16. Jahrhunderts ihm allein 26 Seiten. Das Dumme ist nur, daß es sich bei Niclaes Biestkens wahrscheinlich um ein Pseudonym handelt und man diese 26 Seiten besser überschlägt.

Lenaert der Kinderen erscheint ebenfalls im Impressum etlicher Drucke, und er schaffte sogar als einziger von den Emder Druckern die Aufnahme in die ‚Allgemeine Deutsche Biographie'. Nur – leider! – hat der Autor der ADB hier ein Phantom beschrieben, denn Lenaert der Kinderen war ein Pseudonym für Johan Gailliart, und an dem ADB-Artikel ist buchstäblich jeder Satz falsch – eine staunenswerte Leistung der Geschichtsschreibung.

Die große Zeit des Emder Buchdrucks lag zwischen 1554 und 1567, und von den wahrscheinlich zwei Offizinen dieses Zeitraums war die eine, von Niclaes vanden Berghe und Ctematius betriebende, eindeutig calvinistisch. Hier entstanden neben den Bibeldrucken vor allem die Schriften reformierter Theologen wie Martinus Micronius, Johannes a Lasco, Jan Utenhove, Heinrich Bullinger oder Calvin, dessen ‚Institutio' hier erstmals in niederländischer Sprache erschien. Nicht zuletzt dieser theologischen Buchproduktion wegen wurde Emden zur Wiege des niederländischen Calvinismus, zur ‚Moederkerk'.

Die andere, von Mierdman und Gailliart im Untergeschoß des Rathauses betriebene Druckerei ist so eindeutig nicht zu bestimmen. Aber es deutet vieles darauf hin, daß es sich hier um Drucker handelt, die unter geschickter Tarnung häretische Literatur herstellten. Sebastian Franck etwa, der in Deutschland schnell vergessen wurde, hat in den Niederlanden eine tiefe und lang anhaltende Wirkung ausgeübt. Diese Wirkung ging von Emden aus. Hier wurden seine Schriften erstmals ins Niederländische übersetzt und gedruckt. Übersetzer und Drucker war Johan Gailliart, der auch noch die Bibel, Calvin und erstmals das ‚Lob der Torheit' von Erasmus ins Niederländische übertrug und Texte schuf, die lange gültig blieben und als herausragende Leistungen der niederländischen Literatursprache anerkannt sind. Wenn man bedenkt, daß es sich bei einigen dieser Bücher um dicke Folianten handelt, ist allein schon der Umfang der Übersetzertätigkeit Gailliarts erstaunlich. Daneben druckten Mierdman und Gailliart eine ganze Reihe von Büchern der Täuferführer Menno Simons und Dirk Philips; die Dirk-Philips-Drucke sind erst in jüngster Zeit als Emder Drucke erkannt worden. Auffällig ist, daß derart häretische Drucker unter demselben Dach mit dem politischen Rat der Stadt arbeiteten. Hier drängt sich die Frage einer Duldung oder gar Unterstützung durch den Rat auf.

Mit dem Tode von Ctematius und dem Ende seiner Druckerei, die von Willem Gailliart, dem Sohn Johan Gailliarts, übernommen wird, beginnt der Niedergang des Emder Buchdrucks. Dafür gibt es zunächst einen äußeren Grund: die zunehmende Freiheit der nördlichen Niederlande, die Emden als Refugium entbehrlich macht. Aber es gibt dafür auch innere Gründe. Sie liegen darin, daß die weltlichen und geistlichen Autoritäten auf die Macht des gedruckten Worts aufmerksam werden und nun versuchen, sie ihrer Botmäßigkeit zu unterwerfen. Dies wird an drei Maßnahmen ablesbar, die vom Rat der Stadt und vom Kirchenrat ausgehen.

Zunächst vergibt der städtischen Rat 1566 ein Privileg für einen lateinischen Katechismus. Das ist interessant, weil es das erste und einzige Mal ist, daß in Emden im 16. Jahrhundert ein solches Privileg erteilt wird. Es ist aber dann vor allem höchst bedeutsam, weil hier die Stadt ein Recht vergibt, was ansonsten Sache des Landesherrn ist, und weil hier ein de jure gräfliches Gremium, das der Emder Magistrat war, sich faktisch von der gräflichen Gewalt emanzipiert. Soweit ich sehe, ist es zu dieser Zeit in Deutschland ohne Parallele, daß ein

Druckprivileg von einem städtischen Rat vergeben wird. In der kürzlich erschienenen Geschichte des niederländischen Buchhandels von Hans Furstner wird die Vergabe eines Druckprivilegs 1579 in Delft durch die Staaten von Holland (für den Nachdruck übrigens einer Emder Bibel) als eine, so wörtlich, „revolutionäre Tat“ dargestellt. Diese Revolution ist in Emden 13 Jahre vorher passiert, und es ist bezeichnend, daß in dem viel später ausbrechenden Konflikt des ostfriesischen Grafen mit seinen Ständen und der Stadt Emden wiederholt auf diese Anmaßung des Emder Rats angespielt wird.

Lieferte dieses Privileg so vor allem den nachkommenden Politikern Stoff für ihre Quisquilien, ohne doch für die Drucker unmittelbar von Bedeutung zu sein, so griff die nächste Maßnahme des Rats schon im folgenden Jahr massiv in die Arbeit der Drucker ein: Am 27. 10. 1567 wurde „bey hals-straffe“ verboten, ein Buch ohne vorherige Zustimmung des Rats zu drucken. Außerdem mußte von jedem Buch ein Exemplar auf dem Rathaus abgeliefert werden. Es bleibt die Frage, wer hinter dieser Verordnung stand. Wirksam geworden ist sie offensichtlich, denn das Erscheinen häretischer Bücher hört zwar nicht auf, geht aber doch deutlich zurück. Willem Gailliart, der noch bis 1579 lebt, zieht sich vom Druck zurück. Das Letzte, was aus seiner Presse kommt, ist 1571 eine unpolitische und religiös unverfängliche ‚sehr wunderliche und erschreckliche, wahrhaftige neue Zeitung‘. Die häretischen Drucker scheinen jetzt noch mehr in den Untergrund gezwungen worden zu sein.

Das war offensichtlich der Fall bei Pieter Anastasius de Zuttere, genannt Overd'Hage oder latinisiert Hyperphragmus, einem aus Gent stammenden pazifistischen Humanisten von hohen Graden, der für religiöse Toleranz stritt und darum 1581 in Gent durch die calvinistische Inquisition von der Universität vertrieben wurde, um kurz darauf, nach der spanischen Eroberung Gents, von den Katholiken zum Tode verurteilt zu werden. Er kam dann wieder einmal als Flüchtling davon.

Hyperphragmus war in den sechziger Jahren über Wesel nach Emden gekommen und brachte seine Druckerwerkstatt mit. In Emden druckte er mindestens acht Bücher: seine eigenen, dann ein höchst merkwürdiges Buch, ein ganz frühes, noch tastendes und suchendes Zeugnis des niederländischen Spiritualismus: „De slotel van dat Secreet des Nachtmaels“ von Hendrik Rol, einem aus Hilversum stammenden, mit Wiedertäufern in Verbindung stehenden, aber doch eher als Spiritualist einzuschätzenden Mann, der 1534 in Maastricht verbrannt worden war. Hyperphragmus hat dieses Buch erstmals gedruckt; es galt dann lange als verloren und wurde erst im vorigen Jahrhundert wiedergefunden. Von Sebastian Franck druckte Hyperphragmus den Brief an Johann von Campen; die Schrift Francks, in der dessen Theologie am deutlichsten hervortritt und in der Franck ohne alle Rücksichten seine Gedanken offenbart, weil diese Schrift von ihm nicht zur Veröffentlichung bestimmt war. In Emden hatte Hyperphragmus zunehmend Auseinandersetzungen, die auch im Kirchenrat zu Protokoll gegeben wurden. Der Prediger der französischen Gemeinde, Johannes Polyander, warf ihm Ketzerei vor, und am 3. 3. 1574 vermerkt das Protokoll, daß er am Gottesdienst der Mennoniten teilnimmt. Im Mai 1574 verläßt Hyperphragmus Emden.

Der dritte Disziplinierungsversuch schließlich geht von der Emder Synode 1571 aus, der Geburtsstunde der niederländischen reformierten Kirche. Der Artikel 51 ihrer Schlußakte enthält die Bestimmungen über Bücherzensur und legt fest, daß alle Bücher, die von der Religion handeln, einer kirchlichen Approbation bedürfen. Damit schwenkt, was die Freiheit des gedruckten Worts angeht, die Emder reformierte Kirche auf die Linie ihres katholischen Gegners ein und gibt einen Vorgeschmack auf die späteren Plakate der Generalstaaten gegen Bücher und die calvinistische Bücherverbrennung, die 1598 im Haag stattfand. Für Emden dürfte die unmittelbare Wirkung dieses Beschlusses gering gewesen sein, aber er ist doch zu sehen in einer Tendenz, die schließlich zur völligen Austrocknung des Buchdrucks führen sollte.

Am Anfang der großen Zeit des Emder Buchdrucks steht die brutale Unterdrückung in den Niederlanden, die Drucker nach dem relativ liberalen Emden ausweichen läßt; das Ende dieser Periode wird vor allem durch die wachsende Unabhängigkeit der nördlichen Niederlande herbeigeführt, wo sich jetzt wieder ein protestantischer Buchdruck entfalten kann. Und es ist auffallend, in welchem Maße er zunächst noch mit Emden verbunden ist. Jan Canin in Dordrecht; Simon Steenbergen in Deventer; Jan van Zuren in Haarlem; Harman Schinckel in Delft: Sie alle hatten enge Beziehungen zum Emder Buchdruck, den sie und ihre Kollegen aufgrund der geänderten politischen Konstellation nun beerben. Ostfriesland, wie üblich, als Nebenkriegsschauplatz und Spielball der großen Mächte.

Aber der Emder Buchdruck hatte nicht nur seinen äußeren Rahmen, sondern auch sein spezifisch ostfriesisches Passepartout in der Toleranz, die von den weltlichen wie kirchlichen Autoritäten bis mindestens 1567 geübt wurde. Und die Aufgabe dieser Toleranz im Zuge einer calvinistischen Konfessionalisierung in den achtziger und neunziger Jahren ist der innerostfriesische Grund für den Niedergang des Drucks. Die religiöse Debatte wurde verdrängt durch die Auseinandersetzungen des Grafen mit seiner unbotmäßigen Stadt Emden; eine Auseinandersetzung, die auch den Buchdruck in Beschlag nahm und die für rund 150 Jahre die politische Geschichte Ostfrieslands beherrschte. Politik statt Religion. Und das konnte nur ein Niveauverlust sein. Ging es dort um Heil und Verdammnis, so hier nur noch um die Höhe der Schornsteinschatzung; war dort noch die erlösungsbedürftige Menschheit der Adressat, so hier der ostfriesische Eigenheimbesitzer. Die großen Bibeldrucke, Erasmus, Melanchthon, Calvin, Bullinger, Marnix van St. Aldegonde, Menno Simons, Sebastian Franck, Hyperphragmus – die weltbewegenden Themen münden ein in die kasuistischen Zänkereien eines provinziellen Serenissimus mit seinen starrköpfigen Ständen über Dinge, die schon in Papenburg oder Neuschanz niemanden mehr interessieren. Entsprechend geraten die Drucke immer schäbiger und dilettantischer, und es ist bezeichnend, daß der Emder Syndikus und Staatsrechtstheoretiker Johannes Althusius die sechs zu seinen Lebzeiten veröffentlichten Ausgaben der ‚Politica' allesamt nicht in Emden erscheinen ließ, sondern in Herborn, Groningen und Arnheim; daß die Schriften des Emder Theologen Menso Alting in Bremen, Herborn, Amberg oder Zerbst ans Licht kamen, nur nicht in Emden. Und der ostfriesische Historiker Ubbo Emmius wird gewußt haben, warum er die große Ausgabe seiner ‚Rerum Frisicarum historia' Elzevir in Leiden anvertraute, statt einem Emder Drucker. Offenbar mußten sie alle befürchten, ihre Texte hier nicht wiederzuerkennen!

Nach der Rückkehr der liberalen großbürgerlichen Niederländer in ihre Heimat sank der Emder Buchdruck von europäischer Bedeutung auf seinen lokalen Horizont herab, der bekanntlich am ostfriesischen Deich endet. In den Niederlanden verlief die Entwicklung charakteristisch anders. Hier blieben das liberale Großbürgertum und die freigeistigen Eliten mächtig, so daß eine calvinistische Alleinherrschaft verhindert werden konnte. Bezeichnend in diesem Zusammenhang ist das Wort des Calvinisten Petrus Dathenus über Wilhelm von Oranien, daß er ein gottloser Libertiner sei. Die Vielfalt der Religionen und die selbstverständliche Duldung auch nonkonformistischer Positionen waren ein entscheidender Baustein für das berühmte Goldene Zeitalter. Dank dieser offenen Situation wurden die Niederlande zum geistigen Zentrum Europas mit den überragenden Druckorten Amsterdam und Leiden, wo die Werke so libertinistischer Autoren wie Pierre Bayle oder Baruch Spinoza relativ ungehindert erscheinen konnten. Als der Amsterdamer Drucker Joan Blaeu 1642 das Buch ‚De vera religione' von Johannes Volkelius druckte und auch noch mit dem Hinweis, daß es – in der Republik wohlgemerkt – verboten und verbrannt worden sei, geschah ihm nichts. Wo sonst in Europa wäre das möglich gewesen? In Emden ist diese Situation, in freilich bescheidenerem Rahmen, ein Jahrhundert vorher vorweggenommen worden.

* Eine ausführliche und mit Quellenbelegen versehene Fassung dieses Vortrags findet sich in: M. Tielke, Das Rätsel des Emder Buchdrucks. Aurich: Verl. d. Ostfries. Landschaft, 1986. Hier wird auch ein Verzeichnis der Emder Drucke des 16. Jahrhunderts angegeben.

CHRISTIAN EICHLER

Bücherklauen – ein leidiges Phänomen in historischer, psychologischer und pragmatischer Sicht

In der Vatikanischen Bibliothek in Rom befand sich einst eine in Marmor gemeißelte „Benutzungsordnung", die mit folgenden Worten endete: „Wer anders mit diesen Büchern verfährt, einen Teil wegnimmt, entfernt, stiehlt oder raubt, böswillig beschädigt oder vernichtet, sei sofort aus der Gemeinschaft der Gläubigen ausgeschlossen, verflucht, mit dem Kirchenbann belegt, von dem er nur durch den Papst befreit werden kann."[1]

Papst Sixtus V., der hier mit Exkommunizierung und Kirchenbann drohte, der schlimmsten Strafe, die damals – vor 400 Jahren – denkbar war, konnte gewiß nicht ahnen, welch frevelhafter Neigung so mancher seiner Pfarrer frönte. Ein gewisser Kardinal Giambattista Pamfili etwa wurde wenige Jahre später in Frankreich beim Stehlen eines Buches ertappt[2]. Was Eugen Roth zu den Versen inspiriert haben mag:

„Die Bücher waren dazumal
Natürlich ganz gering an Zahl,
(...)
Vor fremdem Zugriff sie zu retten;
Die Klöster legten sie an Ketten
Und ließen selbst die höchsten Herrn
Mit Codicis allein nicht gern,
Weil oft sogar ein Kardinal
Die schönsten Bücher einfach stahl."[3]

Die historischen Angaben beruhen überwiegend auf den Veröffentlichungen des amerikanischen Historikers Lawrence S. Thompson, insbesondere seinen „Notes on Bibliokleptomania" (In: Bulletin of The New York Public Library, Vol. 48 (1944), S 723–760). Vergleiche auch Thompsons monographisches Werk „Bibliokleptomania", Berkeley 1968. Thompsons selbst stützt sich nach eigenen Angaben vor allem auf zwei ältere Darstellungen:
– Albert Cim: Amateurs et voleurs de livres. Paris 1903;
– Gustav Bogeng: Buch und Verbrechen. In: Gustav Bogeng: Streifzüge eines Bücherfreundes. Weimar 1915. S. 158–212.

[1] Rudolf Adolph: Liebhabereien mit Büchern. Nürnberg 1956. S 95f. Vgl. auch Thompson, Notes, S. 732.

[2] Holbrook Jackson: The anatomy of bibliomania. London (ca. 1952), S. 361f. Thompson, Notes, S. 742.

[3] Eugen Roth: Der Schrift und Druckkunst Ehr und Macht von Eugen Roth in Reime bracht. München 1960. S. 26.

Der beruflichen Karriere des besagten Herrn Pamfili tat dieser Vorfall übrigens keinen Abbruch: Aus ihm wurde Papst Innozenz X., der „Unschuldige".

Diese Begebenheit lehrt zweierlei: a) Bücherklauen kommt in den besten Familien vor; und b) Geistliche hatten oft eine Schwäche dafür[4] (Umberto Eco läßt grüßen). Aber um das Schlimmste gleich vorweg zu sagen: Die Seelenhirten rangieren als Bücherdiebe noch hinter einem anderen Berufsstand, dem der Bibliothekare nämlich![5]

Das gilt zumindest bis in das 19. Jahrhundert hinein und erklärt sich wohl dadurch, daß man schon privilegiert sein mußte, um überhaupt die Gelegenheit zum Stibitzen der Bücher zu erhalten. Um korrekt zu sein, muß man aber sagen: Bibliotheksbedienstete generell, denn auch Pförtner, Wachpersonal usw. reihen sich munter unter die Missetäter.

Zur Entlastung unseres Berufsstandes ließe sich noch ein historisches Zitat anführen, wäre es nur nicht so unschmeichelhaft: Da besaß ein gewisser Kardinal Passionei[6] die Geschmacklosigkeit zu behaupten, seine Bibliothek sei sein Serail, und der Bibliothekar sein Eunuch! (Und Eunuchen sind bekanntlich enthaltsam, auch geistige. Soviel also zu unserer „Entlastung".) Passioneis Bibliothekar war übrigens kein Geringerer als der große Kunsthistoriker Johann Joachim Winckelmann.

Interessanterweise war besagter Kardinal einer der erfolgreichsten Bücherdiebe des 18. Jahrhunderts. Als päpstlicher Nuntius in Luzern verbrachte er den größten Teil seiner Zeit damit, die schweizerischen Abteien zu besichtigen, nicht ohne sie in der Regel um einige Kilo beschwert mit prallgefüllter Kardinalsrobe wieder zu verlassen; gleich einer „aufgeblasenen Wurst", wie Lawrence S. Thompson respektlos bemerkte. Gern bediente er sich auch der Methode, Bücher durch das Fenster einem Komplizen zuzuwerfen. Auf diese Weise gelang es Passionei nicht nur, eine stattliche Privatsammlung von etwa 60000 Bänden anzuhäufen, er erreichte auch das Amt des – um in seinem eigenen Bild zu bleiben – päpstlichen „Eunuchen", nämlich das des Direktors der Vatikanischen Bibliothek.

[4] Einen Pitaval geistlicher Bücherdiebe bietet Thompson, Notes, S. 741–746.

[5] „Heading the list of professions which have produced notable book thieves is that of the librarian. Close on the heels of the librarian come the clergyman and the scholar." (Thompson, Notes, S. 734). Vgl. die umfangreiche Zusammenstellung von Bücherdieben aus dem bibliothekarischen Metier bei Thompson, Notes, S. 734–740.

Vgl. auch Leona Rostenberg / Madeleine B. Stern: Caveat: Book Thief. In: Library & Archival Security, Vol. 4 (1982), S. 13–21.

[6] Thompson, Notes, S. 744.

Dieses Beispiel verdeutlicht die beiden Umstände, die seit jeher den klerikalen Bücherdieb begünstigt haben: die Würde seines Amtes und die Weite seiner Berufskleidung.

Noch 1973 benutzten zwei Männer die Verkleidung orthodoxer Mönche, um eine amerikanische Bibliothek um einige Folianten und Atlanten zu erleichtern[7]; und einem jüdischen Rabbiner soll es in den 20er Jahren sogar gelungen sein, die komplette „Jewish Encyclopaedia" in nur wenigen Beutezügen unter seiner geräumigen Kluft aus einer Pariser Bibliothek zu entwenden[8].

In früheren Zeiten war solch diebische Geschicklichkeit sehr wichtig, denn bis zu Gutenbergs Erfindung nahm man die Freveltaten der Bücherdiebe noch sehr viel ernster, als wir es heute tun: Jedes Buch war schließlich ein Unikum und völlig unersetzlich. Schon der assyrische Herrscher Assurbanipal verwendete im 7. Jahrhundert vor unserer Zeitrechnung einen Besitzvermerk mit einem „Bücherfluch", um seine mit Keilschrift versehenen Tonplatten vor Dieben zu schützen[9]. Diese Methode, dem potentiellen Missetäter mit Tod und Teufel, mit Galgenstrick und Höllenqualen zu drohen, war besonders im Mittelalter sehr beliebt:

„Das Buch ist mir lieb.
Wer mir's stiehlt, ist ein Dieb.
Sei's Ritter oder Knecht,
Der Galgen wär ihm recht."[10]

So lautet eine eher noch gemäßigte Variante. So beliebt aber der Bücherfluch auch war, so bescheiden dürfte seine abschreckende Wirkung auf den passionierten Bücherdieb gewesen sein. Der ließ sich wohl schon eher abwehren durch die bis ins 18. Jahrhundert geübte Praxis, die Bücher an die Kette zu legen[11], oder die Idee eines Sammlers der kleinformatigen und daher besonders gut klaubaren Elsevier-Bändchen, die Besucher seiner Bibliothek mit taschenlosen Überziehkitteln zu versehen[12].

Wären die besagten Bücherflüche tatsächlich von prophetischer Kraft, der wohl berühmteste aller Bücherdiebe schmorte heute an dem Ort „des Weh-

[7] Rostenberg / Stern, S. 16.

[8] Thompson, Notes, S. 756. Eine Auflistung von Beispielen der schwierigen „Kunst", schwere und vielbändige Werke zu stehlen, gibt Cim, S. 130–136.

[9] Gustav Bogeng, zitiert nach Ludwig Bielschowsky: Der Büchersammler, 2. Aufl., Koblenz 1980, S. 154.

Zum „Bücherfluch" allgemein vgl. etwa Lawrence S. Thompson: The Biblioklept Curses (In: Library Security Newsletter, Vol. 1 (1975), No 6, S. 1 und 8–9.

[10] Stundenbuch für Letternfreunde. Gesammelt u. hrsg. von Horst Kliemann. Dortmund 1984. S. 185.

[11] Vgl. etwa Jackson, S. 367f.

[12] Bielschowsky, S. 154.

klagens und Zähneknirschens, wo das Feuer niemals erlischt"[13], in der wenig schmeichelhaften Gesellschaft eines Judas oder Pilatus oder anderer Übeltäter. Die Rede ist von dem Grafen Guglielmo Libri[14] (nomen est omen!). Diesem italienischen Büchernarren gelang es 1841, Chef einer Kommission zu werden, die ein Inventar der Handschriftenbestände in den französischen Bibliotheken erarbeiten sollte. Man hatte den Bock zum Gärtner gemacht, und der graste die fette Weide dankbar ab. Er benutzte die Verschleierungsmethode, die entwendeten Bücher durch Attrappen zu ersetzen; andererseits war er etwas nachlässig beim Entfernen der Besitzvermerke. Als die Lage brenzlig wurde, floh er nach England, wo er über gute Geschäftskontakte verfügte, denn er hatte nicht nur für die eigene Kollektion eingesackt, sondern auch für klingende Münze. So verbrachte der Graf Libri seinen Lebensabend unbehelligt im Exil, während die Franzosen schmerzlich der Spuren seines Wirkens gewahr wurden[15].

Diese waren von solchen Dimensionen, wie man sie nur von den Plünderungen ganzer Bibliotheken kannte, eine von Eroberern und Revolutionären gern geübte Praxis[16]. Schon die Römer hatten ein gut Teil ihrer Weisheit von den Griechen geborgt, indem sie deren Bibliotheken mitgehen ließen. Katharina von Medici tat sich an der Büchersammlung des Marschalls Strozzi gütlich, und auch die Schweden ließen sich im 30jährigen Krieg nicht lumpen. Den Höhepunkt dieser Erwerbungsmethode bildete dann Anfang des 19. Jahrhunderts die sog. Säkularisation, als die Schätze der klösterlichen Armarien in den Magazinen der staatlichen Bibliotheken in Paris, Wien und München verschwanden und deren Weltruhm mitbegründeten.

Haben diese Vertreter der Macht auch meist für Lob und Ehre ihres Vaterlandes geplündert, so stiehlt der gewöhnliche Dieb nur für sich selbst. Die Methode des Grafen Libri: Ein Teil des Diebesgutes wandert in die eigene Sammlung, der andere wird versilbert, zeigt die beiden klassischen Motive des Bücherklauens auf: Profit und Leidenschaft. Das Buch als Wertgegenstand auf der einen und als Objekt der Begierde auf der anderen Seite[17].

Den profanen Dieb, der Bücher stahl, um sie in klingende Münze zu verwandeln, hat es schon immer gegeben. Eine bedeutende, weil wenig riskante und dennoch sehr einträgliche Variante davon ist die Entwendung von einzel-

[13] Bücherfluch von Rufinus Tyrannicus, zitiert nach Thompson, Biblioklept Curses, S. 8.

[14] Thompson, Notes, S. 735–737; Jackson, S. 364.
Eine einführende Bibliographie der umfangreichen Literatur über Libri gibt Gustav Bogeng: Die großen Bibliophilen. Bd. 3. Leipzig 1922. S. 246–247.

[15] Es dauerte teilweise bis zu 50 Jahre, bis die Bestandslücken durch Libris Wirken überall festgestellt waren: vgl. Thompson, Notes, S. 735.

[16] Thompson, Notes, S. 729–730 und 758–760; Jackson, S. 362–363.

[17] Thompson unterscheidet zwischen „criminals and bibliomaniacs" (Notes, S. 725).

nen Illustrationen, Initialen usw.[18] Diese Erscheinung scheint heute einen Boom zu erleben, wie etwa die jüngsten Entwendungen aus der Kölner Diözesan-Bibliothek und anderen Bibliotheken nahelegen[19].

Das Vorgehen des Diebes entsprach dabei vollkommen dem „klassischen" Muster: Erschleichung von Privilegien durch Vortäuschen falscher Identität und scheinbarer akademischer Weihen. Einen ähnlichen Fall kann wieder die Geschichte der Vatikanischen Bibliothek bieten: Ende des 19. Jahrhunderts verschaffte sich ein angeblicher Professor Rapisardi Zugang zu den Bücherschätzen und beraubte sie etlicher Miniaturen, die er weiterverkaufte. Der Bibliothekar der Vaticana fiel dadurch bei seinem Papst in Ungnade und grämte sich darob so sehr, daß er zum Giftfläschchen gegriffen haben soll[20].

So dramatisch sehen wir solche Vorfälle wohl nicht mehr, doch ernst ist das Problem zweifellos. Spätestens seit der Ersteigerung des Welfen-Evangeliars für die horrende Summe von über 30 Millionen DM weiß auch der Dümmste, welch lohnende Kapitalanlage ein Buch sein kann. Und welches Kunstobjekt von Wert ist leichter zu erreichen und zu entwenden als ein Buch in einer Bibliothek?

Die Antiquare, denen das Problem ebenfalls unter den Nägeln brennt, haben ein offenbar probates Gegenmittel ersonnen: die Datenbank BAMBAM, die Meldungen gestohlener, wertvoller Bücher verzeichnet, auch aus Bibliotheken. Möglicherweise verhindert BAMBAM (mit schon über 6000 Titeln), daß „heiße Ware" Abnehmer findet[21].

Das Problem der „Rasierklingentäter" hat aber seit einiger Zeit eine neue Komponente erhalten: Im Freihandbestand aufgestellte, nicht sonderlich wertvolle Bücher werden jetzt auch häufig das Opfer von Bilderdieben. Bevorzugt werden offenbar illustrierte Werke des 19. Jahrhunderts, deren herausgeschnittene Bildseiten dem Langfinger auf Flohmärkten schon mal 30 oder gar 50 DM bringen[22].

Diese „Bücherfledderer" kommen verständlicherweise im moralischen Urteil von Bibliothekaren und Bibliophilen am schlechtesten weg[23]. Dagegen werden

[18] Vgl. Thompson, Notes, S. 727–729, sowie Thompson: Mutilatis Mutilandis (In: Library Security Newsletter, Vol. 2 (1978), S. 15–16).

[19] „Kirchenschatz geplündert" (In: Express, Köln, vom 1. 8. 1985); „Düsseldorf: Warnung vor Bücherdiebstählen" (In: Bibliotheksdienst. Jg. 20 (1986), S. 69).

[20] Thompson, Notes, S. 728–729.

[21] Vgl. Katharina Kyes Leab: Electronic theft-reporting systems: the state-of-the-art (In: IFLA journal, Vol. 9 (1983), S. 324–330); sowie die unregelmäßig erscheinenden Ergänzungen „BAMBAM update", veröffentlicht in der Zeitschrift „Library & Archival Security".

[22] Vgl. etwa Rolf Obertreis: Unversehens fehlen manchem Buch die Worte (In: Badische Zeitung, Freiburg, vom 1. 3. 1985).

[23] Vgl. Thompson, Notes, S. 727.

dem Bücherdieb aus Leidenschaft, aus Bibliomanie, des öfteren „mildernde Umstände" eingeräumt.

Lawrence S. Thompson, ein amerikanischer Historiker, der sich ausgiebig mit dem Thema Bücherdiebstahl befaßt hat, gibt zu, recht nachsichtig zu sein gegenüber dem „noblen Zweck des Büchersammelns".[24] Das Buch als „obskures Objekt der Begierde": Auch dieses Motiv ist so alt wie das Buch selbst.

Interessanterweise taucht bei Thompson neben dem Begriff „book theft" gleichrangig die Wortschöpfung „bibliokleptomania" auf[25]. Sicherlich kann das Buch, wie jeder andere beliebige Gegenstand auch, das Objekt „krankhaften Stehltriebs" werden. Gibt es aber auch Kleptomanen, deren Sinnen auf das Stehlen von Büchern und nichts anderem gerichtet ist: „Bibliokleptomanen" also? Die Auseinandersetzung mit der psychologischen und psychiatrischen Literatur[26] ist allerdings eher verwirrend: Der Begriff „Kleptomanie" ist umstritten (z.T. ersetzt durch „pathologisches Stehlen") und unklar abgegrenzt; die Versuche, die Ursachen des Phänomens zu erklären, gehen in die Dutzende. Allen Definitionen gemein ist aber die Aussage, daß das Diebesgut für den Kleptomanen „ohne subjektiven Wert"[27] ist; Art, Form, Inhalt, Wert sind beliebig. Dies steht in exaktem Gegensatz zum Bibliomanen, für den das Buch sogar einen ganz enormen, alles andere übertreffenden Wert hat. „Bibliokleptomanie" ist also ein Widerspruch in sich, denn Kleptomanie kann per definitionem nie auf eine bestimmte Art von Objekten fixiert sein.

Es gilt also zu unterscheiden zwischen:

a) dem Kleptomanen, dem es nur um den Vorgang des Stehlens an sich geht (wobei das Buch Mittel zum Zweck sein kann); und
b) dem Bibliomanen, für den ausschließlich das Buch wichtig ist (wobei das Stehlen Mittel zum Zweck sein kann).

Bibliomanie, die suchtähnliche Bücherleidenschaft, ist übrigens eine Triebfeder, die wesentlich mehr kriminelle Energie erzeugen kann, als für einen simplen Diebstahl nötig ist.

Die beiden berüchtigtsten Fälle des bibliomanischen Verbrechers, die des deutschen Pfarrers Tinius und des spanischen Ex-Mönches Don Vicente, führen

[24] Thompson, Notes, S. 726.

[25] Der Begriff taucht in der amerikanischen Literatur schon im Jahre 1906 auf („Bibliokleptomania and how to check it". In: Library World, Vol. 18 (1906), S. 207–208).

[26] Wichtigste Quellen waren hier:

- Lucien Floru: Der Begriff des „Pathologischen Stehlens" (In: Monatsschrift für Kriminologie und Strafrechtsreform. Jg. 57 (1974), S. 72–88);
- Hans Ulrich Lange / Max-P. Engelmeier / Johannes Pach: Der „Ladendiebstahl ohne Bereicherungstendenz" – zur Kritik eines „psychopathologischen" Syndroms (In: Monatsschrift für Kriminologie und Strafrechtsreform. Jg. 63 (1980), S. 140–148.

[27] Lange / Engelmeier / Pach, S. 141.

uns zurück zum Beginn des 19. Jahrhunderts. Tinius[28], ein kleiner Landpfarrer, dem seine Büchersucht über den Kopf wuchs, verfiel zur Finanzierung seiner Leidenschaft darauf, Raubüberfälle zu begehen, indem er seinen Opfern als Schnupftabak getarnte Narkotika anbot. Er schreckte auch vor mindestens zwei Morden nicht zurück, die er mit jenem Instrument beging, das ihm sonst zum Justieren seiner Buchregale diente: der „Bibliothekshammer" als Mordwaffe.

Don Vicente[29] konnte es nicht verschmerzen, bei einer Buchauktion von einem Konkurrenten überboten worden zu sein. Um an das heiß begehrte Buch zu gelangen, ermordete er den neuen Besitzer, einen Antiquar, und dessen zufällig anwesende Kunden, neun an der Zahl. In der Gerichtsverhandlung verteidigte er sich mit dem Hinweis, er habe seinen Opfern nur das ihre Seele gefährdende irdische Leben verkürzen wollen; was den Richter offenbar überzeugte, denn er verfuhr in der gleichen Weise mit Don Vicente. Diese Begebenheit beflügelte übrigens auch dichterische Phantasie: Gustave Flaubert ließ sich dadurch zu einer Erzählung inspirieren, die er „Bibliomanie" nannte.

Erwähnt werden muß noch ein weiterer Motivkomplex, den man vielleicht am ehesten als „wissenschaftlichen Ehrgeiz" umschreibt. Dort, wo der Forschergeist an die Schranken bibliothekarischer Bestimmungen stieß, hat er sich oft mit illegalen Mitteln beholfen. In diesen Zusammenhang gehört sicherlich der Fall des Mathias Flacius[30], eines reformatorischen Polemikers und Historikers, der sich, um an das Material der katholischen Gegenseite zu gelangen, als Mönch verkleidet in Klöster einschlich und deren Bibliotheken bestahl. Ähnlich der Engländer John Bagford[31], der einen „Atlas typographicus" zusammenstellen wollte und dafür Hunderte von Büchern ihrer Titelblätter beraubte; das Werk erschien nie, und Bagfords Sammlung gestohlener Titelblätter befindet sich heute in der British Library, gebunden in 216 (!) Bänden: ein wohl noch unentdecktes Reservoir an Übungsbeispielen für die alphabetische Katalogisierung.

In diesem Motivkomplex der wissenschaftlich-intellektuellen Ambition besteht die Bedeutung des Buches nicht in seinem materiellen oder sinnlichen Wert, sondern allein in seiner Funktion als Träger von Wissen und Information. Man könnte nun meinen, daß in unserer Zeit, die sich ihrer Informiertheit rühmt, niemand sich mehr illegal Zugang zu Informationsträgern verschaffen

[28] Zu Tinius existiert eine Fülle von Literatur, sogar diverse Thriller-Versionen (z.B. „Der Pfarrer und Magister Tinius, ein Raubmörder aus Büchersammelwut", Leipzig 1914, Reclam Universalbibliothek Nr. 5816); eine gute Kurzdarstellung mit Bibliographie bringt Annelies Krause: Bibliomanie und Verbrechen. Der Fall des Magisters Tinius weiland Pfarrer zu Poserna bei Weißenfels (1764–1846) (In: Marginalien. 99. Heft (3/1985), S. 71–80).

[29] Thompson, Notes, S. 747; Helmut Presser: Das Buch vom Buch, Bremen 1962, S. 204.

[30] Thompson, Notes, S. 728.

[31] Thompson, Mutilitatis, S. 15.

müsse. Ich gebe aber zu bedenken, daß wir in den letzten Jahren, bedingt durch Etat- und Personalkürzungen, z. T. erhebliche Serviceeinbußen der Bibliotheken hinnehmen mußten, etwa bei den Öffnungszeiten oder der Anzahl der Ausleihexemplare. Ich kann mir vorstellen, daß z. B. ein durchaus gutwilliger Student, der kurz vor einer Prüfung steht und noch einige Bücher durchsehen muß, sich in einer Versuchungssituation sehen kann, wenn die Werke nicht entleihbar sind und die Bibliothek schließt. Hier mag einer der Gründe für die wachsenden Diebstahlsquoten liegen, die ja mittlerweile bei etwa 1,5% angelangt sind, d. h. daß aus den Bibliotheken der Bundesrepublik jährlich fast drei Millionen Bücher entwendet werden[32].

Ein anderer liegt sicherlich darin, daß der wachsende Konkurrenzdruck an Schulen und Universitäten sich mehr und mehr auch in die Bibliotheken verlagert. Vielen Benutzern geht es offenbar nicht nur darum, eine Information zu erhalten, sondern auch, sie anderen vorzuenthalten, sich also einen Informationsvorsprung zu sichern. Entwendete Grundlagenliteratur, entfernte Seiten, geschwärzte Textpassagen, gezieltes Verstellen von Büchern („Nestbildung") und sogar Lücken im Katalog – das sind wohl vor allem Folgen der hohen Studentenzahlen und der Enge des akademischen Arbeitsmarktes[33]. Dafür spricht auch der neuerliche Trend, daß nun auch Bibliographien, Nachschlagewerke usw. immer häufiger gestohlen werden[34]: Der Informationsgewinn für den Dieb mag gering sein, der Verlust für alle anderen, die „Konkurrenten", ist dagegen gewaltig.

Empirische Untersuchungen über den Zusammenhang zwischen solchen sozialen Faktoren und Buchdiebstählen haben bisher keine schlüssigen Aussagen ergeben[35]. Dennoch erscheint mir ein weiterer sozialpsychologischer Aspekt erwähnenswert, von dem jeder Finanzbeamte ein Lied singen kann: die lässige Einstellung gegenüber öffentlichem Eigentum. Diebstahl aus Bibliotheken gilt offenbar als ein Kavaliersdelikt. Ein englischer Kollege berichtete, daß unter Oxforder Studenten ein gelungener Buchdiebstahl als Beweis von Schneid und Pfiffigkeit gelte[36]. Schummeln bei der Steuererklärung, Nichtbezahlen von Strafmandaten für Falschparken, offenbar auch Bücherklauen: Das scheinen Dinge zu sein, mit denen man seine Cleverneß beweisen kann.

Auch Folgendes sei noch bedacht: In der psychologischen Literatur zur Kleptomanie ist bei der Ursachenforschung häufig von der „Versuchungssitua-

[32] Angaben des Deutschen Bibliotheksinstituts, zitiert nach Rüdiger Neurath: Der Bücherklau geht um (In: Neue Osnabrücker Zeitung vom 3. 2. 1984).

[33] vgl. Obertreis.

[34] vgl. Ekkehart Arnold (In: Bibliotheksdienst. Jg. 18 (1984), S. 276).

[35] vgl. Sharon Mast: Ripping Off and Ripping Out: Book Theft and Mutilation from Academic Libraries (In: Library & Archival Security, Vol. 5 (1983), Nr. 4, S. 31–51).

[36] R. Pearsall: Missing Links (In: New Library World. Vol. 73 (1971), S. 102).

tion moderner Kaufhäuser"[37] die Rede, es gibt sogar den Krankheitsbegriff „Magasinitis".[38] Haben nicht auch die Bibliotheken, im Kampf um existenzberechtigende Ausleihziffern, Anleihen bei den Verkaufstricks der Supermärkte gemacht? Vielleicht haben wir auch beim Bibliotheksbenutzer eine „Selbstbedienungsmentalität" geschaffen, was sich möglicherweise durch wachsende Diebstahlsquoten rächt.

Was aber kann der Bibliothekar tun?

Juristisch gesehen befinden wir uns in einem Dilemma:[39] Im Gegensatz zum Diebstahl aus Buchhandlungen ist Bücherentwendung aus Bibliotheken ein sog. „furtum usus", ein „Gebrauchsdiebstahl", der nach unserem Strafrecht straflos ist. Der Dieb braucht nur davon zu wissen (in jedem Fall weiß es sein Anwalt) und zu behaupten, er habe das Buch nur lesen und dann zurückgeben wollen; die Widerlegung ist unmöglich. In der Regel bleibt als Handhabe nur die eigene Bibliotheksordnung: Das Schlimmste, das einem Dieb demzufolge drohen kann, ist der Ausschluß von der Benutzung. Aber selbst bei rechtlich eindeutigeren Fällen, wie etwa dem Heraustrennen einzelner Seiten, wird sich kaum eine (in der Regel ohnehin überlastete) Bibliothek auch noch juristische Verwicklungen aufladen wollen.

Offenbar bestehen „für die angemessene Verfolgung des Unrechtstatbestandes der Bücherentwendung in unserer Rechtsordnung eine Lücke"[40] und ein „Sanktionsdefizit"[41], wie zwei Juristen im Jahre 1981 feststellten.

Was man der Rechtslage in den Vereinigten Staaten gewiß nicht nachsagen kann. Dort gibt es z. B. im Staat Iowa ein Gesetz, das jeden, der die Bibliothek mit nicht verbuchten Büchern zu verlassen versucht, automatisch als Dieb brandmarkt[42]. Und den können die Bibliotheksbediensteten „festnehmen": der Bibliothekar als Polizist.

Ebenfalls recht rigoros ging man im russischen Kaiserreich mit Dieben um: Der deutsche Bibliothekar Alois Pichler z. B. hatte in St. Peterburg rund 4 000 Bücher gestohlen und wurde dafür kurzerhand nach Sibirien geschickt[43]. Nur knapp 50 Jahre später verteidigte sich ein Dieb an der gleichen Bibliothek mit den klugen Worten, er könne viel besser auf die Bücher aufpassen als die

[37] Floru, S. 75.

[38] Floru, S. 75.

[39] vgl. Peter P. Böhm / Günter F. Paschek: Bücherentwendungen aus Hochschulbibliotheken als Rechtsproblem (In: Zeitschrift für Bibliothekswesen und Bibliographie. Jg. 28 (1981), S. 90–100).

[40] ebd., S. 97.

[41] ebd., S. 99.

[42] „Iowa Throws the Book at Thieves, Delinquent Patrons" (In: Library Journal. Vol. 104 (1979), S. 1510).

[43] Thompson, Notes, S. 738.

Bibliothekare, denen er ja so viele Schätze habe stehlen können. Er wurde freigesprochen[44].

Was die Abschreckung und Abwehr von Bücherdieben angeht, so kann ich leider nicht viel Ermutigendes sagen. Unser Bestreben ist ja, dem Benutzer die Bestände so gut zugänglich wie möglich zu machen, aber um so leichter machen wir es damit auch dem Dieb. Wir können nur versuchen zu verhindern, daß er die Bibliothek auch unbemerkt verläßt. Mantelabgabe und Taschenkontrolle sind zwar meist obligatorisch, aber die Phantasie der Diebe ist groß und reicht vom doppelten Taschenboden bis zum gefüllten Büstenhalter[45]. Auch die elektronischen Buchsicherungssysteme sollten nicht überschätzt werden; sie schrecken sicherlich Gelegenheitsdiebe ab und machen „Zerstreute" ausfindig, dem vorsätzlichen Bücherdieb sind sie jedoch wohl kaum ein unüberwindbares Hindernis. In der amerikanischen Literatur findet sich schon eine Reihe von Gegenmaßnahmen findiger Spitzbuben gegen die elektronische Sicherung, vom selbstgebastelten Taschendetektor bis zur Aluminiumfolie[46]. Auf jeden Fall sollte man dem Beispiel der UB Freiburg folgen und auch bisher nicht für gefährdet gehaltene Bestände – wie Bibliographien – in die Sicherung einbeziehen[47].

Gegen die „Bücherfledderer", die Diebe einzelner Seiten und Illustrationen, scheint allerdings kaum ein Kraut gewachsen zu sein, wenn man sie nicht gerade in flagranti ertappt. Viele Diebe scheinen, wenn die Bücher elektronisch gesichert sind, auf die Rasierklingen-Methode umzusteigen: Das kann man zumindest aus einer amerikanischen Studie schließen[48]. Bücher kann man sichern, einzelne Seiten leider nicht.

Den Kollegen in den Rara- und Handschriftenabteilungen kann man nur ans Herz legen: genaue Identitätsprüfung der Benutzer und keine Scheu vor Namen und Titeln! Auf daß sie nicht zum Giftfläschchen greifen müssen.

Ein Blick über die Grenzen zeigt, daß auch unsere ausländischen Kollegen mit den gleichen Problemen kämpfen, und kaum mit größerem Erfolg. Lediglich der prominente DDR-Kollege Horst Kunze behauptet: „Heute sind in den sozialistischen Ländern solche Diebe am Volkseigentum kaum noch zu befürchten."[49] Das mag zwar möglicherweise stimmen, liegt aber wohl weder

[44] Thompson, Notes, S. 750f.

[45] Obertreis, Unversehens ...

[46] Ein Testverfahren gegen Buchsicherungsanlagen entwickelte ein amerikanischer Buchhändler, der US-Bibliotheken dadurch um Bücher im Wert von mindestens 250000 Dollar erleichtern konnte; einen Überblick weiterer Gegenmaßnahmen bietet Mast, S. 48; vgl. auch Robert K. Jopp: Sicherheit in Bibliotheken (In: ABI-Technik. Jg. 5 (1985), S. 279–285).

[47] vgl. Arnold.

[48] „Book Theft on the Upswing: Security Tried" (In: Library Journal. Vol. 100 (1975), S. 2203.

[49] Horst Kunze: Das große Buch vom Buch. Berlin (Ost) 1983. S. 275.

an der moralischen Festigkeit des sozialistischen Menschen noch an der Sicherheit der Bibliotheken, sondern eher daran, daß die potentiellen Diebe dort nicht finden, was sie suchen[50]. An den Ständen westlicher Verleger auf Ostblock-Buchmessen wird jedenfalls munter geklaut[51].

Bleibt noch die vage Hoffnung, daß die neuen elektronischen Medien den Dieben endlich den Garaus machen werden. Allerdings scheint es, als seien die so gespeicherten Informationen doch nicht so sicher und unmanipulierbar, wie man dachte. Als vor kurzer Zeit an der TU Berlin ein Mikrorechnersaal eingerichtet wurde, in dem Studenten an PC's arbeiten können, und in der Presse irrtümlicherweise vom „ersten bücherlosen Lesesaal" die Rede war, frohlockte der Journalist Peter Dittmar, nun sei es auch mit den unliebsamen Bücherdiebstählen vorbei: „Computer fallen doch zu stark auf, wenn man sie unter dem Mantel hinaustragen will."[52]

Doch weit gefehlt! Aus Bibliotheken ist – neben Büchern natürlich – schon so ziemlich alles geklaut worden, was man sich vorstellen kann, von der Büroklammer über die Schreibmaschine bis zum Klavier[53]. Und schon 1979 konnte die Zeitschrift „American Libraries"[54] die Liste des Diebesgutes aus Bibliotheken um ein Novum bereichern: ein Computer-Terminal.

[50] Wurde dem Verf. in Gesprächen mit zwei ehemaligen DDR-Bewohnern bestätigt; ebenfalls, daß westliche Literatur aus DDR-Bibliotheken besonders gern und viel gestohlen wird und deshalb oft gesondert aufgestellt und streng gesichert wird („Giftturm" der Deutschen Bücherei in Leipzig).

[51] vgl. etwa „Eklat auf Moskauer Buchmesse" (In: Die Welt, Bonn, vom 12. 9. 1985).

[52] Peter Dittmar: Bücherlos (In: Die Welt, Bonn, vom 21. 2. 1986).

[53] Mast, S. 32.

[54] American Libraries, Vol. 10 (1979), S. 224.

Schlußwort
des Vorsitzenden des Vereins Deutscher Bibliothekare
YORCK A. HAASE

Die Reden sind gehalten, die Versammlungen haben stattgefunden, die Gespräche sind geführt, eine gewisse Erschöpfung macht sich breit – ein Kongreß geht zu Ende. Wir, die Verantwortlichen – die Vereinsvorstände und das Ortskomitee –, die wir den Deutschen Bibliothekartag vorbereitet und getragen haben, stehen vor der Frage: War es gut so? War alles richtig? Brachte die Tagung den erstrebten Erfolg? Wir hoffen es; und war es nicht so – die Resonanz wird es zeigen –, werden wir für künftige Tagungen unsere Lehren daraus ziehen. Bereits jetzt können wir aber mit Überzeugung feststellen: Es war schön und interessant in Oldenburg.

Das Programm der Tagung war nach einer bestimmten Vorstellung konzipiert worden, das Konzept wurde durch den Zwang der Möglichkeiten und Notwendigkeiten korrigiert, die Themen wurden durch interessante Anregungen und aktuelle Bedürfnisse erweitert. Mehr als zuvor in den vergangenen Jahren standen auf diesem Bibliothekartag länderübergreifende Bibliotheksprobleme im Vordergrund der Betrachtung. Der Bogen spannte sich von den nachdenklichen und zum Nachdenken anregenden Worten des italienischen Botschafters, Professor Ferraris, der in seinem Festvortrag über die Internationalität wissenschaftlicher Bibliotheken den historischen Bezug besonders hervorhob, bis hin zum Zukunftsmodell einer europäischen Bibliothek, das soeben zum Abschluß der Tagung vorgestellt wurde. Dazwischen die Fragen des bibliothekarischen Alltags, der immer mehr von den Ansprüchen einer internationalen Wissenschaft in Lehre und Forschung bestimmt wird, wie etwa

- in der Erwerbung, wo wir in der Abhängigkeit von den Entwicklungen des internationalen Buchmarktes nach Mitteln und Wegen suchen müssen, die benötigte Literatur so schnell, so effektiv und so preiswert wie möglich zu bekommen,
- in der Katalogisierung, wo sich die Angebote ausländischer Katalogdatenbanken auf die bibliothekarische Arbeitspraxis auszuwirken beginnen,
- in der Informationsvermittlung, wo wir zunehmend „grenzenlos" in Informationsdatenbanken recherchieren können, oder
- in der Herbeischaffung sonst nicht erreichbarer Literatur auf dem Wege des internationalen Leihverkehrs.

Über die Wichtigkeit internationaler Zusammenarbeit und über die Rolle, die bei der Verwirklichung weltweiter bibliothekarischer Vorhaben auch die

Bibliotheken der Bundesrepublik spielen, erhielten wir Informationen aus erster Hand.

Aber auch bei der Behandlung mancher Themen ohne direkten internationalen Bezug standen ausländische Modelle und Systeme zum Vergleich im Hintergrund; ich nenne als Beispiel nur die Bemühungen um ein einheitliches Regelwerk zur Sacherschließung. Darüber hinaus gab es auch auf diesem Bibliothekartag, der ja der Fortbildung aller Bibliothekare an wissenschaftlichen Bibliotheken dient, eine große Zahl von Vorträgen und Veranstaltungen, in denen Einzelfragen der bibliothekarischen Praxis behandelt wurden, die sich mit lokalen oder regionalen Problemen befaßten.

Besonderes Diskussionsthema der diesjährigen Tagung war – ausgelöst durch die Vorschläge des Kollegen Sontag – die Frage der Konzentration oder Kooperation innerhalb der bibliothekarischen Verbandsarbeit. Vor allem in den Mitgliederversammlungen der beiden veranstaltenden Vereine wurde das Für und Wider diskutiert, wobei ein engeres Zusammenrücken grundsätzlich befürwortet wurde.

Ein überzeugendes Beispiel dafür, wie sinnvoll und nützlich Kooperation im Bibliothekswesen sein kann, ist nicht zuletzt dieser Deutsche Bibliothekartag, der seit nunmehr 35 Jahren von VDB und VdDB gemeinsam veranstaltet wird. Die Zusammenarbeit der beiden Verbände hat sich im Laufe der Zeit sehr positiv entwickelt. Natürlich gab und gibt es immer wieder unterschiedliche Standpunkte, die die Partner zu Kompromissen nötigen. Dabei tut sich zweifellos der VDB – lange Zeit der alleinige Träger des Bibliothekartages – besonders schwer, traditionelle Positionen aufzugeben. Andererseits soll man aber auch gerade als Bibliothekar den Wert gewachsener Traditionen nicht zu gering einschätzen und sich davor hüten, Bewährtes prinzipieller Gründe wegen leichtfertig aufzugeben.

Auch in der Art der Durchführung unseres jährlichen Kongresses hat sich eine traditionelle Form herausgebildet, die sich als zweckmäßig erwiesen hat und dem Bibliothekartag mit den vier Veranstaltungsbereichen sein Gepräge gibt:

- mit der zentralen Hauptveranstaltung am Eröffnungstag, in der sich die wissenschaftlichen Bibliotheken auch vor der Öffentlichkeit präsentieren,
- mit den Vortragsreihen zu den Schwerpunktthemen, in denen aktuelle und allgemein interessierende Bibliotheksprobleme referiert und diskutiert werden,
- mit den Sitzungen der Kommissionen, Arbeitsgemeinschaften, Sektionen und Arbeitsgruppen, in denen entweder spezielle Probleme intern erarbeitet oder aber die Arbeitsergebnisse der Berufsöffentlichkeit bekanntgemacht und zur Diskussion gestellt werden, und schließlich

– mit den Mitgliederversammlungen der beiden veranstaltenden Vereine, bei denen es hauptsächlich um berufsständische oder verbandspolitische Fragen geht.

Dazu das reichhaltige Rahmenprogramm mit den vielen Möglichkeiten, fachliche Gespräche zu führen oder kollegiale Kontakte zu knüpfen bzw. aufzufrischen. Die Kommunikation der Kollegen untereinander wird auf verschiedenste Weise auch durch ausstellende Firmen gefördert, wie denn überhaupt die Firmenausstellung als wichtiger Bestandteil aus dem Programm des Bibliothekartages nicht mehr wegzudenken ist.

Mit Befriedigung kann festgestellt werden, daß der Bibliothekartag nach wie vor bei den Kollegen gute Resonanz findet, ja daß der Zuspruch kontinuierlich wächst. Zwar wurde die Trierer Rekordbeteiligung hier in Oldenburg nicht ganz erreicht, die Zahl von 1 525 Teilnehmern, darunter rund 50 Gäste aus dem Ausland, übertraf jedoch alle Erwartungen.

Sicherlich gibt es vieles, was an unserer Tagung noch zu verbessern ist, und die Vereinsvorstände bemühen sich auch Jahr für Jahr gemeinsam mit dem jeweiligen Ortskomitee um Steigerung der Qualität des Angebotenen. Dennoch meine ich sagen zu können, daß wir mit dem Bibliothekartag eine fachlich anspruchsvolle Jahrestagung haben, die in ihrer Form, mit ihrem Niveau und mit ihrem Renommee im Bereich des Bibliothekswesens ihresgleichen sucht. Den erreichten Standard zu erhalten, wenn nicht gar noch weiter zu verbessern, muß daher unser Bestreben sein. Läßt sich dieser Anspruch auch noch aufrechterhalten, wenn der Bibliothekartag – wie vorgeschlagen – zur Jahrestagung des gesamten deutschen Bibliothekswesens erweitert wird? Die Problematik ist uns ja durch den alle fünf Jahre stattfindenden Bibliothekskongreß vertraut.

Unbestreitbar hat eine gemeinsame Jahrestagung Vorteile. Zum einen bietet sie die Möglichkeit einer einheitlichen und eindeutigen Repräsentanz des gesamten Bibliothekswesens vor der Öffentlichkeit, die erfahrungsgemäß der unübersichtlichen Vielfalt unserer Organisationen und Institutionen oft recht ratlos gegenübersteht und dadurch eine negative Haltung einnimmt. Zum anderen werden die Bibliothekare der verschiedenen Sparten zum Meinungsaustausch zusammengeführt; schließlich gibt es zahlreiche Themen und Probleme, die die Bibliothekare aus allen Bereichen unseres Berufes gleichermaßen berühren oder zumindest interessieren.

Doch es gibt nicht nur Vorteile. Legt man etwa die Jahrestagungen der Bibliothekare an öffentlichen Bibliotheken und der an wissenschaftlichen Bibliotheken zusammen – mit einer gemeinsamen Zentralveranstaltung, im übrigen aber unter Beibehaltung der bisherigen Programme –, dann erhalten wir einen Mammutkongreß, für den als Tagungsorte nur einige wenige Großstädte in Frage kommen. Die Möglichkeit, stets eine neue Bibliothek mit ihrer

Arbeitsweise, ihrem Gebäude und ihren Einrichtungen kennenzulernen – ein besonderer und sehr geschätzter Effekt der Bibliothekartage –, entfiele weitgehend.

Will man dagegen die Tagung straff und übersichtlich gestalten, sind Einschränkungen zu machen, die sicherlich zur Verringerung der Teilnehmerzahlen führen, bei denen aber letztendlich alle zu kurz kommen. Vor allem gerät der Fortbildungscharakter unserer Tagung in Gefahr. Zwangsläufig entstehen dann Ausweichtagungen: eine Vermehrung also statt Verminderung der Tagungsvielfalt.

Betrachten wir doch einmal das Arbeitsprogramm des diesjährigen Bibliothekartages. Unter den gehaltenen Referaten finden wir kaum ein Thema, das bei den Kollegen an den öffentlichen Bibliotheken im Vordergrund ihrer Interessen steht. Und ebenso nennt das Programm der VBB-Jahrestagung, die vor zwei Wochen in Reutlingen stattfand, nicht allzu viel Themen, die für Bibliothekare an wissenschaftlichen Bibliotheken besonders relevant sind.

Die Form der getrennten Fachtagungen hat also – wie im übrigen auch in anderen Berufen – für Berufskollegen mit unterschiedlichen Aufgabenbereichen durchaus ihre Berechtigung. Ich plädiere daher für die Beibehaltung des Bibliothekartages in seiner bewährten Art, solange wir nicht mit Sicherheit sagen können, daß die Vorteile, die die gemeinsame Jahrestagung für das Bibliothekswesen und für unsere Arbeit mit sich bringt, größer sind als die Nachteile, die wir uns einhandeln.

Dem Unverständnis, das in der Öffentlichkeit wegen der Durchführung mehrerer bibliothekarischer Jahrestagungen entstehen kann, ist durch eine bessere Öffentlichkeitsarbeit zu begegnen. Darüber hinaus müssen wir uns bei der Vorbereitung der Tagungen um eine bessere Koordinierung bemühen. Ich sehe hier auch für die Deutsche Bibliothekskonferenz einige wichtige Aufgaben.

Lassen Sie mich zurückkehren zur Gegenwart des Oldenburger Bibliothekartages, an dessen Ende ich noch eine angenehme Aufgabe zu erfüllen habe, die Aufgabe des Dankens.

Mein Dank geht zunächst an die Gastgeber, an die Stadt Oldenburg mit Herrn Oberbürgermeister Dr. Niewerth und an die Universität mit Herrn Präsidenten Dr. Zilleßen an der Spitze. Sie haben uns den Aufenthalt hier so angenehm wie möglich gestaltet.

Mein Dank geht in besonderem Maße an das Ortskomitee, an die engagierte Mannschaft, die unter Leitung von Hermann Havekost und Hans Joachim Wätjen Hervorragendes geleistet hat. Im Tagungsbüro hat das von Frau Birte Plutat angeführte Team souverän den Ansturm bewältigt, unterstützt von Frau Röver, die extra für den Bibliothekartag aus dem Ruhestand zurückgekehrt war. Für die Organisation des Veranstaltungsprogramms und die Tagungsräume zeichnete Dr. Wolfgang Eisoldt verantwortlich, für den technischen Ablauf und die Firmenausstellung war Herr Frantzke zuständig. Die Presse- und Informationsarbeit organisierte Herr Ralph Gätke, unterstützt von Herrn Peter Borchardt vom Deutschen Bibliotheksinstitut und Herrn Rolf Manfred Hasse von der Niedersächsischen Landesbibliothek Hannover. Für die Besichtigungen und Exkursionen zuständig war Herr Heinrich Allers, für das kulturelle Unterhaltungsprogramm Herr Dr. Karl-Ernst Went. Ich glaube, nicht zuletzt der gelungene Festabend in der Universitätsbibliothek wird allen Teilnehmern in anhaltend guter Erinnerung bleiben. Die Mitarbeiter des Bibliotheks- und Informationssystems der Universität, die die Hauptlast trugen, wurden durch die Kollegen der Landesbibliothek unter Dr. Armin Dietzel und Dr. Egbert Koolmann unterstützt. Ich wünsche ihnen allen, daß auch sie nach den vielen zusätzlichen Arbeiten und Anspannungen im Rückblick den Bibliothekartag in ihrer eigenen Stadt in guter Erinnerung behalten.

Ich danke allen Vortragenden, die uns ihre Kenntnisse und Erfahrungen vermittelt haben, in gleicher Weise den Diskussionsleitern und den Leitern der Arbeitssitzungen, ich danke allen Besuchern des Bibliothekartages aus dem In- und Ausland, die durch ihre aktive Teilnahme wesentlich zum Gelingen der Tagung beigetragen haben.

Den Dank an alle, die sich für den Erfolg des 76. Deutschen Bibliothekartages in Oldenburg eingesetzt haben, spreche ich zugleich auch im Namen von Frau Ulla Usemann-Keller aus, der Vorsitzenden des Vereins der Diplom-Bibliothekare an wissenschaftlichen Bibliotheken. Mein Dank geht aber diesmal auch an Sie persönlich, liebe Frau Usemann-Keller, die Sie nach vier Jahren aus dem Amt ausscheiden. Der Verein Deutscher Bibliothekare dankt Ihnen für die außerordentlich konstruktive und vertrauensvolle Zusammenarbeit bei der Bewältigung unserer gemeinsamen Aufgaben.

Hiermit schließe ich das offizielle Programm des 76. Deutschen Bibliothekartages und wünsche allen Teilnehmern noch einen schönen Ausklang heute abend hier in Oldenburg und morgen auf den Exkursionen. Ich lade Sie schon jetzt ein zur nächsten zentralen Arbeits- und Fortbildungstagung, zum 77. Deutschen Bibliothekartag, der 1987 in der Woche nach Pfingsten in Augsburg stattfinden wird und auf dem schwerpunktmäßig die lokalen, regionalen und nationalen Aufgaben unserer Bibliotheken behandelt werden sollen.

Über die Autoren

Dietzel, Armin, * 1926, Dr. theol., Bibliotheksdirektor, Oldenburg Landesbibliothek

Eichler, Christian, * 1959, Dipl.-Bibl., Bonn Bibliothek des Bundesministeriums der Finanzen

Feller, Siegfried, * 1926, M. A., Stellvertreter des Direktors, Amherst/Mass. University of Massachusetts Library, USA

Ferraris, Luigi Vittorio, * 1928, Professor Dr. jur., Botschafter der Republik Italien in der Bundesrepublik Deutschland

Frankenberger, Rudolf, * 1932, Dr. rer. nat., Leitender Bibliotheksdirektor, Augsburg Universitätsbibliothek

Geh, Hans-Peter, * 1934, Dr. phil., Leitender Bibliotheksdirektor, Stuttgart Württembergische Landesbibliothek; Präsident der IFLA

Geißelmann, Friedrich, * 1943, Dr. phil., Bibliotheksdirektor, Leiter der Katalogabteilung, Augsburg Universitätsbibliothek

Griebel, Rolf, * 1949, Dr. phil., Bibliotheksrat, Stellvertretender Leiter der Erwerbungsabteilung, Bamberg Universitätsbibliothek

Haase, Yorck Alexander, * 1934, Dr. phil., Leitender Bibliotheksdirektor, Darmstadt Hessische Landes- und Hochschulbibliothek; Vorsitzender des Vereins Deutscher Bibliothekare

Havekost, Hermann, * 1935, Leitender Bibliotheksdirektor, Oldenburg Bibliotheks- und Informationszentrum der Universität

Heinzle, Franziska, * 1949, Dr. phil., Oberbibliotheksrätin, Leiterin, Aachen Bibliothek der Fachhochschule

Hoffmann, Heinz-Werner, * 1946, Dipl.-Math., Bibliotheksdirektor, Stellvertreter des Direktors, Köln Hochschulbibliothekszentrum

Huthloff, Christa-Rose, * 1946, Dipl.-Bibl., Fachhochschule Hannover, Fachbereich Bibliothekswesen, Information und Dokumentation

Kroller, Franz, * 1923, Dr. jur., Hofrat, Direktor, Graz Universitätsbibliothek, Präsident von LIBER

Lenk, Klaus, * 1940, Prof. Dr. jur., Fachbereich Sozialwissenschaften, Universität Oldenburg

Leonhard, Joachim-Felix, * 1946, Dr. phil., Stellvertretender Leiter der Fachgruppe Wissenschaftliches Bibliothekswesen der DFG, Bonn

Münch, Werner, * 1940, Prof. Dr. phil., Mitglied des Europäischen Parlaments

Poll, Roswitha, * 1939, Dr. phil., Bibliotheksdirektorin, Leiterin der Erwerbungsabteilung, Erlangen Universitätsbibliothek

Steven, Günter, * 1937, Dipl.-Ing., Luxemburg Kommission der Europäischen Gemeinschaften, Generaldirektion XIII für Telekommunikation, Informationsmärkte und Innovation

Tielke, Martin, * 1948, Dr. phil., Assessor des Bibliotheksdienstes, Leiter, Aurich Bibliothek der Ostfriesischen Landschaft

Usemann-Keller, Ulla, * 1939, Dipl.-Bibl., Oberbibliotheksrätin, Berlin Deutsches Bibliotheksinstitut; Vorsitzende des Vereins der Diplom-Bibliothekare an wissenschaftlichen Bibliotheken

Wilke, Dietrich, * 1947, Dr. phil., Wissenschaftlicher Mitarbeiter, Bonn Gesellschaft für Information und Dokumentation (GID), Internationales Büro

Zick, Wolfgang, * 1948, Dr. rer. nat., Bibliotheksrat, Fachreferent für Elektro- und Energietechnik, Hannover Universitätsbibliothek und Technische Informationsbibliothek